ओश

युद्ध और शांति

भगवद्गीता का मनोविज्ञान

'गीता दर्शन अध्याय 1-2' पर ओशो द्वारा दिए गए
प्रथम आठ प्रवचनों का संकलन

फ्यूजन बुक्स

ISBN : 81-89182-71-4

प्रकाशक

फ्यूजन बुक्स

X-30, ओखला इंडस्ट्रियल एरिया, फेज-II

नई दिल्ली-110020

फोन : 011-41611861-65, 40712100

फैक्स : 011-41611866

ई-मेल : sales@dpb.in

वेबसाइट : www.dpb.in

संस्करण : 2019

मुद्रक: मणिपाल टेक्नोलाजीज़ लिमिटेड, मणिपाल

मूल पुस्तक : गीता दर्शन - भाग-I से

YUDH AUR SHANTI (BHAGWATGITA KA MONOVIGYAN)

अनुक्रम

पहला प्रवचन

विचारवान अर्जुन और युद्ध का धर्मसंकट

श्रीमद्भगवद्गीता प्रथमोऽध्यायः

धृतराष्ट्र उवाच

धर्मक्षेत्रे कुरुक्षेत्रे समवेता युयुत्सवः।
मामकाः पाण्डवाश्चैव किमकुर्वत संजय।।1।।

धृतराष्ट्र बोले : हे संजय, धर्मभूमि कुरुक्षेत्र में इकट्ठे हुए, युद्ध की इच्छा वाले, मेरे और पांडु के पुत्रों ने क्या किया ?

धृतराष्ट्र आंख से अंधे हैं। लेकिन आंख के न होने से वासना नहीं मिट जाती; आंख के न होने से कामना नहीं मिट जाती। काश! सूरदास ने धृतराष्ट्र का खयाल कर लिया होता, तो आंखें फोड़ने की कोई जरूरत न होती। सूरदास ने आंखें फोड़ ली थीं; इसलिए कि न रहेंगी आंखें, न मन में उठेगी कामना! न उठेगी वासना! पर आंखों से कामना नहीं उठती, कामना उठती है मन से। आंखें फूट भी जाएं, फोड़ भी डाली जाएं, तो भी वासना का कोई अंत नहीं है।

गीता की यह अद्‌भुत कथा एक अंधे आदमी की जिज्ञासा से शुरू होती है। असल में इस जगत्‌ में सारी कथाएं बंद हो जाएं, अगर अंधा आदमी न हो। इस जीवन की सारी कथाएं अंधे आदमी की जिज्ञासा से शुरू होती हैं। अंधा आदमी भी देखना चाहता है उसे, जो उसे दिखाई नहीं पड़ता; बहरा भी सुनना चाहता है उसे, जो उसे सुनाई नहीं पड़ता। सारी इंद्रियां भी खो जाएं, तो भी मन के भीतर छिपी हुई वृत्तियों का कोई विनाश नहीं होता है।

तो पहली बात तो आपसे यह कहना चाहूंगा कि स्मरण रखें, धृतराष्ट्र अंधे हैं, लेकिन युद्ध के मैदान पर क्या हो रहा है, मीलों दूर बैठे उनका मन उसके लिए उत्सुक, जानने को पीड़ित, जानने को आतुर है। दूसरी बात यह भी स्मरण रखें कि अंधे धृतराष्ट्र के सौ पुत्र हैं, लेकिन अंधे व्यक्तित्व की संतति आंख वाली नहीं हो सकती है; भला ऊपर से आंखें दिखाई पड़ती हों। अंधे व्यक्ति से जो जन्म पाता है और शायद अंधे व्यक्तियों से ही लोग जन्म पाते हैं—तो भला ऊपर की आंख हो, भीतर की आंख पानी कठिन है।

यह दूसरी बात भी समझ लेनी जरूरी है। धृतराष्ट्र से जन्मे हुए सौ पुत्र सब तरह से अंधा व्यवहार कर रहे थे। आंखें उनके पास थीं, लेकिन भीतर की आंख नहीं थी। अंधे से अंधापन ही पैदा हो सकता है। फिर भी यह पिता, क्या हुआ, यह जानने को उत्सुक है।

तीसरी बात यह भी ध्यान रख लेनी जरूरी है। धृतराष्ट्र कहते हैं, धर्म के उस कुरुक्षेत्र में युद्ध के लिए इकट्ठे हुए...।

जिस दिन धर्म के क्षेत्र में युद्ध के लिए इकट्ठा होना पड़े, उस दिन धर्मक्षेत्र, धर्मक्षेत्र नहीं रह जाता है। और जिस दिन धर्म के क्षेत्र में भी लड़ना पड़े, उस दिन धर्म के भी बचने की संभावना समाप्त हो जाती है। रहा होगा वह धर्मक्षेत्र, था नहीं! रहा होगा कभी, पर आज तो वहां एक-दूसरे को काटने को आतुर सब लोग इकट्ठे हुए थे।

यह प्रारंभ भी अद्‌भुत है। यह इसलिए भी अद्‌भुत है कि अधर्म क्षेत्रों में क्या होता होगा, उसका हिसाब लगाना मुश्किल है। धर्मक्षेत्र में क्या होता है? वह

धृतराष्ट्र संजय से पूछते हैं कि वहां युद्ध के लिए आतुर मेरे पुत्र और उनके विरोधियों ने क्या किया है, क्या कर रहे हैं, वह मैं जानना चाहता हूं।

धर्म का क्षेत्र पृथ्वी पर शायद बन नहीं पाया अब तक, क्योंकि धर्मक्षेत्र बनेगा तो युद्ध की संभावना समाप्त हो जानी चाहिए। युद्ध की संभावना बनी ही है और धर्मक्षेत्र भी युद्धरत हो जाता है, तो हम अधर्म को क्या दोष दें, क्या निंदा करें! सच तो यह है कि अधर्म के क्षेत्रों में शायद कम युद्ध हुए हैं, धर्म के क्षेत्रों में ज्यादा युद्ध हुए हैं। और अगर युद्ध और रक्तपात के हिसाब से हम विचार करने चलें, तो धर्मक्षेत्र ज्यादा अधर्मक्षेत्र मालूम पड़ेंगे, बजाय अधर्मक्षेत्रों के।

यह व्यंग्य भी समझ लेने जैसा है कि धर्मक्षेत्र पर अब तक युद्ध होता रहा है। और आज ही होने लगा है, ऐसा भी न समझ लेना; कि आज ही मंदिर और मस्जिद युद्ध के अड्डे बन गए हों। हजारों साल पहले, जब हम कहें कि बहुत भले लोग थे पृथ्वी पर, और कृष्ण जैसा अद्‌भुत आदमी मौजूद था, तब भी कुरुक्षेत्र के धर्मक्षेत्र पर लोग लड़ने को ही इकट्ठे हुए थे! यह मनुष्य की, गहरे में जो युद्ध की पिपासा है, यह मनुष्य की गहरे में विनाश की जो आकांक्षा है, यह मनुष्य के गहरे में जो पशु छिपा है, वह धर्मक्षेत्र में भी छूट नहीं पाता, वह वहां भी युद्ध के लिए तैयारियां कर लेता है।

इसे स्मरण रख लेना उपयोगी है। और यह भी कि जब धर्म की आड़ मिल जाए लड़ने को, तो लड़ना और भी खतरनाक हो जाता है। क्योंकि तब जस्टिफाइड, न्याययुक्त भी मालूम होने लगता है।

यह अंधे धृतराष्ट्र ने जो जिज्ञासा की है, उससे यह धर्मग्रंथ शुरू होता है। सभी धर्मग्रंथ अंधे आदमी की जिज्ञासा से शुरू होते हैं। जिस दिन दुनिया में अंधे आदमी न होंगे, उस दिन धर्मग्रंथ की कोई जरूरत भी नहीं रह जाती है। वह अंधा ही जिज्ञासा कर रहा है।

प्रश्न : अंधे धृतराष्ट्र को युद्ध की रिपोर्ताज निवेदित करने वाले संजय की गीता में क्या भूमिका है? संजय क्या क्लेअरवायन्स, दूर-दृष्टि या क्लेअरआडियन्स, दूर-श्रवण की शक्ति रखता था? संजय की चित्-शक्ति की गंगोत्री कहां पर है? क्या वह स्वयंभू भी हो सकती है?

संजय पर निरंतर संदेह उठता रहा है; स्वाभाविक है। संजय बहुत दूर बैठकर, कुरुक्षेत्र में क्या हो रहा है, उसकी खबर धृतराष्ट्र को देता है। योग निरंतर से मानता रहा है कि जो आंखें हमें दिखाई पड़ती हैं, वे ही आंखें नहीं हैं। और भी आंखें हैं मनुष्य के पास, जो समय और क्षेत्र की सीमाओं को लांघकर देख सकती है। लेकिन योग क्या कहता है, इससे जो कहता है वह सही भी होगा, ऐसा नहीं है। संदेह होता है मन को, इतने दूर संजय कैसे देख पाता है? क्या वह सर्वज्ञ है?

नहीं। पहली तो बात यह कि दूर-दृष्टि, क्लेअरवायन्स कोई बहुत बड़ी शक्ति नहीं है। सर्वज्ञ से उसका कोई संबंध नहीं है। बड़ी छोटी शक्ति है। और कोई भी व्यक्ति चाहे तो थोड़े ही श्रम से विकसित कर सकता है। और कभी तो ऐसा भी होता है कि प्रकृति की किसी भूल-चूक से वह शक्ति किसी व्यक्ति को सहज भी विकसित हो जाती है।

एक व्यक्ति है अमेरिका में अभी मौजूद, नाम है, टेड सीरियो। उसके संबंध में दो बातें कहना पसंद करूंगा, तो संजय को समझना आसान हो जाएगा। क्योंकि संजय बहुत दूर है समय में हमसे और न मालूम किस दुर्भाग्य के क्षण में हमने अपने समस्त पुराने ग्रंथों को कपोलकल्पना समझना शुरू कर दिया है। इसलिए संजय को छोड़ें। अमेरिका में आज जिंदा आदमी है एक, टेड सीरियो, जो कि कितने ही हजार मील की दूरी पर कुछ भी देखने में समर्थ है; न केवल देखने में, बल्कि उसकी आंख उस चित्र को पकड़ने में भी समर्थ है।

हम यहां बैठकर यह जो चर्चा कर रहे हैं, न्यूयार्क में बैठे हुए टेड सीरियो को अगर कहा जाए कि अहमदाबाद में इस मैदान पर क्या हो रहा है; तो वह पांच

मिनट आंख बंद करके बैठा रहेगा, फिर आंख खोलेगा, और उसकी आंख में आप सबकी—बैठी हुई—तस्वीर दूसरे देख सकते हैं। और उसकी आंख में जो तस्वीर बन रही है, उसका कैमरा फोटो भी ले सकता है। हजारों फोटो लिए गए हैं, हजारों चित्र लिए गए हैं और टेड सीरियो की आंख कितनी ही दूरी पर, किसी भी तरह के चित्र को पकड़ने में समर्थ है; न केवल देखने में, बल्कि चित्र को पकड़ने में भी।

टेड सीरियो की घटना ने दो बातें साफ कर दी हैं। एक तो संजय कोई सर्वज्ञ नहीं है, क्योंकि टेड सीरियो बहुत साधारण आदमी है, कोई आत्मज्ञानी नहीं है। टेड सीरियो को आत्मा का कोई भी पता नहीं है। टेड सीरियो की जिंदगी में साधुता का कोई भी नाम नहीं है, लेकिन टेड सीरियो के पास एक शक्ति है—वह दूर देखने की। विशेष है शक्ति।

कुछ दिनों पहले स्कैंडिनेविया में एक व्यक्ति किसी दुर्घटना में जमीन पर गिर गया कार से। उसके सिर को चोट लग गई। और अस्पताल में जब वह होश में आया तो बहुत मुश्किल में पड़ा। उसके कान में कोई जैसे गीत गा रहा हो, ऐसा सुनाई पड़ने लगा। उसने समझा कि शायद मेरा दिमाग खराब तो नहीं हो गया! लेकिन एक या दो दिन के भीतर स्पष्ट, सब साफ होने लगा। और तब तो यह भी साफ हुआ कि दस मील के भीतर जो रेडियो स्टेशन था, उसके कान ने उस रेडियो स्टेशन को पकड़ना शुरू कर दिया है। फिर उसके कान का सारा अध्ययन किया गया और पता चला कि उसके कान में कोई भी विशेषता नहीं है, लेकिन चोट लगने से कान में छिपी कोई शक्ति सक्रिय हो गई है। आपरेशन करना पड़ा, क्योंकि अगर चौबीस घंटे—आन-आफ करने का तो कोई उपाय नहीं था—अगर उसे कोई स्टेशन सुनाई पड़ने लगे, तो वह आदमी पागल ही हो जाए।

पिछले दो वर्ष पहले इंग्लैंड में एक महिला को दिन में ही आकाश के तारे दिखाई पड़ने शुरू हो गए। वह भी एक दुर्घटना में ही हुआ। छत से गिर पड़ी और दिन में आकाश के तारे दिखाई पड़ने शुरू हो गए। तारे तो दिन में भी आकाश में होते हैं, कहीं चले नहीं जाते; सिर्फ सूर्य के प्रकाश के कारण ढंक जाते हैं। रात

फिर उघड़ जाते हैं, प्रकाश हट जाने से। लेकिन आंखें अगर सूर्य के प्रकाश को पार करके देख पाएं, तो दिन में भी तारों को देख सकती हैं। उस स्त्री की भी आंख का आपरेशन ही करना पड़ा।

यह मैं इसलिए कह रहा हूं कि आंख में भी शक्तियां छिपी हैं, जो दिन में आकाश के तारों को देख लें। कान में भी शक्तियां छिपी हैं, जो दूर के रेडियो स्टेशन से विस्तारित ध्वनियों को पकड़ लें। आंख में भी शक्तियां छिपी हैं, जो समय और क्षेत्र की सीमाओं को पार करके देख लें। लेकिन अध्यात्म से इनका कोई बहुत संबंध नहीं है।

तो संजय कोई बहुत आध्यात्मिक व्यक्ति हो, ऐसा नहीं है; संजय विशिष्ट व्यक्ति जरूर है। वह दूर युद्ध के मैदान पर जो हो रहा है, उसे देख पा रहा है। और संजय को इस शक्ति के कारण, कोई परमात्मा, कोई सत्य की उपलब्धि हो गई हो, ऐसा भी नहीं है। संभावना तो यही है कि संजय इस शक्ति का उपयोग करके ही समाप्त हो गया हो।

अक्सर ऐसा होता है। विशेष शक्तियां व्यक्ति को बुरी तरह भटका देती हैं। इसलिए योग निरंतर कहता है कि चाहे शरीर की सामान्य शक्तियां हों और चाहे मन की—साइकिक पावर की—विशेष शक्तियां हों, शक्तियों में जो उलझता है वह सत्य तक नहीं पहुंच पाता।

पर, यह संभव है। और इधर पिछले सौ वर्षों में पश्चिम में साइकिक रिसर्च ने बहुत काम किया है। और अब किसी आदमी को संजय पर संदेह करने का कोई कारण वैज्ञानिक आधार पर भी नहीं रह गया है। और ऐसा ही नहीं कि अमेरिका जैसे धर्म को स्वीकार करने वाले देश में ऐसा हो रहा हो; रूस के भी मनोवैज्ञानिक मनुष्य की अनंत शक्तियों का स्वीकार निरंतर करते चले जा रहे हैं।

और अभी चांद पर जाने की घटना के कारण रूस और अमेरिका के सारे मनोवैज्ञानिकों पर एक नया काम आ गया है। और वह यह है कि यंत्रों पर बहुत भरोसा नहीं किया जा सकता। और जब हम अंतरिक्ष की यात्रा पर पृथ्वी के वासियों को भेजेंगे, तो हम उन्हें गहन खतरे में भेज रहे हैं। और अगर यंत्र जरा भी

बिगड़ जाएं तो उनसे हमारे संबंध सदा के लिए टूट जाएंगे; और फिर हम कभी पता भी नहीं लगा सकेंगे कि वे यात्री कहां खो गए। वे जीवित हैं, जीवित नहीं हैं, वे किस अनंत में भटक गए—हम उनका कोई भी पता न लगा सकेंगे। इसलिए एक सब्स्टीटयूट, एक परिपूरक व्यवस्था की तरह, दूर से बिना यंत्र के देखा जा सके, सुना जा सके, खबर भेजी जा सके, इसके लिए रूस और अमेरिका दोनों की वैज्ञानिक प्रयोगशालाएं अति आतुर हैं। और बहुत देर न होगी कि रूस और अमेरिका दोनों के पास संजय होंगे। हमारे पास नहीं होंगे।

संजय कोई बहुत आध्यात्मिक व्यक्ति नहीं है। लेकिन संजय के पास एक विशेष शक्ति है, जो हम सबके पास भी है, और विकसित हो सकती है।

संजय उवाच

दृष्ट्वा तु पाण्डवानीकं व्यूढं दुर्योधनस्तदा।
आचार्यमुपसंगम्य राजा वचनमब्रवीत्।। 2।।

इस पर संजय बोला: उस समय राजा दुर्योधन ने व्यूहरचनायुक्त पांडवों की सेना को देखकर और द्रोणाचार्य के पास जाकर, यह वचन कहा।

पश्यैतां पाण्डुपुत्राणामाचार्य महतीं चमूम्।
व्यूढां द्रुपदपुत्रेण तव शिष्येण धीमता।। 3।।
अत्र शूरा महेष्वासा भीमार्जुनसमा युधि।
युयुधानो विराटश्च द्रुपदश्च महारथः।। 4।।

हे आचार्य, आपके बुद्धिमान शिष्य द्रुपदपुत्र धृष्टद्युम्न द्वारा व्यूहाकार खड़ी की हुई पांडु पुत्रों की इस भारी सेना को देखिए। इस सेना में बड़े-बड़े धनुषों वाले, युद्ध में भीम और अर्जुन के समान बहुत से शूरवीर हैं। जैसे सात्यकि और विराट तथा महारथी राजा द्रुपद।

धृष्टकेतुश्चेकितानः काशिराजश्च वीर्यवान्।
पुरुजित्कुन्तिभोजश्च शैब्यश्च नरपुंगवः।। 5।।

और धृष्टकेतु, चेकितान तथा बलवान काशिराज, पुरुजित कुंतिभोज और मनुष्यों में श्रेष्ठ शैब्य।

युधामन्युश्च विक्रांत उत्तमौजाश्च वीर्यवान्।
सौभद्रो द्रौपदेयाश्च सर्व एव महारथाः।। 6।।
अस्माकं तु विशिष्टा ये तान्निबोध द्विजोत्तम।
नायका मम सैन्यस्य संज्ञार्थं तान्ब्रवीमि ते।। 7।।

और पराक्रमी युधामन्यु तथा बलवान उत्तमौजा, सुभद्रापुत्र अभिमन्यु और द्रौपदी के पांचों पुत्र, यह सब ही महारथी हैं।

हे ब्राह्मण श्रेष्ठ, हमारे पक्ष में भी जो-जो प्रधान हैं, उनको आप समझ लीजिए। आपके जानने के लिए मेरी सेना के जो-जो सेनापति हैं, उनको कहता हूं।

मनुष्य का मन जब हीनता की ग्रंथि से, इनफीरिआरिटी कांप्लेक्स से पीड़ित होता है, जब मनुष्य का मन अपने को भीतर हीन समझता है, तब सदा ही अपनी श्रेष्ठता की चर्चा से शुरू करता है। लेकिन जब हीन व्यक्ति नहीं होते, तब सदा ही दूसरे की श्रेष्ठता से चर्चा शुरू होती है। यह दुर्योधन कह रहा है द्रोणाचार्य से, पांडवों की सेना में कौन-कौन महारथी, कौन-कौन महायोद्धा इकट्ठे हैं। इससे वह शुरू कर रहा है। यह बड़ी प्रतीक की, बड़ी सिम्बालिक बात है। साधारणतः शत्रु की प्रशंसा से बात शुरू नहीं होती। साधारणतः शत्रु की निंदा से बात शुरू होती है। साधारणतः शत्रु के साथ अपनी प्रशंसा से बात शुरू होती है। शत्रु की सेना में कौन-कौन महावीर इकट्ठे हैं, दुर्योधन उनसे बात शुरू कर रहा है।

दुर्योधन कैसा भी व्यक्ति हो, इनफीरिआरिटी कांप्लेक्स से पीड़ित व्यक्ति नहीं है, हीनता की ग्रंथि से पीड़ित व्यक्ति नहीं है। और यह बड़े मजे की बात है कि अच्छा आदमी भी अगर हीनता की ग्रंथि से पीड़ित हो तो उस बुरे आदमी से बदतर होता है, जो हीनता की ग्रंथि से पीड़ित नहीं है। दूसरे की प्रशंसा से केवल वही शुरू कर सकता है, जो अपने प्रति बिलकुल आश्वस्त है।

यह एक बुनियादी अंतर सदियों में पड़ा है। बुरे आदमी पहले भी थे, अच्छे आदमी पहले भी थे। ऐसा नहीं है कि आज बुरे आदमी बढ़ गए हैं और अच्छे आदमी कम हो गए हैं। आज भी बुरे आदमी उतने ही हैं, अच्छे आदमी उतने ही हैं। अंतर क्या पड़ा है?

निरंतर धर्म का विचार करने वाले लोग ऐसा प्रचार करते रहते हैं कि पहले लोग अच्छे थे और अब लोग बुरे हो गए हैं। ऐसी उनकी धारणा, मेरे खयाल में बुनियादी रूप से गलत है। बुरे आदमी सदा थे, अच्छे आदमी सदा थे। अंतर इतना ऊपरी नहीं है, अंतर बहुत भीतरी पड़ा है। बुरा आदमी भी पहले हीनता की ग्रंथि से पीड़ित नहीं था। आज अच्छा आदमी भी हीनता की ग्रंथि से पीड़ित है। यह गहरे में अंतर पड़ा है।

आज अच्छे से अच्छा आदमी भी बाहर से ही अच्छा-अच्छा है, भीतर स्वयं भी आश्वस्त नहीं है। और ध्यान रहे, जिस आदमी का आश्वासन स्वयं पर नहीं है, उसकी अच्छाई टिकने वाली अच्छाई नहीं हो सकती। बस, स्किनडीप होगी, चमड़ी के बराबर गहरी होगी। जरा-सा खरोंच दो और उसकी बुराई बाहर आ जाएगी। और जो बुरा आदमी अपनी बुराई के होते हुए भी आश्वस्त है, उसकी बुराई भी किसी दिन बदली जा सकती है, क्योंकि बहुत गहरी अच्छाई बुनियाद में खड़ी है—वह स्वयं का आश्वासन।

इस बात को मैं महत्वपूर्ण मानता हूं कि दुर्योधन जैसा बुरा आदमी एक बहुत ही शुभ ढंग से चर्चा को शुरू कर रहा है। वह विरोधी के गुणों का पहले उल्लेख कर रहा है, फिर पीछे अपनी सेना के महारथियों का उल्लेख कर रहा है।

भवान्भीष्मश्च कर्णश्च कृपश्च समितिंजयः।
अश्वत्थामा विकर्णश्च सौमदत्तिस्थैव च।। 8।।
अन्ये च बहवः शूरा मदर्थे त्यक्तजीविताः।
नानाशस्त्र प्रहरणाः सर्वे युद्धविशारदाः।। 9।।

एक तो स्वयं आप और पितामह भीष्म तथा कर्ण और संग्रामविजयी कृपाचार्य तथा वैसे ही अश्वत्थामा, विकर्ण और सोमदत्त का पुत्र भूरिश्रवा, और भी बहुत से शूरवीर अनेक प्रकार के शस्त्र-अस्त्रों से युक्त मेरे लिए जीवन की आशा को त्यागने वाले सबके सब युद्ध में चतुर हैं।

अपर्याप्तं तदस्माकं बलं भीष्माभिरक्षितम्।
पर्याप्तं त्विदमेतेषां बलं भीमाभिरक्षितम्।। 10।।

अयनेषु च सर्वेषु यथाभागमवस्थिताः।
भीष्ममेवाभिरक्षन्तु भवन्तः सर्व एव हि।।11।।

और भीष्म पितामह द्वारा रक्षित हमारी वह सेना सब प्रकार से अजेय है और भीम द्वारा रक्षित इन लोगों की यह सेना जीतने में सुगम है। इसलिए सब मोर्चों पर अपनी-अपनी जगह स्थित रहते हुए आप लोग सब के सब ही निःसंदेह भीष्म पितामह की ही सब ओर से रक्षा करें।

प्रश्न : श्रीमद्भगवद्गीता में सारा भार अर्जुन पर है और यहां गीता में दुर्योधन कहता है, पांडवों की सेना भीम-अभिरक्षित और कौरवों की भीष्म... । तो भीष्म के सामने भीम को रखने का खयाल क्या यह नहीं हो सकता कि दुर्योधन अपने प्रतिस्पर्धी के रूप में भीम को ही देखता है?

यह बिंदु विचारणीय है। सारा युद्ध अर्जुन की धुरी पर है, लेकिन यह पीछे से सोची गई बात है—युद्ध के बाद, युद्ध की निष्पत्ति पर। जो युद्ध के पूरे फल को जानते हैं, वे कहेंगे कि सारा युद्ध अर्जुन की धुरी पर घूमा है। लेकिन जो युद्ध के प्रारंभ में खड़े थे, वे ऐसा नहीं सोच सकते थे। दुर्योधन के लिए युद्ध की सारी संभावना भीम से ही पैदा होती थी। उसके कारण थे। अर्जुन जैसे भले व्यक्ति पर युद्ध का भरोसा दुर्योधन भी नहीं कर सकता था। अर्जुन डांवाडोल हो सकता है, इसकी संभावना दुर्योधन के मन में भी है। अर्जुन युद्ध से भाग सकता है, इसकी कोई गहरी अचेतन प्रतीति दुर्योधन के मन में भी है। अगर युद्ध टिकेगा, तो भीम पर टिकेगा। युद्ध के लिए भीम जैसे कम बुद्धि के, लेकिन ज्यादा शक्तिशाली लोगों पर भरोसा किया जा सकता है।

अर्जुन बुद्धिमान है। और जहां बुद्धि है, वहां संशय है। और जहां संशय है, वहां द्वंद्व है। अर्जुन विचारशील है। और जहां विचारशीलता है, वहां पूरे पर्सपेक्टिव, पूरे परिप्रेक्ष्य को सोचने की क्षमता है; वहां युद्ध जैसी भयंकर स्थिति में आंख बंद करके उतरना कठिन है। दुर्योधन भरोसा कर सकता है—युद्ध के लिए—भीम का।

भीम और दुर्योधन के बीच गहरा सामंजस्य है। भीम और दुर्योधन एक ही प्रकृति के, बहुत गहरे में एक ही सोच के, एक ही ढंग के व्यक्ति हैं। इसलिए अगर दुर्योधन ने ऐसा देखा कि भीम केंद्र है दूसरी तरफ, तो गलत नहीं देखा, ठीक ही देखा। और गीता भी पीछे सिद्ध करती है कि अर्जुन भागा-भागा हो गया है। अर्जुन पलायनवादी दिखाई पड़ा है, वह एस्केपिस्ट मालूम पड़ा है। अर्जुन जैसे व्यक्ति की संभावना यही है। अर्जुन के लिए यह युद्ध भारी पड़ा है। युद्ध में जाना, अर्जुन के लिए अपने को रूपांतरित करके ही संभव हो सका है। अर्जुन एक नए तल पर पहुंचकर ही युद्ध के लिए राजी हो सका है।

भीम जैसा था, उसी तल पर युद्ध के लिए तैयार था। भीम के लिए युद्ध सहजता है, जैसे दुर्योधन के लिए सहजता है। इसलिए दुर्योधन भीम को केंद्र में देखता है, तो आकस्मिक नहीं है। लेकिन यह युद्ध के प्रारंभ की बात है। युद्ध की निष्पत्ति क्या होगी, अंत क्या होगा, यह दुर्योधन को पता नहीं है। हमें पता है।

और ध्यान रहे, अक्सर ही जीवन जैसा प्रारंभ होता है, वैसा अंत नहीं होता। अक्सर अंत सदा ही अनिर्णीत है, अंत सदा ही अदृश्य है। अक्सर ही जो हम सोचकर चलते हैं, वह नहीं होता। अक्सर ही जो हम मानकर चलते हैं, वह नहीं होता। जीवन एक अज्ञात यात्रा है। इसलिए जीवन के प्रारंभिक क्षणों में—किसी भी घटना के प्रारंभिक क्षणों में—जो सोचा जाता है, वह अंतिम निष्पत्ति नहीं बनती। और हम भाग्य के निर्माण की चेष्टा में रत हो सकते हैं, लेकिन भाग्य के निर्णायक नहीं हो पाते हैं; निष्पत्ति कुछ और होती है।

खयाल तो दुर्योधन का यही था कि भीम केंद्र पर रहेगा। और अगर भीम केंद्र पर रहता, तो शायद दुर्योधन जो कहता है कि हम विजयी हो सकेंगे, हो सकता था। लेकिन दुर्योधन की दृष्टि सही सिद्ध नहीं हुई। और आकस्मिक तत्व बीच में उतर आया। वह भी सोच लेने जैसा है।

कृष्ण का खयाल ही न था। कि अर्जुन अगर भागने लगे, तो कृष्ण उसे युद्ध में रत करवा सकते हैं। हम सबको भी खयाल नहीं होता। जब हम जिंदगी में चलते हैं, तो एक अज्ञात परमात्मा की तरफ से भी बीच में कुछ होगा, इसका हमें

कभी खयाल नहीं होता। हम जो भी हिसाब लगाते हैं, वह दृश्य का होता है। अदृश्य भी बीच में इंटरपेनिट्रेट कर जाएगा, अदृश्य भी बीच में उतर आएगा, इसका हमें भी कोई खयाल नहीं होता।

कृष्ण के रूप में अदृश्य बीच में उतर आया है और सारी कथा बदल गई है। जो होता, वह नहीं हुआ; और जो नहीं होने की संभावना मालूम होती थी, वह हुआ है। और अज्ञात जब उतरता है तो उसके प्रिडिक्शन नहीं हो सकते, उसकी कोई भविष्यवाणी नहीं हो सकती। इसलिए जब कृष्ण भागते हुए अर्जुन को युद्ध में धक्का देने लगे, तो जो भी इस कथा को पहली बार पढ़ता है, वह शॉक खाए बिना नहीं रह सकता; उसको धक्का लगता है।

जब इमर्सन ने पहली बार पढ़ा, तो उसने किताब बंद कर दी; वह घबड़ा गया। क्योंकि अर्जुन जो कह रहा था, वह सभी तथाकथित धार्मिक लोगों को ठीक मालूम पड़ेगा। वह ठीक तथाकथित धार्मिक आदमी का तर्क दे रहा था। जब हेनरी थारो ने इस जगह आकर देखा कि कृष्ण उसे युद्ध में जाने की सलाह देते हैं, तो वह भी घबड़ा गया। हेनरी थारो ने भी लिखा है कि मुझे ऐसा भरोसा नहीं था, खयाल भी नहीं था कि कहानी ऐसा मोड़ लेगी कि कृष्ण और युद्ध में जाने की सलाह देंगे! गांधी को भी वहीं तकलीफ थी, उनकी पीड़ा भी वहीं थी।

लेकिन जिंदगी किन्हीं सिद्धांतों के हिसाब से नहीं चलती। जिंदगी बहुत अनूठी है। जिंदगी रेल की पटरियों पर दौड़ती नहीं, गंगा की धारा की तरह बहती है; उसके रास्ते पहले से तय नहीं हैं। और जब परमात्मा बीच में आता है, तो सब डिस्टर्ब कर देता है; जो भी तैयार था, जो भी आदमी ने निर्मित किया था, जो आदमी की बुद्धि सोचती थी, सब उलट-फेर हो जाता है।

इसलिए बीच में परमात्मा भी उतर आएगा इस युद्ध में, इसकी दुर्योधन को कभी कल्पना न थी। इसलिए वह जो कह रहा है, प्रारंभिक वक्तव्य है। जैसा कि हम सब आदमी जिंदगी के प्रारंभ में जो वक्तव्य देते हैं, ऐसे ही होते हैं। बीच में अज्ञात उतरता चलता है और सब कहानी बदलती चलती है। अगर हम जिंदगी को पीछे से लौटकर देखें, तो हम कहेंगे, जो भी हमने सोचा था, वह सब गलत

हुआ : जहां सफलता सोची थी, वहां असफलता मिली; जो पाना चाहता था, वह नहीं पाया जा सका; जिसके मिलने से सुख सोचा था, वह मिल गया और दुख पाया; और जिसके मिलने की कभी कामना भी न की थी, उसकी झलक मिली और आनंद के झरने फूटे। सब उलटा हो जाता है।

लेकिन इतने बुद्धिमान आदमी इस जगत में कम हैं, जो निष्पत्ति को पहले ध्यान में लें। हम सब प्रारंभ को ही पहले ध्यान में लेते हैं। काश! हम अंत को पहले ध्यान में लें तो जिंदगी की कथा बिलकुल और हो सकती है। लेकिन अगर दुर्योधन अंत को पहले ध्यान में ले ले, तो युद्ध नहीं हो सकता। दुर्योधन अंत को ध्यान में नहीं ले सकता; अंत को मानकर चलेगा कि ऐसा होगा। इसलिए वह कह रहा है बार-बार कि यद्यपि सेनाएं उस तरफ महान हैं, लेकिन जीत हमारी ही होगी। मेरे योद्धा जीवन देकर भी मुझे जिताने के लिए आतुर हैं।

लेकिन हम अपनी सारी शक्ति भी लगा दें, तो भी असत्य जीत नहीं सकता। हम सारा जीवन भी लगा दें, तो भी असत्य जीत नहीं सकता; इस निष्पत्ति का दुर्योधन को कोई भी बोध नहीं हो सकता है। और सत्य, जो कि हारता हुआ भी मालूम पड़ता हो, अंत में जीत जाता है। असत्य प्रारंभ में जीतता हुआ मालूम पड़ता है, अंत में हार जाता है। सत्य प्रारंभ में हारता हुआ मालूम पड़ता है, अंत में जीत जाता है। लेकिन प्रारंभ से अंत को देख पाना कहां संभव है! जो देख पाता है, वह धार्मिक हो जाता है। जो नहीं देख पाता है, वह दुर्योधन की तरह अंधे युद्ध में उतरता चला जाता है।

प्रश्न : एक तो अज्ञात का विल होता है, एक व्यक्ति का अपना विल होता है। दोनों में कांफ्लिक्ट होते हैं। तो व्यक्ति कैसे जान पाए कि अज्ञात का क्या विल है, अज्ञात की क्या इच्छा है?

पूछते हैं, व्यक्ति कैसे जान पाए कि अज्ञात की क्या इच्छा है? व्यक्ति कभी नहीं जान पाता। हां, व्यक्ति अपने को छोड़ दे, मिटा दे, तो तत्काल जान लेता है; अज्ञात के साथ एक हो जाता है। बूंद नहीं जान सकती कि सागर क्या है,

जब तक कि बूंद सागर के साथ खो न जाए। व्यक्ति नहीं जान सकता कि परमात्मा की इच्छा क्या है। जब तक व्यक्ति अपने को व्यक्ति बनाए है, तब तक नहीं जान सकता है। व्यक्ति अपने को खो दे, तो फिर परमात्मा की इच्छा ही शेष रह जाती है, क्योंकि व्यक्ति की कोई इच्छा शेष नहीं रह जाती। तब जानने का सवाल ही नहीं उठता। तब व्यक्ति वैसे ही जीता है, जैसे अज्ञात उसे जिलाता है। तब व्यक्ति की कोई आकांक्षा, तब व्यक्ति की कोई फलाकांक्षा, तब व्यक्ति की कोई अपनी अभीप्सा, तब व्यक्ति की समग्र की आकांक्षा के ऊपर अपनी थोपने की कोई वृत्ति शेष नहीं रह जाती, क्योंकि व्यक्ति शेष नहीं रह जाता।

जब तक व्यक्ति है, तब तक अज्ञात क्या चाहता है, नहीं जाना जा सकता। और जब व्यक्ति नहीं है, तब जानने की कोई जरूरत नहीं; जो भी होता है, वह अज्ञात ही करवाता है। तब व्यक्ति एक इंस्ट्रूमेंट हो जाता है, तब व्यक्ति एक साधनमात्र हो जाता है।

कृष्ण पूरी गीता में आगे अर्जुन को यही समझाते हैं कि वह अपने को छोड़ दे अज्ञात के हाथों में; समर्पित कर दे। क्योंकि वह जिन्हें सोच रहा है कि ये मर जाएंगे, वे अज्ञात के द्वारा पहले ही मारे जा चुके हैं। कि वह जिन्हें सोचता है कि इनकी मृत्यु के लिए मैं जिम्मेवार हो जाऊंगा, उनके लिए वह बिलकुल भी जिम्मेवार नहीं होगा। अगर वह अपने को बचाता है, तो जिम्मेवार हो जाएगा। अगर अपने को छोड़कर साधनवत, साक्षीवत लड़ सकता है, तो उसकी कोई जिम्मेवारी नहीं रह जाती है।

व्यक्ति अपने को खो दे समष्टि में, व्यक्ति अपने को समर्पित कर दे, छोड़ दे अहंकार को, तो ब्रह्म की इच्छा ही फलित होती है। अभी भी वही फलित हो रही है। ऐसा नहीं कि हम उससे भिन्न फलित करा लेंगे। लेकिन हम भिन्न फलित कराने में लड़ेंगे, टूटेंगे, नष्ट होंगे।

एक छोटी-सी कहानी मैं निरंतर कहता रहा हूं। मैं कहता रहा हूं कि एक नदी में बहुत बाढ़ आई है और दो छोटे-से तिनके उस नदी में बह रहे हैं। एक तिनका नदी में आड़ा पड़ गया है और नदी की बाढ़ को रोकने की कोशिश कर

रहा है। और वह चिल्ला रहा है बहुत जोर से कि नहीं बढ़ने देंगे नदी को, यद्यपि नदी बढ़ी जा रही है। वह चिल्ला रहा है कि रोककर रहेंगे, यद्यपि रोक नहीं पा रहा है। वह चिल्ला रहा है कि नदी को हर हालत में रोककर ही रहूंगा, जीऊं या मरूं! लेकिन बहा जा रहा है। नदी को न उसकी आवाज सुनाई पड़ती है, न उसके संघर्ष का पता चलता है। एक छोटा-सा तिनका! नदी को उसका कोई भी पता नहीं है। नदी को कोई फर्क नहीं पड़ता। लेकिन तिनके को बहुत फर्क पड़ रहा है। उसकी जिंदगी बड़ी मुसीबत में पड़ गई है, बहा जा रहा है। नहीं लड़ेगा तो जहां पहुंचेगा, वहीं पहुंचेगा लड़कर भी। लेकिन यह बीच का क्षण, यह बीच का काल, दुख, पीड़ा, द्वंद्व और चिंता का काल हो जाएगा।

उसके पड़ोस में एक दूसरे तिनके ने छोड़ दिया है अपने को। वह नदी में आड़ा नहीं पड़ा है, सीधा पड़ा है, नदी जिस तरफ बह रही है उसी तरफ, और सोच रहा है कि मैं नदी को बहने में सहायता दे रहा हूं। उसकी भी नदी का कोई पता नहीं है। वह सोच रहा है, मैं नदी को सागर तक पहुंचा ही दूंगा; मेरे साथ है तो पहुंच ही जाएगी। नदी को उसकी सहायता का भी कोई पता नहीं है।

लेकिन नदी को कोई फर्क नहीं पड़ता, उन दोनों तिनकों को बहुत फर्क पड़ रहा है। जो नदी को साथ बहा रहा है, वह बड़े आनंद में है, वह बड़ी मौज में नाच रहा है; और जो नदी से लड़ रहा है, वह बड़ी पीड़ा में है। उसका नाच, नाच नहीं है, एक दुखस्वप्न है। उसका नाच उसके अंगों की टूटन है; वह तकलीफ में पड़ा है, हार रहा है। और जो नदी को बहा रहा है, वह जीत रहा है।

व्यक्ति ब्रह्म की इच्छा के अतिरिक्त कुछ कभी कर नहीं पाता है, लेकिन लड़ सकता है, इतनी स्वतंत्रता है। और लड़कर अपने को चिंतित कर सकता है, इतनी स्वतंत्रता है।

सार्त्र का एक वचन है, जो बड़ा कीमती है। वचन है, ह्युमैनिटी इज़ कंडेम्ड टु बी फ्री—आदमी स्वतंत्र होने के लिए मजबूर है; विवश है, कंडेम्ड है, निंदित है—स्वतंत्र होने के लिए।

लेकिन आदमी अपनी स्वतंत्रता के दो उपयोग कर सकता है। अपनी

स्वतंत्रता को वह ब्रह्म की इच्छा से संघर्ष बना सकता है। और तब उसका जीवन दुख, पीड़ा, एंग्विश, संताप का जीवन होगा। और अंततः पराजय फल होगी। और कोई व्यक्ति अपनी स्वतंत्रता को ब्रह्म के प्रति समर्पण बना सकता है, तब जीवन आनंद का, ब्लिस का, नृत्य का, गीत का जीवन होगा। और अंत? अंत में विजय के अतिरिक्त और कोई उपाय नहीं है। वह जो तिनका सोच रहा है कि नदी को साथ दे रहा हूं, वह विजयी ही होने वाला है। उसकी हार का कोई उपाय नहीं है। और जो नदी को रोक रहा है, वह हारने ही वाला है, उसकी जीत का कोई उपाय नहीं है।

ब्रह्म की इच्छा को नहीं जाना जा सकता है, लेकिन ब्रह्म के साथ एक हुआ जा सकता है। और तब, अपनी इच्छा खो जाती है, उसकी इच्छा ही शेष रह जाती है।

प्रश्न : वैज्ञानिक-सिद्धि में व्यक्ति का अपना कुछ होता है। और अज्ञात इस वैज्ञानिक-सिद्धि में कैसे उतरता होगा, यह तकलीफ की बात बन जाती है!

ऐसा साधारणतः लगता है कि वैज्ञानिक खोज में व्यक्ति की अपनी इच्छा काम करती है; ऐसा बहुत ऊपर से देखने पर लगता है; बहुत भीतर से देखने पर ऐसा नहीं लगेगा। अगर जगत के बड़े से बड़े वैज्ञानिकों को हम देखें तो हम बहुत हैरान हो जाएंगे। जगत के सभी बड़े वैज्ञानिकों के अनुभव बहुत और हैं। कालेज, यूनिवर्सिटीज में विज्ञान की जो धारणा पैदा होती है, वैसा अनुभव उनका नहीं है।

मैडम क्यूरी ने लिखा है कि मुझे एक सवाल कई दिनों से पीड़ित किए हुए है। उसे हल करती हूं और हल नहीं होता है। थक गई हूं, परेशान हो गई हूं, आखिर हल करने की बात छोड़ दी। और एक रात दो बजे वैसे ही कागजात टेबल पर अधूरे छोड़कर सो गई और सोच लिया कि अब इस सवाल को छोड़ ही देना है।

थक गया व्यक्ति। लेकिन सुबह उठकर देखा है कि आधा सवाल जहां छोड़ा था, वह सुबह पूरा हो गया है। कमरे में तो कोई आया नहीं, द्वार बंद थे।

और कमरे में भी कोई आकर उसको हल कर सकता था, जिसको मैडम क्यूरी हल नहीं कर सकती थी, इसकी भी संभावना नहीं है। नोबल-प्राइज-विनर थी वह महिला। घर में नौकर-चाकर ही थे, उनसे तो कोई आशा नहीं है। वह तो और बड़ा मिरेकल होगा कि घर में नौकर-चाकर आकर हल कर दें। लेकिन हल तो हो गया है। और आधा ही छोड़ा था और आधा पूरा है। तब बड़ी मुश्किल में पड़ गई। सब द्वार-दरवाजे देखे। कोई परमात्मा उतर आए, इसकी भी आस्था उसे नहीं हो सकती। कोई परमात्मा ऐसे ऊपर से उतर भी नहीं आया था।

लेकिन गौर से देखा तो पाया कि बाकी अक्षर भी उसके ही हैं। तब उसे खयाल आना शुरू हुआ कि रात वह नींद में सपने में उठी। सपने का उसे याद आ गया कि वह सपने में उठी है। उसने सपना देखा कि वह सवाल हल कर रही है। वह नींद में उठी है रात में और उसने सवाल हल किया है। फिर तो यह उसकी व्यवस्थित विधि हो गई कि जब कोई सवाल हल न हो, तब वह उसे तकिए के नीचे दबाकर सो जाए; रात उठकर हल कर ले।

दिन भर तो मैडम क्यूरी इंडिविजुअल थी, व्यक्ति थी। रात नींद में अहं खो जाता है, बूंद सागर से मिल जाती है। और जो सवाल हमारा चेतन मन नहीं खोज पाया, वह हमारा अचेतन, गहरे में जो परमात्मा से जुड़ा है, खोज पाता है।

आर्किमिडीज एक सवाल हल कर रहा था, वह हल नहीं होता था। वह बड़ी मुश्किल में पड़ गया था। सम्राट ने कहा था, हल करके ही लाओ। आर्किमिडीज की सारी प्रतिष्ठा हल करने पर ही निर्भर थी, लेकिन थक गया। रोज सम्राट का संदेश आता है कि कब तक हल करोगे?

सम्राट को किसी ने एक सोने का बहुत कीमती आभूषण भेंट किया था। लेकिन सम्राट को शक था कि धोखा दिया गया है, और सोने में कुछ मिला है। लेकिन बिना आभूषण को मिटाए पता लगाना है कि उसमें कोई और धातु तो नहीं मिली है! अब उस वक्त तक कोई उपाय नहीं था जानने का। और बड़ा था आभूषण। उसमें कहीं बीच में अगर अंदर कोई चीज डाल दी गई हो, तो वजन तो बढ़ ही जाएगा।

आर्किमिडीज थक गया, परेशान हो गया। फिर एक दिन सुबह अपने टब में लेटा हुआ है, पड़ा हुआ है! बस, अचानक, नंगा ही था, सवाल हल हो गया। भागा! भूल गया—आर्किमिडीज अगर होता, तो कभी न भूलता कि मैं नंगा हूं—सड़क पर आ गया! और चिल्लाने लगा, इरेका, इरेका, मिल गया। और भागा राजमहल की तरफ। लोगों ने पकड़ा कि क्या कर रहे हो? राजा के सामने नंगे पहुंच जाओगे? उसने कहा, लेकिन यह तो मुझे खयाल ही न रहा! घर वापिस आया।

यह जो आदमी सड़क पर पहुंच गया था नग्न, यह आर्किमिडीज नहीं था। आर्किमिडीज सड़क पर नहीं पहुंच सकता था। यह व्यक्ति नहीं था। और यह जो हल हुआ था सवाल, यह व्यक्ति की चेतना में हल नहीं हुआ था। यह निर्व्यक्ति-चेतना में हल हुआ था। वह बाथरूम में पड़ा था अपने टब में—रिलैक्स्ड, शिथिल। ध्यान घट गया, भीतर उतर गया—सवाल हल हो गया। जो सवाल स्वयं से हल न हुआ था, वह टब ने हल कर दिया? टब हल करेगा सवाल को? जो स्वयं से हल नहीं हुआ था, वह पानी में लेटने से हल हो जाएगा? पानी में लेटने से कोई बुद्धि बढ़ जाती है? जो कपड़े पहने हल नहीं हुआ था, वह नंगे होने से हल हो जाएगा?

नहीं, कुछ और घटना घट गई है। यह व्यक्ति नहीं रहा कुछ देर के लिए, अव्यक्ति हो गया। यह कुछ देर के लिए ब्रह्म के स्रोत में खो गया।

अगर हम जगत के सारे बड़े वैज्ञानिकों के—आइंस्टीन के, मैक्स प्लांक के या एडिंग्टन के या एडीसन के—इनके अगर हम अनुभव पढ़ें, तो इन सब का अनुभव यह है कि जो भी हमने जाना, वह हमने नहीं जाना। निरंतर ही ऐसा हुआ है कि जब हमने जाना, तब हम न थे और जानना घटित हुआ है। यही उपनिषद के ऋषि कहते हैं, यही वेद के ऋषि कहते हैं, यही मोहम्मद कहते हैं, यही जीसस कहते हैं।

अगर हम कहते हैं कि वेद अपौरुषेय हैं, तो उसका और कोई मतलब नहीं। उसका यह मतलब नहीं कि ईश्वर उतरा और उसने किताब लिखी। ऐसी

पागलपन की बातें करने की कोई जरूरत नहीं है। अपौरुषेय का इतना ही मतलब है कि जिस पुरुष पर यह घटना घटी, उस वक्त वह मौजूद नहीं था; उस वक्त मैं मौजूद नहीं था। जब यह घटना घटी, जब यह उपनिषद का वचन उतरा किसी पर और जब यह मोहम्मद पर कुरान उतरी और जब ये बाइबिल के वचन जीसस पर उतरे, तो वे मौजूद नहीं थे।

धर्म और विज्ञान के अनुभव भिन्न-भिन्न नहीं हैं; हो नहीं सकते; क्योंकि अगर विज्ञान में कोई सत्य उतरता है, तो उसके उतरने का भी मार्ग वही है जो धर्म में उतरता है, जो धर्म के उतरने का मार्ग है। सत्य के उतरने का एक ही मार्ग है, जब व्यक्ति नहीं होता तो परमात्मा से सत्य उतरता है; हमारे भीतर जगह खाली हो जाती है, उस खाली जगह में सत्य प्रवेश करता है।

दुनिया में कोई भी ढंग से—चाहे कोई संगीतज्ञ, चाहे कोई चित्रकार, चाहे कोई कवि, चाहे कोई वैज्ञानिक, चाहे कोई धार्मिक, चाहे कोई मिस्टिक—दुनिया में जिन्होंने भी सत्य की कोई किरण पाई है, उन्होंने तभी पाई है, जब वे स्वयं नहीं थे। यह धर्म को तो बहुत पहले से खयाल में आ गया। लेकिन धर्म का अनुभव दस हजार साल पुराना है। दस हजार साल में धार्मिक-फकीर को, धार्मिक-संत को, धार्मिक-योगी को यह अनुभव हुआ कि यह मैं नहीं हूं।

यह बड़ी मुश्किल बात है। जब पहली दफा आपके भीतर परमात्मा से कुछ आता है, तब डिस्टिंक्शन करना बहुत मुश्किल होता है कि यह आपका है कि परमात्मा का है। जब पहली दफा आता है तो डांवाडोल होता है मन कि मेरा ही होगा और अहंकार की इच्छा भी होती है कि मेरा ही हो। लेकिन धीरे-धीरे, धीरे-धीरे जब दोनों चीजें साफ होती हैं और पता चलता है कि आप और इस सत्य में कहीं कोई तालमेल नहीं बनता, तब फासला दिखाई पड़ता है, डिस्टेंस दिखाई पड़ता है।

विज्ञान की उम्र नई है अभी—दो-तीन सौ साल। लेकिन दो-तीन सौ साल में वैज्ञानिक विनम्र हुआ है। आज से पचास साल पहले वैज्ञानिक कहता था, जो खोजा, वह हमने खोजा। आज नहीं कहता। आज वह कहता है, हमारी सामर्थ्य

के बाहर मालूम पड़ता है सब। आज का वैज्ञानिक उतनी ही मिस्टिसिज्म की भाषा में बोल रहा है, उतने ही रहस्य की भाषा में, जितना संत बोले थे।

इसलिए जल्दी न करें! और सौ साल, और वैज्ञानिक ठीक वही भाषा बोलेगा, जो उपनिषद बोलते हैं। बोलनी ही पड़ेगी वही भाषा, जो बुद्ध बोलते हैं। बोलनी ही पड़ेगी वही भाषा, जो अगस्तीन और फ्रांसिस बोलते हैं। बोलनी ही पड़ेगी। बोलनी पड़ेगी इसलिए कि जितना-जितना सत्य का गहरा अनुभव होगा, उतना-उतना व्यक्ति का अनुभव क्षीण होता है। और जितना सत्य प्रगट होता है, उतना ही अहंकार लीन होता है। और एक दिन पता चलता है कि जो भी जाना गया है, वह प्रसाद है; वह ग्रेस है; वह उतरा है; उसमें मैं नहीं हूं। और जो-जो मैंने नहीं जाना, उसकी जिम्मेवारी मेरी है, क्योंकि मैं इतना मजबूत था कि जान नहीं सकता था। मैं इतना गहन था कि सत्य नहीं उतर सकता था। सत्य उतरता है खाली चित्त में, शून्य चित्त में। और असत्य उतारना हो, तो मैं की मौजूदगी जरूरी है।

विज्ञान की खोज को बाधा नहीं पड़ेगी। जो खोज हुई है, वह भी अज्ञात के संबंध से ही हुई है; समर्पण से हुई है। और जो खोज होगी आगे, वह भी समर्पण से ही होगी। समर्पण के द्वार के अतिरिक्त सत्य कभी किसी और द्वार से न आया है, न आ सकता है।

प्रश्न : आपका यह स्टेटमेंट बड़ी दिक्कत में डाल देता है कि अचेतन मन भगवान से जुड़ा हुआ होता है। यह तो जुंग ने पीछे से बताया, मिथोलाजी का कलेक्टिव अनकांशस से संबंध जोड़कर। मगर फ्रायड कहता है कि वह शैतान से भी जुड़ा होता है, तो तकलीफ बढ़ जाती है।

फ्रायड का ऐसा जरूर खयाल है कि वह जो अचेतन मन है हमारा, वह भगवान से ही नहीं, शैतान से भी जुड़ा होता है। असल में भगवान और शैतान हमारे शब्द हैं। जब किसी चीज को हम पसंद नहीं करते, तो हम कहते हैं, शैतान से जुड़ा है; और किसी चीज को जब हम पसंद करते हैं, तो हम कहते हैं, भगवान से जुड़ा है। लेकिन मैं इतना ही कह रहा हूं कि अज्ञात से जुड़ा है। और

अज्ञात मेरे लिए भगवान है। और भगवान में मेरे लिए शैतान समाविष्ट है, उससे अलग नहीं है।

असल में जो हमें पसंद नहीं है, मन होता है कि वह शैतान ने किया होगा। जो गलत, असंगत नहीं है, वह भगवान ने किया होगा। ऐसा हमने सोच रखा है कि हम केंद्र पर हैं जीवन के, और जो हमारे पसंद पड़ता है, वह भगवान का किया हुआ है, भगवान हमारी सेवा कर रहा है। जो पसंद नहीं पड़ता, वह शैतान का किया हुआ है; शैतान हमसे दुश्मनी कर रहा है। यह मनुष्य का अहंकार है, जिसने शैतान और भगवान को भी अपनी सेवा में लगा रखा है।

भगवान के अतिरिक्त कुछ है ही नहीं। जिसे हम शैतान कहते हैं, वह सिर्फ हमारी अस्वीकृति है। जिसे हम बुरा कहते हैं, वह सिर्फ हमारी अस्वीकृति है। और अगर हम बुरे में भी गहरे देख पाएं, तो फौरन हम पाएंगे कि बुरे में भला छिपा होता है। दुख में भी गहरे देख पाएं, तो पाएंगे कि सुख छिपा होता है। अभिशाप में भी गहरे देख पाएं, तो पाएंगे कि वरदान छिपा होता है। असल में बुरा और भला एक ही सिक्के के दो पहलू हैं। शैतान के खिलाफ जो भगवान है, उसे मैं अज्ञात नहीं कह रहा; मैं अज्ञात उसे कह रहा हूं, जो हम सबके जीवन की भूमि है, जो अस्तित्व का आधार है। उस अस्तित्व के आधार से ही रावण भी निकलता है, उस अस्तित्व के आधार से ही राम भी निकलते हैं। उस अस्तित्व से अंधकार भी निकलता है, उस अस्तित्व से प्रकाश भी निकलता है।

हमें अंधकार में डर लगता है, तो मन होता है, अंधकार शैतान पैदा करता होगा। हमें रोशनी अच्छी लगती है, तो मन होता है कि भगवान पैदा करता होगा। लेकिन अंधकार में कुछ भी बुरा नहीं है, रोशनी में कुछ भी भला नहीं है। और जो अस्तित्व को प्रेम करता है, वह अंधकार में भी परमात्मा को पाएगा और प्रकाश में भी परमात्मा को पाएगा।

सच तो यह है कि अंधकार को भय के कारण हम कभी—उसके सौंदर्य को—जान ही नहीं पाते; उसके रस को, उसके रहस्य को हम कभी जान ही नहीं पाते। हमारा भय मनुष्य निर्मित भय है। कंदराओं से आ रहे हैं हम, जंगली

कंदराओं से होकर गुजरे हैं हम। अंधेरा बड़ा खतरनाक था। जंगली जानवर हमला कर देता; रात डराती थी। इसलिए अग्नि जब पहली दफा प्रकट हो सकी, तो हमने उसे देवता बनाया। क्योंकि रात निश्‍चिंत हो गई, आग जलाकर हम निर्भय हुए। अंधेरा हमारे अनुभव में भय से जुड़ गया है। रोशनी हमारे हृदय में अभय से जुड़ गई है।

लेकिन अंधेरे का अपना रहस्य है, रोशनी का अपना रहस्य है। और इस जीवन में जो भी महत्वपूर्ण घटित होता है, वह अंधेरे और रोशनी दोनों के सहयोग से घटित होता है। एक बीज हम गड़ाते हैं अंधेरे में, फूल आता है रोशनी में। बीज हम गड़ाते हैं अंधेरे में, जमीन में; जड़ें फैलती हैं अंधेरे में, जमीन में। फूल खिलते हैं आकाश में, रोशनी में। एक बीज को रोशनी में रख दें, फिर फूल कभी न आएंगे। एक फूल को अंधेरे में गड़ा दें, फिर बीज कभी पैदा न होंगे। एक बच्चा पैदा होता है मां के पेट के गहन अंधकार में, जहां रोशनी की एक किरण नहीं पहुंचती। फिर जब बड़ा होता है, तो आता है प्रकाश में। अंधेरा और प्रकाश एक ही जीवन-शक्ति के लिए आधार हैं। जीवन में विभाजन, विरोध, पोलेरिटी मनुष्य की है।

फ्रायड जो कहता है कि शैतान से जुड़ा है...। फ्रायड यहूदी-चिंतन से जुड़ा था। फ्रायड यहूदी घर में पैदा हुआ था। बचपन से ही शैतान और परमात्मा के विरोध को उसने सुन रखा था। यहूदियों ने दो हिस्से तोड़ रखे हैं—एक शैतान है, एक भगवान है। वह आदमी के ही मन के दो हिस्से हैं। तो फ्रायड को लगा कि जहां-जहां से बुरी चीजें उठती हैं अचेतन से, वे बुरी-बुरी चीजें शैतान डाल रहा होगा।

नहीं, कोई शैतान नहीं है। और अगर शैतान हमें दिखाई पड़ता है, तो कहीं न कहीं हमारी बुनियादी भूल है। धार्मिक व्यक्ति शैतान को देखने में असमर्थ है। परमात्मा ही है। और अचेतन—जहां से वैज्ञानिक सत्य को पाता है या धार्मिक सत्य को पाता है—वह परमात्मा का द्वार है। धीरे-धीरे हम उसकी गहराई में उतरेंगे, तो खयाल में निश्‍चित आ सकता है।

तस्य संजनयन्हर्षं कुरुवृद्धः पितामहः।
सिंहनादं विनद्योच्चैः शंखं दध्मौ प्रतापवान्।। 12।।
ततः शंखाश्च भेर्यश्च पणवानकगोमुखाः।
सहसैवाभ्यहन्यन्त स शब्दस्तुमुलोऽभवत्।। 13।।

इस प्रकार द्रोणाचार्य से कहते हुए दुर्योधन के वचनों को सुनकर, कौरवों में वृद्ध, बड़े प्रतापी पितामह भीष्म ने उसके हृदय में हर्ष उत्पन्न करते हुए उच्च स्वर से सिंहनाद के समान गर्जकर शंख बजाया। उसके उपरांत शंख और नगाड़े तथा ढोल, मृदंग और नृसिंहादि बाजे एक साथ ही बजे। उनका वह शब्द बड़ा भयंकर हुआ।

ततः श्वेतैर्हयैर्युक्ते महति स्यन्दने स्थितौ।
माधवः पाण्डवश्चैव दिव्यौ शंखौ प्रदध्मतुः।। 14।।
पाञ्चजन्यं हृषीकेशो देवदत्तं धनंजयः।
पौण्ड्रं दध्मौ महाशंखं भीमकर्मा वृकोदरः।। 15।।
अनन्तविजयं राजा कुन्तीपुत्रो युधिष्ठिरः।
नकुलः सहदेवश्च सुघोषमणिपुष्पकौ।। 16।।

इसके अनंतर सफेद घोड़ों से युक्त उत्तम रथ में बैठे हुए श्रीकृष्ण और अर्जुन ने भी अलौकिक शंख बजाए। उनमें श्रीकृष्ण ने पांचजन्य नामक शंख और अर्जुन ने देवदत्त नामक शंख बजाया। भयानक कर्म वाले भीमसेन ने पौण्ड्र नामक महाशंख बजाया। कुंतीपुत्र राजा युधिष्ठिर ने अनंतविजय नामक और नकुल तथा सहदेव ने सुघोष और मणिपुष्पक नाम वाले शंख बजाए।

प्रश्न : भीष्म के गगनभेदी शंखनाद के प्रतिशब्द में कृष्ण शंखनाद करते हैं। तो क्या उनकी शंखध्वनि एक्शन के बजाय रिएक्शन, प्रत्याघात कही जा सकती है? भगवद्गीता के इस प्रथम अध्याय में कृष्ण का पांचजन्य शंख या अर्जुन का देवदत्त शंख बजाना—यह उद्घोषणा के बजाय कोई और तात्पर्य रखता है?

कृष्ण का शंखनाद, भीष्म के शंखनाद की प्रतिक्रिया, रिएक्शन है? ऐसा पूछा है।

नहीं, सिर्फ रिस्पांस है, प्रतिसंवेदन है। और शंखनाद से केवल प्रत्युत्तर है—युद्ध का नहीं, लड़ने का नहीं—शंखनाद से सिर्फ स्वीकृति है चुनौती की। वह चुनौती जो भी लाए, वह चुनौती जो भी दिखाए, वह चुनौती जहां भी ले जाए, उसकी स्वीकृति है। इस स्वीकृति को थोड़ा समझना उपयोगी है।

जीवन प्रतिपल चुनौती है। और जो उसे स्वीकार नहीं करता, वह जीते जी ही मर जाता है। बहुत लोग जीते जी ही मर जाते हैं। बर्नार्ड शा कहा करता था कि लोग मरते तो हैं बहुत पहले, दफनाए बहुत बाद में जाते हैं। मरने और दफनाने में कोई चालीस साल का अक्सर फर्क हो जाता है। जिस क्षण से व्यक्ति जीवन की चुनौती का स्वीकार बंद करता है, उसी क्षण से मर जाता है। जीवन है प्रतिपल चुनौती की स्वीकृति।

लेकिन चुनौती की स्वीकृति भी दो तरह की हो सकती है। चुनौती की स्वीकृति भी क्रोधजन्य हो सकती है; और तब प्रतिक्रिया हो जाती है, रिएक्शन हो जाती है। और चुनौती की स्वीकृति भी प्रसन्नता, उत्फुल्लता से मुदितापूर्ण हो सकती है; और तब प्रतिसंवेदन हो जाती है।

ध्यान देने योग्य है कि भीष्म ने जब शंख बजाया तो वचन है कि प्रसन्नता से और वीरों को प्रसन्नचित्त करते हुए...। आह्लाद फैल गया उनके शंखनाद से। उस शंखनाद से प्रसन्नता फैल गई। वह एक स्वीकार है। जीवन जो दिखा रहा है, अगर युद्ध भी, तो युद्ध का भी स्वीकार है। जीवन जहां ले जा रहा है, अगर युद्ध में भी, तो इस युद्ध का भी स्वीकार है। निश्चित ही इसे प्रत्युत्तर मिलना चाहिए। और पीछे कृष्ण और पांडव अपने-अपने शंखनाद करते हैं।

यहां भी सोचने जैसी बात है कि पहला शंखनाद कौरवों की तरफ से होता है। युद्ध के प्रारंभ का दायित्व कौरवों का है; कृष्ण सिर्फ प्रत्युत्तर दे रहे हैं। पांडवों की तरफ से प्रतिसंवेदन है, रिस्पांस है। अगर युद्ध ही है, तो उसके उत्तर के लिए वे तैयार हैं। ऐसे युद्ध की वृत्ति नहीं है। पांडव भी पहले बजा सकते हैं। नहीं लेकिन इतना दायित्व—युद्ध में घसीटने का दायित्व—कौरव ही लेंगे।

युद्ध का यह प्रारंभ बड़ा प्रतीकात्मक है। इसमें एक बात और ध्यान देने जैसी है कि प्रत्युत्तर कृष्ण शुरू करते हैं। अगर भीष्म ने शुरू किया था, तो कृष्ण को उत्तर देने के लिए तैयार करना उचित नहीं है। उचित तो है कि जो युद्ध के लिए तत्पर योद्धा हैं...। कृष्ण तो केवल सारथी की तरह वहां मौजूद हैं; वे योद्धा भी नहीं हैं, वे युद्ध करने भी नहीं आए हैं। लड़ने की कोई बात ही नहीं है। पांडवों की तरफ से जो सेनापति है, उसे शंखनाद करके उत्तर देना चाहिए। लेकिन नहीं, यह बहुत महत्वपूर्ण है कि शंखनाद का उत्तर कृष्ण से शुरू करवाया गया है। यह इस बात का प्रतीक है कि पांडव इस युद्ध को केवल परमात्मा की तरफ से डाले गए दायित्व से ज्यादा मानने को तैयार नहीं हैं। परमात्मा की तरफ से आई हुई पुकार के लिए वे तैयार हैं। वे केवल परमात्मा के साधन भर होकर लड़ने के लिए तैयार हैं। इसलिए यह जो प्रत्युत्तर है युद्ध की स्वीकृति का, वह कृष्ण से दिलवाया गया है।

उचित है। उचित है, परमात्मा के साथ लड़कर हारना भी उचित है; और परमात्मा के खिलाफ लड़कर जीतना भी उचित नहीं है। अब हार भी आनंद होगी। अब हार भी आनंद हो सकती है। क्योंकि यह लड़ाई अब पांडवों की अपनी नहीं है; अगर है तो परमात्मा की है। लेकिन यह रिएक्शन नहीं है, रिस्पांस है। इसमें कोई क्रोध नहीं है।

अगर भीम इसको बजाता, तो रिएक्शन हो सकता था। अगर भीम इसका उत्तर देता, तो वह क्रोध में ही दिया गया होता। अगर कृष्ण की तरफ से यह उत्तर आया है, तो यह बड़ी आनंद की स्वीकृति है, कि ठीक है। अगर जीवन वहां ले आया है, जहां युद्ध ही फलित हो, तो हम परमात्मा के हाथों में अपने को छोड़ते हैं।

काश्यश्च परमेष्वासः शिखण्डी च महारथः।
धृष्टद्युम्नो विराटश्च सात्यकिश्चापराजितः।।17।।
द्रुपदो द्रौपदेयाश्च सर्वशः पृथिवीपते।
सौभद्रश्च महाबाहुः शंखान्दध्मुः पृथक्पृथक्।। 18।।

स घोषो धार्तराष्ट्राणां हृदयानि व्यदारयत्।
नभश्च पृथिवीं चैव तुमुलो व्यनुनादयन्।। 19।।

श्रेष्ठ धनुष वाला काशिराज और महारथी शिखंडी और धृष्टद्युम्न तथा राजा विराट और अजेय सात्यकि, राजा द्रुपद और द्रौपदी के पांचों पुत्र और बड़ी भुजा वाला सुभद्रापुत्र अभिमन्यु इन सबने, हे राजन्! अलग-अलग शंख बजाए। और उस भयानक शब्द ने आकाश और पृथ्वी को भी शब्दायमान करते हुए धृतराष्ट्र-पुत्रों के हृदय विदीर्ण कर दिए।

अथ व्यवस्थितान्दृष्ट्वा धार्तराष्ट्रान्कपिध्वजः।
प्रवृत्ते शस्त्रसंपाते धनुरुद्यम्य पांडवः।। 20।।
हृषीकेशं तदा वाक्यमिदमाह महीपते।

अर्जुन उवाच

सेनयोरुभयोर्मध्ये रथं स्थापय मेऽच्युत।। 21।।
यावदेतान्निरीक्षेऽहं योद्धुकामानवस्थितान्।
कैर्मया सह योद्धव्यमस्मिन्रणसमुद्यमे।। 22।।

हे राजन्! उसके उपरांत कपिध्वज अर्जुन ने खड़े हुए धृतराष्ट्र-पुत्रों को देखकर उस शस्त्र चलने की तैयारी के समय धनुष उठाकर हृषीकेश श्रीकृष्ण से यह वचन कहा, हे अच्युत! मेरे रथ को दोनों सेनाओं के बीच में खड़ा करिए। जब तक मैं इन स्थित हुए युद्ध की कामना वालों को अच्छी प्रकार देख लूं कि इस युद्ध रूप व्यापार में मुझे किन-किन के साथ युद्ध करना योग्य है।

अर्जुन, जिनके साथ युद्ध करना है, उन्हें देखने की कृष्ण से प्रार्थना करता है। इसमें दो-तीन बातें आज की सुबह के लिए आखिरी समझ लेनी उचित हैं, फिर हम सांझ बात करेंगे।

एक तो, अर्जुन का यह कहना कि किनके साथ मुझे युद्ध करना है, उन्हें मैं देखूं, ऐसी जगह मुझे ले चलकर खड़ा कर दें—एक बात का सूचक है कि युद्ध अर्जुन के लिए ऊपर से आया हुआ दायित्व है; भीतर से आई हुई पुकार नहीं है;

ऊपर से आई हुई मजबूरी है, भीतर से आई हुई वृत्ति नहीं है। युद्ध एक विवशता है, मजबूरी है। लड़ना पड़ेगा, इसलिए किससे लड़ना है, इसे वह पूछ रहा है, उनको मैं देख लूं। कौन-कौन लड़ने को आतुर होकर आ गए हैं, कौन-कौन युद्ध के लिए तत्पर हैं, उन्हें मैं देख लूं।

जो आदमी स्वयं युद्ध के लिए तत्पर है, उसे इसकी फिक्र नहीं होती कि दूसरा युद्ध के लिए तत्पर है या नहीं। जो आदमी स्वयं युद्ध के लिए तत्पर है, वह अंधा होता है। वह दुश्मन को देखता नहीं, वह दुश्मन को प्रोजेक्ट करता है। वह दुश्मन को देखना नहीं चाहता, उसे तो जो दिखाई पड़ता है, वह दुश्मन होता है। उसे दुश्मन को देखने की जरूरत नहीं, वह दुश्मन निर्मित करता है, वह दुश्मनी आरोपित करता है। जब युद्ध भीतर होता है, तो बाहर दुश्मन पैदा हो जाता है।

जब भीतर युद्ध नहीं होता, तब जांच-पड़ताल करनी पड़ती है कि कौन लड़ने को आतुर है, कौन लड़ने को उत्सुक है! तो अर्जुन कृष्ण को कहता है कि मुझे ऐसी जगह, ऐसे परिप्रेक्ष्य के बिंदु पर खड़ा कर दें, जहां से मैं उन्हें देख लूं, जो लड़ने के लिए आतुर यहां इकट्ठे हो गए हैं।

दूसरी बात, जिससे लड़ना है, उसे ठीक से पहचान लेना युद्ध का पहला नियम है। जिससे भी लड़ना हो; उसे ठीक से पहचान लेना, युद्ध का पहला नियम है। समस्त युद्धों का, कैसे भी युद्ध हों जीवन के—भीतरी या बाहरी—शत्रु की पहचान, युद्ध का पहला नियम है। और युद्ध में केवल वे ही जीत सकते हैं, जो शत्रु को ठीक से पहचानते हैं।

इसलिए आमतौर से जो युद्ध-पिपासु है, वह नहीं जीत पाता; क्योंकि युद्ध-पिपासा के धुएं में इतना घिरा होता है कि शत्रु को पहचानना मुश्किल हो जाता है। लड़ने की आतुरता इतनी होती है कि किससे लड़ रहा है, उसे पहचानना मुश्किल हो जाता है। और जिससे हम लड़ रहे हैं, उसे न पहचानते हों, तो हार पहले से ही निश्चित है।

इसलिए युद्ध के क्षण में जितनी शांति चाहिए विजय के लिए, उतनी शांति किसी और क्षण में नहीं चाहिए। युद्ध के क्षण में जितना साक्षी का भाव चाहिए

विजय के लिए, उतना किसी और क्षण में नहीं चाहिए। यह अर्जुन यह कह रहा है कि अब मैं साक्षी होकर देख लूं कि कौन-कौन लड़ने को है। उनका निरीक्षण कर लूं, उनको आब्जर्व कर लूं।

यह थोड़ा विचारणीय है। जब आप क्रोध में होते हैं, तब आब्जर्वेशन कम से कम रह जाता है। जब आप क्रोध में होते हैं, तब निरीक्षण की क्षमता बिलकुल खो जाती है। और जब क्रोध में होते हैं, तब सर्वाधिक निरीक्षण की जरूरत है। लेकिन बड़े मजे की बात है, अगर निरीक्षण हो, तो क्रोध नहीं होता; और अगर क्रोध हो, तो निरीक्षण नहीं होता। ये दोनों एक साथ नहीं हो सकते हैं। अगर एक व्यक्ति क्रोध में निरीक्षण को उत्सुक हो जाए तो क्रोध खो जाएगा।

यह अर्जुन क्रोध में नहीं है, इसलिए निरीक्षण की बात कह पा रहा है। यह क्रोध की बात नहीं है। जैसे युद्ध बाहर-बाहर है, छू नहीं रहा है कहीं; साक्षी होकर देख लेना चाहता है, कौन-कौन लड़ने आए हैं; कौन-कौन आतुर हैं।

यह निरीक्षण की बात कीमती है। और जब भी कोई व्यक्ति किसी भी युद्ध में जाए—चाहे बाहर के शत्रुओं से और चाहे भीतर के शत्रुओं से—तो निरीक्षण पहला सूत्र है, राइट आब्जर्वेशन पहला सूत्र है। अगर भीतर के शत्रुओं से भी लड़ना हो, तो राइट आब्जर्वेशन पहला सूत्र है। ठीक से पहले देख लेना, किससे लड़ना है! क्रोध से लड़ना है तो क्रोध को देख लेना, काम से लड़ना है तो काम को देख लेना, लोभ से लड़ना है तो लोभ को देख लेना। बाहर भी लड़ने जाएं तो पहले बहुत ठीक से देख लेना कि किससे लड़ रहे हैं? वह कौन है? इसका पूरा निरीक्षण तभी संभव है, जब साक्षी होने की क्षमता हो, अन्यथा संभव नहीं है।

इसलिए गीता अब शुरू होने के करीब आ रही है। उसका रंगमंच तैयार हो गया है। लेकिन इस सूत्र को देखकर लगता है कि अगर आगे की गीता का पता भी न हो, तो जो आदमी निरीक्षण को समझता है, वह इतने सूत्र पर भी कह सकता है कि अर्जुन को लड़ना मुश्किल पड़ेगा। यह आदमी लड़ न सकेगा। इसको लड़ने में कठिनाई आने ही वाली है।

क्योंकि जो आदमी निरीक्षण को उत्सुक है, वह आदमी लड़ने में मुश्किल पाएगा। वह जब देखेगा तो लड़ न पाएगा। लड़ने के लिए आंखें बंद चाहिए। लड़ने के लिए जूझ जाना चाहिए, निरीक्षण की सुविधा नहीं होनी चाहिए। गीता न भी पता हो आगे, तो जो आदमी निरीक्षण के तत्व को समझेगा, वह इसी सूत्र पर कह सकेगा कि यह आदमी भरोसे का नहीं है। यह आदमी युद्ध में काम नहीं पड़ेगा। यह आदमी युद्ध से हट सकता है। क्योंकि जब देखेगा, तो सब इतना व्यर्थ मालूम पड़ेगा। जो भी निरीक्षण करेगा, तो सब इतना फ्यूटाइल, इतना व्यर्थ मालूम पड़ेगा कि वह कहेगा कि हट जाऊं।

यह अर्जुन जो बात कह रहा है, वह बात इसके चित्त की बड़ी प्रतीक है। यह अपने चित्त को इस सूत्र में साफ किए दे रहा है। यह यह नहीं कह रहा है कि मैं युद्ध को आतुर हूं। मेरे सारथी! मुझे उस जगह ले चलो, जहां से मैं दुश्मनों का विनाश ठीक से कर सकूं। यह यह नहीं कह रहा है। कहना यही चाहिए। यह यह कह रहा है कि मुझे उस जगह ले चलो, जहां से मैं देख सकूं कि कौन-कौन लड़ने आए हैं, कितने आतुर हैं; मैं निरीक्षण कर सकूं। यह निरीक्षण बता रहा है कि यह आदमी विचार का आदमी है। और विचार का आदमी दुविधा में पड़ेगा।

या तो युद्ध वे लोग कर सकते हैं, जो विचारहीन हैं—भीम की तरह, दुर्योधन की तरह। या युद्ध वे लोग कर सकते हैं, जो निर्विचार हैं—कृष्ण की तरह। विचार है बीच में।

ये तीन बातें हैं। विचारहीनता विचार के पहले की अवस्था है। युद्ध बहुत आसान है। युद्ध के लिए कुछ करने की जरूरत नहीं है, ऐसी चित्त-दशा में आदमी युद्ध में होता ही है। वह प्रेम भी करता है, तो प्रेम उसका युद्ध ही सिद्ध होता है। वह प्रेम भी करता है, तो अंततः घृणा ही सिद्ध होती है। वह मित्रता भी बनाता है, तो सिर्फ शत्रुता की एक सीढ़ी सिद्ध होती है। क्योंकि शत्रु बनाने के लिए पहले मित्र तो बनाना जरूरी होता ही है। बिना मित्र बनाए शत्रु बनाना मुश्किल है। विचारहीन चित्त मित्रता भी बनाता है, तो शत्रुता ही निकलती है। युद्ध स्वाभाविक है।

दूसरी सीढ़ी विचार की है। विचार सदा डांवाडोल है। विचार सदा कंपित है। विचार सदा वेवरिंग है। दूसरी सीढ़ी पर अर्जुन है। वह कहता है, निरीक्षण कर लूं, देख लूं, समझ लूं, फिर युद्ध में उतरूं। कभी कोई दुनिया में देख-समझकर युद्ध में उतरा है? देख-समझकर तो युद्ध से भागा जा सकता है। देख-समझकर युद्ध में उतरा नहीं जा सकता।

और तीसरी सीढ़ी पर कृष्ण हैं। वह निर्विचार की स्थिति है। वहां भी विचार नहीं हैं; लेकिन वह विचारहीनता नहीं है। थाटलेसनेस और नो थाट, विचारहीनता और निर्विचार एक से मालूम पड़ते हैं। लेकिन उनमें बुनियादी फर्क है। निर्विचार वह है, जो विचार की व्यर्थता को जानकर ट्रांसेंड कर गया, पार चला गया।

विचार सब चीजों की व्यर्थता बतलाता है—जीवन की भी, प्रेम की भी, परिवार की भी, धन की भी, संसार की भी, युद्ध की भी—विचार सब चीजों की व्यर्थता बतलाता है। लेकिन अगर कोई विचार करता ही चला जाए, तो अंत में विचार विचार की भी व्यर्थता बतला देता है। और तब आदमी निर्विचार हो जाता है। फिर निर्विचार में सब ठीक वैसा ही हो जाता है संभव, जैसा विचारहीन को संभव था। लेकिन क्वालिटी, गुण बिलकुल बदल जाता है।

एक छोटा बच्चा जैसा होता है। जब कोई संतत्व को उपलब्ध होता है बुढ़ापे तक, तब फिर छोटे बच्चे जैसा हो जाता है। लेकिन छोटे बच्चे और संतत्व में ऊपरी ही समानता होती है। संत की आंखें भी छोटे बच्चे की तरह भोली हो जाती हैं। लेकिन छोटे बच्चे में अभी सब दबा पड़ा है। अभी सब निकलेगा। इसलिए छोटा बच्चा तो एक वॉल्केनो है, एक ज्वालामुखी है। अभी फूटा नहीं है, बस इतना ही है। उसकी निर्दोषता, उसकी इनोसेंस ऊपर-ऊपर है, भीतर तो सब तैयार है; बीज बन रहे हैं, फूट रहे हैं। अभी काम आएगा, क्रोध आएगा, शत्रुता आएगी—सब आएगा। अभी सबकी तैयारी चल रही है। छोटा बच्चा तो सिर्फ टाइम बम है। अभी समय लेगा और फूट पड़ेगा। लेकिन संत पार जा चुका है। वह सब जो भीतर बीज फूटने थे, फूट गए, और व्यर्थ हो गए, और गिर गए। अब कुछ भी भीतर शेष नहीं बचा; अब आंखें फिर सरल हो गई हैं, अब फिर सब निर्दोष हो गया है।

इसलिए जीसस ने कहा है—किसी ने पूछा जीसस से कि कौन तुम्हारे स्वर्ग के राज्य का अधिकारी होगा? तो जीसस ने कहा कि वे जो बच्चों की भांति हैं। जीसस ने नहीं कहा कि जो बच्चे हैं। क्योंकि बच्चे नहीं प्रवेश कर सकते। जो बच्चों की भांति हैं, अर्थात जो बच्चे नहीं हैं। एक बात तो पक्की हो गई, जो बच्चे नहीं हैं, लेकिन बच्चों की भांति हैं। बच्चे प्रवेश करें, तब तो कोई कठिनाई ही नहीं है, सभी प्रवेश कर जाएंगे। नहीं; बच्चे प्रवेश नहीं करेंगे। लेकिन जो बच्चों की भांति हैं, जो पार हो गए हैं।

इसलिए अज्ञानी और परमज्ञानी में बड़ी समानता है। अज्ञानी जैसा ही सरल हो जाता है परमज्ञानी। लेकिन अज्ञानी की सरलता के भीतर जटिलता पूरी छिपी रहती है, कभी भी प्रकट होती रहती है। परमज्ञानी की सब जटिलता खो गई होती है।

जो विचारहीन है, उसमें विचार की शक्ति पड़ी रहती है, वह विचार कर सकता है, करेगा। जो निर्विचार है, वह विचार के अतिक्रमण में हो गया; वह ध्यान में पहुंच गया, समाधि में पहुंच गया।

जो कठिनाई पूरी गीता में उपस्थित होगी, यह जो पूरा भीतर का अंतर्द्वंद्व उपस्थित होगा...अर्जुन दो तरह से युद्ध में जा सकता है। या तो वह विचारहीन हो जाए, नीचे उतर आए, वहां खड़ा हो जाए जहां दुर्योधन और भीम खड़े हैं, तो युद्ध में जा सकता है। और या फिर वह वहां पहुंच जाए जहां कृष्ण खड़े हैं, निर्विचार हो जाए, तो युद्ध में जा सकता है। अगर अर्जुन अर्जुन ही रहे, मध्य में ही रहे, विचार में ही रहे, तो वह जंगल जा सकता है, युद्ध में नहीं जा सकता है। वह पलायन करेगा, वह भागेगा।

शेष संध हम बात करेंगे।

दूसरा प्रवचन

अर्जुन के विषाद का मनोविश्लेषण

योत्स्यमानानवेक्षेऽहं य एतेऽत्र समागताः।
धार्तराष्ट्रस्य दुर्बुद्धेर्युद्धे प्रियचिकीर्षवः।। 23।।

संजय उवाच

एवमुक्तो हृषीकेशो गुडाकेशेन भारत।
सेनयोरुभयोर्मध्ये स्थापयित्वा रथोत्तमम्।। 24।।
भीष्मद्रोणप्रमुखतः सर्वेषां च महीक्षिताम्।
उवाच पार्थ पश्यैतान्समवेतान्कुरूनिति।। 25।।
तत्रापश्यत्स्थितान्पार्थः पितृनथ पितामहान।
आचार्यान्मातुलान्भ्रातृन्पुत्रान्पौत्रान्सखींस्तथा।। 26।।
श्वशुरान्सुहृदश्चैव सेनयोरुभयोरपि।
तान्समीक्ष्य स कौन्तेयः सर्वान्बन्धूनवस्थितान्।। 27।।
कृपया परयाविष्टो विषीदन्निदमब्रवीत्।

अर्जुन उवाच

दृष्ट्वेमं स्वजनं कृष्ण युयुत्सुं समुपस्थितम्।। 28।।
सीदन्ति मम गात्राणि मुखं च परिशुष्यति।
वेपथुश्च शरीरे मे रोमहर्षश्च जायते।। 29।।

और दुर्बुद्धि दुर्योधन का युद्ध में कल्याण चाहने वाले जो-जो ये राजा लोग इस सेना में आए हैं, उन युद्ध करने वालों को मैं देखूंगा।

संजय बोला : हे धृतराष्ट्र, अर्जुन द्वारा इस प्रकार कहे जाने पर श्रीकृष्ण ने दोनों सेनाओं के बीच में ले जाकर भीष्म और द्रोणाचार्य के सामने और संपूर्ण राजाओं के सामने, उत्तम रथ को खड़ा करके ऐसे कहा कि हे पार्थ, इन इकट्ठे हुए कौरवों को देख।

उसके उपरांत पृथापुत्र अर्जुन ने उन दोनों ही सेनाओं में स्थित हुए पिता के भाइयों को, पितामहों को, आचार्यों को, मामों को, भाइयों को, पुत्रों को, पौत्रों को तथा मित्रों को, ससुरों को और सुहृदों को भी देखा।

इस प्रकार उन खड़े हुए संपूर्ण बंधुओं को देखकर वह अत्यंत करुणा से युक्त हुआ कुंतीपुत्र अर्जुन शोक करता हुआ यह बोला : हे कृष्ण! इस युद्ध की इच्छा वाले खड़े हुए स्वजन समुदाय को देखकर मेरे अंग शिथिल हुए जाते हैं और मुख भी सूखा जाता है और मेरे शरीर में कंप तथा रोमांच होता है।

अर्जुन युद्ध से पीड़ित नहीं है, युद्ध-विरोधी भी नहीं है। हिंसा के संबंध में उसकी कोई अरुचि भी नहीं है। उसके सारे जीवन का शिक्षण, उसके सारे जीवन का संस्कार, हिंसा और युद्ध के लिए है। लेकिन, यह समझने जैसी बात है कि जितना ही हिंसक चित्त हो, उतना ही ममत्व से भरा हुआ चित्त भी होता है। हिंसा और ममत्व साथ ही साथ जीते हैं। अहिंसक चित्त ममत्व के भी बाहर हो जाता है।

असल में जिसे अहिंसक होना हो, उसे मेरे का भाव ही छोड़ देना पड़ता है। मेरे का भाव ही हिंसा है। क्योंकि जैसे ही मैं कहता हूं मेरा, वैसे ही जो मेरा नहीं

है, वह पृथक होना शुरू हो जाता है। जैसे ही किसी को मैं कहता हूं मित्र, वैसे ही किसी को मैं शत्रु निर्मित करना शुरू कर देता हूं। जैसे ही मैं सीमा खींचता हूं अपनों की, वैसे ही मैं परायों की सीमा भी खींच लेता हूं। समस्त हिंसा, अपने और पराए के बीच खींची गई सीमा से पैदा होती है।

इसलिए अर्जुन शिथिल-गात हो गया। उसके अंग-अंग शिथिल हो गए। इसलिए नहीं कि वह युद्ध से विरक्त हुआ; इसलिए नहीं कि उसे होने वाली हिंसा में कुछ बुरा दिखाई पड़ा; इसलिए नहीं कि अहिंसा का कोई आकस्मिक आकर्षण उसके मन में जन्म गया; बल्कि इसलिए कि हिंसा के ही दूसरे पहलू ने उसके भीतर से, हिंसा के ही गहरे पहलू ने, हिंसा के ही बुनियादी आधार ने, उसके चित्त को पकड़ लिया—ममत्व ने उसके चित्त को पकड़ लिया।

ममत्व हिंसा ही है। इसे न समझेंगे तो फिर पूरी गीता को समझना कठिन हो जाएगा। जो इसे नहीं समझ सके, उन्हें ऐसा प्रतीत होता है कि अर्जुन अहिंसा की तरफ झुकता था, कृष्ण ने उसे हिंसा की तरफ झुकाया! जो अहिंसा की तरफ झुकता हो, उसे कृष्ण हिंसा की तरफ झुकाना नहीं चाहेंगे। जो अहिंसा की तरफ झुकता हो, उसे कृष्ण चाहें भी हिंसा की तरफ झुकाना, तो भी न झुका पाएंगे।

लेकिन अर्जुन अहिंसा की तरफ रत्तीभर नहीं झुक रहा है। अर्जुन का चित्त हिंसा के गहरे आधार पर जाकर अटक गया है। वह हिंसा का ही आधार है। उसे दिखाई पड़े अपने ही लोग—प्रियजन, संबंधी। काश! वहां प्रियजन और संबंधी न होते, तो अर्जुन भेड़-बकरियों की तरह लोगों को काट सकता था। अपने थे, इसलिए काटने में कठिनाई मालूम पड़ी। पराए होते, तो काटने में कोई कठिनाई न मालूम पड़ती।

और अहिंसा केवल उसके ही चित्त में पैदा होती है, जिसका अपना-पराया मिट गया हो। अर्जुन, यह जो संकटग्रस्त हुआ उसका चित्त, यह अहिंसा की तरफ आकर्षण से नहीं, हिंसा के ही मूल आधार पर पहुंचने के कारण है। स्वभावतः, इतने संकट के क्षण में, इतने क्राइसिस के मोमेंट में हिंसा की जो बुनियादी आधारशिला थी, वह अर्जुन के सामने प्रकट हुई। अगर पराए होते तो

अर्जुन को पता भी न चलता कि वह हिंसक है; उसे पता भी न चलता कि उसने कुछ बुरा किया; उसे पता भी न चलता कि युद्ध अधार्मिक है। उसके गात शिथिल न होते, बल्कि परायों को देखकर उसके गात और तन जाते। उसके धनुष पर बाण आ जाता; उसके हाथ पर तलवार आ जाती। वह बड़ा प्रफुल्लित होता।

लेकिन वह एकदम उदास हो गया। इस उदासी में उसे अपने चित्त की हिंसा का मूल आधार दिखाई पड़ा। उसे दिखाई पड़ा, इस संकट के क्षण में उसे ममत्व दिखाई पड़ा!

यह बड़े आश्चर्य की बात है कि अक्सर हम अपने चित्त की गहराइयों को केवल संकट के क्षणों में ही देख पाते हैं। साधारण क्षणों में हम चित्त की गहराइयों को नहीं देख पाते। साधारण क्षणों में हम साधारण जीते हैं। असाधारण क्षणों में, जो हमारे गहरे से गहरे में छिपा है, वह प्रकट होना शुरू हो जाता है।

अर्जुन को दिखाई पड़ा, मेरे लोग! युद्ध की वीभत्सता ने, युद्ध की सन्निकटता ने, बस अब युद्ध शुरू होने को है, तब उसे दिखाई पड़ा, मेरे लोग!

काश! अर्जुन ने कहा होता, युद्ध व्यर्थ है, हिंसा व्यर्थ है, तो गीता की किताब निर्मित न होती। लेकिन उसने कहा, अपने ही लोग इकट्ठे हैं; उनको काटने के विचार से ही मेरे अंग शिथिल हुए जाते हैं। असल में जिसने अपने जीवन के भवन को अपनों के ऊपर बनाया है, उन्हें काटते क्षण में उसके अंग शिथिल हों, यह बिलकुल स्वाभाविक है।

मृत्यु होती है पड़ोस में, छूती नहीं मन को! कहते हैं, बेचारा मर गया। घर में होती है, तब इतना कहकर नहीं निपट पाते। तब छूती है। क्योंकि जब घर में होती है, अपना कोई मरता है, तो हम भी मरते हैं। हमारा भी एक हिस्सा मरता है। हमारा भी इनवेस्टमेंट था उस आदमी में। हम भी उसमें कुछ लगाए थे। उसकी जिंदगी से हमें भी कुछ मिलता था। हमारे मन के भी किसी कोने को उस आदमी ने भरा था।

पत्नी मरती है, तो पत्नी ही नहीं मरती, पति भी मरता है। सच तो यह है कि

पत्नी के साथ ही पति पैदा हुआ था, उसके पहले पति नहीं था। पत्नी मरती है तो पति भी मरता है। बेटा मरता है, तो मां भी मरती है; क्योंकि मां बेटे के पहले मां नहीं थी, मां बेटे के जन्म के साथ ही हुई है। जब बेटा जन्मता है, तो एक तरफ बेटा जन्मता है, दूसरी तरफ मां भी जन्मती है। और जब बेटा मरता है, तो एक तरफ बेटा मरता है, दूसरी तरफ मां भी मरती है। जिसे हमने अपना कहा है, उससे हम जुड़े हैं, हम भी मरते हैं।

अर्जुन ने जब देखा कि अपने ही सब इकट्ठे हैं, तो अर्जुन को अगर अपना ही आत्मघात, स्युसाइड दिखाई पड़ा हो तो आश्चर्य नहीं है। अर्जुन घबड़ाया नहीं दूसरों की मृत्यु से; अर्जुन घबड़ाया आत्मघात की संभावना से। उसे लगा, सब अपने मर जाएं, तो मैं बचूंगा कहां!

यह थोड़ा सोचने जैसा है। हमारा मैं, हमारे अपनों के जोड़ का नाम है। जिसे हम मैं कहते हैं, वह मेरों के जोड़ का नाम है। अगर मेरे सब मेरे विदा हो जाएं, तो मैं खो जाऊंगा। मैं बच नहीं सकता। यह मेरा मैं, कुछ मेरे पिता से, कुछ मेरी मां से, कुछ मेरे बेटे से, कुछ मेरे मित्र से—इन सबसे जुड़ा है।

आश्चर्य तो यह है कि जिन्हें हम अपने कहते हैं, उनसे ही नहीं जुड़ा है, जिन्हें हम पराए कहते हैं, उनसे भी जुड़ा है—परिधि के बाहर—लेकिन उनसे भी जुड़ा है। तो जब मेरा शत्रु मरता है, तब भी थोड़ा मैं मरता हूं। क्योंकि मैं फिर वही नहीं हो सकूंगा, जो मेरे शत्रु के होने पर मैं था। शत्रु भी मेरी जिंदगी को कुछ देता था। मेरा शत्रु था, होगा शत्रु, पर मेरा शत्रु था। उससे भी मेरे मैं का संबंध था। उसके बिना मैं फिर अधूरा और खाली हो जाऊंगा।

अर्जुन को, दूसरों का घात होगा, ऐसा दिखाई पड़ता, तो बात और थी। अर्जुन को बहुत गहरे में दिखाई पड़ा कि यह तो मैं अपनी ही आत्महत्या करने को उत्सुक हुआ हूं; यह तो मैं ही मरूंगा। मेरे मर जाएंगे, तो मेरे होने का क्या अर्थ है! जब मेरे ही न होंगे, तो मुझे सब मिल जाए तो भी व्यर्थ है।

यह भी थोड़ा सोचने जैसा है। हम अपने लिए जो कुछ इकट्ठा करते हैं, वह अपने लिए कम, अपनों के लिए ज्यादा होता है। जो मकान हम बनाते हैं, वह

अपने लिए कम, अपनों के लिए ज्यादा होता है। उन अपनों के लिए भी जो साथ रहेंगे, और उन अपनों के लिए भी जो देखेंगे और प्रशंसा करेंगे, और उन पराए-अपनों के लिए भी, जो जलेंगे और ईर्ष्या से भरेंगे।

अगर इस पृथ्वी पर सबसे श्रेष्ठ भवन भी मेरे पास रह जाए और अपने न रह जाएं—मित्र भी नहीं, शत्रु भी नहीं—तो अचानक मैं पाऊंगा, वह भवन झोपड़ी से भी बदतर हो गया है। क्योंकि वह भवन एक फसाड, एक दिखावा था। उस भवन के माध्यम से अपनों को, परायों को मैं प्रभावित कर रहा था। वह भवन तो सिर्फ प्रभावित करने की एक व्यवस्था थी। अब मैं किसे प्रभावित करूं!

आप जो कपड़े पहनते हैं, वह अपने शरीर को ढंकने को कम, दूसरे की आंखों को झपने को ज्यादा है। अकेले में सब बेमानी हो जाता है। आप जो सिंहासनों पर चढ़ते हैं, वह सिंहासनों पर बैठने के आनंद के लिए कम—क्योंकि कोई सिंहासन पर बैठकर कभी किसी आनंद को उपलब्ध नहीं हुआ है—पर अपनों और परायों में जो हम सिंहासन पर चढ़कर, जो करिश्मा, जो चमत्कार पैदा कर पाते हैं, उसके लिए ज्यादा है। सिंहासन पर बैठे आप रह जाएं और नीचे से लोग खो जाएं, अचानक आप पाएंगे, सिंहासन पर बैठे होना हास्यास्पद हो गया। उतर आएंगे; फिर शायद दुबारा नहीं चढ़ेंगे।

अर्जुन को लगा उस क्षण में कि अपने ही इकट्ठे हैं दोनों तरफ। मरेंगे अपने ही। अगर जीत भी गया, तो जीत का प्रयोजन क्या है? जीत के लिए जीत नहीं चाही जाती। जीत रस है, अपनों और परायों के बीच जो अहंकार भरेगा, उसका! साम्राज्य मिलेगा, क्या होगा अर्थ? कोई अर्थ न होगा।

यह जो अर्जुन के मन में विषाद घिर गया, इसे ठीक से समझ लेना चाहिए। यह विषाद ममत्व का है। यह विषाद हिंसक चित्त का है। और इस विषाद के कारण ही कृष्ण को इतने धक्के देने पड़े अर्जुन को। अर्जुन की जगह अगर महावीर जैसा व्यक्ति होता, तो बात उसी वक्त खत्म हो गई होती। यह बात आगे नहीं चल सकती थी। अगर महावीर जैसा व्यक्ति होता, तो शायद यह बात उठ भी नहीं सकती थी। शायद महावीर जैसा व्यक्ति होता, तो कृष्ण एक शब्द भी

उस व्यक्ति से न बोले होते। बोलने का कोई अर्थ न था। बात समाप्त ही हो गई होती।

यह गीता कृष्ण ने कही कम, अर्जुन ने कहलवाई ज्यादा है। इसका असली ऑथर, लेखक कृष्ण नहीं हैं; इसका असली लेखक अर्जुन है। अर्जुन की यह चित्त-दशा आधार बनी है। और कृष्ण को साफ दिखाई पड़ रहा है कि एक हिंसक अपनी हिंसा के पूरे दर्शन को उपलब्ध हो गया है। और अब हिंसा से भागने की जो बातें कर रहा है, उनका कारण भी हिंसक चित्त है। अर्जुन की दुविधा अहिंसक की हिंसा से भागने की दुविधा नहीं है। अर्जुन की दुविधा हिंसक की हिंसा से ही भागने की दुविधा है।

इस सत्य को ठीक से समझ लेना जरूरी है। यह ममत्व हिंसा ही है, लेकिन गहरी हिंसा है, दिखाई नहीं पड़ती। जब मैं किसी को कहता हूं मेरा, तो पजेशन शुरू हो गया, मालकियत शुरू हो गई। मालकियत हिंसा का एक रूप है। पति पत्नी से कहता है, मेरी। मालकियत शुरू हो गई। पत्नी पति से कहती है, मेरे। मालकियत शुरू हो गई। और जब भी हम किसी व्यक्ति के मालिक हो जाते हैं, तभी हम उस व्यक्ति की आत्मा का हनन कर देते हैं। हमने मार डाला उसे। हमने तोड़ डाला उसे। असल में हम उस व्यक्ति के साथ व्यक्ति की तरह नहीं, वस्तु की तरह व्यवहार कर रहे हैं। अब कुर्सी मेरी जिस अर्थ में होती है, उसी अर्थ में पत्नी मेरी हो जाती है। मकान मेरा जिस अर्थ में होता है, उसी अर्थ में पति मेरा हो जाता है।

स्वभावतः, इसलिए जहां-जहां मेरे का संबंध है, वहां-वहां प्रेम फलित नहीं होता, सिर्फ कलह ही फलित होती है। इसलिए दुनिया में जब तक पति-पत्नी मेरे का दावा करेंगे, बाप-बेटे मेरे का दावा करेंगे, तब तक दुनिया में बाप-बेटे, पति-पत्नी के बीच कलह ही चल सकती है, मैत्री नहीं हो सकती। मेरे का दावा, मैत्री का विनाश है। मेरे का दावा, चीजों को उलटा ही कर देता है। सब हिंसा हो जाती है।

मैंने सुना है, एक आदमी ने शादी की है, लेकिन पत्नी बहुत पढ़ी-लिखी नहीं है। मन में बड़ी इच्छा है कि पत्नी कभी पत्र लिखे। घर से बाहर पति गया है,

तो उसे समझाकर गया है। थोड़ा लिख लेती है। समझाकर गया है, क्या-क्या लिखना। सभी पति-पत्नी एक-दूसरे को समझा रहे हैं, क्या-क्या लिखना!

उसने बताया था, ऊपर लिखना, प्राणों से प्यारे—कभी ऐसा होता नहीं है—नीचे लिखना, चरणों की दासी। पत्नी का पत्र तो मिला, लेकिन कुछ भूल हो गई। उसने ऊपर लिखा, चरणों के दास। और नीचे लिखा, प्राणों की प्यासी।

जो नहीं लिखते हैं, उनकी स्थिति भी ऐसी ही है। जो बिलकुल ठीक-ठीक लिखते हैं, उनकी स्थिति भी ऐसी ही है। जहां आग्रह है मालकियत का, वहां हम सिर्फ घृणा ही पैदा करते हैं। और जहां घृणा है, वहां हिंसा आएगी। इसलिए हमारे सब संबंध हिंसा के संबंध हो गए हैं। हमारा परिवार हिंसा का संबंध होकर रह गया है।

यह जो अर्जुन को दिखाई पड़ा, मेरे सब मिट जाएंगे तो मैं कहां! और मेरों को मिटाकर जीत का, साम्राज्य का क्या अर्थ है! इससे वह अहिंसक नहीं हो गया है, अन्यथा कृष्ण आशीर्वाद देते और कहते, विदा हो जा, बात समाप्त हो गई। लेकिन कृष्ण देख रहे हैं कि हिंसक वह पूरा है। मैं और ममत्व की बात कर रहा है, इसलिए अहिंसा झूठी है।

जो मैं की बात कर रहा हो और अहिंसा की बात कर रहा हो, तो जानना कि अहिंसा झूठी है। क्योंकि मैं के आधार पर अहिंसा का फूल खिलता ही नहीं। मेरे के आधार पर अहिंसा के जीवन का कोई विकास ही नहीं होता।

प्रश्न : अर्जुन युद्धभूमि पर गया। उसने स्वजन, गुरुजन और मित्रों को देखा तो शोक से भर गया; विषाद हुआ उसको। उसका चित्त हिंसक था। युद्धभूमि पर दुर्योधन भी था, युधिष्ठिर भी था, द्रोणाचार्य भी थे और भी जो बहुत से थे, उनके भी स्वजन-मित्र थे। उनका भी चित्त हिंसा तथा ममत्व से भरा हुआ था, तो अर्जुन को ही सिर्फ विषाद क्यों हुआ?

निश्चय ही, दुर्योधन भी वहां था, और भी योद्धा वहां थे, उन्हें क्यों विषाद न हुआ? वे भी ममत्व से भरे लोग थे। वे भी हिंसा से भरे लोग थे। नहीं हुआ;

कारण है। हिंसा भी अंधी हो सकती है, विचारहीन हो सकती है। ममत्व भी अंधा हो सकता है, विचारहीन हो सकता है। हिंसा भी आंख वाली हो सकती है, विचारपूर्ण हो सकती है। ममत्व भी आंख वाला हो सकता है और विचारपूर्ण हो सकता है।

सुबह मैंने कहा था कि अर्जुन की कठिनाई यही है कि वह विचारहीन नहीं है। विचार है। और विचार दुविधा में डालता है। विचार ने दुविधा में डाला उसे। दुर्योधन को भी दिखाई पड़ रहा है, लेकिन हिंसा इतनी अंधी है कि यह नहीं देख पाएगा दुर्योधन कि इस हिंसा के पीछे मैं उन सबको मार डालूंगा, जिनके बिना हिंसा भी व्यर्थ हो जाती है। अंधेपन में यह दिखाई नहीं पड़ेगा। अर्जुन उतना अंधा नहीं है। इसलिए अर्जुन उस युद्ध के स्थल पर विशेष है। विशेष इन अर्थों में है कि जीवन की तैयारी उसकी वही है, जो दुर्योधन की है; जीवन की तैयारी उसकी वही है, जो दुर्योधन की है, लेकिन मन की तैयारी उसकी भिन्न है। मन में उसके विचार है, संदेह है, डाउट है। मन में उसके शक है। वह पूछ सकता है, वह प्रश्न उठा सकता है। और जिज्ञासा का बुनियादी सूत्र उसके पास है।

और सबसे बड़े प्रश्न वे नहीं हैं, जो हम जगत के संबंध में उठाते हैं। सबसे बड़े प्रश्न वे नहीं हैं, जो हम पूछते हैं कि किसने जगत बनाया? सबसे बड़े प्रश्न वे नहीं हैं, जो हम पूछते हैं कि ईश्वर है या नहीं? सबसे बड़े प्रश्न वे हैं, जो हमारे मन के ही कांफ्लिक्ट, मन के ही द्वंद्व से जन्मते हैं। लेकिन अपने ही मन के द्वंद्व को देख पाने के लिए विचार चाहिए, चिंतन चाहिए, मनन चाहिए।

अर्जुन सोच पा रहा है, देख पा रहा है कि मैं जो हिंसा करने जा रहा हूं, उसमें वे ही लोग मर जाएंगे, जिनके लिए हिंसा करने का कुछ अर्थ हो सकता है। अंधा नहीं है। और यह अंधा न होना ही उसका कष्ट भी है, उसका सौभाग्य भी है।

इसे समझ लेना उचित है। अंधा नहीं है, यह उसका कष्ट है। दुर्योधन कष्ट में नहीं है। दुर्योधन के लिए युद्ध एक रस है। अर्जुन के लिए युद्ध एक संकट और कष्ट हो गया। सौभाग्य भी यही है। यदि वह इस कष्ट को पार हो

जाता है, तो निर्विचार में पहुंच सकेगा। अगर वह इस कष्ट को पार हो जाता है, तो परमात्मा में समर्पण को पहुंच सकेगा। अगर वह इस कष्ट को पार हो जाता है, तो ममत्व को छोड़ने में पहुंच सकेगा। अगर इस कष्ट को पार नहीं हो पाता, तो निश्चित ही यह युद्ध उसके लिए विकट संकट होगा, जिसमें वह स्किजोफ्रेनिक हो जाएगा, जिसमें उसका व्यक्तित्व दो खंडों में टूट जाएगा। या तो भाग जाएगा, या लड़ेगा बेमन से और हार जाएगा।

जो लड़ाई बेमन से लड़ी जाए, वह हारी ही जाने वाली है। क्योंकि बेमन से लड़ने का मतलब है, आधा मन भाग रहा है, आधा मन लड़ रहा है। और जो आदमी अपने भीतर ही विपरीत दिशाओं में गति करता हो, उसकी पराजय निश्चित है। दुर्योधन जीतेगा फिर। पूरे मन से लड़ रहा है। कुएं में भी गिर रहा है, तो पूरे मन से गिर रहा है; अंधकार में भी जा रहा है, तो पूरे मन से जा रहा है।

असल में अंधकार में दो ही व्यक्ति पूरे मन से जा सकते हैं, एक तो वह, जो अंधा है। क्योंकि उसे अंधकार और प्रकाश से कोई अंतर नहीं पड़ता। एक वह, जिसके पास आत्मिक प्रकाश है। क्योंकि तब अंधकार को, उसका होना ही अंधकार को मिटा देता है।

अर्जुन या तो दुर्योधन जैसा हो जाए, नीचे गिर जाए, विचार से विचारहीनता में गिर जाए, तो युद्ध में चला जाएगा। और या कृष्ण जैसा हो जाए, विचार से निर्विचार में पहुंच जाए, इतना ज्योतिर्मय हो जाए, इतना ज्योति से भर जाए भीतरी कि देख पाए कि कौन मरता है, कौन मारा जाता है! देख पाए कि यह जो सब हो रहा है, स्वप्न से ज्यादा नहीं है। या तो इतने बड़े सत्य को देख पाए तो युद्ध में जा सकता है, या इतने बड़े असत्य को देख पाए कि हम उनको ही मारकर आनंद को उपलब्ध हो जाएंगे, जिनके लिए मारने की चेष्टा कर रहे हैं! या तो दुर्योधन के असत्य में उतर जाए, तो अर्जुन निश्चिंत हो जाएगा; या कृष्ण के सत्य में पहुंच जाए, तो अर्जुन निश्चिंत हो जाएगा।

अर्जुन एक तनाव है।

नीत्से ने कहीं कहा है कि आदमी एक सेतु है, ए ब्रिज, दो अलग-अलग

पारों को जोड़ता हुआ। आदमी एक तनाव है। या तो पशु हो जाए, तो सुख को पा ले; या परमात्मा हो जाए, तो आनंद को पा ले। लेकिन जब तक आदमी है, तब तक सुख भी नहीं पा सकता; तब तक आनंद भी नहीं पा सकता; तब तक सुख और आनंद के बीच सिर्फ खिंच सकता है; एंग्जाइटी और तनाव भर हो सकता है।

इसीलिए हम दोनों काम करते हैं जीवन में। शराब पीकर पशु हो जाते हैं, थोड़ा सुख मिलता है। सेक्स में थोड़ा सुख मिलता है; पशु में वापस उतर जाते हैं। नीचे गिर जाते हैं विचार से, तो थोड़ा सुख मिलता है।

दुनिया में शराब का इतना आकर्षण किसी और कारण से नहीं है। शराब हमें वापस पशु में पहुंचा देने की सुविधा बन जाती है; नशा करके हम वहीं हो जाते हैं, जहां सभी पशु हैं। फिर हम पशु जैसे निश्चिंत हैं, क्योंकि पशु कोई चिंता नहीं करता। कोई पशु पागल नहीं होता। सिर्फ सर्कस के पशु पागल होते हैं। क्योंकि सर्कस का पशु करीब-करीब आदमी की हालत में आ जाता है। आदमी करीब-करीब सर्कस के पशु की हालत में है। कोई पशु पागल नहीं होता। और किसी पशु के लिए विक्षिप्तता, चिंता, अनिद्रा, इनसोमेनिया—ऐसी बीमारियां नहीं आतीं। कोई पशु आत्मघात नहीं करता; स्युसाइड नहीं करता। क्योंकि आत्मघात के लिए बहुत चिंता इकट्ठी हो जानी जरूरी है।

बड़े मजे की बात है कि कोई पशु बोर्डम अनुभव नहीं करता; वह कभी ऊबता नहीं है। एक भैंस है; वह रोज वही घास चर रही है, चरती रहेगी; वह कभी नहीं ऊबती। ऊबने का कोई सवाल नहीं है। ऊबने के लिए विचार चाहिए। बोर्डम के लिए, ऊब के लिए विचार चाहिए। इसलिए मनुष्यों में जो जितना ज्यादा विचारशील है, उतना ऊबेगा। मनुष्यों में जो जितना ज्यादा विचारशील है, उतना चिंता से भर जाएगा। मनुष्यों में जो जितना ज्यादा विचारशील है, वह पागल हो सकता है। मनुष्यों में जो जितना ज्यादा विचारशील है, वह विक्षिप्त हो सकता है। लेकिन यह एक ही पहलू है।

दूसरा पहलू यह है कि जो विक्षिप्त होने की स्थिति को पार कर जाए, वह

विमुक्त भी हो सकता है। और जो चिंता को पार कर जाए, वह निश्चिंतता के सजग आनंद को उपलब्ध हो सकता है। और जो तनाव को पार कर जाए, वह विश्रांति के उस अनुभव को पा सकता है, जो सिर्फ परमात्मा में विश्राम से उपलब्ध होती है।

अर्जुन मनुष्य का प्रतीक है; दुर्योधन पशु का प्रतीक है; कृष्ण परमात्मा के प्रतीक हैं। वहां तीन प्रतीक हैं उस युद्ध-स्थल पर। अर्जुन डांवाडोल है। वह दुर्योधन और कृष्ण के बीच डांवाडोल है। उसे निश्चिंतता मिल सकती है, ही कैन बी ऐट ईज़, अगर वह दुर्योधन हो जाए, अगर वह कृष्ण हो जाए। अर्जुन रहते कोई सुविधा नहीं है। अर्जुन रहते तनाव है। अर्जुन रहते मुश्किल है। उसकी मुश्किल यही है कि दुर्योधन हो नहीं सकता; कृष्ण होना समझ में नहीं आता; और जो है, वहां टिक नहीं सकता। क्योंकि वह बीच की तरंग भर है, वहां टिका नहीं जा सकता। कोई भी सेतु मकान बनाने के लिए नहीं होता।

अकबर ने फतेहपुर सीकरी बनाई, तो वहां एक पुल पर, एक ब्रिज पर उसने वाक्य लिखवाया—सेतु पार करने को है, सेतु निवास के लिए नहीं है।

ठीक ही है। जो भी आदमी सेतु पर निवास बनाएगा, वह मुश्किल में पड़ेगा। कहीं भी लौट जाएं—पशु हो जाएं कि परमात्मा हो जाएं—आदमी नियति नहीं है। आदमी होना संकट है, क्राइसिस है। आदमी अंत नहीं है। आदमी, अगर ठीक से हम समझें तो, न तो पशु है और न परमात्मा है। न तो वह पशु हो पाता है, क्योंकि पशु को पार कर चुका। और न वह परमात्मा हो पाता है, क्योंकि परमात्मा को पहुंचना है। मनुष्य सिर्फ परमात्मा और पशु के बीच डोलता हुआ अस्तित्व है।

हम चौबीस घंटे में कई बार दोनों कोनों पर पहुंच जाते हैं। क्रोध में वही आदमी पशु के निकट आ जाता है, शांति में वही आदमी परमात्मा के निकट पहुंच जाता है। हम दिन में चौबीस घंटे में बहुत बार नर्क और स्वर्ग की यात्रा कर लेते हैं—बहुत बार। क्षण में स्वर्ग में होते हैं, क्षण में नर्क में उतर जाते हैं। नर्क में पछताते हैं, फिर स्वर्ग की चेष्टा शुरू हो जाती है। स्वर्ग में पैर जमा नहीं पाते, फिर नर्क में पहुंचना शुरू हो जाता है।

और तनाव का एक नियम है कि तनाव सदा विपरीत में आकर्षण पैदा कर देता है। जैसे घड़ी का पेंडुलम होता है। वह बाईं तरफ जाता है। जब बाईं तरफ जाता है, तब हमें लगता है कि बाईं तरफ जा रहा है। लेकिन जो घड़ी के विज्ञान को समझते हैं, वे यह भी जानते हैं कि वह बाईं तरफ जाते समय दाईं तरफ जाने की शक्ति इकट्ठी कर रहा है, मोमेंटम इकट्ठा कर रहा है। वह जितनी दूर बाईं तरफ जाएगा, उतनी ही दूर दाईं तरफ जाने की ताकत इकट्ठी कर रहा है। असल में वह बाईं तरफ इसीलिए जा रहा है कि दाईं तरफ जा सके। और दाईं तरफ जाते वक्त इसीलिए जा रहा है कि बाईं तरफ जा सके।

आदमी पूरे समय पशु और परमात्मा के बीच पेंडुलम की तरह घूम रहा है। अर्जुन आदमी का प्रतीक है। और आज के आदमी का तो और भी ज्यादा है। आज के आदमी की चेतना ठीक अर्जुन की चेतना है। इसलिए दुनिया में दोनों बातें एक साथ हैं, एक ओर मनुष्य अपनी चेतना को समाधि तक ले जाने के लिए आतुर है; और दूसरी तरफ आदमी एल एस डी से, मैस्कलीन से, मारिजुआना से, शराब से, सेक्स से पशु की तरफ ले जाने को आतुर है।

और अक्सर ऐसा होगा कि एक ही आदमी ये दोनों काम करता हुआ मालूम पड़ेगा। वही आदमी भारत की यात्रा पर आएगा, वही आदमी अमेरिका में एल एस डी लेता रहेगा। वह दोनों एक साथ कर रहा है।

मनुष्य बेहोश हो जाए, तो पशु हो सकता है। लेकिन बेहोश ज्यादा देर नहीं रहा जा सकता। बेहोशी के सुख भी होश में ही अनुभव हो पाते हैं। बेहोशी में बेहोशी का सुख भी अनुभव नहीं होता। शराब का भी मजा, जब शराब पीए होता है आदमी, तब पता नहीं चलता। पता तो तभी चलता है, जब शराब का नशा उतर जाता है। नींद में जब आप होते हैं, तब नींद का कोई मजा पता नहीं चलता। वह सुबह जागकर पता चलता है कि बड़ी आनंदपूर्ण निद्रा थी। बेहोशी के सुख के लिए होश में आना जरूरी है। और होश में कोई सुख नहीं मालूम पड़ता, इसलिए फिर बेहोशी में उतरना पड़ता है।

अर्जुन मनुष्य की चेतना है, इसलिए अद्‌भुत है। गीता इसीलिए अद्‌भुत

है कि वह मनुष्य की बहुत आंतरिक मनःस्थिति का आधार है। मनुष्य की आंतरिक मनःस्थिति अर्जुन के साथ कृष्ण का जो संघर्ष है पूरे समय, वह जो अर्जुन के साथ कृष्ण का संवाद है या विवाद है, वह जो अर्जुन को खींच-खींचकर परमात्मा की तरफ लाने की चेष्टा है, और अर्जुन वापस शिथिल-गात होकर बैठ जाता है; वह फिर पशु में गिरना चाहता है; यह जो संघर्ष है, वह अर्जुन के लिए है, दुर्योधन के लिए नहीं। दुर्योधन निश्चिंत है। अर्जुन भी वैसा हो तो निश्चिंत हो सकता है। वैसा नहीं है।

हममें भी जो दुर्योधन की तरह हैं, वे निश्चिंत हैं; वे मकान बना रहे हैं; वे दिल्ली में, राजधानियों के सिंहासन चढ़ रहे हैं; वे धन कमा रहे हैं। हममें भी जो अर्जुन की तरह हैं, वे बेचैन और परेशान हैं। वे बेचैन हैं इसलिए कि जहां हैं, वह जगह घर बनाने योग्य नहीं मालूम पड़ती। जहां से आ गए हैं, वहां से आगे बढ़ गए हैं, पीछे लौटना संभव नहीं है। जहां पहुंचे नहीं हैं, उसका कोई पता नहीं है कि वह कहां है मार्ग; वह मंदिर कहां है! उसका कोई पता नहीं है।

धार्मिक आदमी स्वभावतः संकटग्रस्त होता है, क्राइसिस में होता है। अधार्मिक आदमी क्राइसिस में नहीं होता। इसलिए मंदिरों में बैठा आदमी ज्यादा चिंतित दिखाई पड़ेगा, बजाय कारागृहों में बैठे आदमी के। कारागृह में बैठा आदमी इतना चिंतित नहीं मालूम पड़ता है, निश्चिंत है। एक किनारे पर वह है, वह सेतु पर नहीं है। एक अर्थों में वह सौभाग्यशाली मालूम पड़ सकता है, ईर्ष्या-योग्य, कितना निश्चिंत है! लेकिन उसका सौभाग्य बड़े गहरे अभिशाप को छिपाए है। वह इसी तट पर रह जाएगा। उसमें अभी मनुष्य की किरण भी पैदा नहीं हुई।

मनुष्य के साथ ही उपद्रव शुरू होता है, मनुष्य के साथ ही संताप शुरू होता है, क्योंकि मनुष्य के साथ ही परमात्मा होने की संभावना, पोटेंशियलिटी के द्वार खुलते हैं।

वह अर्जुन पशु होना नहीं चाहता; स्थिति पशु होने की है; परमात्मा होने का उसे पता नहीं है। बहुत गहरी अनजान में आकांक्षा परमात्मा होने की ही है,

इसीलिए वह पूछ रहा है; इसीलिए प्रश्न उठा रहा है; इसीलिए जिज्ञासा जगा रहा है। जिसके जीवन में भी प्रश्न हैं, जिसके जीवन में भी जिज्ञासा है, जिसके जीवन में भी असंतोष है—उसके जीवन में धर्म आ सकता है। जिसके जीवन में नहीं है चिंता, नहीं है प्रश्न, नहीं है संदेह, नहीं है जिज्ञासा, नहीं है असंतोष—उसके जीवन में धर्म के आने की कोई सुविधा नहीं है।

जो बीज टूटेगा अंकुरित होने को, चिंता में पड़ेगा। बीज बहुत मजबूत चीज है, अंकुर बहुत कमजोर होता है! बीज बड़ा निश्‍चिंत होता है, अंकुर बड़ी चिंता में पड़ जाता है। अंकुर निकलता है जमीन से पत्थरों को तोड़कर। अंकुर जैसी कमजोर चीज पत्थरों को तोड़कर, मिट्टी को काटकर बाहर निकलती है, अज्ञात, अनजाने जगत् में, जिसका कोई परिचय नहीं, कोई पहचान नहीं। कोई बच्चा तोड़ डालेगा; कोई पशु चर जाएगा; किसी के पैर के नीचे दबेगा! क्या होगा, क्या नहीं होगा! बीज अपने में रहे, तो बहुत निश्‍चिंत है। न किसी बच्चे के पैर के नीचे दबेगा, न कोई अज्ञात के खतरे हैं; अपने में बंद है।

दुर्योधन बीज में बंद जैसा व्यक्ति है, निश्‍चिंत है। अर्जुन अंकुरित है; अंकुर चिंतित है, अंकुर बेचैन है। क्या होगा? फूल आएंगे कि नहीं? बीज होना छोड़ दिया, अब फूल आएंगे कि नहीं? फूल के लिए, बढ़ने के लिए आतुर है। वही आतुरता उसे कृष्ण से निरंतर प्रश्न पुछवाए चली जाती है। इसलिए अर्जुन के मन में चिंता है, प्रश्न हैं, दुर्योधन के मन में नहीं।

प्रश्न : कृपया यह बताइए कि मनुष्य के सामने द्वंद्वात्मक दशा बार-बार आती रहती है, तो इस द्वंद्व भरी दशा को पार करने के लिए मूल आधार कौन-सा होना चाहिए? और द्वंद्व भरी दशा को हम विकासोन्मुख किस तरह बना सकें? और यह जो द्वंद्व दशा होती है, उसमें से हमने जो अपना संकल्प कर लिया या निश्चय कर लिया, तो उसमें मूल चीज कौन सी होती है हमारे सामने?

अर्जुन के लिए भी यही सवाल है। इस सवाल को आमतौर से आदमी जैसा हल करता है, वैसा ही अर्जुन भी करना चाहता है। द्वंद्व मनुष्य का स्वभाव

है—मनुष्य का, आत्मा का नहीं, शरीर का नहीं—मनुष्य का द्वंद्व स्वभाव है। द्वंद्व को अगर जल्दबाजी से हल करने की कोशिश की, तो पशु की तरफ वापस लौट जाना रास्ता है। शीघ्रता की, तो पीछे लौट जाएंगे। वह परिचित रास्ता है; वहां वापस जाया जा सकता है। द्वंद्व से गुजरना ही तपश्चर्या है; धैर्य से द्वंद्व को झेलना ही तपश्चर्या है। और द्वंद्व को झेलकर ही व्यक्ति द्वंद्व के पार होता है। इसलिए कोई जल्दी से निश्चय कर ले, सिर्फ द्वंद्व को मिटाने के लिए, तो उसका निश्चय काम का नहीं है, वह नीचे गिर जाएगा; वह वापस गिर रहा है।

पशु बहुत निश्चयात्मक है; पशुओं में डाउट नहीं है। बड़े निश्चय में जी रहे हैं; बड़े विश्वासी हैं; बड़े आस्तिक मालूम होते हैं। पर उनकी आस्तिकता आस्तिकता नहीं है। क्योंकि जिसने नास्तिकता नहीं जानी, उसकी आस्तिकता का अर्थ कितना है? और जिसने नहीं कहने का कष्ट नहीं जाना, वह हां कहने के आनंद को उपलब्ध नहीं हो सकता है। और जिसने संदेह नहीं किया, उसकी श्रद्धा दो कौड़ी की है। लेकिन जिसने संदेह किया और जो संदेह को जीया और संदेह के पार हुआ, उसकी श्रद्धा का कुछ बल है, उसकी श्रद्धा की कोई प्रामाणिकता है।

तो एक तो रास्ता यह है कि जल्दी कोई निश्चय कर लें। और निश्चय करने के बहुत रास्ते आदमी पकड़ लेता है। किसी शास्त्र को पकड़ ले, तो निश्चय हो जाएगा। शास्त्र निश्चय की भाषा में बोल देगा कि ऐसा-ऐसा करो और विश्वास करो। जिसने शास्त्र पकड़कर निश्चय किया, उस आदमी ने अपने मनुष्य होने से इनकार कर दिया। उसे एक अवसर मिला था विकास का, उसने खो दिया। गुरु को पकड़ लो! जिसने गुरु को पकड़ लिया, उसने अवसर खो दिया। एक संकट था, जिसमें बेसहारा गुजरने के लिए परमात्मा ने उसे छोड़ा था, उसने उस संकट से बचाव कर लिया। वह संकट से बिना गुजरे रह गया। और आग में गुजरता, तो सोना निखरता। वह आग में गुजरा ही नहीं, वह गुरु की आड़ में हो गया, तो सोना निखरेगा भी नहीं।

निश्चय करने को आपसे नहीं कहता। आप निश्चय करोगे कैसे? जो

आदमी द्वंद्व में है, उसका निश्चय भी द्वंद्व से भरा होगा। जब द्वंद्व में हैं, तो निश्चय करेंगे कैसे? द्वंद्व से भरा आदमी निश्चय नहीं कर सकता; करना भी नहीं चाहिए।

द्वंद्व को जीएं, द्वंद्व में तपें, द्वंद्व में मरें और खपें, द्वंद्व को भोगें, द्वंद्व की आग से भागें मत। क्योंकि जो आग दिखाई पड़ रही है, उसी में कचरा जलेगा और सोना बचेगा। द्वंद्व से गुजरें; द्वंद्व को नियति समझें। वह मनुष्य की डेस्टिनी है, वह उसका भाग्य है। उससे गुजरना ही होगा। उसे जीएं। जल्दी न करें। निश्चय जल्दी न करें।

हां, द्वंद्व से गुजरें, तो निश्चय आएगा। द्वंद्व से गुजरें, तो श्रद्धा आएगी, लानी नहीं पड़ेगी। लाई गई श्रद्धा का कोई भी मूल्य नहीं है। क्योंकि जो श्रद्धा लानी पड़ी है, उसका मतलब ही है कि अभी आने के योग्य मन न बना था; जल्दी ले आए। जो श्रद्धा बनानी पड़ी है, उसका अर्थ ही है कि पीछे द्वंद्वग्रस्त मन है। वह भीतर जिंदा रहेगा, ऊपर से पर्त श्रद्धा की हो जाएगी। वह ऊपर-ऊपर काम देगी, समय पर काम नहीं देगी।

जब कठिन समय होगा, मौत सामने खड़ी होगी। तो बहुत पक्का विश्वास कर लिया था कि आत्मा अमर है; जब गीता पढ़ते थे, तब पक्का विश्वास रहा था। जब रोज सुबह मंदिर जाते थे, तब पक्का था कि आत्मा अमर है। और जब डाक्टर पास खड़ा हो जाएगा, और उसका चेहरा उदास दिखाई पड़ेगा, और घर के लोग भागने-दौड़ने लगेंगे, और नाड़ी की गति गिरने लगेगी, तब अचानक पता चलेगा कि पता नहीं, आत्मा अमर है या नहीं!

क्योंकि लाख कहें गीताएं, उनके कहने से आत्मा अमर नहीं हो सकती। आत्मा अमर है, इसलिए वे कहती हैं, यह दूसरी बात है। लेकिन उनके कहने से आत्मा अमर नहीं हो सकती। और आप किसी को मान लें, इससे कुछ होने वाला नहीं है। हां, द्वंद्व से गुजरें, पीड़ा को झेलें, वह अवसर है; उससे बचने की कोशिश मत करें।

अर्जुन भी बचने की कोशिश कर रहा है। लेकिन कृष्ण उसे बचाने की कोशिश नहीं कर रहे; वे पूरे द्वंद्व को खींचते हैं। अन्यथा कृष्ण कहते कि बेफिक्र

रहो, मैं सब जानता हूं। बेकार की बातचीत मत कर। मुझ पर श्रद्धा रख और कूद जा, ऐसा भी कह सकते थे। इतनी लंबी गीता कहने की जरूरत न थी।

इतनी लंबी गीता अर्जुन के द्वंद्व के प्रति बड़ा सम्मान है। और मजा है कि अर्जुन बार-बार वही पूछता है। और कृष्ण हैं कि यह नहीं कहते कि यह तो तू पूछ चुका! फिर वही पूछता है। फिर वही पूछता है। सारे के सारे, पूरे के पूरे प्रश्न अर्जुन के अलग-अलग नहीं हैं। सिर्फ शब्दावली अलग है। बात वह वही पूछ रहा है। उसका द्वंद्व बार-बार लौट आ रहा है। कृष्ण उससे यह नहीं कहते कि चुप, अश्रद्धा करता है! चुप, अविश्वास करता है! अर्जुन पूछता है वही-वही दोहरा-दोहराकर। उसका द्वंद्व ही बार-बार नए-नए रूप लेकर खड़ा हो जाता है।

कृष्ण उसे विश्वास दिलाने को उत्सुक नहीं हैं। कृष्ण उसे श्रद्धा तक पहुंचाने को जरूर उत्सुक हैं। और विश्वास और श्रद्धा में बड़ा फर्क है। विश्वास वह है, जो हम संदेह को हल किए बिना ऊपर से आरोपित कर लेते हैं। श्रद्धा वह है, जो संदेह के गिर जाने से फलित होती है। श्रद्धा, संदेह की ही यात्रा से मिली मंजिल है। विश्वास, संदेह के भय से पकड़ लिए गए अंधे आधार हैं।

तो मैं कहूंगा, जीएं द्वंद्व को, तीव्रता से जीएं, इंटेंसिटी से जीएं। धीरे-धीरे जीएंगे, तो बहुत समय लगेगा। कुनकुनी आंच में डाल देंगे सोने को, तो निखरने में जन्म लग सकते हैं। तीव्रता से जीएं।

द्वंद्व मनुष्य का अनिवार्य परीक्षण है, जिससे वह परमात्मा तक पहुंचने की योग्यता का निर्णय दे पाता है। जीएं, भागें मत। एस्केप न करें, कंसोलेशंस मत खोजें, सांत्वनाएं मत बनाएं। जानें कि यही है नियति; द्वंद्व है। लड़ें, तीव्रता से उतरें इस द्वंद्व में। क्या होगा इसका परिणाम?

इसके दो परिणाम होंगे। जैसे ही कोई व्यक्ति अपने चित्त के द्वंद्व में पूरी तरह उतरने को राजी हो जाता है, वैसे ही उस व्यक्ति के भीतर एक तीसरा बिंदु भी पैदा हो जाता है, दो के अलावा तीसरी ताकत भी पैदा हो जाती है। जैसे ही कोई व्यक्ति अपने द्वंद्व को जीने के लिए राजी होता है, वैसे ही उसके भीतर दो नहीं, तीन शुरू हो जाते हैं। दि थर्ड फोर्स, वह जो निर्णय करती है कि जीएंगे द्वंद्व को, वह द्वंद्व के बाहर है; वह द्वंद्व के भीतर नहीं है।

मैंने सुना है, सेंट थेरेसा एक ईसाई फकीर औरत हुई है। उसके पास तीन पैसे थे। और एक दिन सुबह उसने गांव में कहा कि मैं एक बड़ा चर्च बनाना चाहती हूं। मेरे पास काफी पैसे आ गए हैं। लोग हैरान हुए, क्योंकि कल भी उसको लोगों ने भीख मांगते देखा था। लोगों ने पूछा कि इतने पैसे अचानक कहां से आ गए, जिससे बड़ा चर्च बनाने का खयाल है? उसने अपना भिक्षापात्र दिखाया, उसमें तीन पैसे थे। लोगों ने कहा, पागल तो नहीं हो गई थेरेसा! वैसे हम पहले ही सोचते थे कि तेरा दिमाग कुछ गड़बड़ है!

असल में भगवान की तरफ जो लोग जाते हैं, उनका दिमाग उनको थोड़ा गड़बड़ दिखाई पड़ता ही है, जो नहीं जाते हैं।

हम पहले ही सोचते थे कि तेरा दिमाग कुछ न कुछ ढीला है। तीन पैसे से चर्च बनाएगी? थेरेसा ने कहा, मैं हूं, तीन पैसे हैं और परमात्मा भी है। थेरेसा तीन पैसे परमात्मा। उन सबने कहा, वह परमात्मा कहां है? तो थेरेसा ने कहा कि वह थर्ड फोर्स है, वह तीसरी शक्ति है; वह तुम्हें दिखाई नहीं पड़ेगी; क्योंकि अभी तुम अपने भीतर तीसरी शक्ति को नहीं खोज सके हो।

जो व्यक्ति अपने भीतर तीसरी शक्ति को खोज लेता है, वह इस सारे जगत में भी तीसरी शक्ति को तत्काल देखने में समर्थ हो जाता है। आप द्वंद्व को ही देख रहे हैं, लेकिन यह खयाल नहीं है कि जो द्वंद्व को देख रहा है और समझ रहा है, वह द्वंद्व में नहीं हो सकता; वह द्वंद्व के बाहर ही होगा। अगर दो लड़ रहे हैं आपके भीतर, तो निश्चित ही आप उन दोनों के बाहर हैं, अन्यथा देखेंगे कैसे? अगर उन दोनों में से एक से जुड़े होते, तब तो एक से आपका तादात्म्य हो गया होता और दूसरे से आप अलग हो गए होते।

लेकिन आप कहते हैं, द्वंद्व हो रहा है, मेरे बाएं और दाएं हाथ लड़ रहे हैं। मेरे बाएं और दाएं हाथ लड़ पाते हैं, क्योंकि इन बाएं और दाएं हाथ के पीछे मैं एक तीसरी ताकत हूं। अगर मैं बायां हाथ हूं, तो दाएं हाथ से मेरा क्या आंतरिक द्वंद्व है? वह पराया हो गया। अगर मैं दायां हाथ नहीं बायां हाथ हूं, तो दायां हाथ पराया हो गया, आंतरिक द्वंद्व कहां है?

आंतरिक द्वंद्व इसीलिए है कि एक तीसरा भी है, जो देख रहा है। जो कह रहा है कि मन में बड़ा द्वंद्व है। मन कभी यह कहता है, मन कभी वह कहता है। लेकिन जो मन के द्वंद्व के संबंध में कह रहा है, यह कौन है?

द्वंद्व में उतरें और इस तीसरे को पहचानते जाएं। जैसे-जैसे द्वंद्व में उतरेंगे, यह तीसरा साक्षी, यह विटनेस दिखाई पड़ना शुरू हो जाएगा। और जिस दिन यह तीसरा दिखाई पड़ा, उसी दिन से द्वंद्व विदा होने शुरू हो जाएंगे। तीसरा नहीं दिखाई पड़ता, इसलिए द्वंद्व है। तीसरा दिखाई पड़ता है, तो जोड़ शुरू हो जाता है।

पर द्वंद्व से भागें मत। द्वंद्व की प्रक्रिया अनिवार्य है। उससे ही गुजरकर, वह जो द्वंद्व के पार है, ट्रांसेंडेंटल है, उसे पाया जाता है।

पूरी गीता उस तीसरे बिंदु पर ही खींचने की कोशिश है अर्जुन को, पूरे समय अर्जुन को खींचने की चेष्टा कृष्ण की यही है कि वह तीसरे को पहचान ले। वह तीसरे को पहचान ले, तीसरे की पहचान के लिए सारा श्रम है। वह तीसरा सबके भीतर है और सबके बाहर भी है। लेकिन जब तक भीतर न दिखाई पड़े, तब तक बाहर दिखाई नहीं पड़ सकता है। भीतर दिखाई पड़े, तो बाहर वही-वही दिखाई पड़ने लगता है।

प्रश्न : आपने धनंजय को सिंबल आफ ह्यूमन एट्रिब्यूट, मानवीय गुणों का प्रतीक बताया है। और सार्त्र के कथन से, ही इज़ कंडेम्ड टु बी एंग्जाइटी रिडेन। तो स्वजनों की हत्या के खयाल से धनंजय का कंप जाना क्या मानवीय नहीं था? युद्धनिवृत्ति का उसका विचार मोहवशात भी क्या प्रकृति-संगत नहीं था? शेक्सपियर के हेमलेट की तरह अर्जुन का विषाद भी, टु किल आर नाट टु किल, मारना या न मारना प्रकार का था। तिलक ने गीता-रहस्य में अर्जुन की विषाद दशा का साम्य हेमलेट की मनःस्थिति में ढूंढ़ निकाला, क्या यह उचित है?

सार्त्र जो कहता है, वह अर्जुन के लिए बिलकुल ठीक ही कहता है। अर्जुन की भी संकट-अवस्था एक्झिस्टेंशियल ही थी। सार्त्र, कामू या उनामुनो

या जेस्पर या हाइडेगर, पश्चिम में जो भी अस्तित्ववादी विचारक हैं, वे ठीक अर्जुन की मनःस्थिति में हैं। इसलिए सावधान रहना, पश्चिम में कृष्ण पैदा हो सकते हैं। क्योंकि जहां अर्जुन की मनःस्थिति हो, वहां कृष्ण के पैदा होने की संभावना हो जाती है। पूरा पश्चिम एक्झिस्टेंशियल क्राइसिस में है। पूरे पश्चिम के सामने मनुष्य की चिंतातुरता एकमात्र सत्य होकर खड़ी हो गई है। क्या करें और क्या न करें? ईदर ऑर, यह या वह? क्या चुनें, क्या न चुनें? कौन-सा मूल्य चुनने योग्य है, कौन-सा मूल्य चुनने योग्य नहीं है—सब संदिग्ध हो गया है।

और ध्यान रहे कि पश्चिम में भी यह जो अस्तित्ववादी चिंतन पैदा हुआ, यह दो युद्धों के बीच में पैदा हुआ है। सार्त्र या कामू या उनामुनो पिछले दो महायुद्धों की परिणति हैं। पिछले दो महायुद्धों ने पश्चिम के चित्त में भी वह स्थिति खड़ी कर दी है, जो अर्जुन के चित्त में महाभारत के सामने खड़ी हो गई थी। विगत दो युद्धों ने पश्चिम के सारे मूल्य डगमगा दिए हैं। और अब सवाल यह है कि लड़ना कि नहीं लड़ना? लड़ने से क्या होगा? और ठीक स्थिति वैसी है कि अपने सब मर जाएंगे, तो लड़ने का क्या अर्थ है! और जब युद्ध की इतनी विकट स्थिति खड़ी हो जाए, तो शांति के समय में बनाए गए सब नियम संदिग्ध हो जाएं तो आश्चर्य नहीं है। यह ठीक सवाल उठाया है।

सार्त्र ठीक अर्जुन की मनःस्थिति में है। खतरा दूसरा है। सार्त्र की मनःस्थिति से खतरा नहीं है। सार्त्र अर्जुन की मनःस्थिति में है, लेकिन समझ रहा है, कृष्ण की मनःस्थिति में है। खतरा वहां है। है अर्जुन की मनःस्थिति में। जिज्ञासा करे, ठीक है। प्रश्न पूछे, ठीक है। वह उत्तर दे रहा है। खतरा वहां है। खतरा यहां है कि सार्त्र जिज्ञासा नहीं कर रहा है। सार्त्र पूछ नहीं रहा कि क्या है ठीक। सार्त्र उत्तर दे रहा है कि कुछ भी ठीक नहीं है। सार्त्र उत्तर दे रहा है कि कुछ भी ठीक नहीं है, कोई मूल्य नहीं है। अस्तित्व अर्थहीन है, मीनिंगलेस है।

यह जो उत्तर दे रहा है कि ईश्वर नहीं है जगत् में, आत्मा नहीं है जगत् में, मृत्यु के बाद बचना नहीं है जगत् में, सारा का सारा अस्तित्व एक अव्यवस्था है, एक अनार्की है, एक संयोग-जन्य घटना है, इसमें कोई सार नहीं है कहीं भी। यह उत्तर दे रहा है। यहां खतरा है।

अर्जुन भी उत्तर दे सकता था। लेकिन अर्जुन सिर्फ जिज्ञासा कर रहा है। अगर अर्जुन उत्तर दे, तो खतरे पैदा होंगे। लेकिन अर्जुन जिज्ञासा कर रहा है। और मैं मानता हूं कि जिसे दिखाई पड़ता हो—जैसा सार्त्र को दिखाई पड़ता है कि कोई मूल्य नहीं है, एक वैल्युलेसनेस है—जिसे दिखाई पड़ता है कि कोई अर्थ नहीं, कोई प्रयोजन नहीं। अगर सच में ही ऐसा दिखाई पड़ता है, तब तो सार्त्र को कुछ कहने का भी अर्थ नहीं है। चुप हो जाना चाहिए। ऐसी स्थिति में मौन ही सार्थक मालूम पड़ सकता है। व्यर्थ है सारी बात।

नहीं, लेकिन सार्त्र मौन नहीं है। आतुर है कहने को, समझाने को, जो कह रहा है उससे दूसरों को राजी करने को। तब डर होता है। तब डर यह होता है कि सार्त्र भी भीतर असंदिग्ध नहीं है कि जो कह रहा है वह ठीक है। शायद सार्त्र दूसरों को समझाकर दूसरों के चेहरे पर यह देखने को उत्सुक है कि कहीं उनको अगर ठीक लगती हो यह बात, तो ठीक होगी। मैं भी फिर ठीक मान लूं।

सार्त्र जिज्ञासा करे, वहां तक ठीक है। लेकिन पश्चिम में एक्झिस्टेंशियलिस्ट विचारक जिज्ञासा को उत्तर बना रहे हैं। और जब जिज्ञासा उत्तर बनती है, और जब शिष्य गुरु हो जाता है, और जब पूछना ही बताना बन जाता है, तब एक क्राइसिस आफ वैल्यूज पैदा होती है, जो कि पश्चिम में पैदा हुई है। सब अस्तव्यस्त हो गया है। सब अस्तव्यस्त हो गया है। उस अस्तव्यस्तता में कहीं कोई राह नहीं दिखाई पड़ती। नहीं दिखाई पड़ती, इसलिए नहीं कि राह नहीं है, राह तो सदा है। लेकिन अगर हम यह मान ही लें कि राह है ही नहीं, यही हमारा उत्तर बन जाए, तो फिर राह दिखाई पड़नी असंभव है।

अर्जुन यह नहीं मानता। अर्जुन बड़ी जिज्ञासा कर रहा है कि राह होगी। मैं खोजता हूं, मैं पूछता हूं, आप मुझे बताएं। वह कृष्ण को कह रहा है, आप मुझे बताएं, आप मुझे समझाएं। मैं अज्ञानी हूं, मुझे कुछ पता नहीं है। विनम्र है। अर्जुन का अज्ञान विनम्र है, सार्त्र का अज्ञान विनम्र नहीं है। सार्त्र का अज्ञान बहुत असर्टिव है। खतरा है। और जब अज्ञान असर्टिव होता है, जब अज्ञान मुखर होता

है, तो जितने खतरे होते हैं, उतने खतरे और किसी बात से नहीं होते। लेकिन अक्सर ऐसा होता है कि अज्ञान मुखर होता है।

अर्जुन पूछ रहा है; वह कहता है, मुझे पता नहीं है। मैं संदेह में पड़ गया हूं। मैं डूबा जा रहा हूं संकट में, मुझे कोई मार्ग दे। लेकिन मार्ग हो सकता है, इसकी उसकी खोज जारी है।

मैं मानता हूं कि अर्जुन सार्त्र से ज्यादा साहसी है। क्योंकि इतनी गहन निराशा में भी मार्ग की खोज बड़े साहस की बात है। सार्त्र उतना साहसी नहीं है। उसके वक्तव्य बहुत साहसी मालूम पड़ते हैं, उतना साहसी नहीं है। असल में कई बार ऐसा होता है कि अंधेरी गली में आदमी निकलता है, तो सीटी बजाता हुआ निकलता है। सीटी बड़ी साहसी मालूम पड़ती है आस-पास सोए हुए लोगों को। लेकिन सीटी बजाने से साहस पता नहीं चलता, उससे सिर्फ इतना ही पता चलता है कि आदमी डर रहा है। वह सीटी साहस का सबूत नहीं होती। वह सिर्फ भय को छिपाने की चेष्टा होती है।

वह जो केआस, जो अराजकता पश्चिम के सामने दो महायुद्धों ने प्रकट कर दी है, वह जो नीचे से एक बवंडर प्रकट हुआ है और भूमि फट गई है, और एक ज्वालामुखी ने मुंह बा दिया है पश्चिम के सामने, उस ज्वालामुखी को झुठलाने की कोशिश चल रही है।

है ही नहीं जीवन में कोई अर्थ, इसलिए अनर्थ से डरने की जरूरत क्या है! है ही नहीं कोई मूल्य, इसलिए मूल्य की खोज की चिंता भी क्या करनी है! है ही नहीं कोई परमात्मा, तो प्रार्थना करने से क्या फायदा है! है ही नहीं कोई आशा, इसलिए निराशा में भी चिंतित होने की कोई जरूरत नहीं है!

निराशा में भी निश्चिंतता खोजने की चेष्टा, सिर्फ इस बात की सूचक है कि हृदय बहुत कमजोर है और साहस कम है। असल में आशा जब तीव्र निराशा में पड़ती है, तभी पता चलता है कि है या नहीं। और जब गहन अंधकार में ज्योति को खोजने की चेष्टा चलती है, तभी पता चलता है कि प्रकाश की कोई आकांक्षा, गहरा साहस, गहरी लगन और गहरे संकल्प से जुड़ी है या नहीं जुड़ी है।

पश्चिम की सार्त्रवादी चिंतना निराशा को स्वीकार कर लेने की है। निराशा है। इससे पश्चिम उबरेगा नहीं। इसलिए एक्झिस्टेंशियलिज्म और उस तरह के विचारक सिर्फ एक फैशन से ज्यादा नहीं हैं। और फैशन मरनी शुरू हो गई है, फैशन मर रही है। अब अस्तित्ववाद कोई बहुत जीवित धारणा नहीं है। बच्चे पश्चिम के उसको भी इनकार कर रहे हैं, वह भी ओल्ड फैशन हो गई है। छोड़ो यह बकवास भी!

लेकिन सार्त्र की पीढ़ी ने जो निराशा दी है, उसका दुष्परिणाम आने वाली पीढ़ी पर दिखाई पड़ रहा है। वह पीढ़ी कहती है कि ठीक है, हम सड़क पर नंगे नाचेंगे; क्योंकि तुम्हीं ने तो कहा कि कोई अर्थ नहीं है, तो फिर कपड़े पहनने में ही कौन-सा अर्थ है! तो हम फिर किसी भी तरह के काम-संबंध निर्मित करेंगे; क्योंकि तुम्हीं ने तो कहा है कि कोई अर्थ नहीं है, तो परिवार का भी क्या अर्थ है! फिर हम किसी को आदर नहीं देंगे; क्योंकि तुम्हीं ने तो कहा है कि जब ईश्वर ही नहीं है, तो आदर का क्या अर्थ है! और हम कल की चिंता न करेंगे।

आज अमेरिका और यूरोप की यूनिवर्सिटीज लड़के खाली करके भाग रहे हैं। उनसे कहते हैं उनके मां-बाप कि पढ़ो, तो वे कहते हैं, कल का क्या भरोसा? तुम्हीं ने तो कहा है कि सब अनिश्चित है, तो पढ़-लिखकर भी क्या होगा? और वे लड़के पूछते हैं कि हिरोशिमा में भी लड़के पढ़ रहे थे कालेज में, फिर एटम गिर गया और सब समाप्त हो गया। हम भी पढ़ेंगे, तुम एटम तैयार कर रहे हो, किस दिन गिरा दोगे, कुछ पता नहीं है। तो हमें जी लेने दो, जो दो-चार क्षण हमें मिले हैं, हमें जी लेने दो।

तो पश्चिम में जो जीवन का एक विस्तार है टाइम में, समय में जो एक जीवन की यात्रा है, वह एकदम खंडित हो गई है। क्षण पर टिक गया है; अभी जो है, कर लो; अगले क्षण का कोई भरोसा नहीं है। और अगले क्षण के भरोसे को करोगे भी क्या? अंततः तो मृत्यु ही है; अगला क्षण मृत्यु है। टाइम जो है, वह डेथ का पर्यायवाची हो गया पश्चिम में; समय और मृत्यु एक ही अर्थ के हो गए। अभी जो है, है; और कोई मूल्य नहीं है।

अभी एक व्यक्ति ने कई हत्याएं कीं। और जब अदालत ने उससे पूछा तो उसने कहा, क्या हर्ज है! जब सभी को मर ही जाना है, तो मैंने मरने में सहायता की है। और वे तो मर ही जाते; उनको मारने से मुझे थोड़ा आनंद मिला है! उसके ले लेने में हर्ज क्या है? जब कोई मूल्य ही नहीं है, तो ठीक है।

सार्त्र की पीढ़ी पश्चिम को एक खोखलेपन से, एक हालोनेस से भर गई। क्योंकि उसके पास उत्तर नहीं थे, सिर्फ प्रश्न थे। और उसने प्रश्नों को ही उत्तर बता दिया।

अगर अर्जुन जीत जाए, तो इस मुल्क में भी हालोनेस पैदा हो जाए। अर्जुन नहीं जीता और कृष्ण जीत गए। वह एक संघर्ष था बड़ा अर्जुन और कृष्ण के बीच। अगर अर्जुन को शक सवार हो जाए, और धुन सवार हो जाए गुरु होने की, और वह अपनी जिज्ञासाओं को उत्तर बना दे, और अपने प्रश्नों को उत्तर बना दे, और अपने अज्ञान को ज्ञान मान ले, तो इस मुल्क में भी वही स्थिति पैदा हो जाती, जो पश्चिम में अस्तित्ववादी चिंतन के कारण पैदा हुई है। स्थिति वही है, लेकिन पश्चिम के पास अभी भी कृष्ण नहीं हैं। लेकिन इस सिचुएशन में कृष्ण पश्चिम में पैदा हो सकते हैं।

और इसलिए बहुत आश्चर्य की बात नहीं है कि कृष्ण-कांशसनेस जैसे आंदोलन पश्चिम के मन को पकड़ रहे हैं। कोई आश्चर्य नहीं है कि पश्चिम की सड़कों पर लड़के और लड़कियां ढोल पीटकर और कृष्ण का भजन कर रहे हैं। यह कोई आश्चर्य नहीं है। यह आकस्मिक नहीं है। इस जगत् में आकस्मिक कुछ भी नहीं होता। इस जगत् में फूल भी खिलता है, तो लंबे कारण होते हैं। अगर लंदन की सड़क पर कोई हरे कृष्ण का भजन ढोल पर पीटता हुआ घूमता है, तो यह आकस्मिक नहीं है। यह पश्चिम के चित्त में कहीं कोई गहरी पीड़ा है।

अर्जुन तो मौजूद हो गया, कृष्ण कहां हैं? प्रश्न तो खड़ा हो गया, उत्तर कहां है? उत्तर की तलाश है; उत्तर की तलाश पैदा हुई है। इसलिए ठीक सवाल था यह।

लेकिन मैं अर्जुन को मनुष्य का प्रतीक कहता हूं। और अर्जुन को जो ममत्व पकड़ा, वह भी मनुष्य की मनुष्यता है। लेकिन नीत्से का एक वचन

आपसे कहूं। नीत्से ने कहा है, अभागा होगा वह दिन, जिस दिन मनुष्य मनुष्य से पार होने की आकांक्षा छोड़ देगा। अभागा होगा वह दिन, जिस दिन मनुष्य की प्रत्यंचा पर मनुष्य को पार करने वाला तीर न खिंचेगा। अभागा होगा वह दिन, जिस दिन मनुष्य मनुष्य होने से तृप्त हो जाएगा। मनुष्य मंजिल नहीं है, पड़ाव है। उसे पार होना ही है। अर्जुन मंजिल नहीं है, पड़ाव है।

स्वाभाविक है आदमी के लिए, अपनों को चाहे। स्वाभाविक है आदमी के लिए, अपनों को मारने से डरे। स्वाभाविक है आदमी के लिए, ईदर-ऑर पकड़े—यह या वह, करूं या न करूं—चिंता आए। लेकिन जो मनुष्य के लिए स्वाभाविक है, वह जीवन का अंत नहीं है। और मनुष्य के लिए जो स्वाभाविक है, वह सिर्फ मनुष्य के लिए स्वाभाविक है। और उस स्वभाव में चिंता और पीड़ा और तनाव भी जुड़े हैं; अशांति, दुख और विक्षिप्तता भी जुड़ी है।

मनुष्य को अगर हम स्वाभाविक समझें, तो वह स्वाभाविकता वैसी ही है, जैसे कैंसर स्वाभाविक है, टी.बी. स्वाभाविक है। लेकिन टी.बी. के स्वभाव के साथ पीड़ा भी जुड़ी है। ऐसे ही मनुष्य को अगर हम पशु की तरफ से देखें, तो मनुष्य एक एवोल्यूशन है, एक विकास है; और अगर परमात्मा की तरफ से देखें, तो एक डिसीज है, एक बीमारी है। अगर हम पशु की तरफ से देखें, तो मनुष्य एक विकास है; और अगर परमात्मा की तरफ से देखें, तो मनुष्य एक बीमारी है, एक डिसीज है।

यह अंग्रेजी का शब्द डिसीज बहुत अच्छा है। यह दो शब्दों से बना है—डिस, ईज। उसका सिर्फ मतलब होता है बेचैनी, नाट ऐट ईज। तो आदमी एक डिसीज है, एक बेचैनी है, अगर परमात्मा की तरफ से देखें।

और अगर पशु भी हमारे संबंध में सोचते होंगे, तो वे भी नहीं सोचते होंगे कि हम विकास हैं। वे भी सोचते होंगे कि हमारे बीच से कुछ लोग गड़बड़ हो गए हैं, विक्षिप्त हो गए हैं; इनका दिमाग खराब हो गया है। सिवाय परेशानी के...क्योंकि जब कोई पशु देखता होगा कि आदमी साइकियाट्रिस्ट के दफ्तर में जाता है, आदमी मनोवैज्ञानिक के पास अपने मन की जांच के लिए जाता है; जब देखते होंगे आदमी पागलखाने खड़े करता है; और जब देखते होंगे कि यह आदमी

दिन-रात चिंता में जीता है, तो पशु भी कभी सोचते होंगे। कभी न कभी उनकी जमात बैठती होगी और वे सोचते होंगे कि इन बेचारों को कितना समझाया था कि मत आदमी बनो। नहीं माने हैं, और फल भोग रहे हैं! जैसा कि पिता अक्सर बेटों के संबंध में सोचते हैं।

पशु पिता हैं, हम उसी यात्रा से आते हैं। जरूर सोचते होंगे कि कितना समझाया, लेकिन बिगड़ गई है यह जेनरेशन, यह पीढ़ी भटक गई। लेकिन उन्हें पता नहीं कि इस भटकाव से संभावनाएं खुल गई हैं। इस भटकाव से एक बड़ी यात्रा खुली है।

स्वभावतः, जो घर बैठा है, वह उतना परेशान नहीं होता। जो यात्रा पर निकला है, वह परेशान होता है। राह की धूल भी है, राह के गड्ढे भी हैं, राह की भूलें भी हैं, राह पर भटकन भी है। अनजान रास्ता है, पास कोई नक्शा नहीं। अनचार्टर्ड है, खोजना है और चलना है; चलना है और रास्ता बनाना है। लेकिन जो चलेंगे, भूलेंगे, भटकेंगे, गिरेंगे, दुखी होंगे, वे ही पहुंचते भी हैं।

अर्जुन स्वाभाविक है मनुष्य के लिए। लेकिन अर्जुन खुद पीड़ा से भरा है। वह भी मनुष्य होने की इच्छा में नहीं है। वह कहता है या तो दुर्योधन हो जाए, या तो कोई समझा दे कि जो हो रहा है, सब ठीक है। या कोई ऊपर उठा दे अर्जुन होने से। उसकी चिंता, उसका दुख, उसकी पीड़ा वही है।

गाण्डीवं स्रंसते हस्तात्त्वक्चैव परिदह्यते।
न च शक्नोम्यवस्थातुं भ्रमतीव च मे मनः।। 30।।
निमित्तानि च पश्यामि विपरीतानि केशव।
न च श्रेयोऽनुपश्यामि हत्वा स्वजनमाहवे।। 31।।
न कांक्षे विजयं कृष्ण न च राज्यं सुखानि च।
किं नो राज्येन गोविन्द किं भोगैर्जीवितेन वा।। 32।।

तथा हाथ से गांडीव धनुष गिरता है और त्वचा भी बहुत जलती है तथा मेरा मन भ्रमित-सा हो रहा है। इसलिए मैं खड़ा रहने को भी समर्थ नहीं हूं। और हे

केशव! लक्षणों को भी विपरीत ही देखता हूं तथा युद्ध में अपने कुल को मारकर कल्याण भी नहीं देखता। हे कृष्ण! मैं विजय को नहीं चाहता और राज्य तथा सुखों को भी नहीं चाहता।

हे गोविंद! हमें राज्य से क्या प्रयोजन है, अथवा भोगों से और जीवन से भी क्या प्रयोजन है।

अर्जुन के अंग शिथिल हो गए हैं। मन साथ छोड़ दिया है। धनुष छूट गया है। वह इतना कमजोर मालूम पड़ रहा है कि कहता है, रथ पर मैं बैठ भी सकूंगा या नहीं, इतनी भी सामर्थ्य नहीं है। यहां दो-तीन बातें समझनी जरूरी हैं।

एक तो यह कि शरीर केवल हमारे चित्त का प्रतिफलन है। गहरे में मन में जो घटित होता है, वह शरीर के रोएं-रोएं तक फलित हो जाता है। यह अर्जुन बलशाली इतना, अचानक ऐसा बलहीन हो गया कि रथ पर बैठना उसे कठिन मालूम पड़ रहा है! क्षणभर पहले ऐसा नहीं था। इस क्षणभर में वह बीमार नहीं हो गया। इस क्षणभर में उसके शरीर में कोई अशक्ति नहीं आ गई। इस क्षणभर में वह वृद्ध नहीं हो गया। इस क्षणभर में क्या हुआ है?

इस क्षण में एक ही घटना घटी है, उसका मन क्षीण हो गया; उसका मन दुर्बल हो गया; उसका मन स्व-विरोधी खंडों में विभाजित हो गया। जहां मन विभाजित होता है विरोधी खंडों में, तत्काल शरीर रुग्ण, दीन हो जाता है। जहां मन संयुक्त होता है एक संगीतपूर्ण स्वर में, वहां शरीर तत्काल स्वस्थ और अविभाजित हो जाता है। उसके धनुष का गिर जाना, उसके हाथ-पैर का कंपना, उसके रोओं का खड़ा हो जाना, सूचक है। इस बात का सूचक है कि शरीर हमारे मन की छाया से ज्यादा नहीं है।

नहीं, पहले ऐसा खयाल नहीं था। वैज्ञानिक कहते रहे हैं कि मन हमारा शरीर की छाया से ज्यादा नहीं है। जो इस भ्रांत-चिंतन को मानकर सोचते रहे, वे लोग भी यही कहते रहे हैं। बृहस्पति भी यही कहेंगे, एपिकुरस भी यही कहेगा, कार्ल मार्क्स और एंजिल्स भी यही कहेंगे, कि वह जो चेतना है, वह केवल

बाई-प्राडक्ट है। वह जो भीतर मन है, वह केवल हमारे शरीर की उप-उत्पत्ति है; वह केवल शरीर की छाया है।

अभी अमेरिका में दो मनोवैज्ञानिक थे, जेम्स और लेंगे। उन्होंने एक बहुत अद्भुत सिद्धांत प्रतिपादित किया था, और वर्षों तक स्वीकार किया जाता रहा। जेम्स-लेंगे थियरी उनके सिद्धांत का नाम था। बड़ी मजे की बात उन्होंने कही थी। उन दोनों ने यह सिद्ध करने की कोशिश की थी कि सदा से हम ऐसा समझते रहे हैं कि आदमी भयभीत होता है, इसलिए भागता है। उन्होंने कहा, नहीं, यह गलत है। क्योंकि अगर शरीर प्रमुख है और मन केवल उप-उत्पत्ति है, तो सच्चाई उलटी होनी चाहिए। उन्होंने कहा, मनुष्य चूंकि भागता है, इसलिए भय अनुभव करता है।

हम सोचते रहे हैं सदा से कि आदमी क्रोधित होता है, इसलिए मुट्ठियां भिंच जाती हैं; क्रोधित होता है, इसलिए दांत भिंच जाते हैं; क्रोधित होता है इसलिए आंखों में खून दौड़ जाता है; क्रोधित होता है, इसलिए श्वास तेजी से चलने लगती है और हमले की तैयारी हो जाती है।

जेम्स-लेंगे ने कहा, गलत है यह बात। क्योंकि शरीर प्रमुख है, इसलिए घटना पहले शरीर पर घटेगी, मन में केवल प्रतिफलन होगा। मन सिर्फ एक मिरर है, एक दर्पण! इससे ज्यादा नहीं। इसलिए उन्होंने कहा कि नहीं, बात उलटी है। आदमी चूंकि मुट्ठियां भींच लेता है और आदमी चूंकि दांत कस लेता है और चूंकि शरीर में खून तेजी से दौड़ता है, श्वास तेज चलती है, इसलिए क्रोध पैदा होता है।

फिर उन्होंने सिद्ध करने के लिए...और यहां तर्क का बहुत मजेदार मामला है। और तर्क कभी-कभी कैसे गलत रास्तों पर ले जाता है, वह देखने जैसा है। उन्होंने कहा, तो मैं यह कहता हूं कि एक आदमी बिना भागे हुए और बिना शरीर पर भागने का कोई प्रभाव हुए भयभीत होकर बता दे। या एक आदमी बिना आंखें लाल किए, मुट्ठियां बांधे, दांत भींचे, क्रोध करके बता दे।

मुश्किल है बात! कैसे बताइएगा क्रोध करके। तब उन दोनों ने कहा कि

तब ठीक है, जब इसके बिना क्रोध नहीं हो सकता, तो क्रोध इनका ही जोड़ है। इससे ज्यादा कुछ भी नहीं है।

लेकिन पता नहीं, जेम्स-लेंगे को किसी ने क्यों नहीं कहा कि इससे उलटा होता है। एक अभिनेता क्रोध करके बता सकता है, आंखें लाल करके बता सकता है, दांत भींच सकता है, मुट्ठी भींच सकता है, फिर भी भीतर उसके कोई क्रोध नहीं होता। और एक अभिनेता प्रेम करके बता सकता है—और जितना अभिनेता बता सकता है, उतना शायद कोई भी नहीं बता सकता—भीतर उसके कोई प्रेम नहीं होता है।

यह अर्जुन, जेम्स-लेंगे सिद्धांत के बिलकुल विपरीत काम कर रहा है; बिलकुल उलटा काम कर रहा है। जेम्स-लेंगे इसको बिलकुल मानने को राजी नहीं होंगे; कहेंगे, बिलकुल उलटी बातें कर रहा है। इसे कहना चाहिए कि चूंकि मेरा धनुष गिरा जाता है, चूंकि मेरे रोएं खड़े हुए जाते हैं, चूंकि मेरा शरीर शिथिल हुआ जाता है, क्योंकि मेरे अंग निढाल हुए जाते हैं, इसलिए हे केशव! मेरे मन में बड़ी चिंता पैदा हो रही है।

लेकिन यह ऐसा नहीं कह रहा है। चिंता इसे पहले पैदा हो गई है। क्योंकि इसके शरीर के शिथिल होने और इसके रोएं खड़े होने का और कोई भी कारण नहीं है; बाहर कोई भी कारण नहीं है। एक क्षण में बाहर कुछ भी नहीं बदला है। बाहर सब वही है; लेकिन भीतर सब बदल गया है। भीतर सब बदल गया है।

तिब्बत में ल्हासा यूनिवर्सिटी में विद्यार्थियों का भी शिक्षण जो होता था, उसमें भी योग का कुछ वर्ग अनिवार्य था। और एक योग का नियमित प्रयोग ल्हासा यूनिवर्सिटी में चलता था। उसमें भी विद्यार्थियों को उत्तीर्ण होना जरूरी था। और वह था हीट-योग। वह है शरीर में भीतर से मन के कारण गर्मी पैदा करने की प्रक्रिया। अजीब! सिर्फ मन से! सिर्फ मन से। बाहर बर्फ पड़ रही है; और आदमी नग्न खड़ा है, और उसके शरीर से पसीना चू रहा है।

और इतने पर राजी नहीं होते थे वे। और जब पश्चिम से आए हुए डाक्टरों

ने भी इसका परीक्षण किया, तो बहुत हैरान हो गए। क्योंकि जब विद्यार्थियों की परीक्षा होती थी, तो रात में खुले मैदान में, बर्फ के पास, झील के किनारे उन्हें नग्न खड़ा किया जाता। और उनके पास कपड़े, कोट, कमीज गीले करके रखे जाते, पानी में डुबाकर। और वे नग्न खड़े हैं। और उस लड़के को सर्वाधिक अंक मिलेंगे, जो रात अपने शरीर से इतनी गर्मी पैदा करे कि अनेक कपड़े सुखा दे शरीर पर पहनकर! जितने ज्यादा कपड़े रातभर में वह सुखा देगा, उतने ज्यादा अंक उसको मिलने वाले हैं!

और जब पश्चिम से आए डाक्टरों के एक दल ने यह देखा, तो वे दंग रह गए। उन्होंने कहा, जेम्स-लेंगे थियरी का क्या हुआ? क्योंकि बाहर तो बर्फ पड़ रही है और वे डाक्टर तो लबादे पर लबादे पहनकर भी भीतर कंपे जा रहे हैं। और ये नग्न खड़े लड़के क्या कर रहे हैं? क्योंकि इनके शरीर पर जो होना चाहिए, वह हो रहा है। लेकिन मन इनकार कर रहा है। और मन कहे चला जा रहा है कोई बर्फ नहीं है। और मन कहे चला जा रहा है कि धूप है, तेज गर्मी है। और मन कहे जा रहा है कि शरीर में आग तप रही है। इसलिए शरीर को पसीना छोड़ना पड़ रहा है।

यह जो अर्जुन के साथ हुआ, वह उसके मन में पैदा हुए भंवर का शरीर तक पहुंचा हुआ परिणाम है। और हमारी जिंदगी में शरीर से बहुत कम भंवर मन तक पहुंचते हैं। मन से ही अधिकतम भंवर शरीर तक पहुंचते हैं। लेकिन हम जिंदगीभर शरीर की ही फिक्र किए चले जाते हैं।

अगर कृष्ण को थोड़ी भी—जिसको तथाकथित वैज्ञानिक बुद्धि कहें—होती, तो वे अर्जुन को कहते कि मालूम होता है, तुझे फ्लू हो गया है! अगर उन्होंने मार्क्स को पढ़ा होता, तो वे कहते, मालूम होता है, तेरे शरीर में किसी हार्मोन की कोई कमी हो गई है। वे कहते, तू चल और किसी जनरल अस्पताल में भर्ती हो जा। लेकिन उन्होंने यह बिलकुल नहीं कहा। वे शिथिल-गात होते अर्जुन को कुछ और समझाने लगे; वे उसके मन को कुछ और समझाने लगे; वे उसके मन को बदलने की कोशिश करने लगे।

जगत् में दो ही प्रक्रियाएं हैं, या तो आदमी के शरीर को बदलने की प्रक्रिया और या आदमी की चेतना को बदलने की प्रक्रिया। विज्ञान आदमी के शरीर को बदलने की प्रक्रिया पर ध्यान देता है, धर्म मनुष्य की चेतना को बदलने की प्रक्रिया पर ध्यान देता है। वहीं भेद है। और इसलिए मैं कहता हूं, धर्म विज्ञान से ज्यादा गहरा विज्ञान है, धर्म विज्ञान से ज्यादा महान विज्ञान है। वह सुप्रीम साइंस है, वह परम विज्ञान है। क्योंकि वह केंद्र से शुरू करता है। और वैज्ञानिक बुद्धि निश्चित ही केंद्र से शुरू करेगी। परिधि पर की गई चोटें जरूरी नहीं कि केंद्र पर पहुंचें, लेकिन केंद्र पर की गई चोटें जरूरी रूप से परिधि पर पहुंचती हैं।

एक पत्ते को पहुंचाया गया नुकसान जरूरी नहीं है कि जड़ों तक पहुंचे। अक्सर तो नहीं पहुंचेगा। पहुंचने की कोई जरूरत नहीं है। लेकिन जड़ों को पहुंचाया गया नुकसान पत्तों तक जरूर पहुंच जाएगा; पहुंचना ही पड़ेगा; पहुंचने के अतिरिक्त और कोई मार्ग नहीं है।

इसलिए अर्जुन की इस स्थिति को देखकर, कृष्ण उसे कहां से पकड़ते हैं? अगर वे शरीर से पकड़ते, तो गीता फिजियोलाजी की एक किताब होती। वह भौतिक-शास्त्र होती। वे उसे चेतना से पकड़ते हैं, इसलिए गीता एक मनस-शास्त्र बन गई। गीता के मनस-शास्त्र बनने का प्रारंभ—अर्जुन के शरीर की घटना पर कृष्ण बिलकुल ध्यान ही नहीं देते। वे न उसकी नाड़ी देखते हैं, न थर्मामीटर लगाते हैं। वे उसकी फिक्र ही नहीं करते कि उसके शरीर को क्या हो रहा है। वे फिक्र करते हैं कि उसकी चेतना को क्या हो रहा है। यह थोड़ा विचारणीय है।

जैसा मैंने कहा, आज भी मनुष्य जाति करीब-करीब अर्जुन की चेतना से ग्रस्त है। उसके शरीर पर भी वे परिणाम हो रहे हैं। लेकिन हम जो इलाज कर रहे हैं, वे शरीर से शुरू करने वाले हैं। इसलिए सब इलाज हो जाते हैं, और बीमार बीमार ही बना रहता है। उसकी चेतना से कोई इलाज शुरू नहीं हो पाता है।

यह अर्जुन कहता है, मेरा मन साथ छोड़े दे रहा है। मैं बिलकुल निर्वीर्य हो गया, बलहीन हो गया।

बल क्या है? एक तो बल है जो शरीर की मांस-पेशियों, मसल्स में होता है। उसमें तो कोई भी फर्क नहीं पड़ गया है। लेकिन इस क्षण अर्जुन को एक छोटा-सा बच्चा भी धक्का दे दे, तो वह गिर जाएगा। इस क्षण अर्जुन की मसल्स कुछ भी काम नहीं करेंगी। एक छोटा-सा बच्चा उसे हरा सकता है। यह मस्कुलर ताकत कुछ अर्थ की नहीं मालूम होती है। एक और बल है, जो संकल्प से, विल से पैदा होता है। सच तो यह है कि वही बल है, जो संकल्प से पैदा होता है।

वह जो संकल्प से पैदा होने वाला बल है, वह बिलकुल ही खो गया है। क्योंकि संकल्प कहां से आए? मन दुविधा में पड़ गया, तो संकल्प खंडित हो जाता है। मन एकाग्र हो, तो संकल्प संगठित हो जाता है। मन दुविधा में द्वंद्वग्रस्त हो जाए, कांफ्लिक्ट में पड़ जाए, तो संकल्प खो जाता है। हम सब भी निर्बल हैं, संकल्प नहीं है। वही संकल्प खो गया है। क्या करूं, क्या न करूं? करना क्या उचित होगा, क्या उचित नहीं होगा? सब आधार खो गए पैर के नीचे से। अर्जुन अधर में लटका रह गया है; वह त्रिशंकु हो गया है।

यह प्रत्येक मनुष्य की स्थिति है। और इसलिए अद्‌भुत सत्य हैं कुरान में, और अद्‌भुत सत्य हैं बाइबिल में, और अद्‌भुत सत्य हैं जेन्दअवेस्ता में, और अद्‌भुत सत्य हैं ताओ-तेह-किंग में, और दुनिया के अनेक-अनेक ग्रंथों में अद्‌भुत सत्य हैं, लेकिन गीता फिर भी विशिष्ट है, और उसका कुल कारण इतना है कि वह धर्मशास्त्र कम, मनस-शास्त्र, साइकोलाजी ज्यादा है। उसमें कोरे स्टेटमेंट्स नहीं हैं कि ईश्वर है और आत्मा है। उसमें कोई दार्शनिक वक्तव्य नहीं हैं; कोई दार्शनिक तर्क नहीं हैं। गीता मनुष्य जाति का पहला मनोविज्ञान है; वह पहली साइकोलाजी है। इसलिए उसके मूल्य की बात ही और है।

अगर मेरा वश चले, तो कृष्ण को मनोविज्ञान का पिता मैं कहना चाहूंगा। वे पहले व्यक्ति हैं, जो दुविधाग्रस्त चित्त, माइंड इन कांफ्लिक्ट, संतापग्रस्त मन, खंड-खंड टूटे हुए संकल्प को अखंड और इंटिग्रेट करने की...कहें कि वे पहले आदमी हैं, जो साइको-एनालिसिस का, मनस-विशेषण का उपयोग करते हैं।

सिर्फ मनस-विशेषण का ही नहीं, बल्कि साथ ही एक और दूसरी बात का भी, मनस-सेषण का भी, साइको-सिंथीसिस का भी।

तो कृष्ण सिर्फ फ्रायड की तरह मनोविशेषक नहीं हैं; वे सेषक भी हैं। वे मन की खोज ही नहीं करते कि क्या-क्या खंड हैं उसके! वे इसकी भी खोज करते हैं कि वह कैसे अखंड, इंडिविजुएशन को उपलब्ध हो; अर्जुन कैसे अखंड हो जाए!

और यह अर्जुन की चित्त-दशा, हम सबकी चित्त-दशा है। लेकिन, शायद संकट के इतने तीव्र क्षण में हम कभी नहीं होते। हमारा संकट भी कुनकुना, ल्यूक-वार्म होता है, इसलिए हम उसको सहते चले जाते हैं। इतना ड्रामैटिक, इतना त्वरा से भरा, इतना नाटकीय संकट हो, तो शायद हम भी अखंड होने के लिए आतुर हो जाएं।

मैंने सुना है कि एक मनोवैज्ञानिक ने एक उबलते हुए पानी की बाल्टी में एक मेंढक को डाल दिया। वह मेंढक तत्काल छलांग लगाकर बाहर हो गया। वह मेंढक अर्जुन की हालत में पड़ गया था। उबलता हुआ पानी, मेंढक कैसे एडजस्ट करे! छलांग लगाकर बाहर हो गया। फिर उसी मनोवैज्ञानिक ने उसी मेंढक को एक दूसरी बाल्टी में डाला और उसके पानी को धीरे-धीरे गरम किया, चौबीस घंटे में उबलने तक लाया वह। करता रहा धीरे-धीरे गरम। वह जो मेंढक था, हम जैसा, राजी होता गया। थोड़ा पानी गरम हुआ, मेंढक भी थोड़ा गरम हुआ। उस मेंढक ने कहा, अभी ऐसी कोई छलांग लगाने की खास बात नहीं है; चलेगा। वह एडजस्टमेंट करता चला गया, जैसा हम सब करते चले जाते हैं। चौबीस घंटे में वह एडजस्टेड हो गया। जब पानी उबला, तब एडजस्टेड रहा, क्योंकि अभी उसे कोई फर्क नहीं मालूम पड़ा। रत्ती-रत्ती बढ़ा। एक रत्ती से दूसरी रत्ती में कोई छलांग लगाने जैसी बात नहीं थी। उसने कहा कि इतने से राजी हो गए, तो इतने से और सही। वह मर गया। पानी उबलता रहा, वह उसी में उबल गया, छलांग न लगाई। मेंढक छलांग लगा सकता था। अब मेंढक को छलांग लगाने से ज्यादा स्वाभाविक और कुछ भी नहीं है, मगर वह भी न हो सका।

अर्जुन उबलते हुए पानी में एकदम पड़ गया है। इसलिए सिचुएशन ड्रामैटिक है, सिचुएशन एक्सट्रीम है। वह ठीक स्थिति पूरी उबलती हुई है। इसलिए अर्जुन एकदम धनुषबाण छोड़ दिया। हम अपनी तराजू भी नहीं छोड़ सकते इस तरह, हम अपना गज भी नहीं छोड़ सकते इस तरह, हम अपनी कलम भी नहीं छोड़ सकते इस तरह। और रथ पर ही बैठने में एकदम इतना कमजोर हो गया! क्या हुआ? संकट से, इतनी तीव्रता से राजी होना, एडजस्ट होना मुश्किल हो गया।

मैं आपसे कहना चाहूंगा कि राजी मत होते चले जाना। नहीं सबको ऐसे मौके नहीं आते कि महाभारत हो हरेक की जिंदगी में। और बड़ी कृपा है भगवान की, ऐसा हरेक आदमी को महाभारत का मौका लाना पड़े, तो कठिनाई होगी बहुत।

लेकिन जिंदगी महाभारत है, पर लंबे फैलाव पर है! त्वरा नहीं है उतनी। तीव्रता नहीं है उतनी। सघनता नहीं है उतनी। धीमे-धीमे सब होता रहता है। मौत आ जाती है और हम एडजस्ट होते चले जाते हैं; हम समायोजित हो जाते हैं। और तब जिंदगी में क्रांति नहीं हो पाती है।

अर्जुन की जिंदगी में क्रांति निश्चित है। इधर या उधर, उसे क्रांति से गुजरना ही पड़ेगा। पानी उबलता हुआ है। ऐसी जगह है, जहां उसे कुछ न कुछ करना ही होगा। या तो वह भाग जाए, जैसा कि बहुत लोग भाग जाते हैं। सरल वही होगा। शार्ट कंट वही है। निकटतम यही मालूम पड़ता है, भाग जाए।

इसलिए अधिक लोग जीवन के संकट में से भागने वाला संन्यास निकाल लेते हैं। अधिक लोग जीवन के संकट में से एस्केपिस्ट रिनंसिएशन निकाल लेते हैं, एकदम जंगल भाग जाते हैं। वे कहते हैं, नहीं, अहमदाबाद नहीं, हरिद्वार जा रहे हैं। अर्जुन भी वैसी स्थिति में था। हालांकि गीता वे अपने साथ ले जाते हैं। तब बड़ी हैरानी होती है। हरिद्वार में गीता पढ़ते हैं। अर्जुन भी पढ़ सकता था। हरिद्वार वह भी जाना चाहता था। लेकिन वह उसको एक गलत आदमी मिल गया, कृष्ण मिल गया। उसने कहा कि रुक; भाग मत!

क्योंकि भगोड़े परमात्मा तक पहुंच सकते हैं? भगोड़े परमात्मा तक नहीं पहुंच सकते। जो जीवन के सत्य से भागते हैं, वे परमात्मा तक नहीं पहुंच सकते हैं। जो जीवन का ही साक्षात्कार करने में असमर्थ हैं, वे परमात्मा का साक्षात्कार नहीं कर सकते हैं। क्योंकि जो जीवन को ही देखकर शिथिल-गात हो जाते हैं, जिनके गांडीव छूट जाते हैं हाथ से, जिनके रोएं कंपने लगते हैं और जिनके प्राण थरथराने लगते हैं—जीवन को ही देखकर—नहीं, परमात्मा के समक्ष वे खड़े नहीं हो सकेंगे।

जीवन तैयारी है, जीवन कदम-कदम तैयारी है, उस विराट सत्य के साक्षात्कार की, एनकाउंटर की। और अर्जुन तो जीवन के एक छोटे से तथ्य से ही भागा चला जा रहा है! लेकिन भागने की तैयारी उसकी पूरी हो गई है।

अब यह बड़े मजे की बात है कि वह रथ पर नहीं चढ़ पाता। वह कहता है, रथ पर चढ़ने की भी शक्ति नहीं है। लेकिन अगर उससे कहो कि भाग जाओ जंगल की तरफ, तो वह बड़ी शक्ति पाएगा; अभी भाग जाएगा। एकदम इतनी तेजी से दौड़ेगा, जितनी तेजी से कभी नहीं दौड़ा है। जो आदमी जिंदगी से लड़ने की सामर्थ्य नहीं जुटा पा रहा है, वह भागने की जुटा लेता है। सामर्थ्य की तो कमी नहीं मालूम पड़ती, शक्ति की तो कमी नहीं मालूम पड़ती, शक्ति तो है। अगर कृष्ण उसे कहें, छोड़ सब, तो वह बड़ा प्रफुल्ल हो जाएगा। लेकिन यह प्रफुल्लता ज्यादा देर टिकेगी नहीं। और अगर अर्जुन जंगल चला जाए, तो थोड़ी देर में ही उदास हो जाएगा। बैठ भी जाए वह संन्यासी के वेश में एक वृक्ष के नीचे, तो थोड़ी देर में जंगल से ही लकड़ी वगैरह बटोरकर वह तीर-कमान बना लेगा। वह आदमी वही है।

क्योंकि हम अपने से भागकर कहीं भी नहीं जा सकते हैं। हम सबसे भाग सकते हैं, अपने से नहीं भाग सकते हैं। मैं तो अपने साथ ही पहुंच जाऊंगा। तो थोड़ी देर में जब वह देखेगा कि कोई देखने वाला नहीं है, तो पशु-पक्षियों का शिकार शुरू कर देगा। अर्जुन ही तो भागेगा न! और पशु-पक्षी तो अपने नहीं हैं;

वे तो स्वजन-प्रियजन नहीं हैं। उन्हें तो मारने में कोई कठिनाई आएगी नहीं। वह मजे से मारेगा।

अर्जुन संन्यासी हो नहीं सकता। क्योंकि जो संसारी होने की भी हिम्मत नहीं दिखा पा रहा है, उसके संन्यासी होने का कोई उपाय नहीं है। असल में संन्यास संसार से भागने का नाम नहीं है, संसार को पार कर जाने का नाम है।

संन्यास, संसार की जलन और आग का अतिक्रमण है। और जो उसे पूरा पार कर लेता है, वही अधिकारी हो पाता है। संन्यास, संसार से विरोध नहीं, संन्यास संसार की संपूर्ण समझ और संघर्ष का फल है।

संन्यास की स्थिति में आ गया है वह। पलायनवादी हो, तब तो अभी रास्ता है उसके सामने। अगर संघर्ष में जाए, तो कठिनाई है। अब पूरी गीता उसके गात की शिथिलता को मिटाने के लिए है; उसे वापस संकल्पवान होने के लिए है; उसे वापस शक्ति, संकल्प, वापस व्यक्तित्व और आत्मवान बनाने की पूरी चेष्टा है।

और इसलिए मैं जो सारी चर्चा करूंगा, वह इसी दृष्टि से चर्चा करूंगा कि वह आपके मनस के भी काम की है। और अगर आपके भीतर अर्जुन न हो, तो आप मत आएं, वह आपके काम की बात नहीं है। वह बेमानी है। आपके भीतर दुविधा न हो, आपके भीतर संघर्ष न हो, आपके भीतर बेचैनी न हो, तो आप मत सुनें। उससे कोई संबंध नहीं है। आपके भीतर दुविधा हो, बेचैनी हो, तनाव हो, आपके भीतर निर्णय में कठिनाई हो, आपके भीतर खंड-खंड आदमी हो और आप भी भीतर से टूट गए हों, डिसइंटिग्रेटेड हों, तो ही आने वाली बात आपके अर्थ की हो सकती है।

शेष कल सुबह!

तीसरा प्रवचन

विषाद और संताप से आत्म-क्रांति की ओर

गाण्डीवं स्रंसते हस्तात्त्वक्चैव परिदह्यते।
न च शक्नोम्यवस्थातुं भ्रमतीव च मे मनः।। 30।।
निमित्तानि च पश्यामि विपरीतानि केशव।
न च श्रेयोऽनुपश्यामि हत्वा स्वजनमाहवे।। 31।।
न कांक्षे विजयं कृष्ण न च राज्यं सुखानि च।
किं नो राज्येन गोविन्द किं भोगैर्जीवितेन वा।। 32।।

तथा हाथ से गांडीव गिरता है और त्वचा भी बहुत जलती है तथा मेरा मन भ्रमित-सा हो रहा है। इसलिए मैं खड़ा रहने को भी समर्थ नहीं हूं। और हे केशव! लक्षणों को भी विपरीत ही देखता हूं तथा युद्ध में अपने कुल को मारकर कल्याण भी नहीं देखता। हे कृष्ण! मैं विजय को नहीं चाहता और राज्य तथा सुखों को भी नहीं चाहता।

हे गोविंद! हमें राज्य से क्या प्रयोजन है, अथवा भोगों से और जीवन से भी क्या प्रयोजन है।

अर्जुन बड़ी सशर्त बात कह रहा है; बहुत कंडीशनल, शर्त से बंधा उसका वक्तव्य है। सुख के भ्रम से वह मुक्त नहीं हुआ है। लेकिन वह कह रहा है कि अपनों को मारकर जो सुख मिलेगा, ऐसे सुख से क्या प्रयोजन? अपनों को मारकर जो राज्य मिलेगा, ऐसे राज्य से क्या प्रयोजन? अगर अपनों को बिना मारे राज्य मिल जाए, और अपनों को बिना मारे सुख मिल जाए, तो अर्जुन लेने को तैयार है। सुख मिल सकता है, इसमें उसे कोई संदेह नहीं है। कल्याण हो सकता है, इसमें उसे कोई संदेह नहीं है। अपनों को मारने में उसे संदेह है।

इस मनोदशा को समझ लेना उपयोगी है। हम सब भी ऐसे ही शर्तों में सोचते हैं। वेहेंगर ने एक किताब लिखी है, 'दि फिलासफी आफ ऐज इफ'। जैसे सारा जीवन ही 'यदि' पर खड़ा है। यदि ऐसा हो तो सुख मिल सकेगा, यदि ऐसा न हो तो सुख नहीं मिल सकेगा। यदि ऐसा हो तो कल्याण हो सकेगा, यदि ऐसा न हो तो कल्याण नहीं हो सकेगा। लेकिन एक बात निश्चित है कि सुख मिल सकता है, शर्त पूरी होनी चाहिए। और मजे की बात यही है कि जिसकी शर्त है, उसे सुख कभी नहीं मिल सकता है। क्यों? क्योंकि जिसे सुख का भ्रम नहीं टूटा, डिसइलूजनमेंट नहीं हुआ, जिसका सुख का मोह भंग नहीं हुआ, उसे सुख नहीं मिल सकता है।

सुख मिलता है केवल उसे, जो इस सत्य को जान लेता है कि सुख इस जगत् में संभव नहीं है। बड़ा पैराडाक्सिकल, बड़ा उलटा दिखाई पड़ता है। जो सोचता है, इस जगत् में सुख मिल सकता है, कुछ शर्तें भर पूरी हो जाएं, वह केवल नए-नए दुख खोजता चला जाता है। असल में हर दुख को खोजना हो तो सुख बनाकर ही खोजना पड़ता है। दुख के खोजने की तरकीब ही यही है कि उसे सुख मानकर खोजना पड़ता है। जब तक खोजते हैं तब तक सुख मालूम पड़ता है, जब मिल जाता है तब दुख मालूम पड़ता है। लेकिन मिल जाने के बाद कोई उपाय नहीं है।

अर्जुन अगर कहे कि सुख संभव कहां है? संसार में कल्याण संभव कहां है? राज्य में प्रयोजन कहां है? अगर वह ऐसा कहे तो उसका प्रश्न बेशर्त है,

अनकंडीशनल है। तब उत्तर बिलकुल और होता। लेकिन वह यह कह रहा है, अपनों को मारकर सुख कैसे मिलेगा? सुख तो मिल सकता है, अपने न मारे जाएं तो सुख लेने को वह तैयार है। कल्याण तो हो सकता है, राज्य में प्रयोजन भी हो सकता है, लेकिन अपने न मारे जाएं तो ही राज्य में प्रयोजन हो सकता है।

राज्य व्यर्थ है, सुख व्यर्थ है, महावीर या बुद्ध को जैसा खयाल हुआ, अर्जुन को वैसा खयाल नहीं है। अर्जुन के सारे वक्तव्य उसकी विरोधी मनोदशा की सूचना देते हैं। वह जिस चीज को कह रहा है, बेकार है, उस चीज को बेकार जान नहीं रहा है। वह जिस चीज को कह रहा है, क्या प्रयोजन? क्या फायदा? वह पूरे वक्त मन में जान रहा है कि फायदा है, प्रयोजन है, सिर्फ उसकी शर्त पूरी होनी चाहिए। उसका यदि अगर पूरा हो जाए, 'इफ' अगर पूरी हो जाए, तो सुख मिलेगा, इसमें उसे कोई भी संदेह नहीं है।

मैंने एक मजाक सुनी है। मैंने सुना है कि बर्ट्रेंड रसेल मर रहा है। (मजाक ही है।) एक पादरी यह खबर सुनकर कि बर्ट्रेंड रसेल मर रहा है, भागा हुआ पहुंच गया कि हो सकता है यह जीवनभर का निष्णात नास्तिक, शायद मरते वक्त मौत से डर जाए और भगवान को स्मरण कर ले। पर उस पादरी की मरते हुए बर्ट्रेंड रसेल के पास भी जाने की सामने हिम्मत नहीं पड़ती है। वह भीड़ में, जो मित्रों की इकट्ठी हो गई थी, पीछे डरा हुआ खड़ा है कि कोई मौका अगर मिल जाए, तो वह बर्ट्रेंड रसेल को कह दे कि अभी भी माफी मांग लो।

और तभी बर्ट्रेंड रसेल ने करवट बदली और कहा, हे परमात्मा! तो उसने सोचा, यह ठीक मौका है। इसके मुंह से भी परमात्मा का नाम निकला है! तो वह पास गया और उसने कहा कि ठीक अवसर है, अभी भी क्षमा मांग लो परमात्मा से। तो बर्ट्रेंड रसेल ने आंख खोली और उसने कहा, हे परमात्मा! यदि कोई परमात्मा हो, तो बर्ट्रेंड रसेल क्षमा मांगता है; यदि कोई बर्ट्रेंड रसेल की आत्मा हो; क्षमा मांगता है, यदि कोई पाप किए गए हों; क्षमा मांगता है, यदि क्षमा संभव हो।

सारा जीवन हमारा यदि से घिरा है। बर्ट्रेंड रसेल साफ है, ईमानदार है। हम इतने साफ नहीं हैं।

अर्जुन भी साफ नहीं है, बहुत कनफ्यूज्ड है, बहुत उलझा हुआ है। चित्त की गांठ उसकी बहुत इरछी-तिरछी है। वह कह रहा है, सुख तो मिल सकता है, लेकिन यदि अपने न मरें। वह कहता है, राज्य कल्याणकारी है मिल जाए तो, यदि अपने न मरें। यह यदि ही उसकी गांठ है। और जो आदमी ऐसा कहता है, उसे—सुख, राज्य, धन, यश—उनका मोह नहीं टूट गया है; उनकी आकांक्षा नहीं टूट गई है; उनकी अभीप्सा नहीं टूट गई है। पीछे वह बहुत तैयार है, सब मिल जाए, लेकिन उसके यदि भी पूरे होने चाहिए।

इसीलिए कृष्ण को निरंतर पूरे समय उसके साथ श्रम करना पड़ रहा है। वह श्रम उसके सेल्फ-कंट्राडिक्टरी, उसके आत्म-विरोधी चिंतन के लिए करना पड़ रहा है। क्योंकि पूरे समय यह दिखाई पड़ रहा है कि वह जो कह रहा है, वही चाह रहा है। जिससे भाग रहा है, उसी को मांग रहा है। जिससे बचना चाह रहा है, उसी को आलिंगन कर रहा है।

अर्जुन की यह दशा ठीक से समझ लेनी चाहिए। ऐसा अर्जुन हम सबके भीतर है। जिसे हम एक हाथ से धकाते हैं, उसे दूसरे हाथ से खींचते रहते हैं। जिसे हम एक हाथ से खींचते हैं, उसे दूसरे से धकाते रहते हैं। एक कदम बाएं चलते हैं, तो तत्काल एक कदम दाएं चल लेते हैं। एक कदम परमात्मा की तरफ जाते हैं, तो एक कदम तत्काल संसार की तरफ उठा लेते हैं।

यह जो अर्जुन है, ऐसी बैलगाड़ी की तरह है, जिसमें दोनों तरफ बैल जुते हैं। वह दोनों तरफ खिंच रहा है। वह कह रहा है, सुख तो है, इसलिए मन भागता है। वह कह रहा है, लेकिन अपनों को मारना पड़ेगा, इसलिए मन लौटता है। यह स्व-विरोध है, स्मरण रखने योग्य है, क्योंकि अर्जुन की पूरी चित्त-दशा इसी स्व-विरोध का फैलाव है।

प्रश्न : विषादग्रस्त अर्जुन के चित्त की दशा हमने देखी। अब विषाद होने से व्यक्ति स्वभाव से यानी आत्मभाव से दूर हो जाता है, स्वभाव से वियोग होता है। तो गीता के प्रथम अध्याय को अर्जुन-विषादयोग कहा गया है, वह कैसे?

विषाद का योग से क्या संबंध है? या गीता में योग शब्द किस अर्थ में प्रयुक्त किया गया है?

विषादयोग! योग के बहुत अर्थ हैं। और योग के ऐसे भी अर्थ हैं, जो साधारणतः योग से हमारी धारणा है, उसके ठीक विपरीत हैं। यह ठीक ही सवाल है कि विषाद कैसे योग हो सकता है? आनंद योग हो सकता है; विषाद कैसे योग हो सकता है?

लेकिन विषाद इसलिए योग हो सकता है कि वह आनंद का ही शीर्षासन करता हुआ रूप है, वह आनंद ही सिर के बल खड़ा है। आप अपने पैर के बल खड़े हों, तो भी आदमी हैं, और सिर के बल खड़े हो जाएं, तो भी आदमी हैं। जिसको हम स्वभाव से विपरीत जाना कहते हैं, वह भी स्वभाव का उलटा खड़ा हो जाना है, इनवर्शन है। जिसको हम विक्षिप्तता कहते हैं, वह भी स्वभाव का विकृत हो जाना है, परवर्शन है। लेकिन है स्वभाव ही।

सोने में मिट्टी मिल जाए, तो अशुद्ध सोना ही कहना पड़ता है। अशुद्ध है, इसलिए पूछा जा सकता है कि जो अशुद्ध है, उसे सोना क्यों कह रहे हैं? लेकिन सोना ही कहना पड़ेगा। अशुद्ध होकर भी सोना है। और इसलिए भी सोना कहना पड़ेगा कि अशुद्धि जल सकती है और सोना वापस सोना हो सकता है।

विषादयोग इसलिए कह रहे हैं कि विषाद है, विषाद जल सकता है, योग बच सकता है। आनंद की यात्रा हो सकती है। कोई भी इतने विषाद को उपलब्ध नहीं हो गया कि स्वरूप को वापस लौट न सके। विषाद की गहरी से गहरी अवस्था में भी स्वरूप तक लौटने की पगडंडी शेष है। उस पगडंडी के स्मरण के लिए ही योग कह रहे हैं।

और वह जो विषाद है, वह भी इसीलिए हो रहा है। विषाद क्यों हो रहा है? एक पत्थर को विषाद नहीं होता। नहीं होता, इसलिए कि उसे आनंद भी नहीं हो सकता है। विषाद हो इसलिए रहा है, वह भी एक गहरे अर्थ में आनंद का स्मरण है। इसलिए विषाद हो रहा है। वह भी इस बात का स्मरण

है, गहरे में चेतना कहीं जान रही है कि जो मैं हो सकता हूं, वह नहीं हो पा रहा हूं; जो मैं पा सकता हूं, वह मैं नहीं पा रहा हूं। जो संभव है, वह संभव नहीं हो पा रहा है, इसलिए विषाद हो रहा है।

इसलिए जितना ही प्रतिभाशाली व्यक्तित्व होगा, उतने ही गहरे विषाद में उतरेगा। सिर्फ जड़-बुद्धि विषाद को उपलब्ध नहीं होते हैं। क्योंकि जड़-बुद्धि को तुलना का उपाय भी नहीं होता; उसे यह भी खयाल नहीं होता कि मैं क्या हो सकता हूं। जिसे यह खयाल है कि मैं क्या हो सकता हूं, जिसे यह खयाल है कि आनंद संभव है, उसके विषाद की कालिमा बढ़ जाएगी; उसे विषाद ज्यादा गहरा दिखाई पड़ेगा। जिसे सुबह का पता है, उसे रात के अंधकार में बहुत अंधकार दिखाई पड़ेगा। जिसे सुबह का कोई पता नहीं है, उसे रात भी सुबह हो सकती है; और रात भी उसे लग सकती है कि ठीक है।

अर्जुन की इस विषाद की स्थिति को भी योग ही कहा जा रहा है, क्योंकि यह विषाद का बोध भी स्वरूप के विपरीत, कंट्रास्ट में दिखाई पड़ता है, अन्यथा नहीं दिखाई पड़ेगा। ऐसा विषादयोग और किसी को भी उस युद्ध के स्थल पर नहीं हो रहा है। ऐसा दुर्योधन को नहीं हो रहा है।

कल रास्ते में जाता था तो एक मित्र ने पूछा कि आपने दुर्योधन की तो बात की, युधिष्ठिर के संबंध में क्या खयाल है? क्योंकि दुर्योधन को विषाद नहीं हो रहा है, माना, आदमी भला नहीं है। पर युधिष्ठिर तो भला आदमी है, धर्मराज है, उसे क्यों नहीं हो रहा है?

तो यह भी थोड़ा विचारणीय है। आशा तो करनी चाहिए कि युधिष्ठिर को हो; लेकिन युधिष्ठिर को नहीं हो रहा है। युधिष्ठिर तथाकथित धार्मिक आदमी है, सो काल्ड रिलीजस है। और बुरा आदमी भी तथाकथित धार्मिक आदमी से बेहतर होता है। क्योंकि बुरे आदमी को आज नहीं कल, बुरे की पीड़ा और बुरे का कांटा चुभने लगेगा। लेकिन तथाकथित धार्मिक आदमी को वह पीड़ा भी नहीं चुभती, क्योंकि वह मानकर ही चलता है कि धार्मिक है। विषाद कैसे हो? युधिष्ठिर अपने धार्मिक होने में आश्वस्त है। आश्वासन बड़ा झूठा है। लेकिन आश्वस्त है। असल में युधिष्ठिर रूढ़िग्रस्त धार्मिक आदमी की प्रतिमा है।

दो तरह के धार्मिक आदमी होते हैं। एक तो उधार धार्मिक आदमी होते हैं, 'बारोड', जिनका धर्म अतीत की उधारी से आता है। और एक वे धार्मिक आदमी होते हैं, जिनका धर्म उनकी आंतरिक क्रांति से आता है।

तो अर्जुन आंतरिक क्रांति के द्वार पर खड़ा हुआ धार्मिक आदमी है। धार्मिक है नहीं, लेकिन क्रांति के द्वार पर खड़ा हुआ है। उस पीड़ा से गुजर रहा है, जिससे धर्म पैदा हो सकता है। युधिष्ठिर तृप्त है; अतीत से जो धर्म मिला है, उससे राजी है। इसलिए धार्मिक भी हो सकते हैं, जुआ भी खेल सकते हैं, तब भी कोई संदेह मन में पैदा नहीं होता। धार्मिक भी हो सकते हैं, राज्य के लिए युद्ध पर भी जा सकते हैं, तब भी कोई संदेह मन में पैदा नहीं होता। धार्मिक भी हैं और तथाकथित धर्म के आस-पास सब अधर्म पूरी तरह चलता है; कोई पीड़ा उससे नहीं होती।

आमतौर से मंदिर में, मस्जिद में, गुरुद्वारा में, चर्च में जाने वाला आदमी युधिष्ठिर से तालमेल रखता है। तृप्त है। गीता रोज पढ़ता है; धार्मिक आदमी है—बात समाप्त हो गई। गीता कंठस्थ है, पक्का धार्मिक आदमी है—बात समाप्त हो गई। सब उसे मालूम है, जो मालूम करने योग्य है—बात समाप्त हो गई। ऐसा आदमी चली हुई कारतूस जैसा होता है, उसमें कुछ चलने को नहीं होता। खाली कारतूस होता है, उसमें बारूद नहीं होती। खाली कारतूस अच्छी भी मालूम पड़ती है, क्योंकि उससे बहुत खतरा भी नहीं होता।

युधिष्ठिर इन अर्थों में धर्मराज है। अतीत से जो धर्म मिला है, उसकी धरोहर है। अतीत से, परंपरा से, रूढ़ि से जो धर्म मिला है, वे उसके प्रतीक, प्रतिमा-पुरुष हैं। उन्हें कोई अड़चन नहीं होती! तथाकथित धार्मिक आदमी कंप्रोमाइजिंग होता है, समझौतावादी होता है। वह हर स्थिति में धर्म और अधर्म के बीच समझौते खोज लेता है।

तथाकथित धार्मिक आदमी हिपोक्रेट होता है, पाखंडी होता है। उसके दो चेहरे होते हैं। एक उसका धार्मिक चेहरा होता है, जो वह दिखाने के लिए रखता है। एक उसका असली चेहरा होता है, जो वह काम चलाने के लिए रखता है।

और इन दोनों के बीच कभी कांफ्लिक्ट पैदा नहीं होती। यही हिपोक्रेसी का सूत्र है, राज है। इनके बीच कभी द्वंद्व पैदा नहीं होता, कभी उसे ऐसा नहीं लगता कि मैं दो हूं। वह बड़ा लिक्विड होता है, बड़ा तरल होता है। वह इधर से उधर बड़ी आसानी से हो जाता है। उसे कोई अड़चन नहीं आती। वह अभिनेता की तरह है। पात्र अभिनय बदल लेता है, उसे अड़चन नहीं होती। कल वह राम बना था, आज उसे रावण बना दें, उसे कोई अड़चन नहीं आती। वह रावण की वेशभूषा पहनकर खड़ा हो जाता है; रावण की भाषा बोलने लगता है।

यह जो तथाकथित धार्मिक आदमी है, यह अधार्मिक से भी बदतर है, ऐसा मैं कहता हूं। ऐसा इसलिए कहता हूं कि अधार्मिक अपनी पीड़ा को ज्यादा दिन नहीं झेल सकेगा; आज नहीं कल कांटा चुभेगा। लेकिन जो आदमी समझौते कर लिया है, वह पीड़ा को अनंतकाल तक झेल सकता है।

इसलिए युधिष्ठिर को पीड़ा नहीं आती। युधिष्ठिर बिलकुल राजी है। अब यह बड़े मजे की बात है, अधार्मिक आदमी बिलकुल राजी है उस युद्ध में; धार्मिक आदमी बिलकुल राजी है उस युद्ध में; और यह अर्जुन, जो न तो अधार्मिक होने से राजी है, न अभी तथाकथित धर्म से राजी है, यह चिंतित है।

अर्जुन बहुत आथेंटिक, प्रामाणिक मनुष्य है। उसकी प्रामाणिकता इसमें है कि चिंता है उसे। उसकी प्रामाणिकता इसमें है कि प्रश्न हैं उसके पास। उसकी प्रामाणिकता इसमें है कि जो स्थिति है, उसमें वह राजी नहीं हो पा रहा है। यही उसकी बेचैनी, यही उसकी पीड़ा उसका विकास बनती है।

विषादयोग इसलिए ही कहा है कि अर्जुन विषाद को उपलब्ध हुआ। धन्य हैं वे, जो विषाद को उपलब्ध हो जाएं। क्योंकि जो विषाद को उपलब्ध होंगे, उन्हें मार्ग खोजना पड़ता है। अभागे हैं वे, जिनको विषाद भी नहीं मिला, उनको आनंद तो कभी मिलेगा ही नहीं। धन्य हैं वे, जो विरह को उपलब्ध हो जाएं, क्योंकि विरह मिलन की आकांक्षा है। इसलिए विरह भी योग है; मिलन की आकांक्षा है। वह मिलन के लिए खोजता हुआ मार्ग है। योग तो मिलन ही है; लेकिन विरह भी योग है; क्योंकि विरह भी मिलन की पुकार और प्यास है। विषाद भी योग है।

योग तो आनंद ही है। लेकिन विषाद भी योग है, क्योंकि विषाद आनंद के लिए जन्मने की प्रक्रिया है। इसलिए विषादयोग कहा है।

प्रश्न : आपने अभी बर्ट्रेंड रसेल का नाम लिया। वेद मेहता ने टिलिक से बर्ट्रेंड रसेल की आत्मतुष्ट अनास्तिकता के पहलू प्रकट करके पूछा कि रसेल को नास्तिक होते हुए भी जीवन में एंपटीनेस, खालीपन का अनुभव नहीं हुआ! तब पाल टिलिक ने बताया कि ऐसे लोग आत्मवंचक हो सकते हैं। कितने लोग बस यूं ही हरे रंग को, ग्रीन रंग को नहीं देख पाते। क्या रसेल उनमें से एक होगा? अर्जुन इस चर्मचक्षु से विराट-रूप का भव्य-दर्शन नहीं कर सकता था। और दूसरी बात यह कि पाल टिलिक अल्बर्ट कामू की नैराश्य, डिस्पेअर पर वार्त्तिक देते हुए एक जगह कहते हैं कि डिस्पेअर इन इटसेल्फ इज़ रिलीजस। तो गीता की दृष्टि से तो आप जो कहते हैं, उससे यह मालूम होता है कि अर्जुन का विषाद अधार्मिक था! कुछ वार्त्तिक दें।

अर्जुन का विषाद यदि विषाद में ही तृप्त हो जाए और बंद हो जाए, तो अधार्मिक है; क्लोज्ड हो जाए, तो अधार्मिक है। और अगर विषाद यात्रा बन जाए, गंगोत्री बने और विषाद से गंगा निकले और आनंद के सागर तक पहुंच जाए, तो धार्मिक है। विषाद अपने में न तो अधार्मिक है, न धार्मिक है। अगर विषाद बंद करता है व्यक्तित्व को, तो आत्मघाती हो जाएगा। और अगर विषाद व्यक्तित्व को बहाव देता है, तो आत्म-परिवर्तनकारी हो जाएगा।

पाल टिलिक जो कहते हैं कि डिस्पेअर इन इटसेल्फ इज़ रिलीजस—वह जो विषाद है, दुख है, वह अपने आप में धार्मिक है—यह अधूरा सत्य है। पाल टिलिक पूरा सत्य नहीं बोल रहे हैं। यह अधूरा सत्य है, आधा सत्य है। विषाद धार्मिक बन सकता है। उसकी पासिबिलिटी है, उसकी संभावना है धार्मिक बनने की, अगर विषाद बहाव बन जाए।

लेकिन अगर विषाद वर्तुल बन जाए, सर्कुलर हो जाए, अपने में ही घूमने लगे, तो सिर्फ आत्मघाती हो सकता है, धार्मिक नहीं हो सकता। यह बड़े मजे की

बात है कि आत्मघाती व्यक्तित्व उस जगह पहुंच जाता है, जहां से या तो उसे आत्मा परिवर्तन करनी पड़ेगी या आत्मघात करना पड़ेगा। एक बात तय है कि पुरानी आत्मा से नहीं चलेगा। तो हम ऐसा भी कह सकते हैं कि स्युसाइड इन इटसेल्फ इज़ रिलीजस, आत्महत्या अपने आप में धार्मिक है। लेकिन यह अधूरा सत्य होगा, वैसा ही जैसा पाल टिलिक ने कहा।

हां, आत्महत्या की स्थिति में आए व्यक्ति के सामने दो विकल्प हैं, दो आल्टरनेटिव हैं, या तो वह अपने को मार डाले, जो कि बिलकुल अधार्मिक होगा; और या वह अपने को बदल डाले, जो कि मारने की और भी गहरी कीमिया है, तब वह धार्मिक होगा।

बुद्ध उस जगह आ जाते हैं, जहां या तो आत्महत्या करें या आत्म-रूपांतरण करें। महावीर उस जगह आ जाते हैं, या तो आत्महत्या करें या आत्म-रूपांतरण करें। अर्जुन भी उस जगह खड़ा है, जहां या तो वह मिट जाए, मर जाए, अपने को समाप्त कर ले, और या अपने को बदले और नए तलों पर चेतना को ले जाए।

पाल ट़िलिक का वक्तव्य अधूरा है। और पाल टिलिक के वक्तव्य के अधूरे होने का कारण है। क्रिश्चियनिटी का बुनियादी सत्य अधूरा है। ईसाइयत का बुनियादी सत्य अधूरा है। और इसलिए ईसाइयत ने डिस्पेअर को...और पाल टिलिक जो है, आधुनिक युग में ईसाइयत का बड़ा व्याख्याकार है। उसके पास पैनी दृष्टि है, लेकिन पैनी दृष्टि जरूरी नहीं है कि पूरी हो।

ईसाइयत ने जीसस की जो शकल पकड़ी है, वह डिस्पेअर की है। ईसाइयत ने जीसस की और कोई शकल नहीं पकड़ी। ईसाइयत के पास जीसस की हंसती हुई कोई तस्वीर नहीं है। ईसाइयत के पास जीसस का नाचता हुआ, प्रसन्न कोई व्यक्तित्व नहीं है। ईसाइयत के पास सत-चित-आनंद की घोषणा करने वाले जीसस की कोई धारणा नहीं है, कोई प्रतिमा नहीं है। उनके पास प्रतिमा है जीसस की—सूली पर लटके हुए, कंधे पर टिका हुआ सिर, आंखें उदास, मरने की घड़ी! और क्रास इसलिए ईसाइयत का प्रतीक बन गया—सूली।

यह जो डिस्पेअर और सूली है, यह अपने आप में धार्मिक नहीं है। हो सकती है धार्मिक, नहीं भी हो सकती है।

और पाल टिलिक बर्ट्रेंड रसेल के संबंध में गलत बात कहते हैं, पूरी ही तरह गलत कहते हैं, अगर वे यह कहते हैं कि बर्ट्रेंड रसेल जैसे लोग आत्मवंचक हैं। क्योंकि बर्ट्रेंड रसेल नास्तिक है, ईश्वर पर उसकी कोई आस्था नहीं है। इसलिए अगर कोई पूछता है पाल टिलिक से कि बर्ट्रेंड रसेल को ईश्वर पर कोई आस्था नहीं है, फिर भी बर्ट्रेंड रसेल को अर्थहीनता, एंपटीनेस, खालीपन का कोई बोध नहीं होता है, जैसा सार्त्र को होता है या कामू को या किसी और को होता है। बर्ट्रेंड रसेल को क्यों नहीं होता? अगर वे नास्तिक हैं, तो उन्हें खालीपन का अनुभव होना चाहिए।

जरूरी नहीं है। क्योंकि नास्तिकता भी मेरी दृष्टि में दो तरह की होती है, अपने में बंद, और बाहर बहती हुई। जो नास्तिक अपने में बंद हो जाएगा—जैसा विषाद अपने में बंद हो जाएगा—तो वह खाली हो जाएगा। क्योंकि जो आदमी नहीं के ऊपर जिंदगी खड़ी करेगा, वह एंप्टी हो जाएगा। जो आदमी कहेगा कि नहीं मेरे जीवन का आधार है, वह खाली नहीं होगा तो और क्या होगा!

क्योंकि नहीं के बीज से कोई अंकुर नहीं निकलता। नहीं के बीज से कोई फूल नहीं खिलते। नहीं के बीज से कोई जीवन विकसित नहीं होता। जीवन में कहीं न कहीं हां अगर न हो, तो जीवन खाली हो जाएगा। लेकिन जरूरी नहीं है कि नास्तिकता नहीं पर ही खड़ी हो। नास्तिकता भी हां पर खड़ी हो सकती है।

और बर्ट्रेंड रसेल की नास्तिकता हां पर खड़ी है। ईश्वर को इनकार करता है, लेकिन प्रेम को इनकार नहीं करता। और जो आदमी प्रेम को इनकार नहीं करता, उसको नास्तिक केवल नासमझ आस्तिक ही कह सकते हैं। क्योंकि जो आदमी प्रेम को इनकार नहीं करता, वह बहुत गहरे में परमात्मा को स्वीकार कर रहा है। फार्मल नहीं है उसकी स्वीकृति। वह भगवान की मूर्ति रखकर मंदिर में घंटी नहीं बजाता। लेकिन जो बजाते हैं, वे कोई आस्तिक हैं, ऐसा मानने का कोई भी कारण नहीं है। क्योंकि घंटी बजाने से आस्तिकता का क्या लेना-देना है? प्रेम

का स्वर जिसके जीवन में हो, उसके जीवन में प्रार्थना ज्यादा दूर नहीं है। प्रेम का स्वर जिसके जीवन में हो, उसके जीवन में परमात्मा ज्यादा दूर नहीं है। और प्रेम इनकार करने वाला सूत्र नहीं है, प्रेम स्वीकार करने वाला सूत्र है। प्रेम बड़ी गहरी 'हां' है पूरे अस्तित्व के प्रति।

तो मैं बर्ट्रेंड रसेल को नास्तिक सिर्फ औपचारिक अर्थों में कहता हूं। औपचारिक अर्थों में बर्ट्रेंड रसेल नास्तिक है। जिस तरह औपचारिक अर्थों में बहुत से लोग आस्तिक हैं। लेकिन बर्ट्रेंड रसेल की नास्तिकता आस्तिकता की तरफ बहती हुई है; उसमें बहाव है; वह खुल रही है। वह फूलों में भी आनंद ले पाता है।

हमारा आस्तिक मंदिर में जाकर फूल तो चढ़ा देता है, लेकिन फूल में कोई आनंद नहीं ले पाता। फूल तोड़ते वक्त उसे ऐसा नहीं लगता कि परमात्मा को तोड़ रहा है। पत्थर की एक मूर्ति के लिए एक जिंदा फूल को तोड़कर चढ़ा देता है। यह आदमी गहरे में नास्तिक है। इसका अस्तित्व के प्रति कोई स्वीकार-भाव नहीं है। और न अस्तित्व में इसे परमात्मा की कोई प्रतीति है। इसे कोई प्रतीति नहीं है। इसकी पत्थर की मूर्ति को कोई तोड़ दे, तो यह हत्या पर उतारू हो जाता है, जिंदा मूर्तियों को तोड़ देता है। इसके मन में आस्तिकता का कोई संबंध नहीं है। इसकी आस्तिकता आत्मवंचना है।

और बर्ट्रेंड रसेल की नास्तिकता भी आत्मवंचना नहीं है। क्योंकि मुझे ऐसा दिखाई पड़ता है कि रसेल सिंसियर, ईमानदार आदमी है। और ईमानदार आदमी जल्दी आस्तिक नहीं हो सकता। सिर्फ बेईमान आदमी ही जल्दी आस्तिक हो सकते हैं। क्योंकि जिस आदमी ने ईश्वर को भी बिना खोजे हां भर दी, उससे बड़ा बेईमान आदमी मिल सकता है! जिस आदमी ने ईश्वर जैसे महत तत्व को किताब में पढ़कर स्वीकार कर लिया, उस आदमी से ज्यादा आत्मवंचक आदमी, सेल्फ डिसेप्टिव आदमी मिल सकता है!

ईश्वर बच्चों का खेल नहीं है। ईश्वर किताबों में पढ़े हुए पाठ से संबंधित नहीं है। ईश्वर का मां-बाप द्वारा सिखाए गए सिद्धांतों से क्या वास्ता है? ईश्वर तो जीवन की बड़ी प्राणवंत खोज और पीड़ा है; बड़ी एंग्विश है। बड़े विषाद से

उपलब्ध होगा। बड़े श्रम से, बड़ी तपश्चर्या से, बड़े इनकार से गुजरने पर, बड़ी पीड़ा, बड़े खालीपन से गुजरने पर, बड़ी मुश्किल से, शायद जन्मों की यात्रा, जन्मों-जन्मों की यात्रा और खोज और जन्मों की भटकन और जन्मों की असफलता और विफलता, तब शायद इस सारी प्रसव-पीड़ा के बाद, वह अनुभव आता है, जो व्यक्तित्व को आस्तिकता देता है—तब।

लेकिन मैं मानता हूं कि बर्ट्रेंड रसेल वैसी यात्रा पर है। इसलिए खाली नहीं है। सार्त्र खाली है, उसकी नास्तिकता क्लोज्ड है; एनसर्किल्ड इन वनसेल्फ, अपने भीतर ही वर्तुल बनाकर घूम रही है। तो अपने भीतर तो आदमी फिर खाली हो जाएगा। और नहीं पर, नथिंगनेस पर जिसने आधार रखे—जिंदगी में कैसे फूल खिलें! उसने मरुस्थल में जिंदगी बोने की कोशिश की है। वहां फूल नहीं खिल सकते।

नहीं से बड़ा कोई मरुस्थल नहीं है। और जमीन पर जो मरुस्थल होते हैं, वहां तो 'ओएसिस' भी होते हैं, वहां तो कुछ मरुद्यान भी होते हैं। लेकिन नहीं के मरुस्थल में कोई ओएसिस, कोई मरुद्यान नहीं होता। वहां कोई हरियाली नहीं खिलती। हरियाली तो 'हां' में ही खिलती है। आस्तिक ही पूरा हरा हो सकता है। आस्तिक ही पूरा भरा हो सकता है। आस्तिक ही फूलों को उपलब्ध हो सकता है, नास्तिक नहीं।

लेकिन नास्तिकता दो तरह की हो सकती है और आस्तिकता भी दो तरह की हो सकती है। नास्तिकता तब खतरनाक हो जाती है, जब अपने में बंद हो जाए। और आस्तिकता तब खतरनाक होती है, जब उधार और 'बारोड' होती है। आस्तिकता का खतरा उधारी में है, नास्तिकता का खतरा अपने में बंद हो जाने में है। सब उधार आस्तिक हैं पृथ्वी पर! नास्तिक तक होने की ईमानदारी नहीं है, तो आस्तिक होने का बहुत विराट कदम बिलकुल असंभव है।

मैं तो मानता हूं कि नास्तिकता पहली सीढ़ी है आस्तिक होने के लिए शिक्षण है नास्तिकता। नहीं कहने का अभ्यास, हां कहने की तैयारी है। और जिसने कभी 'नहीं' नहीं कहा, उसके 'हां' में कितना बल होगा? और

जिसने कभी नहीं कहने की हिम्मत नहीं जुटाई, उसकी 'हां' में कितना प्राण, कितनी आत्मा हो सकती है?

बर्ट्रेंड रसेल, मैं मानता हूं कि नास्तिकता के उस दौर से गुजरता हुआ व्यक्ति है, जो खोज रहा है। और बिना खोजे हां नहीं भर सकता। उचित है; ठीक है; धार्मिक है। रसेल को मैं नास्तिक कहता हूं, लेकिन धार्मिक। धार्मिक नास्तिक। और तथाकथित आस्तिकों को मैं आस्तिक कहता हूं, लेकिन अधार्मिक। अधार्मिक आस्तिक। ये शब्द उलटे मालूम पड़ते हैं। लेकिन उलटे नहीं हैं।

अर्जुन का विषाद बहुत धार्मिक है; उसमें गति है। अगर वह चाहे, तो कृष्ण जैसे कीमती आदमी को पास पाकर कह सकता है कि गुरु, तुम जो कहते हो, ठीक है, हम लड़ते हैं! नहीं कहता, कृष्ण से जूझता है। कृष्ण से जूझने की हिम्मत साधारण नहीं है। कृष्ण जैसे व्यक्तित्व के पास हां करने का मन होता है। कृष्ण जैसे व्यक्तित्व को न कहने में पीड़ा होती है। कृष्ण जैसे व्यक्तित्व से प्रश्न उठाने में भी दुख होता है। लेकिन अर्जुन है कि पूछे चला जाता है, पूछे चला जाता है। वह कृष्ण के व्यक्तित्व को आड़ में रख देता है; अपने प्रश्न को छोड़ता नहीं। इसका भय नहीं लेता मन में कि क्या कहेगा कोई, अश्रद्धालु हूं, संदेह करता हूं, शक उठाता हूं, आस्थावान नहीं हूं। कृष्ण जैसा व्यक्ति मिला हो, मान लो गुरु और स्वीकार करो। तब आस्तिकता उधार हो जाती है। लेकिन नहीं, वह प्रामाणिक आस्तिकता की खोज में है।

इसलिए इतनी बड़ी गीता की लंबी यात्रा हुई। पूछता चला जाता है, पूछता चला जाता है, पूछता चला जाता है।

कृष्ण भी अद्‌भुत हैं। अपनी महिमा का जोर डाल सकते थे। अगर 'गुरुडम' का जरा भी मोह होता, तो जरूर डाल देते। लेकिन जो भी आस्तिक है, उसे गुरु होने की आकांक्षा नहीं होती। परमात्मा ही है, तो और व्यक्ति को गुरु होने की कोई जरूरत नहीं रह जाती। और जिसे परमात्मा पर भरोसा है, वह प्रश्नों को संदेह की दृष्टि से नहीं देखता, निंदा की दृष्टि से भी नहीं देखता। क्योंकि वह जानता है, परमात्मा है। और यह व्यक्ति पूछ रहा है, तो यात्रा कर रहा है, पहुंच जाएगा। इसे पहुंचने दें सहज ही।

गंगा बह चली है, तो सागर तक पहुंच जाएगी। अभी उसे पता नहीं कि सागर है; लेकिन बह रही है, तो बेफिक्र रहें, पहुंच जाएगी। वह कहता नहीं कि रुक जाओ और मान लो। और गंगा अगर रुक जाए और मान ले कि सागर है, तो कभी जान नहीं पाएगी कि सागर है। रुक जाएगी, एक डबरा बन जाएगी सड़ा-गला; फिर उसी को सागर समझेगी।

ऐसा आस्तिक अर्जुन नहीं है। अगर ठीक से समझें तो अर्जुन और बर्ट्रेंड रसेल के व्यक्तित्व में कुछ मेल है। जैसा मैंने कल कहा कि सार्त्र और अर्जुन के व्यक्तित्व में कुछ मेल है। वह मेल इतना है कि जैसा सार्त्र चिंतित है, वैसा अर्जुन चिंतित है, लेकिन यहां मेल टूट जाता है इसके आगे। सार्त्र अपनी चिंता को सिद्धांत बना लेता है, अर्जुन अपनी चिंता को सिर्फ प्रश्न बनाता है। यहां उसका बर्ट्रेंड रसेल से मेल है।

बर्ट्रेंड रसेल एगनॉस्टिक है, जिंदगी के अंतिम क्षण तक पूछ रहा है। यह दूसरी बात है कि कोई कृष्ण नहीं मिला। कोई हर्जा भी नहीं है; आगे कभी मिल जाएगा। कोई हर्जा नहीं है। लेकिन पूछना वहां है। यात्रा जारी है। मैं मानता हूं कि इस पृथ्वी पर बर्ट्रेंड रसेल के आस-पास पाल टिलिक जैसे जो आस्तिक हैं, ये इनसिंसियर हैं। पाल टिलिक आत्मवंचक हो सकते हैं, रसेल नहीं है। और इस पृथ्वी पर पाल टिलिक और रसेल जैसे व्यक्ति साथ-साथ रहे हैं। मेरी अपनी समझ है कि बर्ट्रेंड रसेल आस्तिकता की तरफ ज्यादा बढ़ा है, पाल टिलिक नहीं बढ़े; थियॉलाजिस्ट हैं।

और बड़े मजे की बात है कि दुनिया में धर्म का सबसे बड़ा शत्रु अगर कोई है, तो अधर्म नहीं है, 'थियॉलाजी' है, धर्म-शास्त्र है। धर्म की सबसे बड़ी शत्रुता शास्त्रीयता में हैं। तो जो लोग भी शास्त्रीयता में जीते हैं, वे कभी धार्मिक नहीं हो पाते। उसके कारण हैं, क्योंकि धर्म बुद्धि से ऊपर की बात है और शास्त्र सदा बुद्धि से नीचे की बात है। शास्त्र बुद्धि के ऊपर नहीं जाता और बुद्धि धर्म तक नहीं जाती।

पाल टिलिक सिर्फ बुद्धि से जी रहे हैं। ऐसा नहीं है कि बर्ट्रेंड रसेल बुद्धि को इनकार कर रहा है; पूरी तरह बुद्धि से जी रहा है। लेकिन बुद्धि की स्वीकृति

नहीं है। बुद्धि पर भी बर्ट्रेंड रसेल को संदेह है, वह स्केप्टिक है बुद्धि के बाबत भी। यह उसे लगता है कि बुद्धि की भी सीमाएं हैं।

अर्जुन में बड़ा गहरा समन्वय है। रसेल और सार्त्र जैसे इकट्ठे हैं। उसका विषाद धार्मिक है, क्योंकि उसका विषाद श्रद्धा पर ले जाने वाला है।

येषामर्थे कांक्षितं नो राज्यं भोगाः सुखानि च।
त इमेऽवस्थिता युद्धे प्राणांस्त्यक्त्वा धनानि च।। 33।।

हमें जिनके लिए राज्य, भोग और सुखादिक इच्छित हैं, वे ही यह सब धन और जीवन की आशा को त्यागकर युद्ध में खड़े हैं।

पग-पग पर अर्जुन की भ्रांतियां जुड़ी हैं। कह रहा है अर्जुन कि जिन पिता, पुत्र, मित्र, प्रियजन के लिए हम राज्य-सुख चाहते हैं...। झूठ कह रहा है। कोई चाहता नहीं। सब अपने लिए चाहते हैं। और अगर पिता-पुत्र के लिए चाहते हैं, तो सिर्फ इसलिए कि वे अपने पिता हैं, अपना पुत्र है। वह जितना अपना उसमें जुड़ा है, उतना ही; इससे ज्यादा नहीं।

हां, यह बात जरूर है कि उनके बिना सुख भी बड़ा विरस हो जाएगा। क्योंकि सुख तो मिलता कम है, दूसरों को दिखाई पड़े, यह ज्यादा होता है। सुख मिलता तो न के बराबर है। बड़े से बड़ा राज्य मिल जाए, तो भी राज्य के मिलने में उतना सुख नहीं मिलता, जितना राज्य मुझे मिल गया है, यह मैं अपने लोगों के सामने सिद्ध कर पाऊं, तो सुख मिलता है।

और आदमी की चिंतना की सीमाएं हैं। अगर एक महारानी रास्ते से निकलती हो—स्वर्ण आभूषणों से लदी, हीरे-जवाहरातों से लदी—तो गांव की मेहतरानी को कोई ईर्ष्या पैदा नहीं होती। क्योंकि महारानी रेंज के बाहर पड़ती है। मेहतरानी की चिंतना की रेंज नहीं है वह, वह सीमा नहीं है उसकी। महारानी से कोई ईर्ष्या पैदा नहीं होती, लेकिन पड़ोस की मेहतरानी अगर एक नकली कांच का टुकड़ा भी लटकाकर निकल जाए, तो प्राण में तीर चुभ जाता है। वह रेंज के भीतर है। आदमी की ईर्ष्याएं, आदमी की महत्वाकांक्षाएं निरंतर एक सीमा में बंधकर चलती हैं।

अगर आप यश पाना चाहते हैं, तो यह यश जो अपरिचित हैं, स्ट्रेंजर्स हैं, उनके सामने आपको मजा न देगा। जो अपने हैं, परिचित हैं, उनके सामने ही आपको मजा देगा। क्योंकि जो अपरिचित हैं, उनके सामने अहंकार को सिद्ध करने में कोई सुख नहीं है। जो अपने हैं, उन्हीं को हराने का मजा है। जो अपने हैं, उन्हीं को दिखाने का मजा है कि देखो, मैं क्या हो गया और तुम नहीं हो पाए!

जीसस ने कहीं कहा है कि पैगंबर या तीर्थंकर अपने ही गांव में कभी आदृत नहीं होते। यद्यपि चाहेंगे अपने ही गांव में आदृत होना; लेकिन हो नहीं सकते। अगर जीसस अपने ही गांव में गए हों, तो लोग कहेंगे, बढ़ई का लड़का है। वही न जोसफ बढ़ई का लड़का! कहां से ज्ञान पा लेगा? अभी कल तक लकड़ी काटता था, ज्ञान पा लिया? लोग हंसेंगे। इस हंसने में भी बढ़ई के लड़के को इतनी ऊंचाई पर स्वीकार करने की कठिनाई है। रेंज के भीतर है। बहुत कठिन है। कोई प्रोफेट अपने गांव में पुज जाए, बड़ी कठिन बात है। क्योंकि गांव की ईर्ष्या की सीमा के भीतर है।

विवेकानंद को जितना आदर अमेरिका में मिलता था, उतना कलकत्ता में कभी नहीं मिला। दो-चार-दस दिन कलकत्ता लौटकर स्वागत-समारोह हुआ, फिर सब समाप्त हो गया। फिर कलकत्ता में लोग कहेंगे कि अरे, वही न, कायस्थ का लड़का है, कितना ज्ञानी हो जाएगा!

रामतीर्थ को अमेरिका में भारी सम्मान मिला, काशी में नहीं मिला। काशी में एक पंडित ने खड़े होकर कहा कि संस्कृत का अ ब स नहीं आता और ब्रह्मज्ञान की बातें कर रहे हो? पहले संस्कृत सीखो! और बेचारे रामतीर्थ संस्कृत सीखने गए।

रेंज है, एक सीमा, एक वर्तुल है। लेकिन शायद रामतीर्थ को भी इतना मजा न्यूयार्क में सम्मान मिलने से नहीं आ सकता था, जितना काशी में मिलता, तो आता। इसलिए रामतीर्थ भी कभी नाराज नहीं हुए, अमेरिका में जब तक थे। कभी दुखी और चिंतित नहीं हुए। काशी में दुखी और चिंतित हो गए। निरंतर ब्रह्मज्ञान की बात करते थे, काशी में इतनी हिम्मत न जुटा पाए कि कह देते कि

ब्रह्मज्ञान का संस्कृत से क्या लेना-देना! भाड़ में जाए तुम्हारी संस्कृत। इतनी हिम्मत न जुटा पाए। बल्कि एक टयूटर लगाकर संस्कृत सीखने बैठ गए। यह पीड़ा समझते हैं?

वह जो अर्जुन कह रहा है निरंतर, सरासर झूठ कह रहा है। उसे पता नहीं है। क्योंकि झूठ भी आदमी में ऐसा खून में मिला हुआ है कि उसका पता भी मुश्किल से चलता है। असल में असली झूठ वे ही हैं, जो हमारे खून में मिल गए हैं। जिन झूठों का हमें पता चलता है, उनकी बहुत गहराई नहीं है। जिन झूठों का हमें पता नहीं चलता, जिनके लिए हम कांशस भी नहीं होते, चेतन भी नहीं होते, वे ही झूठ हमारी हड्डी-मांस-मज्जा बन गए हैं। अर्जुन वैसा ही झूठ बोल रहा है, जो हम सब बोलते हैं।

पति अपनी पत्नी से कहता है कि तेरे लिए ही सब कर रहा हूं। पत्नी अपने पति से कहती है कि तुम्हारे लिए ही सब कर रही हूं!

कोई किसी के लिए नहीं कर रहा है। हम सब अहंकार-केंद्रित होकर जीते हैं। अहंकार की सीमा-रेखा में जो-जो अपने मालूम पड़ते हैं, उनके लिए भी हम उतना ही करते हैं, जितने से हमारा अपना भरता है। वह जो अपनापन भरता है, जितना वे मेरे ईगो और मेरे अहंकार के हिस्से होते हैं, उतना ही हम उनके लिए करते हैं। वही पत्नी कल अपनी पत्नी न रह जाए, डाइवोर्स का विचार करने लगे, बस फिर सब करना बंद हो जाता है। जिस मित्र के लिए हम जान देने को तैयार थे, कल उसी की जान भी ले सकते हैं। सब भूल जाता है। क्यों भूल जाता है? जब तक वह मैं को मजबूत करता था, तब तक अपना था। और जब मैं को मजबूत नहीं करता, तब अपना नहीं रह जाता।

नहीं, अर्जुन गलत कह रहा है। उसे पता नहीं है। उसे पता हो, तब तो बात और हो जाए। उसे पता पड़ेगा धीरे-धीरे। गलत कह रहा है कि जिनके लिए हम राज्य चाहते हैं...। नहीं, उसे कहना चाहिए कि जिनके बिना राज्य चाहने में मजा न रह जाएगा...। चाहते तो अपने ही लिए हैं, लेकिन जिनकी आंखों के सामने चाहने में मजा आएगा कि मिले, जब वे ही न होंगे, तो अपरिचित, अनजान लोगों

के बीच राज्य लेकर भी क्या करेंगे! अहंकार का मजा भी क्या होगा उनके बीच, जो जानते ही नहीं कि तुम कौन हो! जो जानते हैं कि तुम कौन हो, उन्हीं के बीच आकाश छूने पर पता चलेगा कि देखो!

ध्यान रहे, हम अपने दुश्मनों से ही प्रतियोगिता नहीं कर रहे हैं, अपने मित्रों से हमारी और भी गहरी प्रतियोगिता है। अपरिचितों से हमारी कोई प्रतिस्पर्धा नहीं है, परिचितों से हमारी असली प्रतिस्पर्धा है। इसलिए दो अपरिचित कभी इतने बड़े दुश्मन नहीं हो सकते, जितने दो सगे भाई हो सकते हैं। उन्हीं से हमारी प्रतिस्पर्धा है, उन्हीं के सामने सिद्ध करना है कि मैं कुछ हूं।

वह अर्जुन गलत कह रहा है। लेकिन उसे साफ नहीं है स्वयं को, वह जानकर नहीं कह रहा है। जानकर जो हम झूठ बोलते हैं, बहुत ऊपरी हैं। न-जाने जो झूठ हमसे बोले जाते हैं, वे बहुत गहरे हैं। और जन्मों-जन्मों में हमने उन्हें अपने खून के साथ आत्मसात कर लिया है, एक कर लिया है। वैसा ही एक झूठ अर्जुन बोल रहा है कि जिनके लिए राज्य चाहा जाता है, वे ही न होंगे तो राज्य का क्या करूंगा...।

नहीं। उचित, सही तो यह है कि वह कहे, राज्य तो अपने लिए चाहा जाता है, लेकिन जिनकी आंखों को चकाचौंध करना चाहूंगा, जब वे आंखें ही न होंगी, तो अपने लिए भी चाहकर क्या करूंगा! लेकिन वह अभी यह नहीं कह सकता। इतना ही वह कह सके, तो जगह-जगह गीता का कृष्ण चुप होने को तैयार है। लेकिन वह जो भी कहता है, उससे पता चलता है कि वह बातें उलटी कह रहा है।

अगर वह एक जगह भी सीधी और सच्ची बात कह दे, एक भी असर्शन उसका आथेंटिक हो, तो गीता का कृष्ण तत्काल चुप हो जाए। कहे, बात खतम हो गई। चलो, वापस लौटा लेते हैं रथ को। लेकिन वह बात खतम नहीं होती, क्योंकि अर्जुन पूरे समय दोहरे वक्तव्य बोल रहा है। डबल, दोहरे वक्तव्य बोल रहा है। बोल कुछ और रहा है, चाह कुछ और रहा है। है कुछ और, कह कुछ और रहा है। उसकी दुविधा कहीं और गहरे में है, प्रकट कहीं और कर रहा है।

इसे हमें समझकर चलना है, तभी हम कृष्ण के उत्तरों को समझ सकेंगे। जब तक हम अर्जुन के प्रश्नों की दुविधा और अर्जुन के प्रश्नों का उलझाव न समझ लें, तब तक कृष्ण के उत्तरों की गहराई और कृष्ण के उत्तरों के सुलझाव को समझना मुश्किल है।

प्रश्न : स्वजनों की हत्या में अर्जुन ने जो न च श्रेयोऽनुपश्यामि कहा, वहां वह प्रेयस से स्पष्टतः दूर ही रहता है। क्या केवल भौतिक उपयोग का संदर्भ है? और यदि ऐसा है, तो वह सच्चा आस्तिक कैसे बनेगा?

अर्जुन जहां है, वहां भौतिक सुख से ही संबंध हो सकता है। आस्तिक का भौतिक सुख से संबंध नहीं होता, ऐसा नहीं है। आस्तिक का भौतिक सुख से संबंध होता है, लेकिन जितना ही वह खोजता है, उतना ही पाता है कि भौतिक सुख असंभावना है। भौतिक सुख की खोज असंभव होती है, तभी आध्यात्मिक सुख की खोज शुरू होती है। तो भौतिक सुख का भी आध्यात्मिक सुख की खोज में महत्वपूर्ण कांट्रिब्यूशन है, उसका बहुत महत्वपूर्ण दान है। सबसे महत्वपूर्ण दान भौतिक सुख का यही है कि वह अनिवार्य रूप से विषाद में और फ्रस्ट्रेशन में ले जाता है।

अब यह बड़े मजे की बात है कि जिंदगी में वे ही सीढ़ियां हमें परमात्मा के मंदिर तक नहीं पहुंचातीं, जो परमात्मा के मंदिर से ही जुड़ी हैं। वे सीढ़ियां भी परमात्मा के मंदिर की सीढ़ियों तक पहुंचाती हैं, जो परमात्मा के मंदिर से नहीं जुड़ी हैं। अब यह बड़ी उलटी-सी बात मा़लूम पड़ेगी। स्वर्ग तक पहुंचने में वही सीढ़ी काम नहीं आती, जो स्वर्ग से जुड़ी है। उससे भी ज्यादा और उससे भी पहले, वह सीढ़ी काम आती है, जो नर्क से जुड़ी है। असल में जब तक नर्क की तरफ की यात्रा पूरी तरह से व्यर्थ न हो जाए, तब तक स्वर्ग की तरफ की कोई यात्रा प्रारंभ नहीं होती। जब तक बहुत स्पष्ट रूप से यह साफ न हो जाए कि यह-यह नर्क का मार्ग है, तब तक यह साफ नहीं हो

पाता है कि स्वर्ग का मार्ग क्या है।

भौतिक सुख, आध्यात्मिक सुख तक पहुंचाने में एक निषेधात्मक चेतावनी का, निगेटिव चेतावनी का काम करते हैं। बार-बार हम खोजते हैं भौतिक सुख को और बार-बार असफल होते हैं। बार-बार चाहते हैं और बार-बार नहीं पाते हैं। बार-बार आकांक्षा करते हैं और बार-बार वापस गिर जाते हैं।

यूनानी कथाओं में सिसिफस की कथा है। कामू ने उस पर एक किताब लिखी है, 'दि मिथ आफ सिसिफस'। सिसिफस को सजा दी है देवताओं ने कि वह एक पत्थर को खींचकर पहाड़ के शिखर तक ले जाए। और सजा का दूसरा हिस्सा यह है कि जैसे ही वह शिखर पर पहुंचेगा—पसीने से लथपथ, हांफता, थका, पत्थर को घसीटता—वैसे ही पत्थर उसके हाथ से छूटकर वापस खड्ड में गिर जाएगा। फिर वह नीचे जाए, फिर पत्थर को खींचे और चोटी तक ले जाए। और फिर यही होगा, और फिर-फिर यही होता रहेगा। अब यह सजा है। और यह इटरनिटी तक होता रहेगा। यह अंत तक होता रहेगा। अनंत तक होता रहेगा।

अब वह सिसिफस है कि फिर जाता है खाई में, फिर उठाता है पत्थर को। जब वह पत्थर को उठाता है, तो फिर इसी आशा से कि इस बार सफल हो जाएगा। अब की बार तो पहुंचा ही देगा शिखर पर। बता ही देगा देवताओं को कि बड़ी भूल में थे। देखो, सिसिफस ने पत्थर पहुंचा ही दिया। फिर खींचता है। महीनों का अथक श्रम; किसी तरह टूटता, मरता ऊपर शिखर पर पहुंचता है। पहुंच नहीं पाता कि पत्थर हाथ से छूट जाता है और फिर खाई में गिर जाता है। फिर सिसिफस उतर आता है।

आप कहेंगे, बड़ा पागल है। खाई में क्यों नहीं बैठ जाता?

अगर इतना आपको पता चल गया, तो आपकी जिंदगी में धर्म की शुरुआत हो जाएगी। क्योंकि हम सब सिसिफस हैं। कहानी अलग-अलग होगी, पहाड़ अलग-अलग होंगे, पत्थर अलग-अलग होंगे, लेकिन सिसिफस हम सब हैं। हम वही काम बार-बार किए चले जाते हैं, बार-बार शिखर से छूटता है पत्थर और खाई में गिर जाता है। लेकिन बड़ा मजेदार है आदमी का मन, वह बार-बार

अपने को समझा लेता है कि कुछ भूल-चूक हो गई इस बार मालूम होता है। अगली बार सब ठीक कर लेंगे। फिर शुरू कर देता है। और ऐसी भूल-चूक अगर एक-दो जन्म में होती हो तो भी ठीक है। जो जानते हैं, वे कहेंगे, अनंत जन्मों में ऐसा ही, ऐसा ही, ऐसा ही होता रहा है।

भौतिक सुख की चाह आध्यात्मिक खोज का अनिवार्य हिस्सा है। क्योंकि उसकी विफलता, उसकी पूर्ण विफलता आध्यात्मिक आनंद की खोज का पहला चरण है। इसलिए जो भौतिक सुख खोज रहा है, उसको मैं अधार्मिक नहीं कहता। वह भी धर्म को ही गलत दिशा से खोज रहा है। वह भी आनंद को ही वहां खोज रहा है, जहां आनंद नहीं मिल सकता है। लेकिन इतना तो पता चले पहले कि नहीं मिल सकता है, तो किसी और दिशा में खोजे।

लाओत्से से किसी ने पूछा कि तुम कहते हो, शास्त्रों से कुछ भी नहीं मिला, लेकिन हमने सुना है कि तुमने शास्त्र पढ़े! तो लाओत्से ने कहा कि नहीं, शास्त्रों से बहुत कुछ मिला। सबसे बड़ी बात तो यह मिली शास्त्र पढ़कर कि शास्त्रों से कुछ भी नहीं मिल सकता है। यह कोई कम मिलना है! नहीं कुछ मिल सकता है, लेकिन बिना पढ़े यह पता नहीं चल सकता था। पढ़ा बहुत, खोजा बहुत, नहीं मिल सकता है, यह जाना। यह कोई कम दाम नहीं है। निगेटिव है, इसलिए हमें खयाल में नहीं आता।

लेकिन एक बार यह खयाल में आ जाए कि शब्द से, शास्त्र नहीं मिल सकता है, तो शायद हम अस्तित्व में, जीवन में खोजने निकलें। सुख में नहीं मिल सकता है सुख, तो फिर शायद हम शांति में खोजने निकलें। बाहर नहीं मिल सकता है सुख, तो शायद हम भीतर खोजने निकलें। पदार्थ में नहीं मिल सकता है सुख, तो शायद हम परमात्मा में खोजने निकलें। लेकिन वह जो दूसरी खोज है, इस पहली खोज की विफलता से ही शुरू होती है।

तो अर्जुन अभी जो बात कर रहा है, वह तो भौतिक सुख की ही कर रहा है कि राज्य से क्या मिलेगा? प्रियजन नहीं रहेंगे, तो क्या मिलेगा? सुख से क्या मिलेगा? लेकिन आध्यात्मिक खोज का पहला चरण उठाया जा रहा है। इसलिए

मैं उसे धार्मिक व्यक्ति ही कहूंगा। धर्म को उपलब्ध हो गया है, ऐसा नहीं; धर्म को उपलब्ध होने के लिए जो आतुर है, ऐसा।

प्रश्न : आपने कल बताया कि भगवद्‌गीता मानस-शास्त्र है और आधुनिक मानस-शास्त्र के करीब आ जाता है। तो क्या आप साइक का अर्थ माइंड करके उसको सीमित करते हैं? क्योंकि साइक का जो मूल अर्थ है, वह है सोल। तो गीता को सिर्फ मानस-शास्त्र कहकर आप रुक जाएंगे कि अध्यात्म-शास्त्र भी कहेंगे? स्पष्ट करें।

मैं गीता को मनोविज्ञान ही कहूंगा। और मन से मेरा अर्थ आत्मा नहीं है। मन से मेरा मतलब मन ही, माइंड ही है। कई को दिक्कत और कठिनाई होगी। वे कहेंगे, यह तो मैं गीता को नीचे गिरा रहा हूं। अध्यात्म-शास्त्र कहना चाहिए। लेकिन आपसे कहना चाहूंगा कि अध्यात्म का कोई शास्त्र होता नहीं। ज्यादा से ज्यादा शास्त्र मन का हो सकता है। हां, मन का शास्त्र वहां तक पहुंचा दे, जहां से अध्यात्म शुरू होता है, इतना ही हो सकता है। अध्यात्म-शास्त्र होता ही नहीं; हो नहीं सकता। अध्यात्म-जीवन होता है, शास्त्र नहीं। अधिक से अधिक जो शब्द कर सकता है, वह यह है कि वह मन की आखिरी ऊंचाइयों और गहराइयों को छूने में समर्थ बना दे।

इसलिए मैं गीता को अध्यात्म-शास्त्र कहकर व्यर्थ न करूंगा। वैसा कोई शास्त्र होता नहीं। और जो-जो शास्त्र आध्यात्मिक होने का दावा करते हैं—शास्त्र तो क्या करते हैं, शास्त्र को मानने वाले दावा कर देते हैं। वे-वे अपने शास्त्रों को व्यर्थ ही, व्यर्थ ही मनुष्य की सारी उपयोगिता के बाहर कर देते हैं।

अध्यात्म है अनुभव और जो अनिर्वचनीय है, और जो अवर्णनीय है, और जो व्याख्या के पार है, और जो शब्दों के अतीत है, और शास्त्र ही जिसे चिल्ला-चिल्लाकर कहते हैं कि मन से नहीं मिलेगा, मन के आगे मिलेगा—जो मन के आगे मिलेगा, वह शब्दों में नहीं लिखा जा सकता है। इसलिए शास्त्र की आखिरी

से आखिरी पहुंच मनस है, मन है। उतना पहुंचा दे तो परम शास्त्र है। और उसके पार जो छलांग लगेगी, वहां अध्यात्म शुरू होगा।

गीता को मैं मनस-शास्त्र कहता हूं, क्योंकि गीता में वहां तक पहुंचाने के सूत्र हैं उसमें, जहां से छलांग, दि जंप, जहां से छलांग लग सकती है। लेकिन अध्यात्म-शास्त्र कोई शास्त्र होता नहीं। हां, आध्यात्मिक वक्तव्य हो सकते हैं; जैसे उपनिषद हैं। उपनिषद आध्यात्मिक वक्तव्य हैं। लेकिन उनमें कोई विज्ञान नहीं है। इसलिए मनुष्य के बहुत काम के नहीं हैं। गीता बहुत काम की है।

वक्तव्य है कि ब्रह्म है; ठीक है। एक वक्तव्य है कि ब्रह्म है। ठीक है। हमें पता नहीं है। जो जानता है, वह कहता है, है। जो नहीं जानता है, वह कहता है, होगा। बेयर स्टेटमेंट है। तो उपनिषद काम में आ सकता है, जब आपको अध्यात्म का अनुभव हो जाए। तब आप उपनिषद में पढ़कर कह सकते हैं कि ठीक है, ऐसा मैंने भी जाना है। तो उपनिषद जो है, वह गवाही बन सकता है, विटनेस हो सकता है। लेकिन जब आप जान लें, तब।

और मजा यह है कि जब आप जान लें, तो उपनिषद की गवाही की कोई जरूरत नहीं होती। आप ही जानते हैं, तो आप जो कहते हैं, वही उपनिषद हो जाता है।

तो उपनिषद जो है, वह ज्यादा से ज्यादा गवाही बन सकता है सिद्ध के लिए। और सिद्ध के लिए कोई गवाही की जरूरत नहीं है। गीता साधक के लिए उपयोगी हो सकती है। सिद्ध के किसी काम की गीता नहीं है। लेकिन असली सवाल तो साधक के लिए है। और साधक का असली सवाल आध्यात्मिक नहीं है।

अर्जुन का असली सवाल आध्यात्मिक नहीं है। अर्जुन का असली सवाल मानसिक है, साइकोलाजिकल है। उसकी समस्या ही मानसिक है। इसलिए अगर कोई यह कहे कि उसकी समस्या तो मानसिक है और कृष्ण उसका आध्यात्मिक हल कर रहे हैं, तो उन दोनों के बीच फिर कोई कम्युनिकेशन नहीं हो सकता। जहां समस्या है, वहीं समाधान को होना

चाहिए, तभी सार्थक होगा। अर्जुन की समस्या मानसिक है, उसकी समस्या आध्यात्मिक नहीं है। उसका उलझाव मानसिक है।

अब यह बड़े मजे की बात है, आध्यात्मिक समस्या होती ही नहीं। जहां अध्यात्म है, वहां समस्या नहीं है। और जहां तक समस्या है, वहां तक अध्यात्म नहीं है। मामला ठीक ऐसा ही है, जैसे कि मेरे घर में अंधेरा है और मैं आप से कहूं, अंधेरा है। आप कहें कि मैं दीया ले जाकर देखता हूं, कहां है! और आप दीया ले जाएं और अंधेरे को मैं न बता पाऊं। आप कहें, बताओ, कहां है? अब मैं दीया ले आया, अंधेरा कहां है? अब मैं मुश्किल में पड़ जाऊंगा, तो मैं आपसे कहूं कि कृपा कर दीया बाहर रखकर आइए। आप कहें कि दीया बाहर रख आऊंगा, तो अंधेरे को देखूंगा कैसे? क्योंकि रोशनी चाहिए देखने के लिए! तो फिर एक ही बात मैं आप से कहूंगा कि फिर अंधेरा नहीं देखा जा सकता, क्योंकि जहां रोशनी है, वहां अंधेरा नहीं है और जहां अंधेरा है, वहां रोशनी नहीं है। और इन दोनों के बीच कोई कम्युनिकेशन नहीं है।

आध्यात्मिक समस्या जैसी कोई समस्या होती ही नहीं। सब समस्याएं मानसिक हैं। अध्यात्म समस्या नहीं, समाधान है। जहां अध्यात्म है, वहां कोई समस्या नहीं है। और जहां कोई समस्या नहीं है, वहां किसी समाधान की क्या जरूरत है?

अध्यात्म स्वयं समाधान है। इसलिए अध्यात्म के द्वार का नाम हमने रखा है समाधि।

समाधि का मतलब है, यहां से समाधान शुरू होता है, यहां से अब समस्याएं नहीं होंगी। समाधि का मतलब है, यहां से अब समाधान शुरू होता है, अब समस्या नहीं; अब आगे प्रश्न नहीं होंगे; अब आगे प्रश्न का कोई उपाय नहीं है। दरवाजे का नाम समाधि रखा है। इसका मतलब यह है कि दरवाजे पर आ गए, अब इसके पार समाधान का जगत् है। वहां समाधान ही समाधान होंगे, वहां अब कोई समस्या नहीं होगी। लेकिन समाधि के द्वार तक बड़ी समस्याएं होंगी। और वे सब समस्याएं मानसिक हैं।

अगर ठीक से समझें, तो मतलब है, दि माइंड इज़ दि प्राब्लम, मन ही समस्या है। जिस दिन मन नहीं है, उस दिन कोई समस्या नहीं है। और अध्यात्म का मतलब है, वह अनुभव, जहां मन नहीं है।

इसलिए मैं जब गीता को मनस-शास्त्र कहता हूं, तो अधिकतम जो शास्त्र के संबंध में कहा जा सकता है, दि मैग्जिमम, वह मैं कह रहा हूं। उससे आगे कहा नहीं जा सकता। और जो लोग उसे आध्यात्मिक बनाएंगे, वे पिटवा देंगे, वे उसे फिंकवा देंगे। क्योंकि अध्यात्म की कोई समस्या नहीं है किसी की, सबकी समस्या मन की है।

और जब मैं कहता हूं, कृष्ण को मैं कहता हूं मनोविज्ञान का पहला उद्घोषक, तो अधिकतम जो कहा जा सकता है, वह मैं कह रहा हूं। हां! मनःसेंषक, आत्मा का कोई सेंषण नहीं होता। सारा खेल मन का है। सारा उपद्रव मन का है, मन के पार न कोई उपद्रव है, न कोई समस्या है। इसलिए मन के पार कोई शास्त्र नहीं है। सब गुरु-शिष्य मन तक हैं, मन के पार कोई गुरु-शिष्य नहीं है। मन के पार न अर्जुन है, न कृष्ण हैं। मन के पार जो है, उसका कोई नाम नहीं है। सब मन के भीतर की सारी बात है। और इसलिए गीता बहुत विशिष्ट है।

आध्यात्मिक वक्तव्य बहुत हैं, कीमती हैं। लेकिन वक्तव्य हैं, बेयर स्टेटमेंट्स हैं। एक आदमी कहता है, ऐसा है। लेकिन इससे कोई हल नहीं होता। हमारी समस्याएं किसी और तल पर हैं। हमारी मुसीबतें किसी और तल पर हैं। उस तल पर ही बात होनी चाहिए। कृष्ण ने ठीक उस तल से बात की है, जहां अर्जुन है। अगर कृष्ण अपने तल से बात करें, तो गीता अध्यात्म-शास्त्र होती। लेकिन तब अर्जुन को नहीं समझाया जा सकता था। अर्जुन कहता, माफ करें, होगा। मेरा कोई संबंध नहीं है इससे। तब उन दोनों के बीच कोई संवाद नहीं हो सकता था। तब एक आदमी आकाश में और एक आदमी पाताल में होता। अर्जुन के सिर पर से बातें निकल जातीं। कुछ पकड़ में अर्जुन को नहीं आने वाला था।

लेकिन कृष्ण, ठीक अर्जुन जहां है, वहां से उसका हाथ पकड़ते हैं। और वहीं से सारी समस्याओं को सुलझाना शुरू करते हैं। इसलिए गीता एक बहुत

साइकिक, एक बहुत मनस की गतिमान व्यवस्था है। एक-एक कदम अर्जुन ऊपर उठता है, तो गीता ऊपर उठती है। अर्जुन नीचे गिरता है, तो गीता नीचे गिरती है। अर्जुन जमीन पर गिर जाता है, तो कृष्ण नीचे झुकते हैं। अर्जुन खड़ा हो जाता है, तो कृष्ण खड़े हो जाते हैं। पूरे समय अर्जुन केंद्र पर हैं, कृष्ण नहीं हैं केंद्र पर। उपनिषद का ऋषि केंद्र पर है; वह अपने वक्तव्य दे रहा है। वह कह रहा है, जो मैंने जाना, वह मैं कहता हूं। उसका आपसे कोई संबंध नहीं है। इसलिए मैं गीता को एक शिक्षक के द्वारा कही हुई बातें कह रहा हूं।

कृष्ण सिर्फ ब्रह्मज्ञानी की तरह बोलें, तो अर्जुन से कोई नाता नहीं रह जाएगा। वे बहुत नीचे झुककर अर्जुन के साथ खड़े होकर बोलते हैं। और धीरे-धीरे जैसे अर्जुन ऊपर उठता है, वैसे ही वे ऊपर उठते हैं। और वहां छोड़ते हैं गीता के आखिरी सूत्रों को, जहां से मनस समाप्त हो जाता है और अध्यात्म शुरू हो जाता है। उसके बाद चर्चा बंद हो जाती है। उसके बाद चर्चा का कोई मतलब नहीं है।

इसलिए मैंने बहुत जानकर, कंसीडर्ड—मेरा जो वक्तव्य है, ऐसे ही नहीं कह देता हूं, कुछ भी नहीं ऐसे कह देता हूं—बहुत जानकर कहा कि गीता एक साइकोलाजी है।

और भविष्य सिर्फ उन्हीं ग्रंथों का है, जो साइकोलाजी हैं। भविष्य उन ग्रंथों का नहीं है, जो मेटाफिजिक्स हैं। मेटाफिजिक्स मर गई; अब उसकी कोई जगह नहीं है। अब आदमी कहता है, हमारी समस्याएं हैं, इन्हें हल करिए। और जो इन्हें हल करेगा, उसकी जगह होगी। अब फ्रायड, जुंग, एडलर और फ्रोम और सलीवान, इनकी दुनिया है; अब यह कपिल, कणाद की दुनिया नहीं है। और आने वाले भविष्य में कृष्ण अगर फ्रायड और जुंग और एडलर की पंक्ति में खड़े होने का साहस दिखलाते हैं, तो ही गीता का भविष्य है; अन्यथा कोई भविष्य नहीं है।

मैंने बहुत सोचकर कहा है, बहुत जानकर कहा है। बाइबिल को मैं नहीं कह सकता कि वह मनस-शास्त्र है, नहीं कह सकता। कुछ वक्तव्य हैं जो

मानसिक हैं, लेकिन बहुत गहरे में वे अध्यात्म हैं। अध्यात्म का मतलब, जो जाना है जीसस ने, वह वक्तव्य दे रहे हैं। वही तकलीफ हुई। क्योंकि जीसस आकाश की बातें कर रहे हैं। सुनने वाले जमीन की बातें समझ रहे हैं, इसलिए सूली पर लटकाए गए। सूली पर लटकाने का कारण है। और बहुत-सा कारण जीसस के ऊपर है।

जीसस कह रहे हैं, दि किंग्डम ऑफ गाड, मैं तुम्हें परमात्मा के राज्य का मालिक बना दूंगा। लोग समझ रहे हैं कि वे जमीन के राज्य का मालिक बनाने वाले हैं। यहूदियों ने रिपोर्ट कर दी उनकी कि यह आदमी खतरनाक है, रिबेलियस है। यह कुछ राज्य हड़पने की कोशिश कर रहा है। और जब उनसे पूछा पायलट ने कि क्या तुम राज्य हड़पने की कोशिश कर रहे हो? उन्होंने कहा कि हम राज्य पर हमला बोल रहे हैं! मगर वह दूसरे राज्य की बात कर रहे हैं, किंग्डम ऑफ गाड। वह राज्य कहीं किसी को पता नहीं है। उन्होंने कहा, यह आदमी खतरनाक है। इस आदमी को सूली पर लटकाना चाहिए।

जीसस जहां से बोल रहे हैं, वहां सुनने वाले लोग नहीं हैं। और जहां जीसस बोल रहे हैं, वहां उनको सुनने वाला एक भी आदमी नहीं है। इसलिए जीसस और उनके सुनने वाले में कोई तालमेल नहीं है।

कृष्ण अद्भुत शिक्षक हैं। वे अर्जुन को प्राइमरी क्लास से लेकर ठीक यूनिवर्सिटी के आखिरी दरवाजे तक पहुंचाते हैं। बहुत लंबी यात्रा है। बहुत लंबी यात्रा है और बड़ी सूक्ष्म यात्रा है। और मैं वैसे ही चाहूंगा कि हम वैसे ही यात्रा करें।

प्रश्न: आपने बताया कि मनुष्य जन्मों-जन्मों का पुनरावर्तन करता रहता है। तो क्या पुनर्जीवन पाने के लिए वह पुनरावर्तन जरूरी नहीं है? यदि न हो, तो उसमें से अतिक्रमण कब होता है? और उसमें क्या गुरु या ग्रंथ कुछ मदद नहीं कर सकते? कृपया बताइए।

जीवन का अनंत पुनरावर्तन है; उपयोगिता है उसकी; उससे प्रौढ़ता आती

है। खतरा भी है उसका; उससे जड़ता भी आ सकती है। एक ही चीज से दुबारा गुजरने में दो संभावनाएं हैं। या तो दुबारा गुजरते वक्त आप उस चीज को ज्यादा जान लेंगे; और यह भी संभावना है कि दोबारा गुजरते वक्त आप उतना भी न जान पाएंगे, जितना आपने पहली बार जाना था। दोनों ही बातें हैं।

आपके घर के सामने जो वृक्ष लगा है, आप उसको शायद ही देखते हों, क्योंकि इतनी बार देखा है कि देखने की कोई जरूरत नहीं रह गई है। पति-पत्नी शायद ही एक-दूसरे को देखते हों। तीस-तीस साल साथ रहते हो गए। देख लिया था बहुत पहले, जब शादी हुई थी। फिर देखने का कोई मौका नहीं आया। असल में देखने की कोई जरूरत नहीं आई। अपरिचित स्त्री सड़क से निकलती है, तो दिखाई पड़ती है।

असल में अपरिचित दिखाई पड़ता है, परिचित के प्रति हम अंधे हो जाते हैं; ब्लाइंड स्पाट हो जाता है। उसे देखने की कोई जरूरत नहीं होती। कभी आंख बंद करके सोचें कि आपकी मां का चेहरा कैसा है, तो आप बड़ी मुश्किल में पड़ जाएंगे। फिल्म एक्ट्रेस का चेहरा याद आ सकता है; मां का चेहरा आंख बंद करके देखेंगे, तो एकदम खोने लगेगा। थोड़ी देर में रूप-रेखा गड्ड-मड्ड हो जाएगी। मां का चेहरा पकड़ में नहीं आता! इतना देखा है, इतने पास से देखा है, कि कभी गौर से नहीं देखा। निकटता अपरिचय बन जाती है। निकटता अपरिचय बन जाती है।

तो अनंत जीवन में एक से ही अनुभव से बार-बार गुजरने पर दो संभावनाएं हैं। और चुनाव आप पर है कि आप क्या करेंगे; स्वतंत्रता आपकी है।

आप यह भी कर सकते हैं कि आप बिलकुल जड़, मेकेनिकल हो जाएं, जैसा कि हम अधिक लोग हो गए हैं। एक यंत्रवत घूमते रहें, बस वही रोज-रोज करते रहें। कल भी क्रोध किया था, परसों भी क्रोध किया था, उसके पहले भी, पिछले वर्ष भी, उसके पहले वर्ष भी। इस जन्म का ही हिसाब रखें, तो भी काफी है। अगर पचास साल जीए हैं, तो कितनी बार क्रोध किया है! और हर बार क्रोध करके कितनी बार पश्चात्ताप किया है! और हर बार पश्चात्ताप करके फिर दुबारा

क्रोध किया है, फिर दुबारा पश्चात्ताप किया है! फिर धीरे-धीरे एक रूटीन, एक व्यवस्था बन गई है।

और आदमी को देखकर आप कह सकते हैं कि यह अभी क्रोध कर रहा है, थोड़ी देर बाद पश्चात्ताप करेगा। क्रोध में क्या कह रहा है, यह भी बता सकते हैं, क्या क़हेगा, यह भी बता सकते हैं—अगर दो-चार दफे उसको क्रोध करते देखा है। और बाद में भी प्रिडिक्ट कर सकते हैं कि क्रोध के बाद पश्चात्ताप में ये-ये बातें यह कहेगा। कसम खाएगा कि अब क्रोध कभी नहीं करूंगा। हालांकि ये कसमें इसने पहले भी खाई हैं, इसका कोई मतलब नहीं है। यह जड़ व्यवस्था हो गई है।

लेकिन अगर कोई आदमी होशपूर्वक क्रोध किया है, तो हर बार क्रोध का अनुभव उसे क्रोध से मुक्त कराने में सहयोगी होगा। और अगर बेहोशी से क्रोध किया है, तो हर क्रोध का अनुभव उसे और भी क्रोध की जड़ मूर्च्छा में ले जाने में सहयोगी होता है।

जीवन का पुनरावर्तन दोनों संभावनाएं खोलता है। हम कैसा उपयोग करेंगे, हम पर निर्भर है। जीवन सिर्फ संभावनाएं देता है। हम उन संभावनाओं को क्या रूपांतरण देंगे, यह हम पर निर्भर है। एक आदमी चाहे तो क्रोध करके और गहरे क्रोध का अभ्यासी बन सकता है। और एक आदमी चाहे तो क्रोध करके, क्रोध की मूर्खता को देखकर, व्यर्थता को देखकर, क्रोध की अग्नि और विक्षिप्तता को देखकर, क्रोध से मुक्त हो सकता है। जो आदमी जड़ होता चला जाता है, वह अधार्मिक होता चला जाता है; वह और संसारी होता चला जाता है। जो आदमी चेतन होता चला जाता है, वह धार्मिक होता चला जाता है, उसके जीवन में एक क्रांति होती चली जाती है।

प्रत्येक पर निर्भर है कि जीवन का आप क्या करेंगे।

जीवन निर्भर नहीं है, जीवन अवसर है। उसमें क्या करेंगे, यह आप पर निर्भर है। यह निर्भरता ही आपके आत्मवान होने का प्रमाण है। यह निर्भरता ही आपके आत्मा होने का गौरव है। आपके पास आत्मा है, अर्थात चुनाव की शक्ति है कि आप चुनें कि क्या करेंगे।

और मजे की बात यह है कि आपने हजारों चक्कर लगाए हों, अगर आज भी आप निर्णय कर लें, तो सारे चक्कर इसी क्षण छोड़ सकते हैं, तोड़ सकते हैं। लेकिन मन लीस्ट रेसिस्टेंस की तरफ बहता है। घर में एक लोटा पानी गिरा दें। फर्श से बह जाए, सूख जाए, पानी उड़ जाए; लेकिन एक सूखी रेखा फर्श पर छूट जाती है। पानी नहीं है जरा भी। कुछ भी नहीं है, सिर्फ एक सूखी रेखा। और सूखी रेखा का मतलब क्या है? कुछ भी मतलब नहीं है। वहां पानी बहा था। बस, इतनी एक रेखा छूट जाती है। फिर दुबारा पानी उस कमरे में डाल दें, सौ में से निन्यानबे मौके यह हैं कि वह उसी सूखी रेखा को पकड़कर फिर बहेगा। क्योंकि लीस्ट रेसिस्टेंस है। उस सूखी रेखा पर धूल कम है। कमरे के दूसरे हिस्सों में धूल ज्यादा है। वहां जगह जरा आसानी से बहने की है। पानी वहीं से बहेगा।

हम बहुत बार जो किए हैं, वहां-वहां सूखी रेखाएं बन गई हैं। उन सूखी रेखाओं को ही मनस-शास्त्र संस्कार कहता है। वह हमारी कंडीशनिंग है। उन सूखी रेखाओं पर फिर वही काम, फिर शक्ति का जन्म, फिर पानी का बहना, लीस्ट रेसिस्टेंस, फिर हम वहीं से बहना शुरू कर देते हैं।

लेकिन सूखी रेखा कहती नहीं कि यहां से बहो। सूखी रेखा बांधती नहीं कि यहां से नहीं बहे, तो अदालत में मुकदमा चलेगा। सूखी रेखा कहती नहीं कि कोई नियम है ऐसा कि यहीं से बहना पड़ेगा, कि परमात्मा की आज्ञा है कि यहीं से बहो। सूखी रेखा सिर्फ एक खुला अवसर है, चुनाव सदा आपका है। और पानी अगर तय करे कि नहीं बहना है सूखी रेखा से, तो नई रेखा बना ले और बह जाए। फिर नई सूखी रेखा बन जाएगी। फिर नया संस्कार बन जाएगा।

धर्म निर्णय और संकल्प है; जो होता रहा है, उससे अन्यथा होने की चेष्टा है; जो कल तक हुआ है, उसकी समझ से वैसा दुबारा न हो, इसका संकल्पपूर्वक चुनाव है। इसे ही हम साधना कहें, योग कहें, जो भी नाम देना चाहें, दे सकते हैं।

एक आखिरी सूत्र और, फिर सांझ को बात करेंगे।

आचार्याः पितरः पुत्रास्तथैव च पितामहाः।
मातुलाः श्वशुराः पौत्राः श्यालाः संबन्धिनतस्था।। 34।।
एतान्न हन्तुमिच्छामि घ्नतोऽपि मधुसूदन।
अपि त्रैलोक्यराज्यस्य हेतोः किं नु महीकृते।। 35।।

गुरुजन, ताऊ, चाचे, लड़के, और वैसे ही दादा, मामा, ससुर, पोते, साले तथा और भी संबंधी लोग हैं।

इसलिए हे मधुसूदन, मुझे मारने पर भी अथवा तीन लोक के राज्य के लिए भी मैं इन सबको मारना नहीं चाहता,

फिर पृथ्वी के लिए तो कहना ही क्या है?

निहत्य धार्तराष्ट्रान्नः का प्रीतिः स्याज्जनार्दन।
पापमेवाश्रयेदस्मान्हत्वैतानाततायिनः।। 36।।

हे ज़नार्दन! धृतराष्ट्र के पुत्रों को मारकर भी हमें क्या प्रसन्नता होगी! इन आततायियों को मारकर तो हमें

पाप ही लगेगा।

बार-बार, फिर-फिर अर्जुन जो कह रहा है, वह बहुत विचार योग्य है। दो-तीन बातें खयाल में ले लेनी जरूरी हैं। वह कह रहा है कि ये अपने स्वजनों को मारकर अगर तीनों लोक का राज्य भी मिलता हो, तो भी मैं लेने को तैयार नहीं हूं; इसलिए इस पृथ्वी के राज्य की तो बात ही क्या! देखने में ऐसा लगेगा, बड़े त्याग की बात कह रहा है। ऐसा है नहीं।

मैं एक वृद्ध संन्यासी से मिलने गया था। उन वृद्ध संन्यासी ने मुझे एक गीत पढ़कर सुनाया। उनका लिखा हुआ गीत। उस गीत में उन्होंने कहा कि सम्राटो, तुम अपने स्वर्ण-सिंहासन पर होओगे सुख में, मैं अपनी धूल में ही मजे में हूं। मैं लात मारता हूं तुम्हारे स्वर्ण-सिंहासनों पर। तुम्हारे स्वर्ण-सिंहासनों में कुछ भी नहीं रखा है। मैं अपनी धूल में ही मजे में हूं। ऐसा ही गीत था। पूरे गीत में यही बात थी। सुनने वाले बड़े मंत्रमुग्ध हो गए। हमारे मुल्क में मंत्रमुग्ध होना इतना आसान है कि और कोई चीज आसान नहीं है। सिर हिलाने लगे।

मैं बहुत हैरान हुआ। उनका सिर हिलता देखकर संन्यासी भी बहुत प्रसन्न हुए। उन्होंने मुझसे पूछा, आप क्या कहते हैं? मैंने कहा, मुझे मुश्किल में डाल दिया है आपने। आप मुझसे पूछिए ही मत। उन्होंने कहा, नहीं, कुछ तो कहिए। मैंने कहा कि मैं सदा सोचता हूं कि अब तक किसी सम्राट ने ऐसा नहीं कहा कि संन्यासियों, अपनी धूल में रहो मजे में, हम तुम्हारी धूल को लात मारते हैं। हम अपने सिंहासन पर ही मजे में हैं।

किसी सम्राट ने अब तक ऐसा गीत नहीं लिखा। संन्यासी जरूर सैकड़ों वर्ष से ऐसे गीत लिखते रहे हैं। कारण खोजना पड़ेगा। असल में संन्यासी के मन में सुख तो सोने के सिंहासन में ही दिखाई पड़ रहा है। अपने को समझा रहा है। कंसोलेटरी है उसकी बात। वह कह रहा है, रहे आओ अपने सिंहासन पर, हम अपनी धूल में ही बहुत मजे में हैं। लेकिन तुम से कह कौन रहा है कि तुम सिंहासन पर रहो। तुम धूल में मजे में हो, तो मजे में रहो। सिंहासन वाले को ईर्ष्या करने दो तुम्हारे मजे की। लेकिन सिंहासन वाला कभी गीत नहीं लिखता है कि तुम अपने मजे में हो, तो रहे आओ।

उसको कंसोलेशन की कोई जरूरत नहीं है। वह अपने सिंहासन पर तुम्हारी धूल से कोई ईर्ष्या नहीं कर रहा है। लेकिन तुम धूल में पड़े हुए, उसके सिंहासन से जरूर ईर्ष्यारत हो। ईर्ष्या गहरी है।

अब अर्जुन अपने को समझा रहा है। मन तो उसका होता है कि राज्य मिल जाए, लेकिन वह यह कह रहा है, इन सबको मारकर अगर तीनों लोक का राज्य भी मिलता हो—हालांकि कहीं कुछ मिल नहीं रहा है; कोई देने वाला नहीं है—तीनों लोक का राज्य भी मिलता हो, तो भी बेकार है। ऐसे बड़े राज्य की बात करके, फिर वह उसका दूसरा निष्कर्ष निकालता है कि तब पृथ्वी के राज्य का तो प्रयोजन ही क्या है! ऐसा बड़ा खयाल मन में पैदा करके कि मैं तीनों लोक का राज्य भी छोड़ सकता हूं, तो फिर पृथ्वी का राज्य तो छोड़ ही सकता हूं। लेकिन न उसको पृथ्वी का राज्य छोड़ने की इच्छा है। और अगर कहीं कृष्ण उससे कहें कि देख, तुझे तीनों लोक का राज्य दिए देते हैं, तो वह बड़ी बिगूचन में पड़ जाएगा। वह कह रहा है, अपने को समझा रहा है।

अब यह बड़े मजे की बात है कि बहुत बार जब हम अपने को समझाते होते हैं, तो हमारे खयाल में नहीं होता है कि हम किन-किन तरकीबों से अपने को समझाते हैं। बड़ा मकान देखकर पड़ोसी का हम कहते हैं, क्या रखा है बड़े मकान में! लेकिन जब कोई आदमी कहता है, क्या रखा है बड़े मकान में! तो उस आदमी को बहुत कुछ रखा है, निश्चित ही रखा है। अन्यथा बड़ा मकान दिखता नहीं। वह अपने को समझा रहा है, वह अपने मन को सांत्वना दे रहा है कि कुछ रखा ही नहीं है, इसलिए हम पाने की कोशिश नहीं करते। अगर कुछ होता, तो हम तत्काल पा लेते। लेकिन कुछ है ही नहीं, इसलिए हम पाने की कोई कोशिश नहीं करते।

यह अर्जुन कह रहा है, तीन लोक के राज्य में भी क्या रखा है, इसलिए पृथ्वी के राज्य में तो कुछ भी नहीं रखा है। और इतने छोटे से राज्य की बात के लिए इतने प्रियजनों को मारना... !

यह प्रियजनों को मारना उसके लिए सर्वाधिक कष्टपूर्ण मालूम पड़ रहा है, न कि मारना कष्टपूर्ण मालूम पड़ रहा है। प्रियजनों को मारना कष्टपूर्ण मालूम पड़ रहा है।

स्वभावतः, सारा परिवार वहां लड़ने को खड़ा है। ऐसे युद्ध के मौके कम आते हैं। यह युद्ध भी विशेष है। और युद्ध की तीक्ष्णता यही है महाभारत की कि एक ही परिवार कटकर खड़ा है। उस कटाव में भी सब दुश्मन नहीं हैं। कहना चाहिए कि जो फर्क है—यह थोड़ा सोचने जैसा है—जो फर्क है, वह दुश्मन और मित्र का कम है; जो फर्क है, वह कम मित्र और ज्यादा मित्र का ही है। जो बंटवारा है, वह बंटवारा ऐसा नहीं है कि उस तरफ दुश्मन हैं और इस तरफ मित्र हैं। इतना भी साफ होता कि उस तरफ पराए हैं और इस तरफ अपने हैं, तो कटाव बहुत आसानी से हो जाता। अर्जुन ठीक से मार पाता।

लेकिन बंटवारा बहुत अजीब है। और वह अजीब बड़ा अर्थपूर्ण है। वह अजीब बंटवारा ऐसा है कि इस तरफ अपने थोड़े जो ज्यादा मित्र थे, वे इकट्ठे हो गए हैं; जो थोड़े कम मित्र थे, वे उस तरफ इकट्ठे हो गए हैं। मित्र वे भी हैं, प्रियजन वे भी हैं, गुरु उस तरफ हैं।

यह मैं कह रहा हूं, महत्वपूर्ण है। और ऐसी सिचुएशन इसलिए महत्वपूर्ण है कि जिंदगी में चीजें वाटर टाइट कंपार्टमेंट में बंटी हुई नहीं होती हैं। जिंदगी में चीजें काले और सफेद में बंटी हुई नहीं होतीं। जिंदगी ग्रे का फैलाव है। उसके एक कोने पर काला होता है, दूसरे कोने पर सफेद होता है, लेकिन जिंदगी के बड़े फैलाव में काला और सफेद मिश्रित होता है। यहां फलां आदमी शत्रु और फलां आदमी मित्र, ऐसा बंटाव नहीं है। फलां आदमी कम मित्र, फलां आदमी ज्यादा मित्र; फलां आदमी कम शत्रु, फलां आदमी ज्यादा शत्रु–ऐसा बंटाव है। यहां जिंदगी में एब्सोल्यूट टर्म्स नहीं हैं। यहां कोई चीज पूरी कटी हुई नहीं है। यही उलझाव है। यहां सब चीजें कम-ज्यादा में बंटी हैं।

हम कहते हैं, यह गरम है और यह ठंडा है। लेकिन ठंडे का क्या मतलब होता है, थोड़ा कम गरम। गरम का क्या मतलब होता है, थोड़ा कम ठंडा। कभी ऐसा करें कि एक हाथ को स्टोव पर जरा गरम कर लें और एक हाथ को बरफ पर रखकर जरा ठंडा कर लें और फिर दोनों हाथों को एक ही बाल्टी के पानी में डाल दें, तब आप बड़ी मुश्किल में पड़ जाएंगे। तब ठीक अर्जुन की हालत में पड़ जाएंगे। तब आपका एक हाथ कहेगा पानी ठंडा है और एक हाथ कहेगा पानी गरम है। और एक ही पानी है। दोनों तो नहीं हो सकता एक साथ–ठंडा और गरम!

जीवन में सब कुछ सापेक्ष है, रिलेटिव है। जिंदगी में कुछ भी निरपेक्ष नहीं है। यहां सब कम-ज्यादा का बंटाव है। अर्जुन की वही तकलीफ है। और जो आदमी भी जिंदगी को देखेगा ठीक से, उसकी यही तकलीफ हो जाएगी। यहां सब कम-ज्यादा का बंटाव है। कोई थोड़ा अपना ज्यादा, कोई अपना कम। कोई थोड़ा ज्यादा निकट, कोई थोड़ा जरा दूर। कोई सौ प्रतिशत, कोई नब्बे प्रतिशत, कोई अस्सी प्रतिशत अपना है। और कोई नब्बे प्रतिशत, कोई अस्सी प्रतिशत, कोई सत्तर प्रतिशत पराया है। लेकिन जो पराया है, उसमें भी अपना एक प्रतिशत का हिस्सा है। और जो अपना है, उसमें भी पराए के प्रतिशत का हिस्सा है। इसलिए जिंदगी उलझाव है। यह कट जाए ठीक शत्रु-मित्र में, अच्छे-बुरे में, तो बड़ा आसान हो जाए। इतना आसान नहीं हो पाता।

राम के भीतर भी थोड़ा रावण है और रावण के भीतर भी थोड़ा राम है। इसलिए तो रावण को भी कोई प्रेम कर पाता है, नहीं तो रावण को कोई प्रेम न कर पाए। रावण को कोई प्रेम कर पाता है। रावण में भी कहीं न कहीं राम किसी न किसी को दिखाई पड़ता है। रावण को भी कोई प्रेम करता है। राम से भी कोई शत्रुता कर पाता है, तो राम की शत्रुता में भी कहीं न कहीं रावण थोड़ा दिखाई पड़ता है। यहां बड़े से बड़े संत में भी थोड़ा पापी है, और यहां बड़े से बड़े पापी में भी थोड़ा संत है। जिंदगी सिर्फ सापेक्ष विभाजन है।

यह अर्जुन की तकलीफ है कि सब अपने ही खड़े हैं। एक ही परिवार है, बीच में से रेखा खींच दी है। उस तरफ अपने हैं, इस तरफ अपने हैं। हर हालत में अपने ही मरेंगे। यह पीड़ा पूरे जीवन की पीड़ा है। और यह स्थिति, यह सिचुएशन पूरे जीवन की स्थिति है। इसलिए अर्जुन के लिए जो प्रश्न है, वह सिर्फ किसी एक युद्ध-स्थल पर पैदा हुआ प्रश्न नहीं है, वह जीवन के समस्त स्थलों पर पैदा हुआ प्रश्न है।

अब वह घबड़ा गया है। उधर द्रोण खड़े हैं, उन्हीं से सीखा है। अब उन्हीं पर तीर खींचना है। उन्हीं से धनुर्विद्या सीखी है। वह उनका सबसे पट्ट शिष्य है। सबसे ज्यादा जीवन में उसके लिए ही द्रोण ने किया है। एकलव्य का अंगूठा काट लाए थे इसी शिष्य के लिए। वही शिष्य आज उन्हीं की हत्या करने को तैयार हो गया है! इसी शिष्य को उन्होंने बड़ा किया है खून-पसीना देकर, सारी कला इसमें उड़ेल दी है। आज इसी के खिलाफ वे धनुष-बाण खींचेंगे। बड़ा अद्‌भुत युद्ध है। यह एक ही परिवार है, जिसमें बड़े तालमेल हैं, बड़े जोड़ हैं, बड़ी निकटताएं हैं, कटकर खड़ा हो गया है।

लेकिन अगर हम जिंदगी को देखें, बहुत गहरे से देखें, तो जिंदगी के सब युद्ध अपनों के ही युद्ध हैं, क्योंकि पृथ्वी एक परिवार से ज्यादा नहीं है। अगर हिंदुस्तान पाकिस्तान से लड़ेगा, तो एक परिवार ही लड़ेगा। कल जिन बच्चों को हमने पढ़ाया, लिखाया, बड़ा किया था, वे वहां हैं। कल जिस जमीन को हम अपना कहते थे, वह वहां है। कल जिस ताजमहल को वे अपना कहते थे और जिसके लिए मर जाते, वह यहां है। यहां सब जुड़ा है।

अगर हम कल चीन से लड़ेंगे, तो हिंदुस्तान ने चीन को सब कुछ दिया है। और हिंदुस्तान की सबसे बड़ी धरोहर, बुद्ध को, चीन ने बचाया है। और कोई बचाता नहीं। कल उनसे हम लड़ने खड़े हो जाएं।

सारी जिंदगी, सारी पृथ्वी, ठीक से देखें तो एक बड़ा परिवार है। उसमें सारे युद्ध पारिवारिक हैं। और सब युद्ध इसी स्थिति को पैदा कर देते हैं, जो अर्जुन के मन में पैदा हो गई है। उसकी दुविधा एकदम स्वाभाविक है; उसकी चिंता एकदम स्वाभाविक है। वह थरथर कांप गया है, यह बिलकुल स्वाभाविक है।

इस दुविधा से क्या निस्तार है? या तो आंख बंद करे और युद्ध में कूद जाए; या आंख बंद करे और भाग जाए। ये दो ही उपाय दिखाई पड़ते हैं। तो आंख बंद करे और कहे, होगा कोई; जो अपनी तरफ नहीं है, अपना नहीं है। मरना है, मरे। आंख बंद करे, युद्ध में कूद जाए—सीधा है। या आंख बंद करे और भाग जाए—सीधा है।

लेकिन कृष्ण जो उपाय सुझाते हैं, वह सीधा नहीं है। वह लीस्ट रेसिस्टेंस का नहीं है। ये दोनों लीस्ट रेसिस्टेंस के हैं। ये दोनों सूखी रेखाएं हैं। इन दोनों में वह कहीं भी चला जाए, बड़ी सरल है बात। शायद अनंत जन्मों में इन दो में से कहीं न कहीं वह गया होगा। ये सहज विकल्प हैं।

लेकिन कृष्ण एक तीसरा ही विकल्प सुझाते हैं, जिस पर वह कभी नहीं गया है। वह तीसरा विकल्प ही कीमती है। और जिंदगी में जब भी आपको दो विकल्प आएं, तो निर्णय करने के पहले तीसरे के संबंध में सोच लेना। क्योंकि वह तीसरा सदा ही महत्वपूर्ण है, वे दो हमेशा वही हैं, जो आपने बार-बार चुने हैं। कभी इसको, इससे थक गए हैं तो विपरीत को, कभी विपरीत से थक गए तो इसको—उनको आप चुनते रहे हैं। दि थर्ड, वह तीसरा ही महत्वपूर्ण है, जो खयाल में नहीं आता है। उस तीसरे को ही कृष्ण प्रस्तावित करेंगे, उस पर हम सांझ बात करेंगे।

चौथा प्रवचन

दलीलों के पीछे छिपा ममत्व और हिंसा

प्रश्न : आज सुबह आपने बताया कि गीता अध्यात्म-शास्त्र नहीं है, मानस-शास्त्र है। मगर आपने यह भी बताया कि राम में रावण का अंश होता है और रावण में राम का होता है। वैसे ही गीता में भी क्या ऐसा नहीं हो सकता कि शास्त्र में भी अध्यात्म का कुछ अंश आ गया हो?

मैं अध्यात्म को ऐसी अनुभूति कहता हूं, जो अभिव्यक्त नहीं हो सकती। इशारे दिए जा सकते हैं, लेकिन इशारे अभिव्यक्तियां नहीं हैं। चांद को अंगुली से बताया जा सकता है, लेकिन अंगुली चांद नहीं है।

गीता को जब मैंने कहा कि मनोविज्ञान है, तो मेरा अर्थ ऐसा नहीं है, जैसे कि फ्रायड का मनोविज्ञान है। फ्रायड का मनोविज्ञान मन पर समाप्त हो जाता है; उसका कोई इशारा मन के पार नहीं है। मन ही इति है, उसके आगे और कोई अस्तित्व नहीं है। गीता ऐसा मनोविज्ञान है, जो इशारा आगे के लिए करता है। लेकिन इशारा आगे की स्थिति नहीं है।

गीता तो मनोविज्ञान ही है, लेकिन आत्मा की तरफ, अध्यात्म की तरफ, परम अस्तित्व की तरफ, उस मनोविज्ञान से इशारे गए हैं। लेकिन अध्यात्म नहीं

है। मील का पत्थर है; तीर का निशान बना है; मंजिल की तरफ इशारा है। लेकिन मील का पत्थर मील का पत्थर ही है, वह मंजिल नहीं है।

कोई भी शास्त्र अध्यात्म नहीं हैं। हां, ऐसे शास्त्र हैं, जो अध्यात्म की तरफ इशारे हैं। लेकिन सब इशारे मनोवैज्ञानिक हैं। इशारे अध्यात्म नहीं हैं। अध्यात्म तो वह है जो इशारे को पाकर उपलब्ध होगा। और वैसे अध्यात्म की कोई अभिव्यक्ति संभव नहीं है; आंशिक भी संभव नहीं है। उसका प्रतिफलन भी संभव नहीं है। उसके कारण हैं। संक्षिप्त में दो-तीन कारण खयाल में ले लेने जरूरी हैं।

एक तो जब अध्यात्म का अनुभव होता है, तो कोई विचार चित्त में नहीं होता। और जिस अनुभव में विचार मौजूद न हो, उस अनुभव को विचार प्रकट कैसे करे! विचार प्रकट कर सकता है उस अनुभव को, जिसमें वह मौजूद रहा हो, गवाह रहा हो। लेकिन जिस अनुभव में वह मौजूद ही न रहा हो, उसको विचार प्रकट नहीं कर पाता। अध्यात्म का अनुभव निर्विचार अनुभव है। विचार मौजूद नहीं होता, इसलिए विचार कोई खबर नहीं ला पाता।

इसलिए तो उपनिषद कह-कहकर थक जाते हैं, नेति-नेति। कहते हैं, यह भी नहीं, वह भी नहीं। पूछें कि क्या है? तो कहते हैं, यह भी नहीं है, वह भी नहीं है। जो भी मनुष्य कह सकता है, वह कुछ भी नहीं है। फिर क्या है वह अनुभव, जो सब कहने के बाहर शेष रह जाता है?

बुद्ध तो ग्यारह प्रश्नों को पूछने की मनाही ही कर दिए थे, कि इनको पूछना ही मत। क्योंकि इनको तुम पूछोगे तो खतरे हैं। अगर मैं उत्तर न दूं तो कठोर मालूम पडूंगा तुम्हारे प्रति, और अगर उत्तर दूं तो सत्य के साथ अन्याय होगा, क्योंकि इन प्रश्नों का उत्तर नहीं दिया जा सकता। इसलिए पूछना ही मत, मुझे मुश्किल में मत डालना। तो जिस गांव में बुद्ध जाते, खबर कर दी जाती कि ये ग्यारह सवाल कोई भी न पूछे। वे ग्यारह सवाल अध्यात्म के सवाल हैं।

लाओत्से पर जब लोगों ने जोर डाला कि वह अपने अनुभव लिख दे, तो उसने कहा, मुझे मुश्किल में मत डालो। क्योंकि जो मैं लिखूंगा, वह मेरा अनुभव

नहीं होगा। और जो मेरा अनुभव है, जो मैं लिखना चाहता हूं, उसे लिखने का कोई उपाय नहीं है। फिर भी दबाव में, मित्रों के आग्रह में, प्रियजनों के दबाव में— नहीं माने लोग, तो उसने अपनी किताब लिखी। लेकिन किताब के पहले ही लिखा कि जो कहा जा सकता है, वह सत्य नहीं है। और सत्य वही है, जो नहीं कहा जा सकता है। इस शर्त को ध्यान में रखकर मेरी किताब पढ़ना।

दुनिया में जिनका भी आध्यात्मिक अनुभव है, उनका यह भी अनुभव है कि वह प्रकट करने जैसा नहीं है। वह प्रकट नहीं हो सकता। निरंतर फकीर उसे गूंगे का गुड़ कहते रहे हैं। ऐसा नहीं कि गूंगा नहीं जान लेता है कि गुड़ का स्वाद कैसा है, बिलकुल जान लेता है। लेकिन गूंगा उस स्वाद को कह नहीं पाता। आप सोचते होंगे, आप कह पाते हैं, तो बड़ी गलती में हैं। आप भी गुड़ के स्वाद को अब तक कह नहीं पाए। गूंगा ही नहीं कह पाया, बोलने वाले भी नहीं कह पाए। और अगर मैं जिद्द करूं कि समझाइए कैसा होता है स्वाद, तो ज्यादा से ज़्यादा गुड़ आप मेरे हाथ में दे सकते हैं कि चखिए। इसके अतिरिक्त और कोई उपाय नहीं है। लेकिन गुड़ तो हाथ में दिया जा सकता है, अध्यात्म हाथ में भी नहीं दिया जा सकता कि चखिए।

दुनिया का कोई शास्त्र आध्यात्मिक नहीं है। हां, दुनिया में ऐसे शास्त्र हैं, जिनके इशारे अध्यात्म की तरफ हैं। गीता भी उनमें से एक है। लेकिन वे इशारे मन के भीतर हैं। मन के पार दिखाने वाले हैं, लेकिन मन के भीतर हैं। और उनका विज्ञान तो मनोविज्ञान है; उनका आधार तो मनोविज्ञान है। शास्त्र की ऊंची से ऊंची ऊंचाई मनस है। शब्द की ऊंची से ऊंची संभावना मनस है। अभिव्यक्ति की आखिरी सीमा मनस है। जहां तक मन है, वहां तक प्रकट हो सकता है। जहां मन नहीं है, वहां सब अप्रकट रह जाता है।

तो जब मैंने गीता को मनोविज्ञान कहा, तो मेरा अर्थ नहीं है कि वाटसन के मनोविज्ञान जैसा मनोविज्ञान, कोई बिहेवियरिज्म, कोई व्यवहारवाद या पावलोव का विज्ञान, कोई कंडीशंड रिफ्लेक्स। ये सारे के सारे मनोविज्ञान अपने में बंद हैं और मन के आगे किसी सत्ता को स्वीकार करने को राजी नहीं हैं। कुछ तो मन की

भी सत्ता स्वीकार करने को राजी नहीं हैं। वे तो कहते हैं, मन सिर्फ शरीर का ही हिस्सा है। मन यानी मस्तिष्क। मन कहीं कुछ और नहीं है। यह हड्डी-मांस-पेशी, इन सबका ही विकसित हिस्सा है। मन भी शरीर से अलग कुछ नहीं है।

गीता ऐसा मनोविज्ञान नहीं है। गीता ऐसा मनोविज्ञान है, जो मन के पार इशारा करता है। लेकिन है मनोविज्ञान ही। अध्यात्म-शास्त्र उसे मैं नहीं कहूंगा। और इसलिए नहीं कि कोई और अध्यात्म-शास्त्र है। कहीं कोई शास्त्र अध्यात्म का नहीं है। अध्यात्म की घोषणा ही यही है कि शास्त्र में संभव नहीं है मेरा होना, शब्द में मैं नहीं समाऊंगा, कोई बुद्धि की सीमा-रेखा में नहीं मुझे बांधा जा सकता। जो सब सीमाओं का अतिक्रमण कर जाता है, और सब शब्दों को व्यर्थ कर जाता है, और सब अभिव्यक्तियों को शून्य कर जाता है—वैसी जो अनुभूति है, उसका नाम अध्यात्म है।

प्रश्नः कहीं ऐसा मनु-वचन है कि जहां आततायी को मारने के लिए उन्होंने निर्देश दिया है, आततायिनम् आयन्तं अन्यादेवऽविचारतः। शास्त्राज्ञा तो है ऐसी और अर्जुन यह भी जानता है कि दुर्योधन आदि सब आततायी हैं, और तब भी उनको मारने से उसका जी हिचकिचाता है। तो इसका कारण क्या है?

एक तो मनु जो कहते हैं, वह सिर्फ सामाजिक नीति है, सोशल इथिक्स है। मनु जो कहते हैं, वह केवल सामाजिक चिंतना है, सोशल कोड है। मनु का वचन अध्यात्म नहीं है। मनु का वचन तो मनस भी नहीं है, मनोविज्ञान भी नहीं है। मनु का वचन तो सामाजिक रीति-व्यवहार की व्यवस्था है। इसलिए मनु को जोड़ना हो अगर, तो उसे जोड़ना पड़ेगा मार्क्स से, उसे जोड़ना पड़ेगा दुर्खीम से, इस तरह के लोगों के साथ। मनु का कोई बहुत गहरा सवाल नहीं है।

मनु सामाजिक व्यवस्थापक हैं। और समाज की कोई भी व्यवस्था चरम नहीं है। समाज की सभी व्यवस्थाएं सामयिक हैं। जो व्यक्ति भी थोड़ा चिंतन करेगा, उसका चिंतन निरंतर समाज की व्यवस्था के ऊपर चला जाएगा। क्योंकि समाज की व्यवस्था अंतिम व्यक्ति को ध्यान में रखकर बनाई गई होती है।

जैसे कहा जाता है कि योग्य शिक्षक वही है, जो अपनी कक्षा में अंतिम विद्यार्थी को ध्यान में रखकर बोलता हो। निश्चित ही योग्य शिक्षक वही है, जो कक्षा में अंतिम व्यक्ति को ध्यान में रखकर बोलता हो। लेकिन तब जो कक्षा में प्रथम व्यक्ति है, उसके लिए शिक्षक तत्काल बेकार हो जाता है।

समाज की व्यवस्था में तो अंतिम व्यक्ति को ध्यान में रखा जाता है और जड़ नियम स्थापित किए जाते हैं। अर्जुन साधारण व्यक्ति नहीं है, मीडियाकर माइंड नहीं है; अर्जुन चिंतनशील है, मेधावी है; असाधारण प्रतिभाशाली है; जिंदगी उसके लिए सोच-विचार बन जाती है।

अब मनु कहते हैं कि जो आततायी है, उसे तो मार देने में कोई बुराई नहीं है। विचारशील को इतना आसान नहीं है मामला। कौन आततायी है? और आततायी हो भी, तब भी मारना उचित है या नहीं उचित है? फिर आततायी अपना है, मनु को उसका खयाल भी नहीं है। आततायी में मानकर चला गया है कि वह दुश्मन है। यहां आततायी अपना है। और एक व्यक्ति नहीं है, लाखों व्यक्ति हैं। और उन लाखों से लाखों तरह के निकट संबंध हैं।

इसलिए अर्जुन की स्थिति बहुत भिन्न है। वह साधारण आततायी की, हमलावर की, और जिसके ऊपर हमला हुआ है, उसकी नहीं है। वही तो वह चिंतन कर रहा है, वही तो वह कह रहा है कि अगर इन सब को मारकर राज्य को भी पा लें, तो क्या यह सौदा उचित है? वह वही पूछ रहा है। इन सबको मारकर राज्य को पा लेना, क्या सौदा उचित है? क्या इतनी कीमत पर राज्य को ले लेना कुछ सार्थकता रखता है? वह यही पूछ रहा है।

यह जो अर्जुन की मनोदशा है, मनु के जो नियम हैं, उन नियमों से बहुत ऊपर चिंतन की है।

असल में नियम तो सदा जड़ होते हैं। जड़ नियम कामचलाऊ होते हैं और विशेष संकट की स्थितियों में अर्थहीन हो जाते हैं। और अर्जुन की संकट की स्थिति बहुत विशेष है। विशेषता तीन प्रकार की है। एक तो यह है कि यह तय करना बहुत मुश्किल है कि आततायी कौन है?

सदा ही मुश्किल है। हमें बहुत आसानी लगती है पीछे से तय करने में कि आततायी कौन है। अगर कौरव जीत गए होते, तो आपको पता चलता कि आततायी कौन है? क्योंकि तब कथा और ढंग से लिखी गई होती, क्योंकि तब कथाकार और होते। और कथाकार तो जो विजेता है, उसके आस-पास इकट्ठे होते हैं; हारे हुओं के आस-पास तो इकट्ठे नहीं होते।

दूसरे महायुद्ध में हिटलर हार गया, तो अब हम जानते हैं कि बुरा कौन था। लेकिन अगर हिटलर जीत जाता और चर्चिल और रूजवेल्ट और स्टैलिन हारते, तो हम बिलकुल पक्का जानते कि बुरा कोई दूसरा था। स्थितियां गुजर जाने पर पीछे से जो हम सोच पाते हैं, वह ठीक स्थितियों के बीच में इतना तय नहीं होता है। आमतौर से इतिहास लिखने वाला आदमी विजेताओं का इतिहास लिखता है। और आमतौर से इतिहास विजेताओं के आस-पास क्रिस्टलाइज होता है।

तो आज हम जानते हैं कि कौरव आततायी थे। लेकिन ठीक युद्ध के क्षण में, कौन आततायी है, किसने बुरा किया है, यह मामला इतना दो और दो चार जैसा साफ नहीं होता। कभी साफ नहीं होता।

चीन कहे चला जाता है कि हमला हिंदुस्तान ने उस पर किया था। हिंदुस्तान कहे चला जाता है कि चीन ने हमला उस पर किया था। कभी यह तय नहीं होगा कि किसने हमला किया था। आज तक कभी तय नहीं हो पाया कि कौन हमलावर है। हां, जो जीत जाता है, वह इतिहास लिख लेता है। हारा हुआ हमलावर तय हो जाता है। जो हार जाता है, वह इतिहास नहीं लिख पाता है।

क्या हार जाना ही हमलावर होने का सबूत है? पीछे से तय करना सदा आसान है, क्योंकि तब रेखाएं बंध गई होती हैं। लेकिन ठीक परिस्थिति के बीच इतना आसान नहीं है।

भूल-चूक सदा दोनों तरफ होती है; मात्राओं में फर्क हो सकते हैं, लेकिन इकतरफा नहीं होती। ऐसा नहीं है कि कौरव ही एकदम जिम्मेवार हैं सारे पाप के लिए, और पांडव बिलकुल नहीं हैं। ऐसा नहीं है। मात्राओं के फर्क होते हैं। यह हो सकता है, कौरव ज्यादा जिम्मेवार हैं। लेकिन यह भी बहुत पीछे से जब पर्सपेक्टिव मिलता है, दूरी मिलती है, तब तय होता है।

ठीक युद्ध के घने क्षण में अर्जुन का मन बहुत चिंतित हो उठा है। कुछ साफ नहीं है, क्या हो रहा है, वह कहां तक ठीक हो रहा है। और फिर अगर यह भी तय हो कि आततायी वही हैं, तो भी उस तरफ सारे प्रियजन खड़े हैं। होगा, दुर्योधन आततायी होगा! लेकिन द्रोण? द्रोण आततायी नहीं हैं। दुर्योधन आततायी होगा, लेकिन भीष्म? भीष्म आततायी नहीं हैं, उनकी गोद में ये सब बच्चे बड़े हुए हैं। दुश्मन एक नहीं है, दुश्मन एक बड़ी जमात है। उस जमात में तय करना कठिन है। यही चिंता का कारण है।

मनु जो नियम बना रहे हैं, वे बहुत साधारण हैं, साधारणतया उपयोगी हैं। लेकिन इस विशेष स्थिति में मनु काम नहीं करेंगे। कर भी सकते थे, कर सकते थे एक ही हालत में कि अर्जुन इस स्थिति को झुठलाना चाहता, तो कहता, मनु का हवाला देता, कि ठीक है मनु ने कहा है, आततायी को मारो, मारते हैं। लेकिन वह कोई बहुत बड़ा विचारपूर्ण कदम न होता। और एक तो बात पक्की थी कि विचारपूर्ण इसलिए भी न होता कि यह गीता आपको उपलब्ध न होती। यह गीता उपलब्ध हो सकी है अर्जुन के मंथन से, मनन से, उसकी विचारणा से, उसकी जिज्ञासा से। चीजों को सीधा स्वीकार कर लिया होता, तो ठीक था, युद्ध होता, कोई जीतता, कोई हारता। युद्ध होता है तो कोई जीतता है, कोई हारता है। कहानी बनती है, कथा बनती है।

महाभारत उतना महत्वपूर्ण सिद्ध नहीं हुआ है, जितनी गीता महत्वपूर्ण सिद्ध हुई है। महाभारत तो हुआ और समाप्त हो गया। गीता का समाप्त होना मुश्किल है। महाभारत तो एक घटना रह गई है। और समय बीतता जाता है और भूलता चला जाता है। बल्कि सच तो यह है कि महाभारत याद ही इसलिए रह गया कि उसमें गीता भी घटी, नहीं तो महाभारत याद रहने जैसा भी नहीं था।

हजारों युद्ध हुए हैं। आदमी ने तीन हजार साल में चौदह हजार युद्ध किए हैं। लेकिन युद्ध, ठीक है, एक छोटा-सा फुटनोट बन जाता है इतिहास में। लेकिन युद्ध से भी बड़ी घटना गीता बन गई है। वह महाभारत का जो युद्ध था, उससे भी महत्वपूर्ण घटना गीता बन गई है। आज अगर महाभारत याद है, तो गीता के कारण याद है; गीता महाभारत के कारण याद नहीं है।

और इसलिए यह भी आपसे कहना चाहूंगा, इस जगत् में घटनाओं का मूल्य नहीं, इस जगत में विचारणाओं का मूल्य है। इस जगत् में इवेंट्स, घटनाएं घटती हैं और राख हो जाती हैं। और विचार शाश्वत यात्रा पर निकल जाते हैं। घटनाएं मर जाती हैं, उन घटनाओं के बीच अगर किसी विचार का, किसी आत्मवान विचार का जन्म हुआ, तो वह अनंत की यात्रा पर निकल जाता है।

महाभारत महत्वपूर्ण नहीं है। न भी हुआ हो तो क्या फर्क पड़ता है! लेकिन गीता न हुई हो तो बहुत फर्क पड़ता है। महाभारत एक छोटी-सी घटना हो गई। और जैसे समय आगे बढ़ता जाएगा, छोटी होती जाएगी। एक परिवार के भाइयों का, चचेरे भाइयों का झगड़ा था। हो गया, निपट गया। उनकी बात थी, समाप्त हो गई। लेकिन गीता रोज-रोज महत्वपूर्ण होती चली गई है। यह हो सकी महत्वपूर्ण इसलिए कि अर्जुन के पास मनु को मान लेने जैसी साधारण बुद्धि नहीं थी। अर्जुन के पास एक प्रतिभा थी, जो पूछती है, जो संकट में सवाल उठाती है।

आमतौर से संकट में सवाल उठाना बहुत कठिन है। घर में बैठकर गीता पढ़ना और सवाल उठाना बहुत आसान है। अर्जुन की स्थिति में सवाल उठाना बहुत जोखम से भरा काम है। वह स्थिति सवाल की नहीं है। वह स्थिति कोई ब्रह्म-जिज्ञासा की नहीं है, वह स्थिति कोई गुरु-शिष्य वृक्ष के नीचे बैठकर चिंतन-मनन करें, इसकी नहीं है। युद्ध द्वार पर खड़ा है। हुंकारें हो गई हैं, शंख बज गए हैं और इस क्षण में उस आदमी के मन में कंपन हैं। हिम्मतवर आदमी है। कंपन को उस युद्ध के बीच स्थल में प्रकट करता है और वहां भी सोच-विचार करता है। इतने संकट में जो सोच-विचार करता है, वह साधारण प्रतिभा नहीं है। मनु से काम न चलेगा, उसे कृष्ण जैसा आदमी चाहिए। मनु वहां होते तो वे कहते कि पढ़ लो मेरी मनुस्मृति, उसमें लिखा है कि आततायी को मारो, कर्तव्य स्पष्ट है।

कर्तव्य सिर्फ नासमझों को सदा स्पष्ट रहा है, समझदारों को कभी स्पष्ट नहीं रहा। समझदार सदा संदिग्ध रहे हैं। क्योंकि समझदार इतना सोचता है और अक्सर दोनों पहलुओं पर सोचता है कि मुश्किल में पड़ जाता है कि कौन सही है, कौन गलत है! गलत और सही की स्पष्टता अज्ञानियों को जितनी होती है, उतनी विचारशील लोगों को नहीं होती।

अज्ञानी के लिए सब साफ होता है, यह गलत है, वह सही है। यह हिंदू है, वह मुसलमान है। यह अपना है, वह पराया है। लेकिन जितना चिंतन आगे बढ़ता है, उतना ही संदेह खड़ा होता है। कौन अपना, कौन पराया? क्या ठीक, क्या गलत? और इस जगत में जो भी मूल्यवान पैदा हुआ है, वह इस चिंतन की पीड़ा के प्रसव को जिन्होंने सहा है, उनसे पैदा हुआ है। अर्जुन ने कष्ट सहा है उस घड़ी में, उस कष्ट के परिणाम में गीता प्रतिसंवेदित हुई है।

नहीं, मनु से काम नहीं चल सकता। उतने जड़ नियम सड़क पर ट्रैफिक के नियम जैसे हैं कि बाएं चलना चाहिए। बिलकुल ठीक है। इसमें कोई अड़चन नहीं है। उलटा कर लें कि दाएं चलना चाहिए, तो भी कोई तकलीफ नहीं है। अमेरिका में उलटा चलते हैं, लिखा है दाएं चलना चाहिए, तो आदमी दाएं चल रहा है। बाएं चलें, दाएं चलें, तय कर लेने से काम चल जाता है।

लेकिन ये कोई जीवन के परम आधार नहीं हैं। और अगर कोई आदमी सवाल उठाए कि बाएं चलने में ऐसी कौन-सी खूबी है, दाएं क्यों न चला जाए! तो दुनिया में कोई नहीं समझा पाएगा। यह सिर्फ व्यवस्थागत है। और अगर कोई बहुत विचारशील आदमी हो और सवाल उठाए कि बाएं क्या है और दाएं क्या है, तो मुश्किल खड़ी हो जाएगी। कामचलाऊ है।

मनु की जो व्यवस्था है, अत्यंत कामचलाऊ है। कामचलाऊ व्यवस्था के ऊपर प्रश्न उठ रहे हैं अर्जुन के मन में। उसके प्रश्न परम हैं। वह यह पूछ रहा है कि मिल जाएगा राज्य इतनों को मारकर, अपनों को मारकर—क्या होगा अर्थ? क्या होगा प्रयोजन? माना कि जीत जाऊंगा, क्या होगा? माना कि वे आततायी हैं, काट डालेंगे उन्हें, बदला पूरा हो जाएगा—फिर क्या होगा? बदले का क्या अर्थ है? और न मालूम कितने निहत्थे मर जाएंगे, न मालूम कितने निर्दोष मर जाएंगे, जिनका कोई संबंध नहीं है, जो युद्ध में घसीटकर ले आए गए हैं, क्योंकि उनका कहीं कोई संबंध है—उन सबका क्या होगा?

नहीं, उसके प्रश्न ज्यादा कीमती हैं, मनु से काम नहीं चल सकता है।

तस्मान्नार्हा वयं हन्तुं धार्तराष्ट्रान्स्वबान्धवान्।
स्वजनं हि कथं हत्वा सुखिनः स्याम माधव।। 37।।
यद्यप्येते न पश्यन्ति लोभोपहतचेतसः।
कुलक्षयकृतं दोषं मित्रद्रोहे च पातकम्।। 38।।

इससे हे माधव, अपने बांधव धृतराष्ट्र के पुत्रों को मारने के लिए हम योग्य नहीं हैं, क्योंकि अपने कुटुंब को मारकर हम कैसे सुखी होंगे? यद्यपि लोभ से भ्रष्टचित्त हुए ये लोग कुल के नाशकृत दोष को और मित्रों के साथ विरोध करने में पाप को नहीं देखते हैं।

कथं न ज्ञेयमस्माभिः पापादस्मान्निवर्तितुम्।
कुलक्षयकृतं दोषं प्रपश्यद्भिर्जनार्दन।। 39।।
कुलक्षये प्रणश्यन्ति कुलधर्माः सनातनाः।
धर्मे नष्टे कृत्स्नमधर्मोऽभिभवत्युत।। 40।।

परंतु हे जनार्दन, कुल के नाश करने से होते हुए दोष को जानने वाले हम लोगों को इस पाप से हटने के लिए क्यों नहीं विचार करना चाहिए? क्योंकि कुल के नाश होने से सनातन कुलधर्म नष्ट हो जाते हैं। धर्म के नाश होने से संपूर्ण कुल को पाप भी बहुत दबा लेता है।

अर्जुन कह रहा है कि वे विचारहीन हैं, हम भी विचारहीन होकर जो करेंगे, वह कैसे शुभ होगा! माना कि वे गलत हैं, लेकिन गलत के प्रत्युत्तर में हम भी गलत करेंगे, तो क्या वह ठीक होगा! क्या एक गलत का प्रत्युत्तर दूसरे गलत से दिए जाने पर सही का निर्माण करता है! वह यह पूछ रहा है कि भूल है उनकी, तो हम भी भूल करेंगे, तो दो भूलें मिलकर ठीक हो जाती हैं कि दुगुनी हो जाती हैं! माना कि उनका चित्त भ्रमित हो गया है, माना कि उनकी बुद्धि नष्ट हुई है, तो क्या हम भी अपनी बुद्धि नष्ट कर लें! और जो मिलेगा, क्या वह इस योग्य है! क्या उसकी इतनी उपादेयता है! क्या उसका इतना मूल्य है!

ध्यान रखें, इसमें अर्जुन के मन में दोहरी बात चल रही है। एक ओर वह

कह रहा है कि क्या इसका कोई मूल्य है! इसमें दो बातें हैं। हो सकता है कोई मूल्य हो और कृष्ण उसे मूल्य बता पाएं, तो वह लड़ने के लिए रेशनलाइज कर ले। हो सकता है, कृष्ण समझा पाएं कि हां मूल्य है; हो सकता है, कृष्ण समझा पाएं कि लाभ है, कल्याण है; हो सकता है, कृष्ण समझा पाएं कि बुराई को बुराई से काट दिया जाएगा, और तब जो शेष बचेगा वह शुभ होगा—तो वह लड़ने के लिए अपने को तैयार कर ले। आदमी अपने को तैयार करने के लिए बुद्धिगत कारण खोजना चाहता है।

अर्जुन के मन में दोनों बातें हैं। वह जिस तरह से प्रश्न को मौजूद कर रहा है, वह यह है कि या तो मुझे भाग जाने के लिए स्वीकृति दें, या तो मैं एस्केप कर जाऊं; और या फिर मैं युद्ध में उतरूं, तो मुझे प्रयोजन स्पष्ट करा दें। वह अपने मन को साफ कर लेना चाहता है। युद्ध में उतरे, तो यह जानकर निश्चितमना, कि जो हो रहा है, वह शुभ हो रहा है। या फिर युद्ध से भाग जाए। ये दो विकल्प उसे दिखाई पड़ रहे हैं। वह दोनों के लिए राजी दिखाई पड़ता है, दो में से कोई भी एक हो जाए।

इसे थोड़ा समझ लेने जैसा है। आदमी सदा से अपने को बुद्धिमान, विचारशील, रेशनल समझता रहा है। अरस्तू ने तो आदमी को रेशनल एनिमल ही कहा है; कहा है कि बुद्धिमान प्राणी है। लेकिन जैसे-जैसे आदमी के संबंध में समझ हमारी बढ़ी है, वैसे-वैसे पता चला है कि उसकी बुद्धिमानी सिर्फ अपनी अबुद्धिमानियों की बुद्धिमानी सिद्ध करने से ज्यादा नहीं है। आदमी का रीजन, सिर्फ उसके भीतर जो इर्रेशनल है, जो बिलकुल अबौद्धिक है, उसको जस्टिफाई करने की कोशिश में लगा रहा है।

अगर उसे युद्ध करना है, तो पहले वह सिद्ध कर लेना चाहेगा कि युद्ध से मंगल होगा, कल्याण होगा; फिर युद्ध में उतर जाएगा। अगर उसे किसी की गर्दन काटनी है, तो वह पहले सिद्ध कर लेना चाहेगा कि जिसकी गर्दन कट रही है, उसके ही हित में यह कार्य हो रहा है; तब फिर वह गर्दन आसानी से काट सकेगा। अगर उसे आग लगानी है तो वह तय कर लेना चाहेगा कि इस आग

लगाने से धर्म की रक्षा होगी, तो वह आग लगाने के लिए तैयार हो जाएगा। आदमी ने, उसके भीतर जो बिलकुल अबौद्धिक तत्व हैं, उनको भी बुद्धिमानी से सिद्ध कर लेने की निरंतर चेष्टा की है।

अर्जुन भी वैसी ही स्थिति में है। उसके भीतर लड़ने की तैयारी तो है, अन्यथा इस युद्ध के मैदान तक आने की कोई जरूरत न थी। उसके मन के भीतर युद्ध का आग्रह तो है। राज्य वह लेना चाहता है। जो हुआ है उसके साथ, उसका बदला भी चुकाना चाहता है। इसीलिए तो युद्ध के इस आखिरी क्षण तक आ गया है। लेकिन वैसी तैयारी नहीं है, जैसी दुर्योधन की है, जैसी भीम की है। पूरा नहीं है। मन बंटा हुआ है, स्प्लिट है, टूटा हुआ है। कहीं भीतर लग भी रहा है कि गलत है, व्यर्थ है; और कहीं लग भी रहा है कि करना ही पड़ेगा, प्रतिष्ठा का, अहंकार का, कुल का, हजार बातों का सवाल है। दोनों बातें उसके भीतर चल रही हैं। दोहरा उसका मन है, डबल बाइंड है।

और ध्यान रहे, विचारशील आदमी में सदा ही दोहरा मन होता है। विचारहीन में दोहरा मन नहीं होता। निर्विचार में भी दोहरा मन नहीं होता, लेकिन विचारशील आदमी में दोहरा मन होता है। विचारशील आदमी का मतलब है, जो अपने भीतर ही निरंतर डायलाग में और डिसकशन में लगा है, जो अपने भीतर ही विवाद में लगा है। अपने को ही दो हिस्सों में करके, क्या ठीक, क्या ठीक नहीं, इसका उत्तर-प्रत्युत्तर कर रहा है। विचारशील आदमी चौबीस घंटे अपने भीतर चर्चा कर रहा है स्वयं से ही।

वह चर्चा अर्जुन के भीतर चलती रही होगी। समझा-बुझाकर वह अपने को युद्ध के मैदान पर ले आया है कि नहीं, लड़ना उचित है। लेकिन युद्ध की पूरी स्थिति का उसे पता नहीं था।

पिछले महायुद्ध में जिस आदमी ने हिरोशिमा पर एटम बम गिराया, उसे कुछ भी पता नहीं है कि क्या होगा! उसे इतना ही पता है कि एक बटन दबा देनी है और नीचे एटम गिर जाएगा। उसे यह भी पता नहीं है कि इस एटम से एक लाख आदमी मरेंगे। उसे कुछ भी पता नहीं है। उसे सिर्फ एक आर्डर है, एक

आज्ञा है, जो उसे पूरी करनी है। और आज्ञा यह है कि उसे जाकर हवाई जहाज से एक बटन दबा देनी है। हिरोशिमा के ऊपर वह बटन दबाकर लौट आया।

जैसे सारी दुनिया को पता चला, ऐसे ही उसको भी पता चला कि एक लाख आदमी मर गए हैं। फिर उसकी नींद हराम हो गई। फिर वह आदमी रात-दिन लाखों मुर्दे देखने लगा। उसके प्राण थरथराने लगे, कंपने लगे। उसके हाथ-पैर में कंपन होने लगा। फिर तो अंततः उसने हमले करने शुरू कर दिए अपने पर; नाड़ी काट डाली एक दिन, सिर पर हथौड़ी मार ली। फिर तो उसे पागलखाने में रखना पड़ा। फिर तो उसने दूसरों पर भी हमले शुरू कर दिए। फिर तो उसे जंजीरों में रखना पड़ा। उसकी नींद बिलकुल चली गई। और वह आदमी एक ही अपराध की ग्लानि से भर गया, गिल्ट एक ही उसको पकड़ गई कि मैंने लाख आदमी मारे हैं। लेकिन उसे कोई पता नहीं था।

अब जो हमारी युद्ध की व्यवस्था है, बिलकुल इनह्यूमन है। अब उसमें पता नहीं चलता, मारने वाले को भी पता नहीं चलता कि वह लाख आदमियों की मौत का बटन दबा रहा है। लेकिन महाभारत में स्थिति और थी, सब चीजें सामने थीं। युद्ध सीधा मानवीय था, ह्यूमन था। आमने-सामने सब खड़े थे। अर्जुन देख सकता था रथ पर खड़ा होकर कि क्या होगा परिणाम! उसे दिखाई पड़ने लगा, इनमें फलां मित्र है, वह मरेगा, उसके छोटे बच्चे हैं घर पर।

ध्यान रहे, युद्ध अब जो है, वह इनह्यूमन हो गया है, अमानवीय हो गया है। इसलिए अब बड़ा खतरा है। क्योंकि लड़ने वाले को भी साफ पता नहीं चलता कि क्या होगा! जो हो रहा है, बिलकुल अंधेरे में हो रहा है। और जो आदमी तय करते हैं उसको, उनके पास भी फिगर होते हैं, आदमी नहीं होते हैं, आंकड़े होते हैं। उनके पास होता है, एक लाख आदमी मरेंगे। एक लाख आदमी मरेंगे, यह सुनकर कुछ भी पता नहीं चलता। एक लाख आदमियों को सामने खड़ा करिए, खड़े हो जाइए मंच पर, देखिए कि ये एक लाख आदमी मरेंगे! तब इनकी एक लाख पत्नियां भी दिखाई पड़ती हैं, इनके लाखों बच्चे भी दिखाई पड़ते हैं। इनकी बूढ़ी मां भी होंगी, इनके पिता भी होंगे। इनकी न मालूम क्या-क्या जिम्मेवारियां

होंगी। इन एक लाख को मारने की जिम्मेवारी अगर हिरोशिमा पर बम डालने वाले को सामने होती, तो मैं भी सोचता हूं कि वह आदमी कहता, इससे मैं मर जाना पसंद करूंगा; यह आज्ञा मैं नहीं मानता। उसके सामने भी सवाल उठता, इनको मारना है, क्या नौकरी के लिए?

अर्जुन को सवाल उठा; सामने था सब चित्र। उसे सब दिखाई पड़ने लगा, ये विधवाएं रोती-बिलखती दिखाई पड़ने लगीं। इनमें न मालूम कितने उसके प्रियजन थे, उनकी विधवाएं होंगी, उनके बच्चे तड़पेंगे, रोएंगे। यह सब लाशों से भर जाएगा मैदान। यह इतना साफ उसे दिखाई पड़ा कि अपने को समझा-बुझाकर लाया था कि लड़ना उचित है, वह सब डांवाडोल हो गया। उसके दूसरे मन ने कहना शुरू किया कि यह तू क्या करने जा रहा है! यह तो पाप होगा। इससे बड़ा पाप और क्या हो सकता है? और इसलिए कि राज्य मिल जाए, और इसलिए कि धन मिल जाए, और इसलिए कि थोड़ा सुख मिल जाए, इन सबको मारने की तेरी तैयारी है?

निश्चित ही वह विचारशील आदमी रहा होगा। उसके मन ने इनकार करना शुरू कर दिया। लेकिन इनकार में दूसरा मन भीतर बैठा हुआ है। और वह दूसरा मन भी बोल रहा है कि अगर कोई रेशनलाइजेशन मिल जाए, अगर मिल जाए कि नहीं, इसमें कोई हर्ज नहीं है; यह उचित है बिलकुल, यह औचित्य मालूम पड़ जाए, तो वह अपने को इकट्ठा कर ले, एकजुट कर ले, युद्ध में उतर जाए।

कृष्ण से पूछते वक्त अर्जुन को भी पता नहीं है कि उत्तर क्या मिलेगा? और कृष्ण से पूछते वक्त अर्जुन को भी साफ नहीं है कि स्थिति बाद में क्या बनेगी? कृष्ण जैसे आदमी प्रिडिक्टेबल नहीं होते। कृष्ण जैसे आदमियों के उत्तर निश्चित नहीं होते, रेडीमेड नहीं होते। कृष्ण जैसे आदमी के साथ पक्का नहीं है कि वे क्या कहेंगे! लेकिन अर्जुन के साथ पक्का है कि वह दो बातें चाह रहा है। या तो यह सिद्ध हो जाए कि यह युद्ध उचित है, नीतिसम्मत है, धार्मिक है, लाभ होगा, कल्याण होगा, श्रेयस मिलेगा, इस लोक में, परलोक में सुख मिलेगा, तो वह युद्ध में कूद जाएगा। और अगर यह सिद्ध हो जाए कि नहीं हो सकता, तो युद्ध से

भाग जाए। उसके सामने दो विकल्प स्पष्ट हैं। और उन दोनों के बीच उसका मन डोल रहा है, और दोनों के बीच उसके भीतर मन का बंटाव है। लड़ना भी चाहता है! अगर उसका मन लड़ना ही न चाहता हो, तो कृष्ण से पूछने की कोई भी जरूरत नहीं है।

अभी मैं एक गांव में था। एक युवक मेरे पास आए और उन्होंने मुझ से पूछा कि मैं संन्यास लेना चाहता हूं। आपकी क्या सलाह है? मैंने कहा, जब तक मेरी सलाह की जरूरत हो, तब तक तुम संन्यास मत लेना। क्योंकि संन्यास कोई ऐसी बात नहीं है कि मेरी सलाह से लिया जा सके। जिस दिन तुम्हें ऐसा लगे कि सारी दुनिया भी कहे कि संन्यास मत लो, तब भी तुम्हें लेने जैसा लगे, तभी तुम लेना। तो ही संन्यास के फूल में आनंद की सुगंध आ सकेगी, अन्यथा नहीं आ सकेगी।

वह अर्जुन सलाह नहीं मांगता, अगर उसको साफ एक मन हो जाता कि गलत है, चला गया होता। उसने कृष्ण से कहा होता कि सम्हालो इस रथ को, ले जाओ इन घोड़ों को जहां ले जाना हो, और जो करना हो करो, मैं जाता हूं। और कृष्ण कहते कि मैं कोई सलाह देता हूं, तो वह कहता कि बिन मांगी सलाह न दुनिया में कभी मानी गई न मानी जाती है। अपनी सलाह अपने पास रखें।

नहीं, लेकिन वह सलाह मांग रहा है। सलाह मांग रहा है, वही बता रहा है कि उसका दोहरा मन है। अभी उसको भी भरोसा है कि कोई सलाह मिल जाए तो युद्ध कर ले; यह भरोसा है उसके भीतर। इसलिए कृष्ण से पूछ रहा है। अगर यह भी पक्का होता कि युद्ध करना उचित है, तब कृष्ण से कोई सलाह लेने की जरूरत न थी, युद्ध की सब तैयारी हो गई थी।

अर्जुन डांवाडोल है; अर्जुन बंटा है, इसलिए वह सारे सवाल उठा रहा है। उसके सवाल महत्वपूर्ण हैं। और जो आदमी भी थोड़ा विचार करते हैं, उन सबकी जिंदगी में ऐसे सवाल रोज ही उठते हैं—जब मन बंट जाता है, और दोहरे उत्तर एक साथ आने लगते हैं, और सब निर्णय खो जाते हैं। अर्जुन संशय की अवस्था में है; डिसीसिवनेस खो गई है।

जब भी आप किसी से सलाह मांगते हैं, तब वह सदा ही इस बात की खबर होती है कि अपने पर भरोसा खो गया है, सेल्फ कांफिडेंस खो गया है। अब अपने से कोई आशा नहीं उत्तर की। क्योंकि अपने से दो उत्तर एक-से बलपूर्वक आ रहे हैं, एक-सी एम्फेसिस लेकर आ रहे हैं। दोनों में तय करना मुश्किल है। कभी एक ठीक, कभी दूसरा ठीक मालूम पड़ता है। तभी आदमी सलाह मांगने जाता है। जब भी कोई आदमी सलाह मांगने जाता है, तब जानना चाहिए, वह भीतर से इतना बंट गया है कि अब उसके भीतर से उसे उत्तर नहीं मालूम पड़ रहा है। ऐसी उसकी दशा है। वह अपनी उसी दशा का वर्णन कर रहा है।

प्रश्नः आपने अभी संन्यास के बारे में कुछ कहा। तो यहां जीवन जागृति केंद्र के बुक स्टॉल पर अभिनव संन्यास योजना नामक एक पुस्तिका भी बिक रही है, तो उसमें कहीं लिखा है कि आप गुरु नहीं गवाह बनते हैं, तो वह भी स्पष्ट करें। और साथ में और भी एक सवाल है। अर्जुन और कृष्ण दोनों युद्ध में खड़े हैं, युद्धारंभ में ही गीता के अठारह अध्याय सुनने में अर्जुन कैसे प्रवृत्त हो सकता है और कृष्ण कैसे गीता-प्रवचन सुनाने को व्यस्त हो सकते हैं? सारी सेनाएं भी वहां मौजूद थीं। तो क्या सब कृष्णार्जुन संवाद, प्रश्नोत्तर सुनने में ही व्यस्त थे? क्या वह टाइम साइकोलाजिकल टाइम था या कोई दूसरा था?

कृष्ण से इतनी लंबी चर्चा निश्चित ही प्रश्नवाची है। निश्चय ही प्रश्न उठता है। युद्ध के मैदान पर, जहां कि योद्धा तैयार हों लड़ने को, जूझने को, वहां ये अठारह अध्याय, यह इतनी लंबी किताब, अगर कृष्ण ने बिलकुल उस तरह से कही हो, जैसे कि गीता-भक्त दोहराते हैं, तो भी काफी समय लग गया होगा। अगर बिना रुके और बिना अर्जुन की तरफ देखे, आंख बंद करके बोलते ही चले गए हों, तब भी काफी वक्त लग जाएगा। यह कैसे संभव हुआ होगा?

दो बातें इस संबंध में। निरंतर यह सवाल गूंजता रहा है। इसलिए कुछ लोगों ने तो यह कह दिया कि गीता महाभारत में प्रक्षिप्त है, वह बाद में डाल दी

गई है, यह हो नहीं सकता। कुछ लोगों ने कहा कि वहां संक्षिप्त में बात हुई होगी, फिर उसको विस्तार से बाद में कवि ने फैला दिया है।

दोनों ही बातें मेरे लिए सही नहीं हैं। मेरे लिए तो गीता घटी है, और वैसी ही घटी है जैसी सामने है। लेकिन घटने के क्रम को थोड़ा समझना जरूरी है। यह सारी बातचीत आमने-सामने हुई हो, यह सारी बातचीत जैसे हम और आप बोल रहे हैं, ऐसी हुई हो, तो इसमें कृष्ण और अर्जुन ही भागीदार न रह जाते। इसमें बहुत लोग थे, बड़ी भीड़ थी चारों तरफ। इसमें और लोग भी भागीदार हो गए होते। इसमें और लोगों ने भी सवाल उठाए होते। इसमें और सारे लोग बिलकुल चुप ही खड़े हैं! इस तरफ भी योद्धा हैं, उस तरफ भी योद्धा हैं। यह बात दोनों की चलती है घंटों। इसमें कोई बोला नहीं बीच में! किसी ने इतना भी न कहा कि यह बातचीत का समय नहीं है, युद्ध का समय है, शंख बज चुके हैं, अब यह चर्चा नहीं चलनी चाहिए!

नहीं, कोई नहीं बोला। मेरे देखे, यह चर्चा टेलीपैथिक है, यह चर्चा सीधी आमने-सामने नहीं हुई है। टेलीपैथी थोड़ी समझनी पड़े, तो खयाल में आए, अन्यथा खयाल में नहीं आ पाएगी। एक दो-तीन उदाहरण से समझाने की कोशिश करूंगा।

एक फकीर था अभी यूनान में जार्ज गुरजिएफ। तीन महीने के लिए रूस के एक बहुत बड़े गणितज्ञ आस्पेंस्की और उसके तीस और शिष्यों को लेकर वह तिफलिस के एक छोटे से गांव में जाकर बैठ गया था। इन तीस लोगों को एक बड़े बंगले में उसने कैद कर रखा था। कैद, क्योंकि बाहर निकलने की कोई आज्ञा न थी। और इन तीस लोगों को कहा था कि कोई एक भी शब्द तीन महीने बोलेगा नहीं। न केवल शब्द नहीं बोलेगा, इशारे से भी नहीं बोलेगा, आंख से भी नहीं बोलेगा, हाथ से भी नहीं बोलेगा। कहा था कि ये तीस लोग जो इस मकान में रहेंगे तीन महीने, प्रत्येक को ऐसे रहना है, जैसे वह अकेला ही हो, कोई दूसरा मौजूद ही नहीं है। दूसरे को रिकग्नाइज भी नहीं करना है—आंख से भी, इशारे से भी। दूसरा आस-पास से निकल जाए, तो देखना भी नहीं है। और गुरजिएफ ने

कहा कि जिसको भी मैं पकड़ लूंगा जरा-सा इशारा करते हुए भी, दूसरे को स्वीकार करते हुए भी पकड़ लूंगा कि दूसरा निकल रहा था और तुम बचकर निकले, तो भी मैं बाहर कर दूंगा। क्योंकि तुमने दूसरे को स्वीकार कर लिया कि दूसरा यहां है, बातचीत हो गई; तुम बचकर निकले, इशारा हो गया।

पंद्रह दिन में सत्ताइस आदमी बाहर कर दिए गए।

बड़ा मुश्किल मामला था। जहां तीस आदमी मौजूद हों, एक कमरे में दस-दस, बारह-बारह लोग बैठे हों, वहां दूसरों को बिलकुल भूल ही जाना कि वे हैं ही नहीं, अकेले जीने लगना, कठिन था। इतना कठिन नहीं जितना हम सोचते हैं, क्योंकि तीन आदमी बच ही गए, तीन भी छोटी संख्या नहीं है। इतना कठिन नहीं है, क्योंकि एक आदमी जंगल में बैठकर आंख बंद करके भीड़ में हो जाता है, तो भीड़ में बैठकर अकेला क्यों नहीं हो सकता! मन की सभी क्रियाएं रिवर्सिबल हैं। मन की सभी क्रियाएं उलटी हो सकती हैं। अगर जंगल में बैठकर आदमी अपनी पत्नी से बातचीत कर सकता है, तो अपनी पत्नी के पास बैठकर बिलकुल अकेला हो सकता है। इसमें कोई अड़चन नहीं है।

तीन आदमी बच गए, उनमें गणितज्ञ आस्पेंस्की भी था। वह खुद भी एक वैज्ञानिक चिंतक था। और इधर सौ वर्षों में गणित पर शायद सर्वाधिक गहरी किताब उसने लिखी है, टर्शियम आर्गानम। कहते हैं कि यूरोप में तीन बड़ी किताबें लिखी गई हैं अब तक। एक अरस्तू का आर्गानम, फिर बैकन का नोवम आर्गानम, और फिर आस्पेंस्की का टर्शियम आर्गानम। यह बड़ा वैज्ञानिक चिंतक था; यह भी उन तीन में एक बच गया था।

तीन महीने बीत गए। तीन महीने वह ऐसे वहां रहा, जैसे अकेला है। वे कमरों में जो लोग थे, वे तो भूल ही गए; बाहर जो दुनिया थी, वह भी भूल गई। और जो आदमी दूसरों को भूल जाए, वह अपने को भी भूल जाता है; स्मरण रखें। अगर अपने को याद रखना हो, तो दूसरों को याद रखना जरूरी है। क्योंकि मैं और तू एक ही डंडे के दो छोर हैं। इनमें से एक गया कि दूसरा फौरन गया। ये दोनों बचते हैं, या दोनों चले जाते हैं। कोई कहे कि मैं मैं

को बचा लूं और तू को भूल जाऊं, तो असंभव है। क्योंकि मैं जो है, वह तू की ही चोट है; वह तू का ही उत्तर है। अगर तू भूल जाए तो मैं बिखर जाता है। अगर मैं भूल जाए तो तू विदा हो जाता है। वे दो एक साथ बचते हैं, अन्यथा नहीं बचते। वे एक ही सिक्के के दो पहलू हैं।

दूसरे भूल गए, यह तो ठीक था, आस्पेंस्की खुद को भी भूल गया। फिर बचा सिर्फ अस्तित्व। तीन महीने बाद, गुरजिएफ सामने बैठा है और आस्पेंस्की भी सामने बैठा है। अचानक आस्पेंस्की को सुनाई पड़ा कि किसी ने बुलाया है और कहा, आस्पेंस्की, सुनो! उसने चौंककर चारों तरफ देखा, कौन है? लेकिन कोई बोल नहीं रहा है। सामने गुरजिएफ बैठा है। उसने गुरजिएफ को गौर से देखा इन तीन महीनों में। गुरजिएफ हंसने लगा। फिर भीतर से आवाज आई, पहचान नहीं रहे हो मेरी आवाज? मैं गुरजिएफ बोल रहा हूं। सामने ओंठ बंद हैं, वह आदमी चुप बैठा है। आस्पेंस्की बहुत हैरान हुआ। उसने कहा कि मैं यह क्या अनुभव कर रहा हूं? वह पहली दफे तीन महीने में बोला।

गुरजिएफ ने कहा कि अब तुम उस जगह आ गए हो मौन की, जहां बिना शब्द के बातचीत की जा सकती है। अब मैं तुमसे सीधे बोल सकता हूं, शब्दों की अब कोई जरूरत नहीं है।

अभी रूस के एक दूसरे वैज्ञानिक फयादोव ने एक हजार मील दूर बिना किसी माध्यम के संदेश भेजने के प्रयोग में सफलता पाई है। आप भी पा सकते हैं, बहुत कठिन मामला नहीं है। कभी एक छोटा-सा प्रयोग घर में कर लें। छोटे बच्चे को चुन लें। अंधेरा कर लें कमरे में, दूसरे कोने में उसे बैठा दें, एक कोने में आप बैठ जाएं। और उस बच्चे से कह दें कि तू आंख बंद कर ले और ध्यान मेरी तरफ रख। और सुनने की कोशिश कर कि मैं कुछ बोल तो नहीं रहा हूं। और एक ही शब्द अपने भीतर बार-बार दोहराए चले जाएं: गुलाब, गुलाब, गुलाब। बोलें मत; भीतर दोहराए चले जाएं। घंटे, आधा घंटे में वह बच्चा बोलने लगेगा कि आप गुलाब बोल रहे हैं। और आप भीतर ही बोलें, आप बाहर मत बोलें।

इससे उलटा भी हो सकता है, लेकिन जरा देर लगेगी। अगर बच्चा वहां

बैठकर अपने मन में एक शब्द सोचे और आप पकड़ना चाहें, तो शायद दो-तीन दिन लग जाएंगे। बच्चा जल्दी पकड़ लेगा। आदमी, जिसको हम जिंदगी कहते हैं, उसमें बिगड़ने के सिवाय और कुछ भी नहीं करता। बूढ़े बिगड़े हुए बच्चों से अतिरिक्त और कुछ भी नहीं होते। लेकिन बच्चा घंटे, आधा घंटे में पकड़ना शुरू कर देगा। एक ही शब्द दोहराएं, और अगर एक पकड़ लिया जाए तो फिर अभ्यास से पूरा वाक्य पकड़ा जा सकता है।

कृष्ण और अर्जुन के लिए ध्यान में रखना जरूरी है कि यह चर्चा, बाहर हुई चर्चा नहीं है। यह चर्चा गहरी है और यह चर्चा बिलकुल भीतरी है। इसलिए इसमें युद्ध के आसपास खड़े लोग भी गवाह नहीं थे। और इसलिए हो सकता है यह भी कि जिन्होंने महाभारत लिखा, उन्होंने पहले गीता उसमें न जोड़ी हो। यह हो सकता है। यह हो सकता है कि इतिहासकार ने, जिसने लिखी है, उसने न जोड़ी हो, लेकिन संजय सुन पा रहा है। क्योंकि संजय, जो देख पाता है इतनी दूर, वह सुन भी पा सकता है। असल में दुनिया को संजय से पहली दफा गीता सुनने को मिली है, कृष्ण से सुनने को पहली दफा नहीं मिली। पहली दफा अर्जुन ने सुनी है, वह सुनना बहुत भीतरी है। उस सुनने का बाहरी कोई प्रमाण नहीं था।

और दूसरी बात आपसे कहना चाहूंगा कि यह टेलीपैथिक कम्युनिकेशन है। गीता एक अंतर्संवाद है, जिसमें शब्दों का ऊपर उपयोग नहीं हुआ है। महावीर के संबंध में कहा जाता है कि वे कभी नहीं बोले। और जितने उनके शब्द हैं, वे उन्होंने नहीं बोले। उनके पास लोग खड़े रहते थे, महावीर उनसे बोलते—ऊपर से नहीं, क्योंकि हजारों लोग सुनने आए होते, उनको कुछ सुनाई न पड़ता—फिर वह आदमी जोर से बोलता कि महावीर ऐसा कहते हैं।

इसलिए महावीर की वाणी को शून्य वाणी, शब्दहीन वाणी कहा गया है। उन्होंने सीधा कभी नहीं बोला। किसी से भीतर से बोला और किसी ने उसे बाहर प्रकट किया। करीब-करीब ऐसे ही जैसे इस माइक से मैं बोल रहा हूं और आप सुन रहे हैं। माइक की तरह एक आदमी का भी उपयोग हो सकता है।

कृष्ण और अर्जुन के बीच जो बात हुई थी, अगर संजय ने न सुनी होती तो

खो गई होती। बहुत-सी और बातें भी बहुत बार हुई हैं और खो गई हैं। महावीर के बहुत वचन उपलब्ध नहीं हैं।

बुद्ध ने एक दिन अपने सारे भिक्षुओं को इकट्ठा किया। और हाथ में एक कमल का फूल लेकर वे वहां आए। फिर बैठ गए और उस कमल के फूल को देखने लगे और देखते रहे। लोग हैरान हो गए, थोड़ी देर में बेचैनी शुरू हो गई, कोई खांसा होगा, किसी ने करवट बदली होगी, क्योंकि बहुत देर हो गई। वे चुप क्यों बैठे हैं! बोलें, बोलें, बोलें। फिर आखिर आधा घंटा बीतने लगा, तो बेचैनी बहुत बढ़ गई। किसी ने खड़े होकर कहा, आप क्या कर रहे हैं? हम आपको सुनने आए हैं। आप बोलते नहीं! बुद्ध ने कहा, मैं बोल रहा हूं, सुनो, सुनो। लेकिन लोगों ने कहा, आप कुछ बोलते नहीं, क्या सुनें?

तभी एक भिक्षु, जिसका नाम था महाकाश्यप, वह हंसने लगा। तो बुद्ध ने उसे बुलाकर वह फूल दे दिया। और कहा कि सुनो, जो शब्द से बोला जा सकता था, वह मैं तुमसे कह चुका; और जो शब्द से नहीं बोला जा सकता था, भीतर ही बोला जा सकता था, वह मैंने महाकाश्यप से कह दिया है। अब तुम्हें पूछना हो तो महाकाश्यप से पूछ लेना।

महाकाश्यप से बुद्ध ने क्या कहा, यह अब तक बुद्ध के भिक्षु पूछते हैं एक-दूसरे से। क्योंकि वह महाकाश्यप से जब भी किसी ने पूछा, तो वह हंसने लगा और उसने कहा, जब बुद्ध न कह सके, तो मैं क्यों उपद्रव में पडूं! उसने कहा कि कहना होता तो बुद्ध ही तुम से कह देते। और जब वे भूल-चूक नहीं किए, तो मैं करने वाला नहीं हूं।

फिर महाकाश्यप ने किसी को फिर मौन से कहा, फिर उस आदमी ने भी किसी से नहीं कहा—और ऐसे छः आदमियों की परंपरा। और तब छठवां आदमी था बोधिधर्म, उसने पहली दफा उस बात को कहा। इस बीच कोई नौ सौ वर्ष बीत गए। बोधिधर्म ने पहली दफे वह कहा, जो बुद्ध ने महाकाश्यप से कहा था। और उसने क्यों कहा? क्योंकि जब बोधिधर्म ने चीन में पहली दफे जाकर कहा कि अब मैं वह कहता हूं जो बुद्ध ने महाकाश्यप से कहा था, तो लोगों ने कहा,

अब तक किसी ने नहीं कहा, तुम क्यों कहते हो! तो उसने कहा कि अब चुपचाप सुनने वाला कोई भी उपलब्ध नहीं है। इसलिए मजबूरी है और मैं मरने के करीब हूं। वह बात खो जाएगी जो बुद्ध ने महाकाश्यप से कही थी। अब जितनी भी गलत-सही मुझसे बन सकती है, मैं कहे देता हूं।

यह एक घटना है। इसलिए पहली बात आपसे कहूं, गीता कृष्ण और अर्जुन के बीच मौन-संवाद में घटी है। दूसरी बात आप से कहूं कि मौन-संवाद का टाइम-स्केल अलग है। इसे समझना भी जरूरी होगा। नहीं तो आप कहेंगे कि मौन-संवाद में भी तो कम से कम घंटे, डेढ़ घंटे, दो घंटे तो लगते ही। क्योंकि इससे क्या फर्क पड़ता है कि मैं आपसे ऊपर से कहूं कि भीतर से कहूं; समय तो लगेगा! तब आपको थोड़ा समय के स्केल को, समय की सारणी को समझना पड़ेगा।

आपको कभी एक दफा कुर्सी पर बैठे-बैठे झपकी लग जाती है और आप एक सपना देखते हैं। और सपने में देखते हैं कि आपकी शादी हो गई, घर बस गया, नौकरी लग गई, मकान खरीद लिया, बच्चे हो गए, बच्चे बड़े हो गए, शहनाई बज रही है, लड़के की शादी हो रही है। और तभी कोई आपको बगल से आपका आफिसर आकर उठाता है। और आप घड़ी में देखते हैं, और पाते हैं कि मुश्किल से एक मिनट बीता है झपकी लगे। तब बड़ी मुश्किल होती है कि एक मिनट में इतना लंबा उपद्रव कैसे हुआ होगा! आधी जिंदगी लग जाती है इतना उपद्रव करने में। तीस-चालीस साल लग जाते हैं, यह एक मिनट में कैसे हुआ? लेकिन बिलकुल हुआ।

असल में ड्रीम-टाइम अलग है। उसका स्केल अलग है। स्वप्न की जो समय की धारणा है, बिलकुल अलग है। इसलिए एक मिनट के सपने में जिंदगीभर के सपने देखे जा सकते हैं। एक मिनट में पूरी जिंदगी देखी जा सकती है।

आमतौर से लोग कहते हैं कि जब कोई नदी में डूबकर मरता है, तो आखिरी डुबकी में अपनी पूरी जिंदगी को फिर से देख लेता है। देख सकता है, इसमें कोई बहुत कठिनाई नहीं है। समय अलग है स्वप्न का, जागने का समय

अलग है। लेकिन जागने में भी समय का स्केल चौबीस घंटे एक-सा नहीं रहता। उसमें पूरे वक्त बदलाहट होती रहती है, वह फ्लिकर करता है।

जैसे जब आप दुख में होते हैं तो समय लंबा हो जाता है, और जब सुख में होते हैं तो छोटा हो जाता है। कोई प्रियजन पास आकर बैठ जाता है, घंटा बीत जाता है, लगता है, अभी तो आए थे, क्षणभर हुआ है। और कोई दुश्मन आकर बैठ जाता है, और क्षणभर भी नहीं बैठता है कि ऐसा लगता है, कब जाएगा! जिंदगी बीती जा रही है। घड़ी में तो उतना ही समय चलता है, लेकिन आपके मन के समय की धारणा पूरे वक्त छोटी-बड़ी होती रहती है।

घर में कोई मर रहा हो, रातभर उसकी खाट के पास बैठें तो ऐसा लगेगा कि इटरनिटी हो गई, अनंत मालूम पड़ता है। अनंत मालूम पड़ता है। रात खतम होती नहीं मालूम पड़ती। कब होगी खतम! लेकिन वही कोई अपने प्रियजन के साथ नृत्य कर रहा है, और रात ऐसे भागने लगती है कि आज रात दुश्मन है और जल्दी कर रही है। और रात जल्दी से भाग जाती है और सुबह आ जाती है। और ऐसा लगता है, सांझ और सुबह के बीच में कोई वक्त ही नहीं था। बस, सांझ आई और सुबह आ गई। बीच का वक्त गिर जाता है।

सुख में समय छोटा मालूम होता है। छोटा हो जाता है; मालूम होता नहीं, हो ही जाता है। दुख में बड़ा हो जाता है। दिन में भी, जागते में भी समय पूरे वक्त बदल रहा है। और अगर कभी आनंद का अनुभव किया हो, तो समय समाप्त हो जाता है।

जीसस से किसी ने पूछा कि तुम्हारे प्रभु के राज्य में खास बात क्या होगी? तो जीसस ने कहा, देयर शैल बी टाइम नो लांगर– समय नहीं होगा। खास बात यह होगी। तो उन्होंने पूछा कि यह हमारी समझ में नहीं आता कि समय नहीं होगा, तो फिर सब काम कैसे चलेगा!

आनंद के क्षण में समय नहीं होता। अगर कभी ध्यान का एक क्षण भी आपके भीतर उतरा है, कभी आनंद का एक क्षण भी आपको नचा गया है, तो उस वक्त समय नहीं होता; समय समाप्त हो गया होता है। इस संबंध में

दुनिया के वे सारे लोग सहमत हैं—चाहे महावीर, चाहे बुद्ध, चाहे लाओत्से, चाहे जीसस, चाहे मोहम्मद, चाहे कोई और—वे सब राजी हैं कि वह जो क्षण है आत्म-अनुभव का, आनंद का, ब्रह्म का, वह टाइमलेस मोमेंट है; वह समय रहित क्षण है; वह कालातीत है।

तो जो टेलीपैथी का समय है, उसके स्केल अलग हैं। क्षणभर में भी यह बात हो सकती है, जिसके लिए डेढ़ घंटा लिखने में लगे। आपने क्षणभर में जो सपना देखा है, अगर लिखिएगा तो आपको डेढ़ घंटा लगेगा। आप कहेंगे, बड़ी अजीब बात है। देखा क्षणभर में और लिखने में डेढ़ घंटा लग रहा है! क्या कारण है? क्या वजह है?

तीसरी बात इसलिए और आपको खयाल में दे दूं। वजह यह है कि जब आपके भीतर कोई घटना घटती है, तब वह साइमलटेनियस घटती है, वह युगपत घटती है। जैसे मैं आपको देख रहा हूं, तो मैं आपको इकट्ठा देख रहा हूं एक ही क्षण में। लेकिन अगर आपकी गिनती करने आऊं, तो एक-एक की गिनती करूंगा। और तब लीनियर हो जाएगा; एक रेखा में मुझे आपकी गिनती करनी पड़ेगी; उसमें घंटों लग जाएंगे। आपको जब देखा, तो मैंने सबको देखा आपको। वह एक क्षण में एक साथ हो गया। लेकिन जब गिना और कहीं आपके नाम लिखूं रजिस्टर पर, तो बहुत घंटे लग जाएंगे।

तो जब आप सपने को देखते हैं, तो युगपत घट जाता है। जब आप उसको लिखते हैं कागज पर, तब आप लंबाई में लिखते हैं, युगपत नहीं रह जाता। एक-एक घटना लिखनी पड़ती है। तब वह लंबी हो जाती है, समय ज्यादा ले लेती है।

गीता जब लिखी गई या संजय ने जब कही धृतराष्ट्र को कि ऐसी-ऐसी बात हो रही है वहां कृष्ण और अर्जुन के बीच, तब उसमें वक्त लगा होगा उतना ही, जितना वक्त अभी गीता पढ़ते वक्त आपको लगेगा—उतना ही। लेकिन कृष्ण और अर्जुन के बीच समय कितना लगा, यह तब तक आपको खयाल में आना मुश्किल है, जब तक आपको टेलीपैथी का थोड़ा-सा अनुभव न हो।

हमारे हिसाब से समय का कोई मूल्य नहीं है वहां। इसलिए हो सकता है, किसी भी योद्धा को पता भी न चला हो कि कृष्ण और अर्जुन के बीच क्या घटा।

एक क्षण में हो गया हो। रथ जाकर खड़ा हुआ हो; अर्जुन निढाल होकर बैठ गया हो और एक क्षण में यह सारी बात हो गई हो, जो हुई है।

एक छोटी-सी कहानी, फिर हम दूसरा लें।

सुना है मैंने, नारद के जीवन में एक कहानी है। यह जगत् माया है, यह जगत् माया है—बड़े-बड़े ज्ञानियों से नारद ने सुना है। फिर स्वयं भगवान से जाकर उन्होंने पूछा कि मेरी समझ में नहीं आता; जो है, वह माया कैसे हो सकता है? जो है, वह है! वह माया कैसे हो सकता है? उसके इलूजरी, उसके माया होने का क्या मतलब है? धूप तपती है तेज, आकाश में सूरज है, दोपहर है। भगवान ने कहा कि मुझे बड़ी प्यास लगी है—फिर पीछे समझाऊं—थोड़ा पानी ले आ।

नारद पानी लेने गए। गांव में प्रवेश किया। दोपहर है, लोग अपने घरों में सो रहे हैं। एक दरवाजे पर दस्तक दी। एक युवती बाहर आई। नारद भूल गए भगवान को। कोई भी भूल जाए। जिसको सदा याद किया जा सकता है, उसको याद करने की इतनी जल्दी भी क्या है! भूल गए। और जब भगवान को ही भूल गए, तो उनकी प्यास का क्या सवाल रहा! किसलिए आए थे, याद न रहा। लड़की को देखते रहे; मोहित हो गए। निवेदन किया कि मैं विवाह का प्रस्ताव लेकर आया हूं। पिता बाहर थे। उस लड़की ने कहा, पिता को आ जाने दें, तब तक आप विश्राम करें।

विश्राम किया। पिता आए। राजी हो गए। विवाह हो गया। फिर चली कहानी। बच्चे हुए, चार-छह बच्चे पैदा हो गए। काफी वक्त लगा। पिता भी मर गया, ससुर भी मर गए। बूढ़े हो गए नारद। पत्नी भी बूढ़ी हो गई, बच्चों की लाइन लग गई। बाढ़ आ गई। वर्षा के दिन हैं। गांव डूब गया। अब अपने पत्नी-बच्चों को बचाकर किसी तरह बाढ़ पार कर रहे हैं। बूढ़े हैं, शक्ति नहीं है पास। बड़ी मुश्किल में पड़ गए हैं। पत्नी को बचाते हैं, तो बच्चे बहे जाते हैं; बच्चों को बचाते हैं, तो पत्नी बही जाती है। बाढ़ है तेज और सबको बचाने में सब बह जाते हैं। नारद अकेले थके-मांदे तट पर जाकर लगते हैं। आंखें बंद हैं, आंसू बह रहे हैं। और कोई पूछता है कि उठो; बड़ी देर लगा दी; सूरज ढलने के करीब हो गया और हम प्यासे ही बैठे हैं। पानी अब तक नहीं लाए?

नारद ने आंख खोली; देखा, भगवान खड़े हैं। उन्होंने कहा, अरे, मैं तो भूल ही गया। मगर इस बीच तो बहुत कुछ हो गया। आप कहते हैं, अभी सिर्फ सूरज ढल रहा है? उन्होंने कहा, सूरज ही ढल रहा है। चारों तरफ देखा, बाढ़ का कोई पता नहीं है। पूछा, बच्चे-पत्नी? भगवान ने कहा, कैसे बच्चे, कैसी पत्नी? कोई सपना तो नहीं देखते थे? भगवान ने कहा कि तुम पूछते थे कि जो है, वह माया कैसे हो सकता है? जो है, वह माया नहीं है। लेकिन जो है, उसे समय के माध्यम से देखने से वह सब माया हो जाता है। और जो है, उसे समय के अतिरिक्त, समय का अतिक्रमण करके देखने से वह सब सत्य हो जाता है। संसार समय के माध्यम से देखा गया सत्य है। सत्य समय-शून्य माध्यम से देखा गया संसार है।

यह जो घटना घटी है, यह घटना आंतरिक है और समय की परिधि के बाहर है।

अधर्माभिभवात्कृष्ण प्रदुष्यन्ति कुलस्त्रियः।
स्त्रीषु दुष्टासु वार्ष्णेय जायते वर्णसंकरः।। 41।।
संकरो नरकायैव कुलघ्नानां कुलस्य च।
पतन्ति पितरो ह्येषां लुप्तपिण्डोदकक्रियाः।। 42।।

तथा हे कृष्ण, पाप के अधिक बढ़ जाने से कुल की स्त्रियां दूषित हो जाती हैं। और हे वार्ष्णेय, स्त्रियों के दूषित होने पर वर्णसंकर उत्पन्न होता है।

और वह वर्णसंकर कुलघातियों को और कुल को नर्क में ले जाने के लिए ही (होता) है। लोप हुई पिंड और जल की क्रिया वाले इनके पितर लोग भी गिर जाते हैं।

दोषैरेतैः कुलघ्नानां वर्णसंकरकारकैः।
उत्साद्यन्तेजातिधर्माः कुलधर्माश्च शाश्वताः।। 43।।
उत्सन्नकुलधर्माणां मनुष्याणां जनार्दन।
नरकेऽनियतं वासो भवतीत्यनुशुश्रुम।। 44।।

और इन वर्णसंकरकारक दोषों से कुलघातियों के सनातन कुलधर्म और जातिधर्म नष्ट हो जाते हैं।

हे जनार्दन, नष्ट हुए कुलधर्म वाले मनुष्यों का अनंत काल तक नर्क में वास होता है, ऐसा हमने सुना है।

अर्जुन बहुत-बहुत मार्गों से क्या-क्या बुरा हो जाएगा युद्ध में, उसकी खोजबीन कर रहा है। उसके मन में बहुत-बहुत बुराइयां दिखाई पड़ रही हैं। अभी ही नहीं, आगे भी, संतति कैसी हो जाएगी, वर्ण कैसे विकृत हो जाएंगे, सनातन धर्म कैसे नष्ट हो जाएगा, वह सब खोज रहा है। यह बहुत अजीब-सा लगेगा कि उसे इस सब की चिंता क्यों है!

लेकिन अगर हिरोशिमा के बाद बर्ट्रेंड रसेल और पश्चिम के समस्त युद्ध-विरोधी लोगों का साहित्य देखें, तो हैरान होंगे। वे भी सब यही कह रहे हैं। बच्चे विकृत हो जाएंगे, व्यवस्था नष्ट हो जाएगी, सभ्यता नष्ट हो जाएगी, धर्म खो जाएगा, संस्कृति खो जाएगी। जो-जो अर्जुन को खयाल आ रहा है, वह-वह खयाल हिरोशिमा के बाद सारी दुनिया के शांतिवादी लोगों को आ रहा है। शांतिवादी—शांतिवादी कह रहा हूं—शांतिवादी युद्ध से क्या-क्या बुरा हो जाएगा, उसकी तलाश में लगता है। लेकिन उसकी सारी तलाश, जैसा मैंने कहा, उसके भीतर पलायन की जो वृत्ति पैदा हो रही है, उसके समर्थन में कारण खोजने की होती है।

हम वही खोज लेते हैं, जो हम करना चाहते हैं। लेकिन दिखाई ऐसा पड़ता है कि जो होना चाहिए, वही हम कर रहे हैं। हम जो करना चाहते हैं, हम उसकी ही दलीलें खोज लेते हैं। और जिंदगी में सब की दलीलों के लिए सुविधा है। जो आदमी जो करना चाहता है, उसके लिए पक्ष की सारी दलीलें खोज लेता है।

एक आदमी ने अमेरिका में एक किताब लिखी है कि तेरह तारीख या तेरह का आंकड़ा, तेरह की संख्या खतरनाक है। बड़ी किताब लिखी है। और सब खोज लिया उसने कि तेरहवीं मंजिल पर से कौन आदमी गिरकर मरा। तो आज तो अमेरिका के कई होटलों में तेरहवीं मंजिल ही नहीं है उस किताब

के प्रभाव में, क्योंकि तेरहवीं पर कोई ठहरने को राजी नहीं है। बारहवीं के बाद सीधी चौदहवीं मंजिल आ जाती है। तेरह तारीख को अस्पताल में जो लोग भर्ती होते हैं, उनमें से कितने मर जाते हैं, तेरह तारीख को कितने एक्सिडेंट होते हैं सड़क पर, तेरह तारीख को कितने लोगों को कैंसर होता है, तेरह तारीख को कितने हवाई जहाज गिरते हैं, तेरह तारीख को कितनी मोटरें टकराती हैं—तेरह तारीख को क्या-क्या उपद्रव होता है, उसने सब इकट्ठा कर लिया है। बारह को भी होता है, ग्यारह को भी होता है—उतना ही। लेकिन वह उसने छोड़ दिया है। तेरह का सब इकट्ठा कर लिया है।

कोई अगर ग्यारह तारीख के खिलाफ हो, तो वह ग्यारह तारीख के लिए यह सब इकट्ठा कर लेगा। अगर कोई तेरह तारीख के पक्ष में हो, तो तेरह तारीख को बच्चे भी पैदा होते हैं, तेरह तारीख को हवाई जहाज नहीं भी गिरते हैं, तेरह तारीख को अच्छी घटनाएं भी घटती हैं, विवाह भी होते हैं, तेरह तारीख को मित्रता भी बनती है, तेरह तारीख को विजय-उत्सव भी होते हैं, तेरह तारीख को भी सब अच्छा भी होता है। आदमी का चित्त उसे खोज लेता है, जो वह चाहता है।

अभी वह पलायन चाहता है अर्जुन, तो वह यह सब खोज रहा है। कल तक उसने यह बात नहीं कही थी कभी भी। कल तक उसे आने वाली संतति को क्या होगा, कोई मतलब न था। युद्ध के आखिरी क्षण तक उसे कभी इन सब बातों का खयाल न आया, आज सब खयाल आ रहा है! आज उसके मन को पलायन पकड़ रहा है, तो वह सब दलीलें खोज रहा है।

अब यह बड़े मजे की बात है कि कुल मामला इतना है कि वह अपनों को मारने से भयभीत हो रहा है। लेकिन दलीलें बहुत दूसरी खोज रहा है। वह सब दलीलें खोज रहा है। मामला कुल इतना है कि वह ममत्व से पीड़ित है, मोह से पीड़ित है, अपनों को मारने की हिम्मत नहीं जुटा पा रहा है। इतनी-सी बात है, लेकिन इसके आस-पास वह बड़ा जाल, फिलासफी खड़ी कर रहा है।

हम सब करते हैं। छोटी-सी बात जो होती है, अक्सर ऐसा होता है कि वह बात हम छोड़ ही देते हैं, जो होती है; उसके आस-पास जो जाल हम खड़ा

करते हैं, वह बहुत दूसरा होता है। एक आदमी को किसी को मारना है, तो वह बहाने खोज लेता है। एक आदमी को क्रोध करना है, तो वह बहाने खोज लेता है। एक आदमी को भागना है, तो वह बहाने खोज लेता है। आदमी को जो करना है, वह पहले आता है; और बहाने खोजना पीछे आता है।

वह कृष्ण देख रहे हैं और हंस रहे हैं। समझ रहे हैं कि ये सब जो दलीलें वह दे रहा है, ये चालबाजी की दलीलें हैं; ये दलीलें वास्तविक नहीं हैं; ये सही नहीं हैं। यह उसकी अपनी दृष्टि नहीं है। क्योंकि उसने कभी आज तक किसी को मारते वक्त नहीं सोचा। कोई ऐसा पहला मौका नहीं है कि वह मार रहा है। वह निष्णात योद्धा है। मारना ही उसकी जिंदगीभर का अनुभव और कुशलता है। मारना ही उसका बल है, तलवार ही उसका हाथ है, धनुष-बाण ही उसकी आत्मा है। ऐसा आदमी नहीं है कि कोई तराजू पकड़े बैठा रहा हो और अचानक युद्ध पर लाकर खड़ा कर दिया गया हो। इसलिए उसकी बातों पर कृष्ण जरूर हंस रहे होंगे। वे जरूर देख रहे होंगे कि आदमी कितना चालाक है!

सब आदमी चालाक हैं। जो कारण होता है, उसे हम भुलाते हैं। और जो कारण नहीं होता है, उसके लिए हम दलीलें इकट्ठी करते हैं। और अक्सर ऐसा होता है कि खुद को ही दलीलें देकर हम समझा लेते हैं और मूल कारण छूट जाता है।

लेकिन कृष्ण चाहेंगे कि उसे मूल कारण खयाल में आ जाए। क्योंकि मूल कारण अगर खयाल में हो, तो समझ पैदा हो सकती है। और अगर मूल कारण छिपा दिया जाए और दूसरे फाल्स रीजन्स, झूठे कारण इकट्ठे कर लिए...।

अर्जुन को क्या मतलब है कि आगे क्या होगा? धर्म की उसे कब चिंता थी कि धर्म विनष्ट हो जाएगा! कब उसने फिक्र की थी कि ब्राह्मण, कि कहीं कुल विकृत न हो जाएं? कब उसने फिक्र की थी? इन सब बातों की कोई चिंता न थी कभी। आज अचानक सब चिंताएं उसके मन पर उतर आई हैं!

यह समझने जैसा है कि ये सारी चिंताएं क्यों उतर रही हैं, क्योंकि वह भागना चाहता है। भागना चाहता है, तो ऐसा नहीं दिखाएगा कि कायर है। वजह से भागेगा। रीजनेबल होगा उसका भागना। कहेगा कि इतने कारण थे, इसलिए

भागता हूं। अगर बिना कारण भागेगा, तो दुनिया हंसेगी। यहीं उसकी चालाकी है। यहीं हम सब की भी चालाकी है। हम जो भी कर रहे हैं, उसके लिए पहले कारण का एक जाल खड़ा करेंगे। जैसे मकान को बनाते हैं, तो एक स्ट्रक्चर खड़ा करते हैं, ऐसे हम एक जाल खड़ा करेंगे। उस जाल से हम दिखाएंगे कि यह ठीक है। लेकिन मूल कारण बिलकुल और होगा।

अगर कृष्ण को यह साफ दिखाई पड़ जाए कि अर्जुन जो कह रहा है, वही कारण है, तो मैं नहीं मानता कि वे धर्म का विनाश करवाना चाहेंगे; मैं नहीं मानता कि वे चाहेंगे कि बच्चे विकृत हो जाएं; मैं नहीं सोचता कि वे चाहेंगे कि संस्कृति, सनातन-धर्म नष्ट हो जाए। नहीं वे चाहेंगे। लेकिन ये कारण नहीं हैं। ये फाल्स सब्स्टीटयूट्स हैं, ये झूठे परिपूरक कारण हैं। इसलिए कृष्ण इनको गिराने की कोशिश करेंगे, इनको काटने की कोशिश करेंगे। वे अर्जुन को वहां लाएंगे, जहां मूल कारण है। क्योंकि मूल कारण से लड़ा जा सकता है, लेकिन झूठे कारणों से लड़ा नहीं जा सकता। और इसलिए हम मूल को छिपा लेते हैं और झूठे कारणों में जीते हैं।

यह अर्जुन की मनोदशा ठीक से पहचान लेनी जरूरी है। यह रीजन की कनिंगनेस है, यह बुद्धि की चालाकी है। सीधा नहीं कहता कि मैं भाग जाना चाहता हूं; नहीं होता मन अपनों को मारने का; यह तो आत्मघात है; मैं जा रहा हूं। सीधा नहीं कहता। दुनिया में कोई आदमी सीधा नहीं कहता। जो आदमी सीधा कहता है, उसकी जिंदगी में क्रांति हो जाती है; जो इरछा-तिरछा कहता रहता है, उसकी जिंदगी में कभी क्रांति नहीं होती। वह जिसको कहते हैं झाड़ी के आसपास पीटना, बीटिंग अराउंड दि बुश; बस, ऐसे ही वह पीटेगा पूरे वक्त। झाड़ी बचाएगा, आसपास पिटाई करेगा। अपने को बचाएगा और हजार-हजार कारण खोजेगा। छोटी-सी बात है सीधी उसकी, हिम्मत खो रहा है, ममत्व के साथ हिम्मत जा रही है। उतनी सीधी बात नहीं कहेगा और सारी बातें इकट्ठी कर रहा है। उसके कारण सुनने और समझने जैसे हैं। हमारा चित्त भी ऐसा करता है, इसलिए समझना उपयोगी है।

प्रश्न : अर्जुन के चित्त ने जो कुछ भी कारण बताए, उसमें है कि कुलधर्म का क्षय होने से दूषित स्त्रियों से वर्णसंकर प्रजा का जन्म होता है। जो प्रजा पिंड और तर्पण क्रिया नहीं करती है, उससे उनके पितृगण नर्क में जाते हैं। तो क्या पितृगण पिंडदान नहीं देने पर भूखे मरते हैं? यह क्या अर्जुन के चित्त की भ्रांति ही है?

नहीं! अर्जुन के कारण सब अत्यंत ऊपरी, अत्यंत व्यर्थ हैं। कोई पितृगण आपके पिंड से बंधकर नहीं जीते हैं। और अगर आपके पिंडदान से किन्हीं जा चुके पितृगणों की आगे की यात्रा बिगड़ती हो, तब तो पिंडदान बड़ी खतरनाक बात है। आत्माएं अपने ही भीतर से अपनी यात्रा पर निकलती हैं। आपने उनके पीछे क्या किया और क्या नहीं किया, इससे उनकी यात्रा का कोई भी संबंध नहीं है।

लेकिन पुरोहितों का एक जाल है जगत में। और पुरोहितों का जाल जन्म से लेकर मृत्यु तक आदमी को कसता है, मरने बाद भी कसता है। और बिना आदमी को भयभीत किए आदमी का शोषण नहीं किया जा सकता। भय ही शोषण का आधार है। तो बेटे का शोषण किया जा सकता है, मरे हुए बाप के लिए भी भय दिखाकर।

अर्जुन वह सब बातें कर रहा है। वह उसने सुनी होंगी। वह सब उसके आसपास हवा में रही होंगी। तब थीं, तब तो आश्चर्य नहीं, अभी भी हैं। पांच हजार साल पहले अर्जुन ने सुनी होंगी, कोई आश्चर्य की बात नहीं, अभी भी हैं। अर्जुन जो कह रहा है, उसने जो सुना होगा हवा में, जो पुरोहित समझाते रहे होंगे आसपास, वही कह रहा है। उसे कोई मतलब नहीं है। वह तो वे सब दलीलें इकट्ठी परेड करवा रहा है कृष्ण के सामने कि साबित हो जाए कि वह भाग रहा है, तो भागना ही धर्म है, उचित है। वह इसीलिए ये सारी दलीलें ला रहा है। लेकिन इनमें कोई भी सत्य नहीं है। और न ही कोई वर्णसंकर से कोई विकृति होती है।

उस दिन खयाल था। अभी भी है। करपात्री और शंकराचार्य से पूछिए,

तो यही खयाल है। कुछ लोगों के खयाल बदलते ही नहीं, सारी दुनिया में सब बदल जाए! कुछ लोग खयाल को ऐसा पकड़ते हैं कि खयाल के नीचे से सारी जिंदगी निकल जाती है, लेकिन मुर्दा खयाल को पकड़े रह जाते हैं।

क्रास ब्रीडिंग—जिसको वर्णसंकर कह रहा है अर्जुन—श्रेष्ठतम ब्रीडिंग है। क्रास ब्रीडिंग से संभावना श्रेष्ठतर होने की है। बीज में आप पूरी तरह उपयोग कर रहे हैं। उस वक्त आप खयाल में नहीं लाते कि अर्जुन के खिलाफ जा रहे हैं। जानवरों में उपयोग कर रहे हैं। आदमी में अभी उपयोग नहीं कर रहे हैं। इसलिए आज आदमी की ब्रीडिंग जानवरों से भी पिछड़ी हुई ब्रीडिंग है।

आज हम जितने अच्छे कुत्ते पैदा कर लेते हैं कुत्तों में, उतना अच्छा आदमी आदमी में पैदा नहीं कर पाते। आदमी की अभी भी संतति की व्यवस्था एकदम अवैज्ञानिक है। अर्जुन के वक्त में तो रही ही होगी, आज भी है। आज भी आदमी से श्रेष्ठतर आदमी, मन और शरीर की दृष्टि से स्वस्थ, ज्यादा आयुष्य वाला, ज्यादा प्रतिभाशाली पैदा हो सके, इस तरफ हमारा कोई खयाल नहीं है। बीज की हम फिक्र करते हैं। बीज अच्छे से अच्छा होता जा रहा है—फलों का, फूलों का, गेहूं का। पशुओं में हम अच्छे से अच्छे पशु पैदा करने की फिक्र करते हैं। आदमी में अभी भी फिक्र नहीं है।

लेकिन पुराने वक्त में ऐसा खयाल था कि अगर दूसरी जाति से मिलना हुआ, तो जो बच्चा पैदा होगा वह वर्णसंकर हो जाएगा। सच तो यह है कि इस जगत में जितनी भी प्रतिभाशाली जातियां हैं, वे सब वर्णसंकर हैं। और जितनी शुद्ध जातियां हैं, वे बिलकुल पिछड़ गई हैं। नीग्रो बिलकुल शुद्ध हैं; अफ्रीका के जंगलों में रहने वाले आदमी बिलकुल शुद्ध हैं; हिंदुस्तान के आदिवासी बिलकुल शुद्ध हैं। जितनी भी विकासमान संस्कृतियां हैं, सभ्यताएं हैं, वे सभी वर्णसंकर हैं।

असल में, जैसे दो नदियां मिलकर ज्यादा समृद्ध हो जाती हैं, वैसे ही जीवन की दो विभिन्न धाराएं भी मिलकर ज्यादा समृद्ध हो जाती हैं। अगर अर्जुन ठीक है, तब तो बहन और भाई की शादी करवा देनी चाहिए, उससे बिलकुल

शुद्ध बच्चे पैदा होंगे। लेकिन बहन और भाई की शादी से शुद्ध बच्चा पैदा नहीं होता, सिर्फ रुग्ण बच्चा पैदा होता है। बहन और भाई को हम बचाते हैं। जो बुद्धिमान हैं, वे चचेरे भाई और बहन को भी बचाते हैं। जो उनसे भी ज्यादा बुद्धिमान हैं, वे अपनी जाति में शादी कभी न करेंगे। जो उनसे भी ज्यादा बुद्धिमान हैं, वे अपने देश को भी बचाएंगे। और आज नहीं कल, अगर किसी ग्रह पर, उपग्रह पर हमने कोई मनुष्य खोज लिए, तो जो बहुत बुद्धिमान हैं, वे इंटर प्लेनेटरी क्रास ब्रीडिंग की फिक्र करेंगे।

लेकिन वह अर्जुन तो सिर्फ परेड करवा रहा है। वह तो यह कह रहा है कि यह-यह उसने सुना है। ऐसी-ऐसी हानि हो जाएगी, इसलिए मुझे भागने दो। न उसे क्रास ब्रीडिंग से मतलब है, न कोई वह जानकार है। उसकी जानकारी और कुशलता इस सबकी नहीं है। हां, ये उसके सुने हुए खयाल हैं। चारों तरफ हवा में ये बातें थीं, आज भी हैं। उस समय थीं, तो बिलकुल स्वाभाविक लगता है। क्योंकि मनुष्य की संतति का जन्म-शास्त्र बहुत विकसित नहीं था। आज तो बहुत विकसित है।

लेकिन आज भी इतने विकसित संतति-शास्त्र के साथ, हमारा मस्तिष्क इतना विकसित नहीं है कि हम उसे सह सकें या उस संबंध में सोच सकें। क्योंकि अपनी जाति में शादी करना, बहुत दूर की अपनी बहन से ही शादी करना है। जरा फासला है; दस-पांच पीढ़ियों का फासला होगा। अपनी ही जाति में शादी करना, दस-पांच पीढ़ियों के पीछे एक ही पिता की संतति है वह। सौ पीढ़ी पीछे होगी, बहुत दूर जाएंगे तो। लेकिन एक जाति में सब बहन-भाई ही हैं। और ज्यादा पीछे जाएंगे तो एक महाजाति में भी सब बहन-भाई हैं।

जितने दूर जाएं, जितना विभिन्न बीजारोपण संयुक्त हो, उतनी विभिन्न समृद्धियां, उतने विभिन्न संस्कार, उतनी विभिन्न जातियों के द्वारा अनुभव किया गया सारा का सारा हजारों साल का इतिहास जेनेटिक अणु में इकट्ठा होकर उस व्यक्ति को मिल जाता है। जितने दूर से ये दो धाराएं आएं, उतने विलक्षण व्यक्ति के पैदा होने की संभावना है।

तो वर्णसंकर बहुत गाली थी अर्जुन के वक्त में, हिंदुस्तान में अभी भी काशी में गाली है। लेकिन अब सारे जगत के बुद्धिमान इस बात के लिए राजी हैं कि जितने दूर का वर्ण हो, जितनी संकरता हो, उतने ही श्रेष्ठतम व्यक्ति को जन्म दिया जा सकता है। लेकिन अर्जुन को इससे लेना-देना नहीं है। अर्जुन कोई इस पर वक्तव्य नहीं दे रहा है। वह तो सिर्फ दलीलें इकट्ठी कर रहा है।

प्रश्न : नर्क या स्वर्ग जैसे कुछ स्थान विशेष हैं क्या? ऐसा लगता है कि पाप और पुण्य एवं नर्क और स्वर्ग की कल्पना व्यक्ति को भयभीत या प्रोत्साहित करने के हेतु की गई है। क्या आप सहमत हैं इससे?

नर्क और स्वर्ग भौगोलिक स्थान नहीं हैं, लेकिन मानसिक दशाएं जरूर हैं। लेकिन आदमी का चिंतन सदा ही चीजों को चित्रों में रूपांतरित करता है। आदमी बिना चित्रों के नहीं सोच पाता। आदमी को सोचने में चित्र बड़े सहयोगी हो जाते हैं।

हम सबने देखी है, अभी भी घरों में टंगी हुई है भारत माता की फोटो। वह तो कुछ बुद्धिमान हमारे मुल्क में पता नहीं क्यों नहीं हैं कि भारत माता की खोज पर नहीं निकलते! फोटो तो घरों में लटकी हुई है भारत माता की। लेकिन भारत माता कहीं खोजने से मिलने वाली नहीं है। लेकिन हजार, दो हजार साल बाद अगर कोई कहेगा कि भारत माता नहीं थी, तो लोग कहेंगे, बिलकुल गलत कहते हैं। देखो, गांधीजी इशारा कर रहे हैं फोटो में भारत माता की तरफ। गांधीजी गलती कर सकते हैं? भारत माता जरूर रही होंगी। या तो कहीं गुहा-कंदराओं में छिप गई हैं हमारे पाप की वजह से।

आदमी जो भी समझना चाहे, उसे चित्रों में रूपांतरित करता है। असल में जितना हम पुराने में लौटेंगे, उतनी ही पिक्टोरियल लैंग्वेज बढ़ती जाती है। असल में दुनिया की पुरानी भाषाएं चित्रात्मक हैं। जैसे चीनी अभी भी चित्रों की भाषा है। अभी भी शब्द नहीं हैं, वर्ण नहीं हैं, चित्र हैं; चित्रों में ही सारा काम करना पड़ता

है; इसलिए चीनी सीखना बहुत मुश्किल मामला हो जाता है। साधारण भी कोई सीखे तो दस-पंद्रह साल तो मेहनत करनी ही पड़े। क्योंकि कम से कम दस-बीस हजार चित्र तो उसे याद होने ही चाहिए। अब चीनी में अगर झगड़ा लिखना है, तो एक झाड़ बनाकर उसके नीचे दो औरतें बिठानी पड़ती हैं, तब पता चलता है कि झगड़ा है। बिलकुल पक्का झगड़ा तो है ही। एक झाड़ के नीचे दो औरतें! इससे बड़ा झगड़ा और क्या हो सकता है?

सारी दुनिया की, जितने हम पीछे लौटेंगे, उतनी चिंतना पिक्टोरियल होगी। अभी भी हम सपना जब देखते हैं, तो उसमें शब्द नहीं होते, चित्र होते हैं। क्योंकि सपना जो है, वह प्रिमिटिव, बहुत पुराना है, नया नहीं है। बीसवीं सदी में भी बीसवीं सदी का सपना देखना मुश्किल है। सपना तो हम देखते हैं कोई लाख साल पुराना। उसका ढंग लाख साल पुराना होता है।

इसलिए बच्चों की किताब में चित्र ज्यादा रखने पड़ते हैं और शब्द कम रखने पड़ते हैं। क्योंकि बच्चा शब्दों से नहीं समझ सकेगा, चित्रों से समझेगा। अभी ग गणेश जी का, नाहक गणेश जी को फंसाना पड़ता है। गणेश जी का कोई लेना-देना नहीं है ग से। लेकिन बच्चा गणेश जी को समझेगा, फिर ग को समझेगा। बच्चा प्रिमिटिव है।

तो जितना हम पीछे लौटेंगे, उतने सारे मानसिक तत्व हमें भौगोलिक बनाने पड़े। स्वर्ग चित्त की एक दशा है। जब सब सुखपूर्ण है, सब शांत है, सब फूल खिले हैं, सब संगीत से भरा है। लेकिन इसे कैसे कहें! इसे ऊपर रखना पड़ा। नर्क है, जहां कि सब दुख है, पीड़ा है, जलन है। नीचे रखना पड़ा। नीचे और ऊपर वेल्यूज बन गईं। ऊपर वह है, जो श्रेष्ठ है; नीचे वह है, जो बुरा है, निकृष्ट है। फिर जलन, दुख, पीड़ा, तो आग की लपटें बनानी पड़ीं। स्वर्ग, तो शीतल, शांत, एयरकंडीशनिंग की व्यवस्था करनी पड़ी। लेकिन वे सब चित्र हैं। लेकिन जिद पीछे पैदा होती है। जिद पुरोहित पैदा करवाता है। वह कहता है, नहीं, चित्र नहीं हैं। ये तो स्थान हैं। अब वह मुश्किल में पड़ेगा।

क्योंकि जब खुश्चेव का आदमी पहली दफा अंतरिक्ष में पहुंचा, तो खुश्चेव ने रेडियो पर कहा कि मेरे आदमी चांद का चक्कर लगा लिए हैं। कोई स्वर्ग

दिखाई नहीं पड़ रहा है। अब यह पुरोहित से झगड़ा है ख्रुश्चेव का। ख्रुश्चेव से पुरोहित को हारना पड़ेगा, क्योंकि पुरोहित दावा ही गलत कर रहा है। कहीं कोई ऊपर स्वर्ग नहीं है, कहीं कोई नीचे नर्क नहीं है। हां, लेकिन सुख की अवस्था ऊपर की अवस्था है, नर्क की अवस्था दुख की अवस्था, नीचे की अवस्था है।

और यह नीचे-ऊपर को इतना भौगोलिक बनाने का कारण है। जब आप सुखी होंगे, तब आपको लगेगा जैसे आप जमीन से ऊपर उठ गए हैं। और जब आप दुखी होंगे, तो ऐसा लगेगा कि जमीन में गड़ गए हैं। वह बहुत मानसिक फीलिंग है जब आप दुखी होंगे, तो सब तरफ ऐसा लगेगा कि अंधेरा छा गया। जब सुखी होंगे, तब सब तरफ लगेगा कि आलोक छा गया। वह फीलिंग है, भाव है, अनुभव है भीतर। जब दुखी होंगे, तो ऐसा लगेगा कि जैसे जल रहे हैं, जैसे कोई भीतर से आग जल रही है। और जब आनंदित होंगे, तो भीतर फूल खिलने लगेंगे।

वे भीतरी भाव हैं। लेकिन कवि उनको कैसे बनाए! चित्रकार उनको कैसे समझाए! धर्मगुरु उन्हें कैसे लोगों के सामने उपस्थित करे! तो उसने बनाया उनका चित्र, तो ऊपर गया स्वर्ग, नीचे गया नर्क। लेकिन अब वह भाषा बेमानी हो गई। अब आदमी उस भाषा के पार चला गया; भाषा बदलनी पड़ेगी।

तो मैं कहता हूं, ज्यॉग्राफिकल नहीं, भौगोलिक नहीं, साइकोलाजिकल हैं, स्वर्ग और नर्क हैं। और ऐसा भी नहीं है कि आप मरकर स्वर्ग चले जाएंगे और नर्क चले जाएंगे। आप चौबीस घंटे में कई बार स्वर्ग और नर्क में यात्रा करते रहते हैं। ऐसा नहीं है कोई कि इकट्ठा एक दफा होलसेल, बिलकुल फुटकर है मामला; चौबीस घंटे का काम है।

जब आप क्रोध में होते हैं तो फौरन नर्क में होते हैं। जब आप प्रेम में होते हैं तो स्वर्ग में उठ जाते हैं। पूरे वक्त आपका मन नीचे-ऊपर हो रहा है। पूरे वक्त आप सीढ़ियां उतर रहे हैं अंधेरे की और आलोक की। ऐसा कोई इकट्ठा नहीं है। लेकिन जो आदमी जिंदगी भर नर्क में ही गुजारता हो, उसकी आगे की यात्रा भी अंधेरे की तरफ ही हो रही है।

यह अर्जुन बेचारा सारी दुनिया को बचाने के लिए—आत्माएं स्वर्ग जाएं, इसके लिए; उनके बेटे पिंडदान करें, इसलिए; कोई विधवा न हो जाए, इसलिए; वर्णसंकरता न फैल जाए, विनाश न हो जाए—इतने बड़े उपद्रव के लिए...। यह आदमी सिर्फ भागना चाहता है। इतनी-सी छोटी बात की कृष्ण आज्ञा दे दें।

लेकिन इसमें भी वह सेंक्शन मांग रहा है; इसमें भी वह चाह रहा है कि कृष्ण कह दें कि अर्जुन, तू बिलकुल ठीक कहता है। ताकि कल जिम्मेवारी उसकी अपनी न रह जाए; तब वह कल कह सके कि कृष्ण! तुमने ही मुझसे कहा था, इसलिए मैं गया था।

असल में इतनी भी हिम्मत नहीं है उसकी कि वह रिस्पांसबिलिटी अपने ऊपर ले ले, कि कह दे कि मैं जाता हूं। क्योंकि तब उसे दूसरा मन उसका कहता है कि कायरता होगी! यह तो उसके खून में नहीं है। यह भागना उसके वश की बात नहीं है। क्षत्रिय है, पीठ दिखाना उसकी हिम्मत के बाहर है। मर जाना बेहतर है, पीठ दिखाना बेहतर नहीं है। यह भी उसके भीतर बैठा है। इसलिए वह कहता है कि कृष्ण अगर साक्षी दे दें, और कह दें कि ठीक है, तू उचित कहता है अर्जुन...।

वह तो कृष्ण की जगह अगर कोई साधारण धातु का बना हुआ कोई पंडित-पुरोहित होता, तो कह देता कि बिलकुल ठीक कहता है अर्जुन, शास्त्र में ऐसा ही तो लिखा है; अर्जुन भाग गया होता। वह भागने का रास्ता खोज रहा है। लेकिन उसे पता नहीं कि जिससे वह बात कर रहा है, उस आदमी को धोखा देना मुश्किल है। वह अर्जुन को पैना, गहरे देख रहा है। वह जानता है कि वह क्षत्रिय है और क्षत्रिय होना ही उसकी नियति है; वही उसकी डेस्टिनी है। वह ये सब बातें ऐसी कर रहा है, ब्राह्मणों जैसी। ब्राह्मण वह है नहीं। बातें ब्राह्मणों जैसी कर रहा है। दलीलें वह ब्राह्मणों की दे रहा है। है वह ब्राह्मण नहीं, है वह क्षत्रिय। तलवार के अतिरिक्त वह कुछ नहीं जानता। एक ही शास्त्र है उसका। असल में अर्जुन जैसा क्षत्रिय दुनिया में खोजना मुश्किल है।

मेरे एक मित्र जापान से आए, तो किसी ने उन्हें एक मूर्ति भेंट कर दी। उस मूर्ति के एक हाथ में तलवार है और तलवार की चमक है चेहरे पर। और

दूसरे हाथ में एक दीया है और दीए की ज्योति की चमक है दूसरे हिस्से पर चेहरे के। जिस तरफ दीया है, उस तरफ से मूर्ति को देखें, तो लगता है कि चेहरा बुद्ध का है। और जिस तरफ तलवार है, उस तरफ से देखें, तो लगता है कि चेहरा अर्जुन का है।

वे मुझसे पूछने लगे कि यह क्या मामला है? तो मैंने कहा कि अगर बुद्ध के मुकाबले बुद्ध से ज्यादा बड़ा ब्राह्मण खोजना मुश्किल है, शुद्ध ब्राह्मण, तो अर्जुन से बड़ा क्षत्रिय भी खोजना मुश्किल है। और यह जो मूर्ति है जापान में, समुराई सैनिक की मूर्ति है। समुराई के लिए नियम है कि उसके पास बुद्ध जैसी शांति और अर्जुन जैसी क्षमता चाहिए, तभी वह सैनिक है। लड़ने की हिम्मत अर्जुन जैसी और लड़ते समय शांति बुद्ध जैसी। बड़े इंपासिबल की मांग है, बड़े असंभव की मांग है।

लेकिन अर्जुन के पास बुद्ध जैसा कुछ भी नहीं है। उसकी शांति सिर्फ बचाव है। उसकी शांति की बातें सिर्फ पलायनवादी हैं। वह शांति की बातें करके भी पछताएगा। कल अर्जुन फिर कृष्ण को पकड़ लेगा कि तुमने क्यों मुझे सहारा दिया, बदनामी हो गई! कुल की प्रतिष्ठा चली गई! वह फिर पच्चीस दलीलें ले आएगा। जैसे अभी पच्चीस दलीलें लाया है भागने के पक्ष में, कल पच्चीस दलीलें लाएगा और कृष्ण को कहेगा कि तुम ही जिम्मेवार हो, तुमने ही मुझे उलझा दिया और भगा दिया। अब सब बदनामी हो गई। अब कौन जिम्मा ले इसका?

इसलिए कृष्ण उसे इतने सस्ते में छोड़ नहीं सकते हैं। इतने सस्ते में छोड़ने की बात भी नहीं है। वह आदमी दोहरे दिमाग में है। उसे एक दिमाग पर लाना एकदम आवश्यक है। फिर वह एक दिमाग से जो भी करे, कृष्ण की उसे सहमति हो सकती है।

अहो बत महत्पापं कर्तुंव्यवसिता वयम्।

यद्राज्यसुखलोभेन हन्तुं स्वजनमुद्यताः।। 45।।

अहो! शोक है कि हम लोग (बुद्धिमान होकर भी) महान पाप करने को

तैयार हुए हैं, जो कि राज्य और सुख के लोभ से अपने कुल को मारने के लिए उद्यत हुए हैं।

यदि मामप्रतीकारमशस्त्रं शस्त्रपाणयः।
धार्तराष्ट्रा रणे हन्युस्तन्मे क्षेमतरं भवेत्।। 46।।

यदि मुझ शस्त्ररहित, न सामना करने वाले को, शस्त्रधारी धृतराष्ट्र के पुत्र रण में मारें, तो वह मरना भी मेरे लिए अति कल्याणकारक होगा।

संजय उवाच

एवमुक्त्वार्जुनः संख्ये रथोपस्थ उपाविशत्।
विसृज्य सशरं चापं शोकसंविग्नमानसः।। 47।।

संजय बोले कि रणभूमि में शोक से उद्विग्न मन वाला अर्जुन इस प्रकार कहकर बाण सहित धनुष को त्यागकर रथ के पिछले भाग में बैठ गया।

आज इतना ही। फिर कल सुबह।

पांचवां प्रवचन

अर्जुन का पलायन—
अहंकार की ही दूसरी अति

अथ द्वितीयोऽध्यायः

संजय उवाच

तं तथा कृपयाविष्टमश्रुपूर्णाकुलेक्षणम्।
विषीदन्तमिदं वाक्यमुवाच मधुसूदनः।। 1।।

संजय ने कहाः पूर्वोक्त प्रकार से दया से भरकर और आंसुओं से पूर्ण तथा व्याकुल नेत्रों वाले शोकयुक्त उस अर्जुन के प्रति भगवान मधुसूदन ने यह वचन कहा।

श्रीभगवानुवाच

कुतस्त्वा कश्मलमिदं विषमे समुपस्थितम्।
अनार्यजुष्टमस्वर्ग्यमकीर्तिकरमर्जुन।। 2।।

हे अर्जुन, तुमको इस विषम स्थल में यह अज्ञान किस हेतु से प्राप्त हुआ, क्योंकि यह न तो श्रेष्ठ पुरुषों से आचरण किया गया है, न स्वर्ग को देने वाला है, न कीर्ति को करने वाला है।

क्लैब्यं मा स्म गमः पार्थ नैतत्त्वय्युपपद्यते।
क्षुद्रं हृदयदौर्बल्यं त्यक्त्वोत्तिष्ठ परंतप।। 3।।

इसलिए हे अर्जुन, नपुंसकता को मत प्राप्त हो। यह तेरे लिए योग्य नहीं है। हे परंतप, तुच्छ हृदय की दुर्बलता को त्यागकर युद्ध के लिए खड़ा हो।

संजय ने अर्जुन के लिए, दया से भरा हुआ, दया के आंसू आंख में लिए, ऐसा कहा है। दया को थोड़ा समझ लेना जरूरी है। संजय ने नहीं कहा, करुणा से भरा हुआ; कहा है, दया से भरा हुआ।

साधारणतः शब्दकोश में दया और करुणा पर्यायवाची दिखाई पड़ते हैं। साधारणतः हम भी उन दोनों शब्दों का एक-सा प्रयोग करते हुए दिखाई पड़ते हैं। उससे बड़ी भ्रांति पैदा होती है। दया का अर्थ है, परिस्थितिजन्य; और करुणा का अर्थ है, मनःस्थितिजन्य। उनमें बुनियादी फर्क है।

करुणा का अर्थ है, जिसके हृदय में करुणा है। बाहर की परिस्थिति से उसका कोई संबंध नहीं है। करुणावान व्यक्ति अकेले में बैठा हो, तो भी उसके हृदय से करुणा बहती रहेगी। जैसे निर्जन में फूल खिला हो, तो भी सुगंध उड़ती रहेगी। राह पर निकलने वालों से कोई संबंध नहीं है। राह से कोई निकलता है या नहीं निकलता है, फूल की सुगंध को इससे कुछ लेना-देना नहीं है। नहीं कोई निकलता, तो निर्जन पर भी फूल की सुगंध उड़ती है। कोई निकलता है तो उसे सुगंध मिल जाती है, यह दूसरी बात है; फूल उसके लिए सुगंधित नहीं होता है।

करुणा व्यक्ति की अंतस चेतना का स्रोत है। वहां सुगंध की भांति करुणा उठती है। इसलिए बुद्ध को या महावीर को दयावान कहना गलत है, वे करुणावान हैं, महाकारुणिक हैं।

अर्जुन को संजय कहता है, दया से भरा हुआ। दया सिर्फ उनमें पैदा होती है, जिनमें करुणा नहीं होती। दया सिर्फ उनमें पैदा होती है, जिनके भीतर हृदय में करुणा नहीं होती। दया परिस्थिति के दबाव से पैदा होती है। करुणा हृदय के विकास से पैदा होती है। राह पर एक भिखारी को देखकर जो आपके भीतर पैदा होता है, वह दया है; वह करुणा नहीं है।

और तब एक बात और समझ लेनी चाहिए कि दया अहंकार को

भरती है और करुणा अहंकार को विगलित करती है। करुणा सिर्फ उसमें ही पैदा होती है, जिसमें अहंकार न हो। दया भी अहंकार को ही परिपुष्ट करने का माध्यम है। अच्छा माध्यम है, सज्जनों का माध्यम है, लेकिन माध्यम अहंकार को ही पुष्ट करने का है।

जब आप किसी को दान देते हैं, तब आपके भीतर जो रस उपलब्ध होता है—देने वाले का, देने वाले की स्थिति में होने का—भिखारी को देखकर जो दया पैदा होती है; उस क्षण में अगर भीतर खोजेंगे, तो अहंकार का स्वर भी बजता होता है। करुणावान चाहेगा, पृथ्वी पर कोई भिखारी न रहे; दयावान चाहेगा, भिखारी रहे। अन्यथा दयावान को बड़ी कठिनाई होगी। दया पर खड़े हुए समाज भिखारी को नष्ट नहीं करते, पोषित करते हैं। करुणा पर कोई समाज खड़ा होगा, तो भिखारी को बरदाश्त नहीं कर सकेगा। नहीं होना चाहिए।

अर्जुन के मन में जो हुआ है, वह दया है। करुणा होती तो क्रांति हो जाती। इसे इसलिए ठीक से समझ लेना जरूरी है कि कृष्ण जो उत्तर दे रहे हैं, वह ध्यान में रखने योग्य है। तत्काल कृष्ण उससे जो कह रहे हैं, वह सिर्फ उसके अहंकार की बात कह रहे हैं। वह उससे कह रहे हैं, अनार्यों के योग्य। वह दूसरा सूत्र बताता है कि कृष्ण ने पकड़ी है बात।

अहंकार का स्वर बज रहा है उसमें। वह कह रहा है, मुझे दया आती है। ऐसा कृत्य मैं कैसे कर सकता हूं? कृत्य बुरा है, ऐसा नहीं। ऐसा कृत्य मैं कैसे कर सकता हूं? इतना बुरा मैं कहां हूं! इससे तो उचित होगा, कृष्ण से वह कहता है कि वे सब धृतराष्ट्र के पुत्र मुझे मार डालें। वह ठीक होगा, बजाय इसके कि इतने कुकृत्य को करने को मैं तत्पर होऊं।

अहंकार अपने स्वयं की बलि भी दे सकता है। अहंकार जो आखिरी कृत्य कर सकता है, वह शहीदी है; वह मार्टर भी हो सकता है। और अक्सर अहंकार शहीद होता है, लेकिन शहीद होने से और मजबूत होता है।

अर्जुन कह रहा है कि इससे तो बेहतर है कि मैं मर जाऊं। मैं, अर्जुन, ऐसी स्थिति में कुकृत्य नहीं कर सकूंगा। दया आती है मुझे, यह सब क्या करने को लोग इकट्ठे हुए हैं! आश्चर्य होता है मुझे।

उसकी बात से ऐसा लगता है कि इस युद्ध के बनने में वह बिलकुल साथी-सहयोगी नहीं है। उसने कोआप्ट नहीं किया है। यह युद्ध जैसे आकस्मिक उसके सामने खड़ा हो गया है। उसे जैसे इसका कुछ पता ही नहीं है। यह जो परिस्थिति बनी है, इसमें वह जैसे पार्टिसिपेंट, भागीदार नहीं है। इस तरह दूर खड़े होकर बात कर रहा है, कि दया आती है मुझे। आंख में आंसू भर गए हैं उसके। नहीं, ऐसा मैं न कर सकूंगा। इससे तो बेहतर है कि मैं ही मर जाऊं, वही श्रेयस्कर है...।

इस स्वर को कृष्ण ने पकड़ा है। इसलिए मैंने कहा कि कृष्ण इस पृथ्वी पर पहले मनोवैज्ञानिक हैं। क्योंकि दूसरा सूत्र कृष्ण का सिर्फ अर्जुन के अहंकार को और बढ़ावा देने वाला सूत्र है।

दूसरे सूत्र में कहते हैं, कैसे अनार्यों जैसी तू बात करता है? आर्य का अर्थ है श्रेष्ठजन, अनार्य का अर्थ है निकृष्टजन। आर्य का अर्थ है अहंकारीजन, अनार्य का अर्थ है दीन-हीन। तू कैसी अनार्यों जैसी बात करता है!

अब सोचने जैसा है कि दया की बात अनार्यों जैसी बात है! आंख में दया से भरे हुए आंसू अनार्यों जैसी बात है! और कृष्ण कहते हैं, इस पृथ्वी पर अपयश का कारण बनेगा और परलोक में भी अकल्याणकारी है। दया!

शायद ही कभी आपको खयाल आया हो कि संजय कहता है, दया से भरा अर्जुन, आंखों में आंसू लिए; और कृष्ण जो कहते हैं, उसमें तालमेल नहीं दिखाई पड़ता। क्योंकि दया को हमने कभी ठीक से नहीं समझा कि दया भी अहंकार का भूषण है। दया भी अहंकार का कृत्य है। वह भी ईगो-एक्ट है— अच्छे आदमी का। क्रूरता बुरे आदमी का ईगो-एक्ट है।

ध्यान रहे, अहंकार अच्छाइयों से भी अपने को भरता है, बुराइयों से भी अपने को भरता है। और अक्सर तो ऐसा होता है कि जब अच्छाइयों से अहंकार को भरने की सुविधा नहीं मिलती, तभी वह बुराइयों से अपने को भरता है।

इसलिए जिन्हें हम सज्जन कहते हैं और जिन्हें हम दुर्जन कहते हैं, उनमें बहुत मौलिक भेद नहीं होता, ओरिजनल भेद नहीं होता। सज्जन और दुर्जन, एक

ही अहंकार की धुरी पर खड़े होते हैं। फर्क इतना ही होता है कि दुर्जन अपने अहंकार को भरने के लिए दूसरों को चोट पहुंचा सकता है। सज्जन अपने अहंकार को भरने के लिए स्वयं को चोट पहुंचा सकता है। चोट पहुंचाने में फर्क नहीं होता।

अर्जुन कह रहा है, इनको मैं मारूं, इससे तो बेहतर है मैं मर जाऊं। दुर्जन—अगर हम मनोविज्ञान की भाषा में बोलें तो— सैडिस्ट होता है। और सज्जन जब अहंकार को भरता है, तो मैसोचिस्ट होता है। मैसोच एक आदमी हुआ, जो अपने को ही मारता था।

सभी स्वयं को पीड़ा देने वाले लोग जल्दी सज्जन हो सकते हैं। अगर मैं आपको भूखा मारूं, तो दुर्जन हो जाऊंगा। कानून, अदालत मुझे पकड़ेंगे। लेकिन मैं खुद ही अनशन करूं, तो कोई कानून, अदालत मुझे पकड़ेगा नहीं; आप ही मेरा जुलूस निकालेंगे।

लेकिन भूखा मारना आपको अगर बुरा है, तो मुझको भूखा मारना कैसे ठीक हो जाएगा? सिर्फ इसलिए कि यह शरीर मेरे जिम्मे पड़ गया है और वह शरीर आपके जिम्मे पड़ गया है! तो आपके शरीर को अगर कोड़े मारूं और आपको अगर नंगा खड़ा करूं और कांटों पर लिटा दूं, तो अपराध हो जाएगा। और खुद नंगा हो जाऊं और कांटों पर लेट जाऊं, तो तपश्चर्या हो जाएगी! सिर्फ रुख बदलने से, सिर्फ तीर उस तरफ से हटकर इस तरफ आ जाए, तो धर्म हो जाएगा!

अर्जुन कह रहा है, इन्हें मारने की बजाय तो मैं मर जाऊं। वह बात वही कह रहा है; मरने-मारने की ही कह रहा है। उसमें कोई बहुत फर्क नहीं है। हां, तीर का रुख बदल रहा है।

और ध्यान रहे, दूसरे को मारने में कभी इतने अहंकार की तृप्ति नहीं होती, जितना स्वयं को मारने में होती है। क्योंकि दूसरा मरते वक्त भी मुंह पर थूककर मर सकता है। लेकिन खुद आदमी जब अपने को मारता है, तो बिलकुल निहत्था, बिना उत्तर के मरता है। दूसरे को मारना कभी पूरा नहीं होता। दूसरा मरकर भी बच जाता है। उसकी आंखें कहती हैं कि मार डाला

भला, लेकिन हार नहीं गया वह! लेकिन खुद को मारते वक्त तो कोई उपाय ही नहीं। हराने का मजा पूरा आ जाता है।

अर्जुन दया की बात करता हो और कृष्ण उससे कहते हैं कि अर्जुन, तेरे योग्य नहीं हैं ऐसी बातें, अपयश फैलेगा—तो वे सिर्फ उसके अहंकार को फुसला रहे हैं, परसुएड कर रहे हैं।

दूसरा सूत्र कृष्ण का, बताता है कि पकड़ी है उन्होंने नस। वे ठीक जगह छू रहे हैं उसे। क्योंकि उसे यह समझाना कि दया ठीक नहीं, व्यर्थ है। उसे यह भी समझाना कि दया और करुणा में फासला है, अभी व्यर्थ है। अभी तो उसकी रग अहंकार है। अभी अहंकार सैडिज्म से मैसोचिज्म की तरफ जा रहा है। अभी वह दूसरे को दुख देने की जगह, अपने को दुख देने के लिए तत्पर हो रहा है।

इस स्थिति में वे दूसरे सूत्र में उससे कहते हैं कि तू क्या कह रहा है! आर्य होकर, सभ्य, सुसंस्कृत होकर, कुलीन होकर, कैसी अकुलीनों जैसी बात कर रहा है! भागने की बात कर रहा है युद्ध से? कातरता तेरे मन को पकड़ती है? वे चोट कर रहे हैं उसके अहंकार को।

बहुत बार गीता को पढ़ने वाले लोग ऐसी बारीक और नाजुक जगहों पर बुनियादी भूल कर जाते हैं। क्या कृष्ण यह कह रहे हैं कि अहंकारी हो? नहीं, कृष्ण सिर्फ यह देख रहे हैं कि जो दया उठ रही है, वह अगर अहंकार से उठ रही है, तो अहंकार को फुलाने से तत्काल विदा हो जाएगी।

इसलिए कहते हैं, कातरपन की बातें कर रहा है! कायरता की बातें कर रहा है! सख्त से सख्त शब्दों का वे उपयोग करेंगे।

यहां अर्जुन से वे जो कह रहे हैं पूरे वक्त, उसमें क्या प्रतिक्रिया पैदा होती है, उसके लिए कह रहे हैं। मनोविशेषण शुरू होता है। कृष्ण अर्जुन को साइकोएनालिसिस में ले जाते हैं। लेट गया अर्जुन कोच पर अब कृष्ण की। अब वे जो भी पूछ रहे हैं, उसको जगाकर पूरा देखना चाहेंगे कि वह है कहां! कितने गहरे पानी में है!

अब आगे से कृष्ण यहां साइकोएनालिस्ट, मनोविशेषक हैं। और अर्जुन

सिर्फ पेशेंट है, सिर्फ बीमार है। और उसे सब तरफ से उकसाकर देखना और जगाना जरूरी है। पहली चोट वे उसके अहंकार पर करते हैं।

और स्वभावतः, मनुष्य की गहरी से गहरी और पहली बीमारी अहंकार है। और जहां अहंकार है, वहां दया झूठी है। और जहां अहंकार है, वहां अहिंसा झूठी है। और जहां अहंकार है, वहां शांति झूठी है। और जहां अहंकार है, वहां कल्याण और मंगल और लोकहित की बातें झूठी हैं। क्योंकि जहां अहंकार है, वहां ये सारी की सारी चीजें सिर्फ अहंकार के आभूषण के अतिरिक्त और कुछ भी नहीं हैं।

अर्जुन उवाच

कथं भीष्ममहं संख्ये द्रोणं च मधुसूदन।
ईषुभिः प्रति योत्स्यामि पूजार्हावरिसूदन।। 4।।

तब अर्जुन बोला, हे मधुसूदन, मैं रणभूमि में भीष्म पितामह और द्रोणाचार्य के प्रति किस प्रकार बाणों को करके युद्ध करूंगा, क्योंकि हे अरिसूदन, वे दोनों ही पूजनीय हैं।

लेकिन अर्जुन नहीं पकड़ पाता। वह फिर वही दोहराता है दूसरे कोण से। वह कहता है, मैं द्रोण और भीष्म से कैसे युद्ध करूंगा, वे मेरे पूज्य हैं। बात फिर भी वह विनम्रता की बोलता है।

लेकिन अहंकार अक्सर विनम्रता की भाषा बोलता है। और अक्सर विनम्र लोगों में सबसे गहन अहंकारी पाए जाते हैं। असल में विनम्रता डिफेंसिव ईगोइज्म है, वह सुरक्षा करता हुआ अहंकार है। आक्रामक अहंकार मुश्किल में पड़ सकता है। विनम्र अहंकार पहले से ही सुरक्षित है, वह इंश्योर्ड है।

इसलिए जब कोई कहता है, मैं तो कुछ भी नहीं हूं, आपके चरणों की धूल हूं, तब जरा उसकी आंखों में देखना। तब उसकी आंखें कुछ और ही कहती हुई मालूम पड़ेंगी। उसके शब्द कुछ और कहते मालूम पड़ेंगे।

कृष्ण ने अर्जुन की रग पर हाथ रखा है, लेकिन अर्जुन नहीं समझ पा रहा है। वह दूसरे कोने से फिर बात शुरू करता है। वह कहता है, द्रोण को, जो

मेरे गुरु हैं; भीष्म को, जो मेरे परम आदरणीय हैं, पूज्य हैं—उन पर मैं कैसे आक्रमण करूंगा!

यहां ध्यान में रखने जैसी बात है, यहां भीष्म और द्रोण गौण हैं। अर्जुन कह रहा है, मैं कैसे आक्रमण करूंगा? इतना बुरा मैं नहीं कि द्रोण पर और बाण खींचूं! कि भीष्म की और छाती छेदूं! नहीं, यह मुझसे न हो सकेगा। यहां वह कह तो यही रहा है कि वे पूज्य हैं, यह मैं कैसे करूंगा? लेकिन गहरे में खोजें और देखें तो पता चलेगा, वह यह कह रहा है कि यह मेरी जो इमेज है, मेरी जो प्रतिमा है, मेरी ही आंखों में जो मैं हूं, उसके लिए यह असंभव है। इससे तो बेहतर है मधुसूदन कि मैं ही मर जाऊं। इससे तो अच्छा है, प्रतिमा बचे, शरीर खो जाए; अहंकार बचे, मैं खो जाऊं। वह जो इमेज है मेरी, वह जो सेल्फ इमेज है उसकी...।

हर आदमी की अपनी-अपनी एक प्रतिमा है। जब आप किसी पर क्रोध कर लेते हैं और बाद में पछताते हैं और क्षमा मांगते हैं, तो इस भ्रांति में मत पड़ना कि आप क्षमा मांग रहे हैं और पछता रहे हैं। असल में आप अपने सेल्फ इमेज को वापस निर्मित कर रहे हैं। आप जब किसी पर क्रोध करते हैं, तो आपने निरंतर अपने को अच्छा आदमी समझा है, वह प्रतिमा आप अपने ही हाथ से खंडित कर लेते हैं। क्रोध के बाद पता चलता है कि वह अच्छा आदमी, जो मैं अपने को अब तक समझता था, क्या मैं नहीं हूं! अहंकार कहता है, नहीं, आदमी तो मैं अच्छा ही हूं। यह क्रोध जो हो गया है, यह बीच में आ गई भूल-चूक है। इंस्पाइट आफ मी, मेरे बावजूद हो गया है। यह कोई मैंने नहीं किया है, हो गया, ५रिस्थितिजन्य है। पछताते हैं, क्षमा मांग लेते हैं।

अगर सच में ही क्रोध के लिए पछताए हैं, तो दुबारा क्रोध फिर जीवन में नहीं आना चाहिए। नहीं, लेकिन कल फिर क्रोध आता है।

नहीं, क्रोध से कोई अड़चन न थी। अड़चन हुई थी कोई और बात से। यह कभी सोचा ही नहीं था कि मैं और क्रोध कर सकता हूं! तो जब पछता लेते हैं, तब आपकी अच्छी प्रतिमा, आपका अहंकार फिर सिंहासन पर विराजमान हो जाता है।

वह कहता है, देखो माफी मांग ली, क्षमा मांग ली। विनम्र आदमी हूं। समय ने, परिस्थिति ने, अवसर ने, मूड नहीं था, भूखा था, दफ्तर से नाराज लौटा था, असफल था, कुछ काम में गड़बड़ हो गई थी—परिस्थितिजन्य था। मेरे भीतर से नहीं आया था क्रोध। मैंने तो क्षमा मांग ली है। जैसे ही होश आया, जैसे ही मैं लौटा, मैंने क्षमा मांग ली है। आप अपनी प्रतिमा को फिर सजा-संवारकर, फिर गहने-आभूषण पहनाकर सिंहासन पर विराजमान कर दिए। क्रोध के पहले भी यह प्रतिमा सिंहासन पर बैठी थी, क्रोध में नीचे लुढ़क गई थी; फिर बिठा दिया। अब आप फिर पूर्ववत पुरानी जगह आ गए, कल फिर क्रोध करेंगे। पूर्ववत अपनी जगह आ गए। क्रोध के पहले भी यहीं थे, क्रोध के बाद भी यहीं आ गए। जो पश्चात्ताप है, वह इस प्रतिमा की पुनर्स्थापना है।

लेकिन ऐसा लगता है, क्षमा मांगता आदमी बड़ा विनम्र है। सब दिखावे सच नहीं हैं। सच बहुत गहरे हैं और अक्सर उलटे हैं। वह आदमी आपसे क्षमा नहीं मांग रहा है। वह आदमी अपने ही सामने निंदित हो गया है। उस निंदा को झाड़ रहा है, पोंछ रहा है, बुहार रहा है। वह फिर साफ-सुथरा, स्नान करके फिर खड़ा हो रहा है।

यह जो अर्जुन कह रहा है कि पूज्य हैं उस तरफ, उन्हें मैं कैसे मारूं? एम्फेसिस यहां उनके पूज्य होने पर नहीं है। एम्फेसिस यहां अर्जुन के मैं पर है कि मैं कैसे मारूं? नहीं-नहीं, यह अपने मैं की प्रतिमा खंडित करने से, कि लोक-लोकांतर में लोग कहें कि अपने ही गुरु पर आक्रमण किया, कि अपने ही पूज्यों को मारा, इससे तो बेहतर है मधुसूदन कि मैं ही मर जाऊं। लेकिन लोग कहें कि मर गया अर्जुन, लेकिन पूज्यों पर हाथ न उठाया। मर गया, मिट गया, लेकिन गुरु पर हाथ न उठाया।

उसके मैं को पकड़ लेने की जरूरत है। अभी उसकी पकड़ में नहीं है। किसी की पकड़ में नहीं होता है। जिसका मैं अपनी ही पकड़ में आ जाए, वह मैं के बाहर हो जाता है। हम अपने मैं को बचा-बचाकर जीते हैं। वह दूसरी-दूसरी बातें करता जाएगा। वह सब्स्टीटयूट खोजता चला जाएगा। कभी कहेगा

यह, कभी कहेगा वह। सिर्फ उस बिंदु को छोड़ता जाएगा, जो है। कृष्ण ने छूना चाहा था, वह उस बात को छोड़ गया है। अनार्य-आर्य की बात वह नहीं उठाता। कातरता की बात वह नहीं उठाता। लोक में यश, परलोक में भटकाव, उसकी बात वह नहीं उठाता; वह दूसरी बात उठाता है। जैसे उसने कृष्ण को सुना ही नहीं। उसके वचन कह रहे हैं कि बीच में जो कृष्ण ने बोला है, अर्जुन ने नहीं सुना।

सभी बातें जो बोली जाती हैं, हम सुनते नहीं। हम वही सुन लेते हैं, जो हम सुनना चाहते हैं। सभी जो दिखाई पड़ता है, वह हम देखते नहीं। हम वही देख लेते हैं, जो हम देखना चाहते हैं। सभी जो हम पढ़ते हैं, वह पढ़ा नहीं जाता; हम वही पढ़ लेते हैं, जो हम पढ़ना चाहते हैं। हमारा देखना, सुनना, पढ़ना, सब सिलेक्टिव है; उसमें चुनाव है। हम पूरे वक्त वह छांट रहे हैं, जो हम नहीं देखना चाहते।

एक नया मनोविज्ञान है, गेस्टाल्ट। यह जो अर्जुन ने उत्तर दिया वापस, यह गेस्टाल्ट का अदभुत प्रमाण है। गेस्टाल्ट मनोवैज्ञानिक कहते हैं, आकाश में बादल घिरे हों, तो हर आदमी उनमें अलग-अलग चीजें देखता है। डरा हुआ आदमी भूत-प्रेत देख लेता है, धार्मिक आदमी भगवान की प्रतिमा देख लेता है, फिल्मी दिमाग का आदमी अभिनेता-अभिनेत्रियां देख लेता है। वह एक ही बादल आकाश में है, अपना-अपना देखना हो जाता है।

प्रत्येक आदमी अपनी ही निर्मित दुनिया में जीता है। और हम अपनी दुनिया में...इसलिए इस पृथ्वी पर एक दुनिया की भ्रांति में मत रहना आप। इस दुनिया में जितने आदमी हैं, कम से कम उतनी दुनियाएं हैं। अगर साढ़े तीन अरब आदमी हैं आज पृथ्वी पर, तो पृथ्वी पर साढ़े तीन अरब दुनियाएं हैं। और एक आदमी भी पूरी जिंदगी एक दुनिया में रहता हो, ऐसा मत सोच लेना। उसकी दुनिया भी रोज बदलती चली जाती है।

पर्ल बक ने एक किताब अपनी आत्मकथा की लिखी है, तो नाम दिया है, माई सेवरल वर्ल्ड्स, मेरे अनेक संसार।

अब एक आदमी के अनेक संसार कैसे होंगे? रोज बदल रहा है। और

प्रत्येक व्यक्ति अपनी दुनिया के आस पास बाड़े, दरवाजे, संतरी, पहरेदार खड़े रखता है। और वह कहता है, इन-इन को भीतर आने देना, इन-इन को बाहर से ही कह देना कि घर पर नहीं हैं। यह हम लोगों के साथ ही नहीं करते, सूचनाओं के साथ भी करते हैं।

अब अर्जुन ने बिलकुल नहीं सुना है; कृष्ण ने जो कहा, वह बिलकुल नहीं सुना है। वह जो उत्तर दे रहा है, वह बताता है कि वह इररेलेवेंट है, उसकी कोई संगति नहीं है।

हम भी नहीं सुनते। दो आदमी बात करते हैं, अगर आप चुपचाप साक्षी बनकर खड़े हो जाएं तो बड़े हैरान होंगे। लेकिन साक्षी बनकर खड़ा होना मुश्किल है। क्योंकि पता नहीं चलेगा और आप भी तीसरे आदमी भागीदार हो जाएंगे बातचीत में। अगर आप दो आदमियों की साक्षी बनकर बात सुनें तो बहुत हैरान होंगे कि ये एक-दूसरे से बात कर रहे हैं या अपने-अपने से बात कर रहे हैं! एक आदमी जो कह रहा है, दूसरा जो कहता है उससे उसका कोई भी संबंध नहीं है।

जुंग ने एक संस्मरण लिखा है कि दो पागल प्रोफेसर उसके पागलखाने में भर्ती हुए इलाज के लिए। ऐसे भी प्रोफेसरों के पागल होने की संभावना ज्यादा है। या यह भी हो सकता है कि पागल आदमी प्रोफेसर होने को उत्सुक रहते हैं। वे दोनों पागल हो गए हैं। साधारण पागल नहीं हैं। साधारण पागल डर जाता है, भयभीत हो जाता है। प्रोफेसर पागल हैं। पागल होकर वे और भी बुद्धिमान हो गए हैं। जब तक जागे रहते हैं, घनघोर चर्चा चलती रहती है। जुंग खिड़की से छिपकर सुनता है कि उनमें क्या बात होती है!

बातें बड़ी अदभुत होती हैं, बड़ी गहराई की होती हैं। दोनों इन्फार्म्ड हैं; उन दोनों ने बहुत पढ़ा-लिखा, सुना-समझा है। कम उनकी जानकारी नहीं है, शायद वही उनके पागलपन का कारण है। जानकारी ज्यादा हो और ज्ञान कम हो, तो भी आदमी पागल हो सकता है। और ज्ञान तो होता नहीं, जानकारी ही ज्यादा हो जाती है, फिर वह बोझ हो जाती है।

चकित है जुंग, उनकी जानकारी देखकर। वे जिन विषयों पर चर्चा

करते हैं, वे बड़े गहरे और नाजुक हैं। लेकिन इससे भी चकित ज्यादा दूसरी बात पर है, और वह यह कि जो एक बोलता है, उसका दूसरे से कोई संबंध ही नहीं होता। लेकिन यह तो पागल के लिए बिलकुल स्वाभाविक है। इससे भी ज्यादा चकित इस बात पर है कि जब एक बोलता है तो दूसरा चुप रहता है। और ऐसा लगता है कि सुन रहा है। और जैसे ही वह बंद करता है कि दूसरा जो बोलता है तो उसे सुनकर लगता है कि उसने उसे बिलकुल नहीं सुना। क्योंकि अगर वह आकाश की बात कर रहा था, तो वह पाताल की शुरू करता है। उसमें कोई संबंध ही नहीं होता।

तब वह अंदर गया और उसने जाकर पूछा कि और सब तो मेरी समझ में आ गया; आप गहरी बातें कर रहे हैं, वह समझ में आ गया। समझ में यह नहीं आ रहा है कि जब एक बोलता है, तो दूसरा चुप क्यों हो जाता है! तो वे दोनों हंसने लगे और उन्होंने कहा कि क्या तुम हमें पागल समझते हो?

इस दुनिया में पागल भर अपने को कभी पागल नहीं समझते। और जो आदमी अपने को पागल समझता हो, समझना चाहिए, वह पागल होने के ऊपर उठने लगा।

क्या तुम हमें पागल समझते हो? उन दोनों ने कहा। नहीं, जुंग ने कहा, ऐसी भूल मैं कैसे कर सकता हूं! पागल बिलकुल आपको नहीं समझता हूं। पर यही मैं पूछ रहा हूं कि जब एक बोलता है, तो दूसरा चुप क्यों रह जाता है! तो उन्होंने कहा, क्या तुम समझते हो कि हमें कनवर्सेशन का नियम भी मालूम नहीं, बातचीत करने की व्यवस्था भी मालूम नहीं? हमें मालूम है कि जब एक बोले तो दूसरे को चुप रहना चाहिए। जुंग ने कहा, जब तुम्हें इतना मालूम है, तो मैं यह और पूछना चाहता हूं कि जो एक बोलता है, उससे दूसरे के बोलने का कभी कोई संबंध ही नहीं होता! दोनों फिर हंसने लगे। उन्होंने कहा, खैर, हम तो पागल समझे जाते हैं, लेकिन इस जमीन पर जहां भी लोग बोलते हैं दो, उनकी बातों में कोई संबंध होता है? जुंग घबड़ाकर वापस लौट आया। उसने अपने संस्मरण में लिखा है कि उस दिन से मैं भी सोचता हूं जब किसी से बात करता हूं—संबंध है!

थोड़ा संबंध हम बना लेते हैं। जब आपसे मैं बात कर रहा हूं, अगर हम पागल नहीं हैं—जिसकी कि संभावना बहुत कम है—तो जब आप बोल रहे हैं, तब मैं अपने भीतर बोले चला जाता हूं। जैसे ही आप चुप होते हैं, मैं बोलना शुरू करता हूं। मैं जो बोलना शुरू करता हूं, उसका संबंध मेरे भीतर जो मैं बोल रहा था, उससे होता है; आपसे नहीं होता। हां, इतना संबंध हो सकता है जैसा खूंटी और कोट का होता है, कि आपकी बात में से कोई एक बात पकड़ लूं, खूंटी बना लूं, और मेरे भीतर जो चल रहा था, उसको उस पर टांग दूं। बस, इतना ही संबंध होता है।

अर्जुन और कृष्ण की चर्चा में यह मौका बार-बार आएगा, इसलिए मैंने इसे ठीक से आपसे कह देना चाहा। अर्जुन ने बिलकुल नहीं सुना कि कृष्ण ने क्या कहा है। नहीं कहा होता, ऐसी ही स्थिति है। वह अपने भीतर की ही सुने चला जा रहा है। वह कह रहा है, ये पूज्य, ये द्रोण, ये भीष्म...। वह यह सोच रहा होगा भीतर। इधर कृष्ण क्या बोल रहे हैं, वे जो बोल रहे हैं, वह परिधि के बाहर हो रहा है। उसके भीतर जो चल रहा है, वह यह चल रहा है। वह कृष्ण से कहता है कि मधुसूदन, ये पूज्य, ये प्रिय; इन्हें मैं मार सकता हूं? मैं अर्जुन। इसे ध्यान रखना। उसने कृष्ण की बात नहीं सुनी।

प्रश्न : आपने बताया कि प्रोफेसर पागल होते हैं। तो आप पहले दर्शनशास्त्र के प्राध्यापक थे, अब आप आचार्य बन गए हैं। तो हमको आप उपलब्ध हुए हैं, यह हमारा सौभाग्य है। आपने अभी एक बात बताई ईगो के बारे में। तो एक प्रश्न यह उठता है कि ईगो के बिना तो प्रोजेक्शन होता ही नहीं। और साइकोलाजिस्ट जो हैं—आप तो आत्म-सेषक हैं—मगर साइकोलाजिस्ट तो यह कहते हैं कि ईगो फुलफिलमेंट के बिना व्यक्तित्व का पूर्णतया विकास नहीं होता। और आप अहं-शून्यता की बात करते हैं, तो क्या ईगो को एनाइलेट करने का आप सूचन दे रहे हैं?

एक तो मैंने कहा कि प्रोफेसर के पागल होने की संभावना ज्यादा होती है। पागल हो ही जाता है, ऐसा नहीं कहा। और दूसरा यह भी नहीं कहा है कि सभी

पागल प्रोफेसर होते हैं। ऐसा भी नहीं कहा है; संभावना ज्यादा होती है। असल में जहां भी तथाकथित ज्ञान का भार ज्यादा हो, बर्डन हो, वहीं चित्त विक्षिप्त हो सकता है। ज्ञान तो चित्त को मुक्त करता है, ज्ञान का भार विक्षिप्त करता है। और ज्ञान, जो मुक्त करता है, वह स्वयं से आता है। और ज्ञान, जो विक्षिप्त कर देता है, वह स्वयं से कभी नहीं आता, वह सदा पर से आता है।

दूसरी बात पूछी है कि मनोवैज्ञानिक तो अहंकार को विकसित करने की बात करते हैं। मैं तो अहंकार को शून्य करने की बात करता हूं। मनोवैज्ञानिक निश्चित ही अहंकार को विकसित करने की बात करेंगे। सभी मनोवैज्ञानिक नहीं; बुद्ध नहीं करेंगे, कृष्ण नहीं करेंगे, महावीर नहीं करेंगे। फ्रायड करेगा, एरिक्सन करेगा। करेगा, उसका कारण है। क्योंकि फ्रायड या एरिक्सन के लिए अहंकार से ऊपर कोई और सत्य नहीं है। तो जो आखिरी सत्य है, उसको विकसित किया जाना चाहिए। महावीर, बुद्ध या कृष्ण के लिए अहंकार आखिरी सत्य नहीं है, केवल बीच की सीढ़ी है। निरहंकार आखिरी सत्य है। अहंकार नहीं, ब्रह्म आखिरी सत्य है। अहंकार सिर्फ सीढ़ी है।

इसलिए बुद्ध या महावीर या कृष्ण कहेंगे, अहंकार को विकसित भी करो और विसर्जित भी करो। सीढ़ी पर चढ़ो भी और सीढ़ी को छोड़ो भी। आओ भी उस पर, जाओ भी उस पर से। उठो भी उस तक, पार भी हो जाओ। चूंकि मन के पार भी सत्ता है, इसलिए मन का जो आखिरी सत्य है—अहंकार—वह पार की सत्ता के लिए छोड़ने का पहला कदम होगा। अगर मैं अपने घर से आपके घर में आना चाहूं, तो मेरे घर की आखिरी दीवार छोड़ना ही आपके घर में प्रवेश का पहला कदम होगा। मन की आखिरी सीमा अहंकार है। अहंकार से ऊपर मन नहीं जा सकता।

चूंकि पश्चिम का मनोविज्ञान मन को आखिरी सत्य समझ रहा है, इसलिए अहंकार के विकास की बात उचित है। उचित कह रहा हूं, सत्य नहीं। सीमा के भीतर बिलकुल ठीक है बात। लेकिन जिस दिन पश्चिम के मनस-शास्त्र को एहसास होगा, और एहसास होना शुरू हो गया है। जुंग के साथ दीवार टूटनी शुरू हो गई है। और अनुभव होने लगा है कि अहंकार के पार भी कुछ है।

लेकिन अभी भी अहंकार के पार का जो अनुभव हो रहा है पश्चिम के मनोविज्ञान को, वह अहंकार के नीचे हो रहा है—बिलो ईगो; बियांड ईगो नहीं हो रहा है। अहंकार के पार भी कुछ है—मतलब अचेतन, चेतन से भी नीचे—अति चेतन नहीं, सुपर कांशस नहीं, चेतन के भी आगे नहीं। लेकिन यह बड़ी शुभ घड़ी है। अहंकार के पार तो कम से कम कुछ है, नीचे ही सही। और अगर नीचे है तो ऊपर होने की बाधा कम हो जाती है। और अगर हम अहंकार के पार नीचे भी कुछ स्वीकार करते हैं, तो आज नहीं कल ऊपर भी स्वीकार करने की सुविधा बनती है।

मनोविज्ञान तो कहेगा, अहंकार को ठीक से इंटिग्रेटेड, क्रिस्टलाइज्ड, अहंकार को ठीक शुद्ध, साफ, संश्‍ष्टि हो जाना चाहिए। यही इंडिविजुएशन है, यही व्यक्तित्व है। कृष्ण नहीं कहेंगे। कृष्ण कहेंगे, उसके आगे एक कदम और है। संश्‍ष्टि, एकाग्र हुए अहंकार को किसी दिन समर्पित हो जाना चाहिए, सरेंडर्ड हो जाना चाहिए। वह आखिरी कदम है अहंकार की तरफ से। लेकिन ब्रह्म की तरफ वह पहला कदम है।

निश्चित ही बूंद अपने को खो दे सागर में, तो सागर हो सकती है। और अहंकार अपने को खो दे सागर में, तो ब्रह्म हो सकता है। लेकिन खोने के पहले होना तो चाहिए, बूंद भी होनी तो चाहिए। अगर बूंद ही न हो, भाप हो, तो सागर में खोना मुश्किल है। अगर कोई भाप की बूंद उड़ रही हो, तो उससे हम पहले कहेंगे, बूंद बन जाओ। फिर बूंद बन जाने पर कहेंगे कि जाओ, सागर में कूद जाओ। क्योंकि भाप सीधी सागर में नहीं कूद सकती, कितना ही उपाय करे, आकाश की तरफ उड़ेगी, सागर में कूद नहीं सकती। बूंद कूद सकती है।

तो पश्चिम का मनोविज्ञान बूंद बनाने तक है, कृष्ण का मनोविज्ञान सागर बनाने तक है। लेकिन पश्चिम के मनोविज्ञान से गुजरना पड़ेगा। जो अभी भाप हैं, उनको फ्रायड और जुंग के पास से गुजरना पड़ेगा, तभी वे कृष्ण के पास पहुंच सकते हैं। लेकिन बहुत से भाप के कण सीधे ही कृष्ण तक पहुंचना चाहते हैं, वे मुश्किल में पड़ जाते हैं। बीच में फ्रायड है ही, उससे बचा नहीं जा सकता। अंत वह नहीं है, लेकिन प्रारंभ वह जरूर है।

कृष्ण का मनोविज्ञान चरम मनोविज्ञान है, दि सुप्रीम। जहां से मन समाप्त होता है, वहां है वह। वह लास्ट बैरियर पर है। और फ्रायड और एडलर मन की पहली सीमा की चर्चा कर रहे हैं। यह अगर खयाल में रहे, तो कठिनाई नहीं होगी।

मैं भी कहूंगा, अहंकार को संष्टि करें, ताकि एक दिन समर्पित कर सकें। क्योंकि समर्पित वही कर सकेगा जो संष्टि है। जिसके अपने ही अहंकार के पच्चीस खंड हैं, जो स्किजोफ्रेनिक है, जिसके भीतर एक मैं भी नहीं है, कई मैं हैं—वह समर्पण करने कैसे जाएगा? एक मैं को समर्पण करेगा, दूसरा कहेगा, रहने दो, वापस आ जाओ।

हम अभी ऐसे ही हैं। मनोविज्ञान की समस्त खोजें कहती हैं, हम पोलीसाइकिक हैं। हमारे भीतर एक मैं भी नहीं है, बहुत मैं हैं, अनेक मैं हैं। रात एक मैं कहता है कि सुबह पांच बजे उठेंगे, कसम खा लेता है। सुबह पांच बजे दूसरा मैं कहता है, सर्दी बहुत है। छोड़ो, कहां की बातों में पड़े हो! फिर कल देखेंगे। करवट लेकर सो जाता है। सुबह सात बजे तीसरा मैं कहता है कि बड़ी भूल की। शाम को तय किया था, पांच बजे सुबह बदले क्यों? बड़ा पश्चात्ताप करता है। आप एक ही आदमी पांच बजे तय किए थे, तो सुबह किस आदमी ने आपसे कहा कि सो जाओ! आपके भीतर ही कोई बोल रहा है, बाहर कोई नहीं बोल रहा है। और जब सो ही गए थे पांच बजे, तो सुबह सात बजे पश्चात्ताप क्यों कर रहे हैं? आप ही सोए थे, किसी ने कहा नहीं था। अब यह पश्चात्ताप कौन कर रहा है?

सामान्यतः हमें खयाल आता है कि मैं एक मैं हूं, इससे बड़ा कनफ्यूजन पैदा होता है। हमारे भीतर बहुत मैं हैं। एक मैं कह देता है उठेंगे, दूसरा मैं कहता है नहीं उठते, तीसरा मैं कहता है पश्चात्ताप करेंगे। चौथा मैं सब भूल जाता है, कोई याद ही नहीं रखता इन सब बातों की। और ऐसे ही जिंदगी चलती चली जाती है।

मनोविज्ञान कहता है, पहले मैं को एक करो।

एक मैं हो तो समर्पण हो सकता है। पच्चीस स्वर हों तो समर्पण कैसे

होगा! इसलिए भगवान के सामने एक मैं तो झुक जाता है चरणों में, दूसरा मैं अकड़कर खड़ा रहता है, वहीं मंदिर में। एक मैं तो चरणों में सिर रखे पड़ा रहता है, दूसरा देखता रहता है कि मंदिर में कोई देखने वाला आया कि नहीं आया। एक ही आदमी खड़ा है, पर दो मैं हैं। एक वहां चरणों में सिर रखे है, दूसरा झांककर देख रहा है कि लोग देख रहे हैं कि नहीं देख रहे हैं! अब समर्पण कर रहे हो, तो लोगों से, देखने वालों से क्या लेना-देना है! एक मैं नीचे चरणों में पड़ा है, दूसरा मैं कह रहा है, कहां के खेल में पड़े हो! सब बेकार है। कहीं कोई भगवान नहीं है। एक मैं इधर भगवान के चरण पकड़े हुए है, दूसरा मैं दुकान पर बैठा हुआ काम में लगा है।

मैं संष्टि होना चाहिए, तभी समर्पण हो सकता है। इसलिए मैं इनमें विरोध नहीं देखता। मैं इनमें विकास देखता हूं। फ्रायड अंत नहीं है, लेकिन महत्वपूर्ण है और मैं संष्टि करने में उपयोगी है। कृष्ण अंत हैं। वहां एक सीमा पर जाकर मैं को समर्पित भी कर देना है।

गुरुनहत्वा हि महानुभावान्
श्रेयो भोक्तुं भैक्ष्यमपीह लोके।
हत्वार्थकामांस्तु गुरुनिहैव
भुञ्जीय भोगान्रुधिरप्रदिग्धान्।। 5।।

महानुभाव गुरुजनों को न मारकर, इस लोक में भिक्षा का अन्न भी भोगना कल्याणकारक समझता हूं,

क्योंकि गुरुजनों को मारकर भी इस लोक में रुधिर से सने हुए अर्थ और कामरूप भोगों को ही तो भोगूंगा।

न चैतद्विद्मः कतरन्नो गरीयो
यद्वा जयेम यदि वा नो जयेयुः।
यानेव हत्वा न जिजीविषाम-
स्तेऽवस्थिताः प्रमुखे धार्तराष्ट्राः।। 6।।

हम लोग यह भी नहीं जानते कि हमारे लिए क्या करना श्रेष्ठ है, अथवा यह भी नहीं जानते कि हम जीतेंगे या हमको वे जीतेंगे। और जिनको मारकर जीना भी नहीं चाहते, वे ही धृतराष्ट्र के पुत्र हमारे सामने खड़े हैं।

कार्पण्यदोषोपहतस्वभावः
पृच्छामि त्वां धर्मसंमूढचेताः।
यच्छ्रेयः स्यान्निश्चितं ब्रूहि तन्मे
शिष्यस्तेऽहं शाधि मां त्वां प्रपन्नम्।। 7।।

इसलिए कायरता रूप दोष करके उपहत हुए स्वभाव वाला और धर्म के विषय में मोहितचित्त हुआ मैं आपको पूछता हूं, जो कुछ निश्चय किया हुआ कल्याणकारक साधन हो, वह मेरे लिए कहिए, क्योंकि मैं आपका शिष्य हूं, इसलिए आपके शरण हुए मेरे को शिक्षा दीजिए।

अर्जुन अपनी ही बात कहे चला जाता है। पूछता मालूम पड़ता है कृष्ण से, लेकिन वस्तुतः कृष्ण को ही धर्म क्या है, बताए चला जाता है। पूछ रहा है कि अविद्या से मेरा मन भर गया है। क्या उचित है, क्या अनुचित है, उसका मेरा बोध खो गया है। लेकिन साथ ही कहे चला जा रहा है कि अपनों को मारकर तो जो अन्न भी खाऊंगा, वह रक्त से भरा हुआ होगा। अपनों को मारकर सम्राट बन जाने से तो बेहतर है कि मैं सड़क का भिखारी हो जाऊं। निर्णय दिए चला जा रहा है। निर्णय दिए चला जा रहा है और कह रहा है, अविद्या से मेरा मन भर गया है। दोनों बातों में कोई संगति नहीं है। अविद्या से मन भर गया है, तो अर्जुन के पास कहने को कुछ भी नहीं होना चाहिए। इतना ही काफी है कि अविद्या से मेरा मन भर गया है; मुझे मार्ग बताएं। मैं नहीं जानता, क्या ठीक है, क्या गलत है। नहीं, लेकिन साथ ही वह कहता है कि यह ठीक है और यह गलत है।

चित्त हमारा कितना ही कहे कि अविद्या से भर गया, अहंकार मानने को राजी नहीं होता। अहंकार कहता है, मैं और अविद्या से भर गया! मुझे पता है कि धर्म क्या है और अधर्म क्या है।

दूसरी बात यह भी देख लेने जैसी है कि अहंकार जहां भी होता है, वहां

सदा अतियों का चुनाव करता है, एक्सट्रीम इज़ दि च्वाइस। एक अति से ठीक दूसरी अति को चुनता है। अहंकार कभी मध्य में खड़ा नहीं होता; खड़ा नहीं हो सकता; क्योंकि ठीक मध्य में अहंकार की मृत्यु है। तो वह कहता है, सम्राट होने से तो भिखारी होना बेहतर है। दो आखिरी पोलेरिटी चुनता है। वह कहता है, सम्राट होने से तो भिखारी होना बेहतर है। अर्जुन या तो सम्राट हो सकता है या भिखारी हो सकता है, बीच में कहीं नहीं हो सकता। या तो उस छोर पर नंबर एक या इस छोर पर नंबर एक; लेकिन नंबर एक ही हो सकता है।

यह थोड़ा ध्यान रखने जैसा है। बर्नार्ड शा ने कभी कहा कि अगर मुझे स्वर्ग भी मिले और नंबर दो होना पड़े, तो मैं इनकार करता हूं। मैं नर्क में ही रहना पसंद कर लूंगा, लेकिन नंबर एक होना चाहिए। नंबर एक होना चाहिए, नर्क भी पसंद कर लूंगा। नंबर दो भी अगर हो जाता हूं, तो स्वर्ग मुझे नहीं चाहिए। क्या मजा होगा उस स्वर्ग में जिसमें नंबर दो हो गए! नर्क में भी मजा हो सकता है, अगर नंबर एक...। इसलिए नंबर एक होने वाले लोग अगर सब नर्क में इकट्ठे हो जाते हों तो बहुत हैरानी नहीं है। दिल्ली से नर्क का रास्ता एकदम करीब है। दिल्ली से गए कि नर्क में गए। वहां बीच में गैप भी नहीं है। वह जो नंबर एक होने के लिए पीड़ित है, अगर उससे सम्राट होना छूटता हो तो वह तत्काल जो दूसरा विकल्प है, वह भिखारी होने का है।

यह विकल्प भी देखना जरूरी है; क्योंकि यह विकल्प सिर्फ अहंकार ही चुनता है। यह विकल्प—एक्सट्रीम, अति का विकल्प—सदा अहंकार ही चुनता है। क्योंकि अहंकार को इससे मतलब नहीं है कि सम्राट बनो कि भिखारी बनो; मतलब इससे है कि नंबर एक!

अर्जुन कह रहा है कि इससे तो बेहतर है कि मैं भिखारी ही हो जाऊं, सड़क पर भीख मांगूं। ऊपर से दिखाई पड़ता है कि बड़ी विनम्रता की बात कह रहा है। सम्राट होना छोड़कर भीख मांगने की बात कह रहा है। लेकिन भीतर से बहुत फर्क नहीं है। भीतर बात वही है। भीतर बात वही है, अति पर होने की बात अहंकार की इच्छा है। आखिरी पोल पर, ध्रुव पर खड़े होने की इच्छा अहंकार की इच्छा है। या तो इस कोने या उस कोने, मध्य उसके लिए नहीं है।

बुद्ध के मनोविज्ञान का नाम मध्यमार्ग है, दि मिडल वे। और जब बुद्ध से किसी ने पूछा कि आप अपने मार्ग को मज्झिम निकाय—बीच का मार्ग—क्यों कहते हैं? तो बुद्ध ने कहा, जो दो अतियों के बिलकुल बीच में खड़ा हो जाए, वही केवल अहंकार से मुक्त हो सकता है, अन्यथा मुक्त नहीं हो सकता।

एक छोटी-सी घटना बुद्ध के जीवन के साथ जुड़ी है। एक गांव में बुद्ध आए हैं। सम्राट दीक्षित होने आ गया। और उस सम्राट ने कहा कि मुझे भी दीक्षा दे दें। बुद्ध के भिक्षुओं ने बुद्ध के कान में कहा, सावधानी से देना इसे आप। क्योंकि हमने जो इसके संबंध में सुना है, वह बिलकुल विपरीत है। यह आदमी कभी रथ से नीचे नंगे पैर भी नहीं चला है। यह आदमी अपने महल में, जो भी संभव है, सारे भोग के साधनों में डूबा पड़ा है। यह अपनी सीढ़ियां भी चढ़ता है तो सीढ़ियों के किनारे रेलिंग की जगह नंगी स्त्रियों को खड़ा रखता है, उनके कंधों पर हाथ रखकर चढ़ता है। जरा इससे सावधान रहना। शराब और स्त्री के अतिरिक्त इसकी जिंदगी में कभी कुछ नहीं आया है। और यह आज अचानक भिक्षु होने और त्यागी बनने, तपश्चर्या का व्रत लेने आया है। यह आदमी बीच में धोखा न दे जाए।

बुद्ध ने कहा, जहां तक मैं आदमियों को जानता हूं, यह आदमी धोखा न देगा। यह एक अति से ऊब गया, अब दूसरी अति पर जा रहा है। एक एक्सट्रीम से ऊब गया और अब दूसरे एक्सट्रीम पर जा रहा है। पर उन्होंने कहा, हमें संदेह होता है, क्योंकि यह कल तक बिलकुल और था। बुद्ध ने कहा, मुझे संदेह नहीं होता है। इस तरह के लोग अक्सर ही अतियों में चुनाव करते हैं। भय मत करो। उन्होंने कहा, हमें नहीं लगता है कि यह भीख मांग सकेगा, सड़क पर नंगे पैर चल सकेगा, धूप-छांव सह सकेगा, हमें नहीं दिखाई पड़ता। बुद्ध ने कहा, यह तुम से ज्यादा सह सकेगा। हंसे वे सब। उन्होंने कहा कि इस मामले में कम से कम बुद्ध निश्चित ही गलत हो जाने वाले हैं।

लेकिन नहीं, बुद्ध गलत नहीं हुए। दूसरे ही दिन से देखा गया कि भिक्षु अगर रास्ते पर चलते, तो रास्ते के नीचे चलता वह सम्राट जहां कांटे होते। और

भिक्षु अगर वृक्ष की छाया में बैठते, तो वह सम्राट धूप में खड़ा रहता। और भिक्षु अगर दिन में एक बार भोजन करते, तो वह सम्राट दो दिन में एक बार भोजन करता।

छह महीने में वह सूखकर काला पड़ गया। अति सुंदर उसकी काया थी। भूख से हड्डियां उसकी बाहर निकल आईं। पैरों में घाव बन गए। बुद्ध ने अपने भिक्षुओं से पूछा कि कहो, तुम कहते थे कि यह आदमी भरोसे का नहीं, और मैंने तुमसे कहा था कि यह आदमी बहुत भरोसे का है, यह आदमी तुमसे आगे तपश्चर्या कर लेगा। पर, वे भिक्षु कहने लगे, हम हैरान हैं कि आप कैसे पहचाने!

बुद्ध ने कहा, अहंकार सदा एक अति से दूसरी अति चुन लेता है। बीच में नहीं रुक सकता। यह सम्राटों में सम्राट था, यह भिक्षुओं में भिक्षु है। यह सम्राटों में नंबर एक सम्राट था। इसने सारी सुंदर स्त्रियां राज्य की इकट्ठी कर रखी थीं। इसने सारे हीरे-जवाहरात अपने महल के रास्तों पर जड़ रखे थे। अब यह भिक्षुओं में साधारण भिक्षु नहीं है। यह भिक्षुओं में असाधारण भिक्षु है। तुम चलते हो सीधे रास्ते पर, यह चलता है तिरछे रास्ते पर। तुम कांटे बचाकर चलते हो, यह कांटे देखकर चलता है कि कहां-कहां हैं। तुम छाया में बैठते हो, यह धूप में खड़ा होता है। यह नंबर एक रहेगा, यह कहीं भी रहे। यह नंबर एक होना नहीं छोड़ सकता; यह तुम्हें मात करके रहेगा। इसने सम्राटों को मात किया, तुम भिखारियों को कैसे मात नहीं करेगा! अहंकार अति चुनता है।

अर्जुन कह रहा है कि छोड़ दूं सब साम्राज्य, कुछ अर्थ नहीं। भिक्षा मांग लेंगे। मांग सकता है, बिलकुल मांग सकता है। अहंकार की वहां भी तृप्ति हो सकती है। मध्य में नहीं रुक सकता। अति से अति पर जा सकता है। अति से अति पर जाने में कोई रूपांतरण, कोई ट्रांसफार्मेशन नहीं है।

फिर बुद्ध एक दिन उस सम्राट के पास गए सांझ को। रुग्ण, बीमार, वह राह के किनारे पड़ा था। बुद्ध ने उससे कहा, मैं एक बात पूछने आया हूं। मैंने सुना है कि तुम जब सम्राट थे, तो वीणा बजाने में बहुत कुशल थे। मैं तुमसे पूछने आया हूं कि वीणा के तार अगर बहुत कसे हों, तो संगीत पैदा होता है? उसने कहा, कैसे पैदा होगा! तार टूट जाते हैं। और बुद्ध ने कहा, बहुत ढीले हों तार, तब

संगीत पैदा होता है? उस सम्राट ने कहा कि नहीं, बहुत ढीले हों तो टंकार ही पैदा नहीं होती संगीत कैसे पैदा होगा? बुद्ध ने कहा, अब मैं जाऊं। एक बात और तुमसे कह जाऊं कि जो वीणा के तारों का नियम है—न बहुत ढीले, न बहुत कसे; अर्थात न कसे न ढीले, बीच में कहीं; जहां न तो कहा जा सके कि तार कसे हैं, न कहा जा सके कि तार ढीले हैं—ठीक मध्य में जब तार होते हैं, तभी संगीत पैदा होता है। जीवन की वीणा का भी नियम यही है।

काश! अर्जुन बीच की बात करता, तो कृष्ण कहते, जाओ, बात समाप्त हो गई, कोई अर्थ न रहा। लेकिन वह बीच की बात नहीं कर रहा है। वह एक अति से दूसरी अति की बात कर रहा है। दूसरी अति पर अहंकार फिर अपने को भर लेता है।

प्रश्नः यहां पर एक मुद्दे का प्रश्न आ गया है श्रोतागणों से। पूछते हैं कि कोर्ट में सब से पहले गीता पर क्यों हाथ रखवाते हैं? कोर्ट में रामायण या उपनिषद क्यों नहीं रखते? क्या गीता में एक श्रद्धा है या सिर्फ अंधश्रद्धा है?

पूछा है कि अदालत में शपथ लेते वक्त गीता पर हाथ क्यों रखवाते हैं? रामायण पर क्यों नहीं रखवा लेते? उपनिषद पर क्यों नहीं रखवा लेते? बड़ा कारण है। पता नहीं अदालत को पता है या नहीं, लेकिन कारण है; कारण बड़ा है।

राम, कितने ही बड़े हों, लेकिन इस मुल्क के चित्त में वे पूर्ण अवतार की तरह नहीं हैं; अंश है उनका अवतार। उपनिषद के ऋषि कितने ही बड़े ज्ञानी हों, लेकिन अवतार नहीं हैं। कृष्ण पूर्ण अवतार हैं। परमात्मा अगर पूरा पृथ्वी पर उतरे, तो करीब-करीब कृष्ण जैसा होगा। इसलिए कृष्ण इस मुल्क के अधिकतम मन को छू पाए हैं; बहुत कारणों से। एक तो पूर्ण अवतार का अर्थ होता है, मल्टी डायमेंशनल, बहुआयामी; जो मनुष्य के समस्त व्यक्तित्व को स्पर्श करता हो। राम वन डायमेंशनल हैं।

हर्बर्ट मारक्यूस ने एक किताब लिखी है, वन डायमेंशनल मैन, एक

आयामी मनुष्य। राम वन डायमेंशनल हैं, एक आयामी हैं, एकसुरे हैं, एक ही स्वर है उनमें। स्वभावतः एक ही स्वर का आदमी सिर्फ उस एकसुरे आदमियों के लिए प्रीतिकर हो सकता है, सबके लिए प्रीतिकर नहीं हो सकता। महावीर और बुद्ध सभी एकसुरे हैं। एक ही स्वर है उनका। इसलिए समस्त मनुष्यों के लिए महावीर और बुद्ध प्रीतिकर नहीं हो सकते। हां, मनुष्यों का एक वर्ग होगा, जो बुद्ध के लिए दीवाना हो जाए, जो महावीर के लिए पागल हो जाए। लेकिन एक वर्ग ही होगा, सभी मनुष्य नहीं हो सकते।

लेकिन कृष्ण मल्टी डायमेंशनल हैं। ऐसा आदमी जमीन पर खोजना कठिन है, जो कृष्ण में प्रेम करने योग्य तत्व न पा ले। चोर भी कृष्ण को प्रेम कर सकता है। नाचने वाला भी प्रेम कर सकता है। साधु भी प्रेम कर सकता है; असाधु भी प्रेम कर सकता है। युद्ध के क्षेत्र में लड़ने वाला भी प्रेम कर सकता है; गोपियों के साथ नृत्य करने वाला भी प्रेम कर सकता है। कृष्ण एक आर्केस्ट्रा हैं। बहुत वाद्य हैं; सब बज रहे हैं। जिसे जो वाद्य पसंद हो, वह अपने वाद्य को तो प्रेम कर ही सकता है। और इसलिए पूरे कृष्ण को प्रेम करने वाले आदमी पैदा नहीं हो सके। जिन्होंने भी प्रेम किया है, उन्होंने कृष्ण में चुनाव किया है।

सूरदास तो बालकृष्ण को प्रेम करते हैं, गोपियों से वे बहुत डरते हैं। इसलिए बालकृष्ण को प्रेम करते हैं। क्योंकि बालकृष्ण उन्हें जमते हैं कि बिलकुल ठीक हैं। ठीक है कि बालक है; तो चलेगा। जवान कृष्ण से सूरदास को डर लगता है, क्योंकि जवान सूरदास से सूरदास को डर लगा है। तो अपना चुनाव है उनका। वह अपना चुनाव कर लेंगे।

अब अगर केशवदास को कृष्ण को प्रेम करना है, तो बालकृष्ण की वह फिक्र ही छोड़ देंगे। वह तो जवान कृष्ण को—जो कि चांद की छाया में नाच रहा है; जिसके कोई नीति-नियम नहीं हैं; जिसकी कोई मर्यादा नहीं, जो अमर्यादा है, जिसको कोई बंधन नहीं पकड़ते; जो एकदम अराजक है—तो केशवदास तो उस युवा कृष्ण को चुन लेंगे; बालकृष्ण की फिक्र छोड़ देंगे।

अब तक कृष्ण को पूरा प्रेम करने वाला आदमी नहीं हुआ। क्योंकि पूरे

कृष्ण को प्रेम करना तभी संभव है, जब वह आदमी भी मल्टी डायमेंशनल हो। हम आमतौर से एक आयामी होते हैं। एक हमारा ट्रैक होता है व्यक्तित्व का, एक रेल की पटरी होती है, उस पटरी पर हम चलते हैं।

मगर कृष्ण में हमें अपनी पटरी के योग्य मिल जाएगा। इसलिए कृष्ण इस मुल्क के हर तरह के आदमी के लिए प्रीतिकर हैं। बुरे से बुरे आदमी के लिए प्रीतिकर हो सकते हैं।

ध्यान रहे, अदालत में अच्छे आदमियों को तो कभी-कभी जाना पड़ता है—यानी जब बुरे आदमी उनको ले जाते हैं, तब जाना पड़ता है—अदालत आमतौर से बुरे आदमियों की जगह है। बुरा आदमी अगर राम को प्रेम करता होता, तो अदालत में आता ही नहीं। जो अदालत में आ गया है, राम की कसम खिलाना नासमझी है उसको। कृष्णं की कसम खिलाई जा सकती है। अदालत में आकर भी आदमी कृष्ण को प्रेम करता हुआ हो सकता है। बुरे आदमी के लिए भी कृष्ण खुले हैं। इन बुरे आदमियों के लिए भी उनके मकान का एक दरवाजा है, जो खुला है।

राम वगैरह के मंदिर में इकहरे दरवाजे हैं; कृष्ण के मंदिर में बहुत दरवाजे हैं। वहां शराबी भी जाए, तो उसके लिए भी एक दरवाजा है। असल में कृष्ण से बड़ी छाती का आदमी खोजना बहुत मुश्किल है। इसलिए मैं नहीं कहता कि अदालत को पता होगा—यह मुझे पता नहीं—लेकिन जाने-अनजाने, कृष्ण का रेंज व्यक्तियों को छूने का सर्वाधिक है। अधिकतम व्यक्ति उनसे स्पर्शित हो सकते हैं। ऐसा कोई भी व्यक्ति नहीं है, जिससे कृष्ण आलिंगन करने से इनकार करें; कहें कि तू हमारे लिए नहीं, हट! सबके लिए हैं। इसलिए सर्वाधिक के लिए होने से संभावना है।

और पूछा है कि क्या सिर्फ अंधविश्वास है?

नहीं, सिर्फ अंधविश्वास नहीं है। इस जगत में सत्य से भी बड़ा सत्य प्रेम है। और जिसके प्रति प्रेम है, उसके प्रति असत्य होना मुश्किल है। असल में जिसके प्रति प्रेम है, हम उसी के प्रति सत्य हो पाते हैं। जिंदगी में हम सत्य वहीं हो

पाते हैं, जहां हमारा प्रेम है। और अगर प्रेमी के पास भी आप सत्य न हो पाते हों, तो समझना कि प्रेम का धोखा है।

अगर एक पति अपनी पत्नी से भी कुछ छिपाता हो और सत्य न हो पाता हो; एक पत्नी अपने पति से भी कुछ छिपाती हो और सत्य न हो पाती हो—कोई बड़ी बात नहीं, छोटी-मोटी बात भी छिपाती हो; अगर उसे क्रोध आ रहा हो और क्रोध को भी छिपाती हो—तो भी प्रेम की कमी है; तो भी प्रेम नहीं है। प्रेम अपने को पूरा नग्न उघाड़ देता है—सब तरह से, सब परतों पर।

अंधविश्वास कारण नहीं है। प्रेम की रग को पकड़ना जरूरी है, तो ही सत्य बुलवाया जा सकता है। यह भी मैं नहीं जानता कि अदालत को पता है या नहीं। क्योंकि अदालत को प्रेम का कुछ पता होगा, इसमें जरा संदेह है। लेकिन इतना तो मनस-शास्त्र कहता है कि अगर हम प्रेम की रग को पकड़ लें, तो आदमी के सत्य बोलने की सर्वाधिक संभावना है। बोलेगा कि नहीं, यह दूसरी बात है। लेकिन अधिकतम संभावना वहीं है, जहां प्रेम की रग को हम पकड़ लेते हैं। और जहां प्रेम नहीं है, वहां अधिकतम असत्य की संभावना है; क्योंकि सत्य का कोई कारण नहीं रह जाता है।

न हि प्रपश्यामि ममापनुद्याद्
यच्छोकमुच्छोषणमिन्द्रियाणाम्।
अवाप्य भूमावसपत्नमृद्धं
राज्यं सुराणामपि चाधिपत्यम्।। 8।।

क्योंकि भूमि में निष्कंटक धनधान्य संपन्न राज्य को और देवताओं के स्वामीपन को प्राप्त होकर भी मैं उस उपाय को नहीं देखता हूं जो कि मेरी इंद्रियों के सुखाने वाले शोक को दूर कर सके।

संजय उवाच

एवमुक्त्वा हृषीकेशं गुडाकेशः परंतप।
न योत्स्य इति गोविन्दमुक्त्वा तूष्णीं बभूव ह।। 9।।

तमुवाच हृषीकेशः प्रहसन्निव भारत।
सेनयोरुभयोर्मध्ये विषीदन्तमिदं वचः।।10।।

संजय बोले : हे राजन, निद्रा को जीतने वाला अर्जुन अंतर्यामी भगवान श्री कृष्ण के प्रति इस प्रकार कहकर फिर (श्री गोविंद को) युद्ध नहीं करूंगा, ऐसे स्पष्ट कहकर चुप हो गया।

उसके उपरांत हे भरतवंशी धृतराष्ट्र, अंतर्यामी श्री कृष्ण ने दोनों सेनाओं के बीच में उस शोकयुक्त अर्जुन को हंसते हुए से यह वचन कहा।

अर्जुन अति अनिश्चय की स्थिति में है। संजय कहता है, फिर भी ऐसा कहकर कि मैं युद्ध नहीं करूंगा, अर्जुन रथ में बैठ गया है। अति अनिश्चय की स्थिति में ऐसा निश्चयात्मक भाव कि मैं युद्ध नहीं करूंगा, सोचने जैसा है। इतना डिसीसिव वक्तव्य, इतना निर्णायक वक्तव्य कि मैं युद्ध नहीं करूंगा और इतनी अनिश्चय की स्थिति कि क्या ठीक है, क्या गलत है; इतनी अनिश्चय की स्थिति कि मन अविद्या से भरा है मेरा, मुझे प्रकाशित करो। लेकिन मुझे प्रकाशित करो, यह कहता हुआ भी वह निर्णय तो अपना ही ले लेता है। वह कहता है, मैं युद्ध नहीं करूंगा।

इसके जरा भीतर प्रवेश करना जरूरी होगा। अक्सर जब आप बहुत निश्चय की बात बोलते हैं, तब आपके भीतर अनिश्चय गहरा होता है। एक आदमी कहता है कि मैं दृढ़ निश्चय करता हूं। जब ऐसा कोई आदमी कहे, तो समझना कि उसके भीतर अनिश्चय बहुत ज्यादा है, नहीं तो दृढ़ निश्चय की जरूरत नहीं पड़ेगी। जब एक आदमी कहे, मेरा ईश्वर पर पक्का भरोसा है, तो समझना कि भरोसा भीतर बिलकुल नहीं है। नहीं तो पक्के भरोसे का लेबल लगाने की जरूरत नहीं पड़ेगी। जब एक आदमी बार-बार कहे कि मैं सत्य ही बोलता हूं, तब समझना कि भीतर असत्य की बहुत संभावना है। अन्यथा ऐसे बोलने की जरूरत नहीं पड़ेगी।

हम अपने भीतर जो डांवाडोलपन है, उसे निश्चयात्मक वक्तव्यों को

ऊपर से थोपकर मिटाने की कोशिश में रत होते हैं। हम सभी, हम सभी जो भीतर बिलकुल निश्चित नहीं है, उसको भी बाहर चेहरे पर निश्चित करके देख लेना चाहते हैं।

अब यह अर्जुन बड़े मजे की बात कह रहा है। वह कह रहा है, मैं युद्ध नहीं करूंगा। उसने तो आखिरी निर्णय ले लिया, उसने निष्पत्ति ले ली। उसने तो कनक्लूडिंग बात कह दी। अब कृष्ण के लिए छोड़ा क्या है? अगर युद्ध नहीं करूंगा, तो अब कृष्ण से पूछने को क्या बचा है? सलाह क्या लेनी है?

इसलिए दूसरी बात जो संजय कह रहा है, वह बड़ी मजेदार है। वह कह रहा है, कृष्ण ने हंसते हुए...।

वह हंसी किस बात पर है? हंसने का क्या कारण है? अर्जुन हंसी योग्य है? इतनी दुख और पीड़ा में पड़ा हुआ, इतने संकट में, इतनी क्राइसिस में—और कृष्ण हंसते हैं! लेकिन अब तक नहीं हंसे थे। पहली दफे कृष्ण हंसते हैं उसके वक्तव्य को सुनकर।

उस हंसी का कारण है। कि वे देखते हैं, इतना अनिश्चित आदमी इतने निश्चय वक्तव्य दे रहा है कि युद्ध नहीं करूंगा! धोखा किसको दे रहा है? उसके धोखे पर, उसके सेल्फ डिसेप्शन पर, उसकी आत्मवंचना पर कृष्ण को हंसी आ जाती है। जो जानता है, उसे आएगी। देख रहे हैं कि नीचे तो दरारें ही दरारें हैं उसके मन में। देख रहे हैं कि नीचे तो कटा-कटा मन है उसका, टूटा-टूटा मन है। देख रहे हैं कि नीचे कुछ भी तय नहीं है और ऊपर से वह कहता है कि मैं युद्ध नहीं करूंगा। यह वह अपने को धोखा दे रहा है।

हम सब देते हैं। और जब भी हम बहुत निश्चय की भाषा बोलते हैं, तब भीतर अनिश्चय को छिपाते हैं। जब हम बहुत प्रेम की भाषा बोलते हैं, तो भीतर घृणा को छिपाते हैं। और जब हम बहुत आस्तिकता की भाषा बोलते हैं, तो भीतर नास्तिकता को छिपाते हैं। आदमी उलटा जीता है। ऊपर जो दिखाई पड़ता है, ठीक उससे उलटा भीतर होता है।

इसलिए कृष्ण की हंसी बिलकुल मौजूं है, ठीक वक्त पर है। असामयिक

नहीं है, लगेगी असामयिक। अच्छा नहीं लगता यह। बड़ी कठोर बात मालूम पड़ती है कि कृष्ण हंसें। इतने दुख, इतने संकट में पड़ा हुआ अर्जुन, उस पर हंसें! लेकिन हंसी का कारण है। देख रहे हैं उसको कि कैसा दोहरा काम अर्जुन कर रहा है। एक तरफ कुछ कह रहा है, दूसरी तरफ ठीक उलटा वक्तव्य दे रहा है।

दो-सुरे आदमी के वक्तव्य में, दोहरे आदमी के वक्तव्य में हमेशा अंतर्विरोध होता है। अंतर्विरोध बहुत साफ है। यानी वह ऐसा काम कर रहा है, कि एक हाथ से ईंट रख रहा है मकान की और दूसरे हाथ से खींच रहा है; एक हाथ से दीवार उठाता है, दूसरे हाथ से खींचता है; दिनभर मकान बनाता है, रात गिरा लेता है। यह जो दोहरा काम वह कर रहा है, इसलिए कृष्ण हंस रहे हैं। यह हंसी उसके व्यक्तित्व के इस दोहरेपन पर, इस स्क्रिजोफ्रेनिक, बंटे हुए पन पर हंसी के सिवाय और क्या हो सकता है!

मगर कृष्ण की हंसी में काफी इशारा है। लेकिन मैं नहीं समझता कि अर्जुन ने वह हंसी देखी होगी। और मैं नहीं समझता कि अर्जुन ने वह हंसी सुनी होगी।

आखिरी सूत्र और पढ़ लें।

श्री भगवानुवाच

अशोच्यानन्वशोचस्त्वं प्रज्ञावादांश्च भाषसे।
गतासूनगतासूंश्च नानुशोचन्ति पण्डिताः।।11।।

श्री कृष्ण बोले : हे अर्जुन, तू न शोक करने योग्यों के लिए शोक करता है, और पंडितों के से वचनों को कहता है, परंतु पंडितजन, जिनके प्राण चले गए हैं, उनके लिए और जिनके प्राण नहीं गए हैं, उनके लिए भी नहीं शोक करते हैं।

हंसकर जो कृष्ण ने कहा है, वह और भी कठोर है। वे अर्जुन को कहते हैं कि तुम शास्त्र की भाषा बोल रहे हो, लेकिन पंडित नहीं हो, मूढ़ हो, मूर्ख हो। क्योंकि शास्त्र की भाषा बोलते हुए भी तुम जो निष्पत्तियां निकाल रहे हो, वे तुम्हारी अपनी हैं। शास्त्र की भाषा बोल रहा है—क्या-क्या अधर्म हो जाएगा,

क्या-क्या अशुभ हो जाएगा, क्या-क्या बुरा हो जाएगा—पूरी शास्त्र की भाषा अर्जुन बोल रहा है। लेकिन शास्त्र की भाषा पर अपने को थोप रहा है। जो निष्कर्ष लेना चाहता है, वह उसके भीतर लिया हुआ है। शास्त्र से केवल गवाही और समर्थन खोज रहा है।

मूर्ख और पंडित में एक ही फर्क है। मूर्ख भी शास्त्र की भाषा बोल सकता है, अक्सर बोलता है; कुशलता से बोल सकता है। क्योंकि मूर्ख होने और शास्त्र की भाषा बोलने में कोई विरोध नहीं है। लेकिन मूर्ख शास्त्र से वही अर्थ निकाल लेता है, जो निकालना चाहता है। शास्त्र से मूर्ख को कोई प्रयोजन नहीं है; प्रयोजन अपने से है। शास्त्र को भी वह अपने साथ खड़ा कर लेता है गवाही की तरह।

सिमन वेल ने कहीं एक वाक्य लिखा है; लिखा है कि कुछ लोग हैं जो सत्य को भी अपने पक्ष में खड़ा करना चाहते हैं, और कुछ लोग हैं जो सत्य के पक्ष में स्वयं खड़े होना चाहते हैं। बस, दो ही तरह के लोग हैं। कुछ लोग हैं जो धर्म को अपनी पीठ के पीछे खड़ा करना चाहते हैं, शास्त्र को अपने पीछे खड़ा करना चाहते हैं; और कुछ लोग हैं जो धर्म के साथ खड़े होने का साहस रखते हैं।

लेकिन धर्म के साथ खड़ा होना बड़ा क्रांतिकारी कदम है; क्योंकि धर्म मिटा डालेगा, आपको तो बचने नहीं देगा। लेकिन धर्म को अपने पक्ष में खड़ा कर लेना बहुत कनफर्मिस्ट, बहुत सरल, बड़ा रूढ़िग्रस्त कदम है; क्योंकि उससे आप अपने को बचाने के लिए सुविधा और सिक्योरिटी खोजते हैं।

अर्जुन पंडित की भाषा बोल रहा है, पंडित जैसी बातें बोल रहा है। लेकिन अर्जुन को ज्ञान से, प्रज्ञा से कोई लेना-देना नहीं है। अपने पक्ष में सारे शास्त्रों को खड़ा करना चाहता है।

और जो व्यक्ति शास्त्र को अपने पक्ष में खड़ा कर लेना चाहता है, स्वभावतः अपने को शास्त्र के ऊपर रख लेता है। और अपने को शास्त्र के ऊपर रख लेने से ज्यादा खतरनाक और कुछ भी नहीं हो सकता है। क्योंकि उसने यह तो मान ही लिया कि वह ठीक है; उसमें गलती होने की तो उसे अब कोई संभावना न रही। उसने अपने ठीक होने का तो अंतिम निर्णय ले लिया। अब वह शास्त्रों में भी अपने को खोज लेता है।

ईसाई फकीर एक बात कहा करते हैं कि शैतान भी शास्त्र से हवाले दे देता है; अक्सर देता है। कोई कठिनाई नहीं है शास्त्र से हवाले दे देने में। आसान है बात। अर्जुन भी वैसे ही शास्त्र के हवाले दे रहा है।

और बड़े मजे की बात यह है कि किस आदमी के सामने शास्त्र के हवाले दे रहा है! जब शास्त्र मूर्तिमंत सामने खड़ा हो, तब शास्त्र के हवाले सिर्फ नासमझ दे सकता है। किस आदमी के सामने ज्ञान की बातें बोल रहा है! जब ज्ञान सामने खड़ा हो, तब ज्ञान की उधार बातें सिर्फ नासमझ बोल सकता है। कृष्ण का हंसना उचित है। और कृष्ण का यह कहना भी उचित है कि अर्जुन तू पंडित की भाषा बोलता है, लेकिन निपट गंवारी का काम कर रहा है। किसके सामने?

सुना है मैंने कि बोधिधर्म के पास एक आदमी गया बुद्ध की एक किताब लेकर, और बोधिधर्म से बोला कि इस किताब के संबंध में मुझे कुछ समझाओ। बोधिधर्म ने कहा कि यदि तू समझता है कि बुद्ध की किताब मैं समझा सकूंगा, तो किताब को फेंक, मुझसे ही समझ ले। और अगर तू समझता है कि बुद्ध की किताब बोधिधर्म नहीं समझा सकेगा, तो मुझे फेंक, किताब को ही समझ ले।

कृष्ण की हंसी बहुत उचित है। किनके हवाले दे रहा है? और बड़े मजे की बात है, पूरे समय कह रहा है, भगवन्! कह रहा है, भगवान! हे भगवान! हे मधुसूदन! और शास्त्र के हवाले दे रहा है।

भगवान के सामने भी कुछ नासमझ शास्त्र लेकर पहुंच जाते हैं; उनकी नासमझी का कोई अंत नहीं है। अगर कभी भगवान भी उन्हें मिल जाए, तो उसके सामने भी वे गीता के उद्धरण देंगे कि गीता में ऐसा लिखा है। तो भगवान को हंसना ही पड़ेगा कि कम से कम अब तो गीता छोड़ो। लेकिन वे नहीं छोड़ेंगे।

वह अर्जुन, जो आम पंडित की नासमझी है, वही कर रहा है। और कृष्ण सीधे और साफ कह रहे हैं। इतनी सीधी और साफ बात कम कही गई है, बहुत कम कही गई है। कृष्ण कह सकते हैं, कहने का कारण है। लेकिन अर्जुन इसे भी सुनेगा या नहीं, यह कहना मुश्किल है! अर्जुन करीब-करीब पूरी गीता में,

बहुत समय तक, अंधे और बहरे का ही प्रदर्शन करता है। अन्यथा शायद गीता की जरूरत ही नहीं थी। अगर वह एक बार गौर से आंख खोलकर कृष्ण को देख लेता, तो ही बात समाप्त हो गई थी। लेकिन वह भगवान भी कहे चला जाता है और उनकी तरफ ध्यान भी नहीं दे रहा है!

जब खुद भगवान ही सारथी हैं—अगर सच में वह जानता है कि वे भगवान हैं—तो जब वे सारथी बनकर ही रथ पर बैठ गए हों और लगाम उनके ही हाथ में हो, तब वह व्यर्थ अपने सिर पर वजन क्यों ले रहा है सोचने का! अगर वे भगवान ही हैं, ऐसा वह जानता है, तो अब और पूछने की क्या गुंजाइश है? हाथ में लगाम उनके है, छोड़ दे बात! लेकिन वह कहता है भगवान, जानता अभी नहीं है।

हम भी भगवान कहे चले जाते हैं, जानते नहीं हैं। मंदिर में एक आदमी भगवान के सामने खड़े होकर कहता है कि नौकरी नहीं लग रही, नौकरी लगवा दें भगवान। अगर भगवान को जानता ही है, तो इतना तो जानना ही चाहिए कि नौकरी नहीं लग रही, इसका उन्हें पता होगा। यह कृपा करके इन्फर्मेशन मत दें। और अगर इतना भी उनको पता नहीं है, तो ऐसे भगवान के सामने हाथ जोड़कर भी कुछ होने वाला नहीं है। जो आम भक्त भगवान के सामने कर रहा है, कह रहा है, भगवान! और शक उसे इतना भी है कि अब यह लड़के को नौकरी नहीं लग रही है...!

जीसस सूली पर आखिरी क्षण में, जब हाथ में उनके खीले ठोंक दिए गए, तो उनके मुंह से एक आवाज निकल गई जोर से कि हे भगवान, यह क्या दिखला रहा है! यह क्या करवा रहा है! एक क्षण को जीसस के मुंह से निकल गया, यह क्या करवा रहा है!

मतलब क्या हुआ? शिकायत हो गई। मतलब क्या हुआ? मतलब यह हुआ कि जीसस कुछ और देखना चाहते थे और कुछ और हो रहा है। मतलब यह हुआ कि समर्पण नहीं है; मतलब यह हुआ कि भगवान के हाथों में लगाम नहीं है; मतलब यह हुआ कि इस क्षण में जीसस भगवान से ज्यादा बुद्धिमान अपने को समझ रहे हैं!

तत्काल जीसस को खयाल आ गया। अर्जुन को बहुत मुश्किल से खयाल आता है; जीसस को तत्काल खयाल आ गया। जैसे ही उनके मुंह से यह आवाज निकली कि हे भगवान, यह क्या दिखला रहा है! दूसरा वाक्य उन्होंने कहा, क्षमा कर। जो तेरी मर्जी—दाई विल बी डन—तेरी ही इच्छा पूरी हो। यह मैं क्या कह दिया—क्या दिखला रहा है! शक पैदा हो गया।

मेरे हिसाब में तो इस एक वचन को बोलते वक्त जीसस मरियम के बेटे जीसस थे और दूसरे वचन को बोलते वक्त वे क्राइस्ट हो गए। इस बीच में क्रांति घटित हो गई। एक क्षण पहले तक वे सिर्फ मरियम के बेटे जीसस थे, जिसने कहा, यह क्या दिखला रहा है! शिकायत मौजूद थी। आस्तिक के मन में शिकायत नहीं हो सकती। दूसरे क्षण में ही तत्काल उनके मुंह से निकला, क्षमा कर; तेरी इच्छा पूरी हो। जो तू कर रहा है, वही ठीक है; उससे अन्यथा ठीक होने का कोई सवाल ही नहीं है।

बस, वे क्राइस्ट हो गए। दूसरे ही क्षण वे मरियम के साधारण बेटे न रहे; वे परमात्मा के पुत्र हो गए।

अर्जुन कहे तो चला जा रहा है, भगवान, भगवान! लेकिन वह संबोधन है; वैसे ही जैसे सभी संबोधन झूठे होते हैं, औपचारिक होते हैं। अभी भगवान उसे दिखाई नहीं पड़ रहा है। दिखाई तो उसे यही पड़ रहा है कि अपना सखा है कृष्ण। आ गया है साथ, सारथी का काम कर रहा है। साथ है, इसलिए पूछ लेते हैं। बाकी भगवान की जो अनुभूति है, वह अगर उसे हो जाए तो पूछने को क्या बचता है! उसे कहना चाहिए कि लगाम तुम्हारे हाथ में है, जो मर्जी। दाई विल बी डन, अपनी इच्छा पूरी करो।

इसलिए उसके भगवान का संबोधन अभी सार्थक नहीं है। क्योंकि वह संबोधनों के बाद भी निर्णय खुद ले रहा है। वह कह रहा है, मैं युद्ध नहीं करूंगा। कह रहा है, भगवान! कह रहा है, मैं युद्ध नहीं करूंगा। इस पर कृष्ण हंसें और कहें कि तू बड़ी विरोधी बातें बोल रहा है, तो उचित ही है।

शेष संध्या बात करेंगे।

छठवां प्रवचन

मृत्यु के पीछे अजन्मा, अमृत और सनातन का दर्शन

प्रश्न : लक्ष्य के साथ क्रियाएं बनती हैं और निश्चित परिणाम की इच्छा रहती है। अगर हर समय चित्त निरहंकार या निर्विचार रहा, तो क्रियाएं कैसे होंगी? निर्विचार मन कुछ व्यक्त कैसे कर सकता है? सब निरंतर निर्विचार रहने से निष्क्रिय हो जाएं, तो समाज कैसे चल सकता है? समाज नष्ट नहीं हो जाएगा?

निरहंकार होने से कोई निष्क्रिय नहीं होता है; न ही निर्विचार होने से कोई निष्क्रिय होता है। निरहंकार होने से सिर्फ कर्ता का भाव चला जाता है। लेकिन कर्म परमात्मा को समर्पित होकर पूर्ण गति से प्रवाहित होते हैं। नदी बहती है, कोई अहंकार नहीं है। हवाएं चलती हैं, कोई अहंकार नहीं है। फूल खिलते हैं, कोई अहंकार नहीं है। ठीक ऐसे ही सहज, निरहंकारी जीवन से सब कुछ होता है, सिर्फ भीतर कर्ता का भाव संगृहीत नहीं होता है।

इसलिए सुबह जो मैंने कहा कि अर्जुन का अहंकार ही पूरे समय उसकी पीड़ा और उसका संताप बना है। इसका यह अर्थ नहीं कि वह अहंकार छोड़ दे, तो कर्म छूट जाएगा।

और जैसा मैंने कहा कि विचार मनुष्य को चिंता में डालता है; निर्विचार हो जाए चित्त, तो चिंता के बाहर हो जाता है। इसका यह अर्थ नहीं है कि निर्विचार चित्त फिर बोलेगा नहीं, करेगा नहीं, अभिव्यक्ति नहीं रहेगी।

नहीं, ऐसा नहीं है। निर्विचार चित्त बांस की पोंगरी की तरह हो जाएगा। गीत उससे बहेंगे, लेकिन अपने नहीं, परमात्मा के ही बहेंगे। विचार उससे निकलेंगे, लेकिन अपने नहीं, परमात्मा के ही निकलेंगे। समस्त के प्रति समर्पित होगा वैसा चित्त। बोलेगा वही, जो परमात्मा बुलाता है; करेगा वही, जो परमात्मा कराता है। स्वयं के बीच का जो मैं का आधार है, वह बिखर जाएगा। इसके बिखरते ही चिंता नहीं है। इसके बिखरते ही कोई संताप, कोई एंग्जाइटी नहीं है।

न त्वेवाहं जातु नासं न त्वं नेमे जनाधिपाः।
न चैव न भविष्यामः सर्वे वयमतः परम्।। 12।।

क्योंकि आत्मा नित्य है, इसलिए शोक करना अयुक्त है। वास्तव में न तो ऐसा ही है कि मैं किसी काल में नहीं था, अथवा तू नहीं था, अथवा ये राजा लोग नहीं थे और न ऐसा ही है कि इससे आगे हम सब नहीं रहेंगे।

अर्जुन ऐसी चिंता दिखाता हुआ मालूम पड़ता है कि ये सब जो आज सामने खड़े दिखाई पड़ रहे हैं, युद्ध में मर जाएंगे, नहीं हो जाएंगे। कृष्ण उसे कहते हैं, जो है, वह सदा से था; जो नहीं है, वह सदा ही नहीं है।

इस बात को थोड़ा समझ लेना उपयोगी है।

धर्म तो सदा ऐसी बात कहता रहा है, लेकिन विज्ञान ने भी ऐसी बात कहनी शुरू की है। और विज्ञान से ही शुरू करना उचित होगा। क्योंकि धर्म शिखर की बातें करता है, जिन तक सबकी पहुंच नहीं है। विज्ञान आधार की बातें करता है, जहां हम सब खड़े हैं। विज्ञान की गहरी से गहरी खोजों में एक खोज यह है कि अस्तित्व को अनस्तित्व में नहीं ले जाया जा सकता है। जो है, उसे विनष्ट करने का कोई उपाय नहीं है। और जो नहीं है, उसका सृजन करने का भी कोई

उपाय नहीं है। रेत के एक छोटे से कण को भी हमारे विज्ञान की सारी जानकारी और सारे जगत की प्रयोगशालाएं और सारे जगत के वैज्ञानिक मिलकर भी विनष्ट नहीं कर सकते हैं; रूपांतरित भर कर सकते हैं; नए रूप भर दे सकते हैं।

जिसे हम सृजन कहते हैं, क्रिएशन कहते हैं, वह भी नए रूप का निर्माण है—नए अस्तित्व का नहीं, एक्झिस्टेंस का नहीं—फार्म का। और जिसे हम विनाश कहते हैं, वह भी अस्तित्व का विनाश नहीं है, सिर्फ रूप का, आकृति का। आकृतियां बदली जा सकती हैं, लेकिन जो आकृति में छिपा है, वह अपरिवर्तित है। करीब-करीब ऐसा, जैसे कि गाड़ी का चाक चलता है, घूमता है; लेकिन एक कील है, जो खड़ी है, जिस पर चाक घूमता रहता है। जो चाक को ही जानते हैं, वे कहेंगे, सब परिवर्तन है। जो कील को भी जानते हैं, वे कहेंगे, सब परिवर्तन के मूल में, केंद्र पर ठहरा हुआ भी कुछ है, अनमूविंग भी कुछ है।

और बड़े मजे की बात यह है कि अगर चाक से कील अलग कर लें, तो चाक जरा भी घूम न पाएगा। चाक का घूमना उस पर निर्भर है, जो नहीं घूमता है। रूप बदलते हैं। रूप का बदलना उस पर निर्भर है, जो अरूप है, फार्मलेस है और नहीं बदलता है।

अर्जुन जब कह रहा है कि ये सब मर जाएंगे, तब वह फार्म की, रूप की, आकृति की बात कह रहा है। वह कह रहा है, ये सब मिट जाएंगे। उसे आकृति से ज्यादा का कोई भी पता नहीं है।

और जब कृष्ण कहते हैं कि नहीं, जिन्हें तू आज देख रहा है, वे पहले नहीं थे, ऐसा नहीं है। वे पहले भी थे। मैं भी पहले था, तू भी पहले था। और ऐसा भी नहीं है कि जो हम आज हैं, कल नहीं होंगे। कल भी हम होंगे, सदा-सदा अनादि से अनंत तक हमारा होना है। यहां कृष्ण और अर्जुन दो अलग चीजों की बात कर रहे हैं, यह समझ लेना जरूरी है।

अर्जुन रूप की बात कर रहा है, कृष्ण अरूप की बात कर रहे हैं। अर्जुन उसकी बात कर रहा है, जो दिखाई पड़ता है; कृष्ण उसकी बात कर रहे हैं, जो नहीं दिखाई पड़ता है। अर्जुन उसकी बात कर रहा है, जो आंखों और हाथों की

पकड़ में आता है; कृष्ण उसकी बात कर रहे हैं, जो हाथ, आंख और कान की पकड़ के पीछे छूट जाता है। अर्जुन, जैसा हम सब सोचते हैं, वैसा सोच रहा है। कृष्ण, वैसा कह रहे हैं, जैसा हम सब जान सकें कभी तो सौभाग्य है।

जो दिखाई पड़ता है, वह सदा नहीं था। सदा तो बहुत बड़ा शब्द है। जो दिखाई पड़ता है, वह क्षणभर पहले भी नहीं था। आप मेरे चेहरे को देख रहे हैं, क्षणभर पहले यह चेहरा यही नहीं था, क्षणभर बाद यही नहीं होगा। क्षणभर में बहुत कुछ मेरे शरीर में मर गया और बहुत कुछ नया आ गया।

बुद्ध कहा करते थे—कोई उनसे मिलने आता, तो वे उससे कहा करते थे—कि तुम जब मिलने आए थे और जब तुम विदा होओगे, तो वही नहीं होओगे जो मिलने आया था।

घंटे भर में बहुत कुछ बदल जाता है। एक आदमी सत्तर साल में कोई दस बार पूरा का पूरा बदल जाता है। हर सात साल में शरीर के सब अणु-परमाणु बदल जाते हैं। प्रतिक्षण शरीर में कुछ मर रहा है और बाहर फेंका जा रहा है। प्रतिक्षण शरीर में नया जीवित हो रहा है, नया आ रहा है, भोजन से आप नया डाल रहे हैं। और प्रतिपल शरीर से बहुत कुछ बाहर फेंका जा रहा है। सात साल में पूरा शरीर बदल जाता है। लेकिन हम कहे चले जाते हैं कि मैं वही हूं। आकृति की समानता, आकृति की एकता बन जाती है।

फिल्म देखते हैं कभी आप। अगर परदे पर फिल्म को धीमे-धीमे चलाया जाए, तो आप बहुत हैरान हो जाएंगे। इतना हाथ, पैर से इतना ऊपर सिर तक उठे, इतने हाथ के उठने के लिए हजारों चित्र लेने पड़ते हैं। फिर वे चित्र एकदम से तेजी से चलाए जाते हैं। एक चित्र इतना ऊपर दूसरा और ऊपर, तीसरा और ऊपर, चौथा और ऊपर। इतनी तेजी से घूमने से हाथ उठता हुआ मालूम पड़ता है। लेकिन अगर उन्हें धीमे चलाया जाए तो आप पाएंगे कि हाथ के हजार चित्र लेने पड़े हैं।

ठीक ऐसे ही, जब हम एक व्यक्ति को देख रहे हैं, तो हम एक ही व्यक्ति को नहीं देख रहे हैं। जितनी देर हमने देखा, उस बीच हजार चित्र हमारी आंखों ने

ग्रहण किए हैं। भीतर चित्र संष्टि हुए और एक आकृति हमारे मन में बनी। जब तक वह बनी है, तब तक बाहर सब बदल गया है।

विराट आकाश में तारे दिखाई पड़ते हैं। जो तारे हमें दिखाई पड़ते हैं, वे वहीं नहीं होते हैं, जहां दिखाई पड़ते हैं। वहां कभी थे। क्योंकि जो निकटतम तारा है, उससे भी हम तक आने में कोई चार साल रोशनी को लग जाते हैं। और रोशनी धीमी नहीं चलती। रोशनी चलती है एक सेकेंड में एक लाख छियासी हजार मील। एक लाख छियासी हजार मील प्रति सेकेंड से प्रकाश की किरण यात्रा करती है हम तक। चार साल लगते हैं, निकटतम तारे से हम तक पहुंचने में। जब हमारे पास किरण पहुंचती है, तो हमें तारा वहां दिखाई पड़ता है, जहां चार साल पहले था। इस बीच हो सकता है कि रहा ही न हो, बिखर गया हो। और इतना तो तय है कि उस जगह अब नहीं होगा, जहां चार साल पहले था। इस बीच में वह करोड़ों, अरबों, खरबों मील की यात्रा कर गया है।

इसलिए रात हमें जो तारे दिखाई पड़ते हैं, वे वहां नहीं हैं, जहां दिखाई पड़ते हैं। रात बड़ी झूठी है, तारे बिलकुल झूठे हैं। कोई तारा वहां नहीं है। और दूर के तारे हैं। किसी तारे को सौ वर्ष लगते हैं, हजार वर्ष लगते हैं रोशनी पहुंचाने में; करोड़ वर्ष लगते हैं। ऐसे तारे हैं कि जब पृथ्वी बनी थी—कोई चार अरब वर्ष पहले—तब से उनकी चली रोशनी अब तक पृथ्वी पर नहीं पहुंची। इन चार अरब वर्षों में न मालूम क्या हो गया होगा!

जो हमें दिखाई पड़ता है, वह वही नहीं है, जो है। उतनी देर में भी बदल जाता है। जब आंख से मैं देखता हूं आपके चेहरे को, तो आपसे किरण मुझ तक आती है, तब तक भी समय गुजरा। आप वही नहीं होते हैं। इस बीच भीतर सब कुछ बदल गया है। आकृति—सदा की तो बात दूर—क्षणभर भी एक नहीं रहती।

हेराक्लतु ने कहा है, यू कैन नाट स्टेप ट्वाइस इन दि सेम रिवर—एक ही नदी में दोबारा नहीं उतर सकते। यह भी जरा ठीक नहीं है, बिलकुल ठीक नहीं है। एक ही नदी में एक बार भी उतरना बहुत मुश्किल है, दोबारा उतरना तो असंभव है। एक नदी में एक बार भी उतरना मुश्किल है! क्योंकि जब पैर आपका नदी की

सतह को छूता है, तब नीचे नदी भागी जा रही है। जब पैर और थोड़ा नीचे जाता है, तब ऊपर नदी भागी जा रही है। जब पैर और नीचे जाता है, तब नदी भागी जा रही है। आपका पैर नदी में एक फीट उतरता है, उस बीच नदी का सारा पानी भागा जा रहा है। जब आप ऊपर छुए थे, तब नीचे का पानी भाग गया है। जब आप नीचे पहुंचें, तब तक ऊपर का पानी नहीं है।

आकृति तो नदी की तरह भाग रही है। लेकिन आकृति हमें थिर दिखाई पड़ती है। समानता की वजह से तादात्म्य मालूम होता है। वही है जो कल देखा था, वही है जो सुबह देखा था, वही है। प्रतिपल आकृति बदली जा रही है।

यह आकृतियों का जो जगत, यह रूप का जो जगत है, अर्जुन इस रूप के जगत के प्रति चिंतित है बहुत। हम भी चिंतित हैं बहुत। जो मर ही रहा है प्रतिपल, उसके लिए वह कह रहा है कि ये मर जाएंगे तो क्या होगा? जो मर ही रहा है, जिसे बचाने का कोई उपाय नहीं है, उसके लिए वह चिंतित है; वह असंभव के लिए चिंतित है। और जो असंभव के लिए चिंतित है, वह चिंता से कभी मुक्त नहीं हो सकता। असंभव की चिंता ही विक्षिप्तता बन जाती है।

आकृति को सदा बचाना तो दूर, क्षणभर भी बचाना मुश्किल है। एक आकृति का जगत है—रूप का, ध्वनि का, किरण का, तरंगों का—वह कंपित है पूरे समय। सब बदला जा रहा है। अभी हम यहां इतने लोग बैठे हैं, हम सब बदले जा रहे हैं, सब कंपित हैं, सब तरंगायित हैं, सब वेवरिंग हैं, सब बदल रहा है। इस बदलाहट के जगत को, जो भी सोचता हो बचाने की आकांक्षा, वह असंभव आकांक्षा कर रहा है। असंभव आकांक्षाओं के किनारे टकराकर ही मनुष्य विक्षिप्त हो जाता है।

कृष्ण अर्जुन को कह रहे हैं कि तू जो कह रहा है कि ये मर जाएंगे, तो मैं तुझे कहता हूं, ये पहले भी थे, ये बाद में भी होंगे। तू इनके मरने की चिंता छोड़ दे। क्यों?

मुझे सुकरात की घटना याद आती है। सुकरात जब मर रहा था, तो उसके एक मित्र ने, क्रेटो ने पूछा कि आप मर जाएंगे, लेकिन आप चिंतित और परेशान

नहीं दिखाई पड़ते! तो सुकरात ने कहा कि मैं इसलिए चिंतित और परेशान नहीं हूं, क्योंकि मैं सोचता हूं कि यदि मरकर मर ही जाऊंगा, तब तो चिंता का कोई कारण ही नहीं है। क्योंकि जब बचूंगा ही नहीं, तो चिंता कौन करेगा! दुखी कौन होगा! पीड़ित कौन होगा! कौन जानेगा कि मैं मर गया! अगर मैं मर ही जाऊंगा, तो जानने को भी कोई नहीं बचेगा कि मैं मर गया। जानने को भी कोई नहीं बचेगा कि मैं कभी था। जानने को कोई नहीं बचेगा कि सुकरात जैसा कुछ था। इसलिए चिंता का कोई कारण नहीं है। और अगर नहीं मरा, अगर नहीं मरा मरकर भी, तब तो चिंता का कोई कारण ही नहीं है। और दो ही संभावनाएं हैं—सुकरात ने कहा—या तो मैं मर ही जाऊंगा और या फिर नहीं ही मरूंगा। और तीसरी कोई भी संभावना नहीं है। इसलिए मैं निश्चिंत हूं।

कृष्ण अर्जुन को कह रहे हैं कि जो मरने वाला है, वह तेरे बचाने से नहीं बचेगा। और जो नहीं मरने वाला है, वह तेरे मारने से नहीं मर सकता है। इसलिए तू व्यर्थ की चिंता में पड़ रहा है। इस व्यर्थ की चिंता को छोड़।

यह शायद रूप और अरूप के बीच जो जगत् का फैलाव है, अगर हम रूप की तरफ से पकड़ें, तब भी चिंता व्यर्थ है; क्योंकि जो मिट ही रहा है, मिट ही रहा है, मिट ही रहा है, मिट ही जाएगा, पानी पर खींची गई लकीर है। खिंच भी नहीं पाती और मिटनी शुरू हो जाती है। हाथ उठ भी नहीं पाता और मिट गई होती है। अगर हम अरूप से सोचें, तो जो नहीं मिटेगा, नहीं मिटेगा, नहीं मिटेगा, वह कभी मिटा नहीं है। लेकिन अरूप से हमारा कोई परिचय नहीं है, अर्जुन का भी कोई परिचय नहीं है।

यह भी समझ लेना जरूरी है कि अर्जुन की चिंता एक और दूसरी सूचना भी देती है। अर्जुन कहता है, ये सब मर जाएंगे। इसका मतलब है कि अर्जुन अपने को भी रूप ही समझता है। अन्यथा ऐसा नहीं कहेगा। हम दूसरों के संबंध में जो कहते हैं, वह हमारे संबंध में ही कहा गया होता है। जब मैं किसी को मरते देखकर सोचता हूं कि मर गया, खो गया, मिट गया, तब मुझे जानना चाहिए कि मुझे अपने भीतर भी उसका पता नहीं है, जो नहीं मिटता है, नहीं मरता है, नहीं खोता है।

अर्जुन जब चिंता जाहिर कर रहा है कि ये मर जाएंगे, तो वह अपनी मृत्यु की ही चिंता जाहिर कर रहा है। वह यह जानता नहीं कि उसके भीतर भी कुछ है, जो नहीं मरता है। और जब कृष्ण कह रहे हैं कि ये नहीं मरेंगे, तब कृष्ण अपने संबंध में ही कह रहे हैं, क्योंकि वे उसे जानते हैं, जो नहीं मरता है।

हमारा बाहर का ज्ञान, हमारे भीतर के ज्ञान का ही विस्तार है। हमारा जगत का ज्ञान, हमारे स्वयं के ज्ञान का ही विस्तार है, एक्सटेंशन है। जो हम अपने संबंध में जानते हैं, उसे ही फैलाकर हम समस्त के संबंध में जान लेते हैं। और जो हम अपने संबंध में नहीं जानते, उसे हम किसी और के संबंध में कभी नहीं जान सकते। आत्म-ज्ञान ही ज्ञान है; बाकी सब ज्ञान गहरे अज्ञान पर खड़ा होता है। और अज्ञान पर खड़े ज्ञान का कोई भी भरोसा नहीं।

अब वह अर्जुन बड़े ज्ञान की बातें करता हुआ मालूम पड़ता है; वह बड़े धर्म की बातें करता हुआ मालूम पड़ता है; लेकिन उसे इतना भी पता नहीं है कि अरूप भी है कोई, निराकार भी है कोई। अस्तित्व के आधार में कुछ है, जो अमृत है—इसका उसे कोई भी पता नहीं है। और जिसे अमृत का पता नहीं है, उसके लिए जीवन में अभी ज्ञान की कोई भी किरण नहीं फूटी। जिसे मृत्यु का पता है, वह घने अंधकार और अज्ञान में खड़ा है।

कसौटी यही है, अगर ज्ञात है आपको सिर्फ मृत्यु, तो अज्ञान आधार है; और अगर ज्ञात है आपको अमृत, नहीं जो मरता, तो ज्ञान आधार है। अगर मृत्यु का भय है मन में—चाहे दूसरे की, चाहे अपनी, इससे कोई भेद नहीं पड़ता—अगर मृत्यु का भय है मन में, तो गवाही है वह भय इस बात की कि आपको अमृत का कोई भी पता नहीं है।

और अमृत ही है; और मृत्यु केवल ऊपर बनी हुई लहरों का नाम है। सागर ही है लेकिन सागर दिखाई नहीं पड़ता; दिखाई लहरें पड़ती हैं। आप कभी सागर के किनारे गए हैं, तो सागर देखा है? कहेंगे, जरूर देखा है। लेकिन सिर्फ लहरें ही देखी होंगी, सागर नहीं देखा होगा। लहरें सागर नहीं हैं; लहरें सागर में हैं जरूर, लेकिन लहरें सागर नहीं हैं। क्योंकि सागर बिना लहरों के भी हो सकता

है, लेकिन लहरें बिना सागर के नहीं हो सकतीं। पर दिखाई लहरें पड़ती हैं; उन्हीं का जाल फैला है ऊपर। आंखें उन्हीं को पकड़ती हैं, कान उन्हीं को सुनते हैं।

और मजा यह है कि जिस लहर को आप देख रहे हैं, लहर का मतलब ही यह है कि आप उसे कभी न देख पाएंगे। क्योंकि लहर, देख रहे हैं, तभी बदली जा रही है। देख भी नहीं पाए कि बदल गई। लहर का मतलब ही है, जो हो रही है, नहीं हो रही है; जिसका होना और न होना एक साथ चल रहा है; जो उठ रही है और गिर रही है; जो है और नहीं है; जो एक साथ डोल रही है। इस लहर को ही हम देखते हैं।

जिसने लहरों को ही सागर समझा, वह चिंतित हो सकता है कि क्या होगा? लहरें मिट रही हैं, क्या होगा? लेकिन जो सागर को जानता है, वह कहेगा, लहरों को बनने दो, मिटने दो। लहरों में जो पानी है, जो सागर है, वह पहले भी था जब लहर नहीं थी, और बाद में भी होगा जब लहर नहीं होगी।

जीसस से एक मित्र ने पूछा है उनके कि अब्राहम—एक बहुत पुराना प्रोफेट हुआ जेरूसलम में, तो अब्राहम बहुत पहले हुआ— आप अब्राहम के संबंध में क्या जानते हैं? तो जीसस ने कहा, जब अब्राहम हुआ, उसके पहले भी मैं था—बिफोर अब्राहम, आई वाज़—मैं अब्राहम के पहले भी था।

निश्चित ही, उस आदमी को शक हुआ होगा। तीस साल से ज्यादा उम्र नहीं थी जीसस की। अब्राहम को मरे हजारों साल हो गए और यह आदमी कहता है, अब्राहम के पहले भी मैं था। जब अब्राहम नहीं हुआ था, तब भी मैं था।

असल में जीसस सागर की बात कर रहे हैं; उस लहर की बात नहीं कर रहे, जो मरियम से उठी। वह जो जीसस नाम की लहर है, उसकी बात नहीं कर रहे हैं। वह उस सागर की बात कर रहे हैं, जो लहरों के पहले है और लहरों के बाद है।

और जब कृष्ण कहते हैं कि पहले भी हम थे, तू भी था, मैं भी था; ये जो लोग सामने युद्ध के स्थल पर आकर खड़े हैं, ये भी थे; बाद में भी हम होंगे—तो वे सागर की बात कर रहे हैं। और अर्जुन लहर की बात कर रहा है। और अक्सर

सागर और लहर की बात करने वाले लोगों में संवाद बड़ा मुश्किल है, कम्युनिकेशन बहुत मुश्किल है। क्योंकि कोई पूरब की बात कर रहा है, कोई पश्चिम की बात कर रहा है।

इसलिए गीता इतनी लंबी चलेगी। क्योंकि अर्जुन बार-बार लहरों की बातें उठाएगा, और कृष्ण बार-बार सागर की बात करेंगे, और उनके बीच कहीं भी, कहीं भी कटाव नहीं होता। कहीं वे एक-दूसरे को काटते नहीं। काट दें तो बात हल हो जाए। इसलिए लंबी चलेगी बात। वह फिर दोहरकर लहरों पर लौट आएगा। उसे लहरें ही दिखाई पड़ती हैं। और जिसे लहरें दिखाई पड़ती हैं, उसका भी कसूर क्या है! लहरें ही ऊपर होती हैं।

असल में जो देखने पर ही निर्भर है, उसे लहरें ही दिखाई पड़ेंगी। अगर सागर को देखना हो, तो खुली आंख से देखना जरा मुश्किल है। आंख बंद करके देखना पड़ता है। अगर सागर को देखना हो, तो सच तो यह है कि आंख से देखना ही नहीं पड़ता, सागर में डुबकी लगानी पड़ती है। और डुबकी लगाते वक्त आंख बंद कर लेनी होती है। लहरों से नीचे उतरना पड़ता है सागर में। लेकिन जो अभी अपने ही चित्त की लहरों से नीचे न उतरा हो, वह दूसरे के ऊपर उठी लहरों के नीचे नहीं जा सकता है। अर्जुन की सारी पीड़ा आत्म-अज्ञान है।

प्रश्न : यह भी लहर का ही सवाल है। कृष्ण जब अर्जुन से यह कह रहे हैं कि मैं, तू और ये जनादि पहले भी थे और बाद में भी होंगे, इससे यह निष्कर्ष निकलता है, अभी आपने बताया कि आत्मा की फार्मलेस कंटेंट का ही शरीर के फार्म के बजाय महत्व है। लेकिन क्या यह संभावना भी नहीं हो सकती है कि फार्म के बगैर कंटेंट की सम्यक अभिव्यक्ति नहीं हो सकती! घटादि आकृति के बगैर मृत्तिका का क्या प्रयोजन है?

अभिव्यक्ति और अस्तित्व में फर्क है; एक्झिस्टेंस और एक्सप्रेशन में फर्क है। जो अभिव्यक्त नहीं है, वह भी हो सकता है। एक बीज है। छिपा है वृक्ष

उसमें; अभिव्यक्त नहीं है, लेकिन है। है इस अर्थ में कि हो सकता है; है इस अर्थ में कि छिपा है; है इस अर्थ में कि पोटेंशियल है।

अभी आक्सफोर्ड यूनिवर्सिटी की एक लेबोरेटरी में, डिलाबार प्रयोगशाला में, एक बहुत अनूठा प्रयोग चल रहा है, वैज्ञानिक प्रयोग है। और वह प्रयोग, मैं समझता हूं, इस समय चलने वाले प्रयोगों में सर्वाधिक महत्वपूर्ण है। वह प्रयोग यह है कि बहुत संवेदनशील कैमरे बीज में छिपे हुए उस वृक्ष का भी चित्र ले सकते हैं, जो बीस साल बाद पूरा का पूरा प्रकट होगा।

यह बहुत हैरानी वाली बात है। एक कली का चित्र लेते वक्त भूल से यह घटना घट गई। और विज्ञान की बहुत-सी खोजें भूल से होती हैं। क्योंकि वैज्ञानिक बहुत ट्रेडीशनल माइंड के होते हैं। वैज्ञानिक बहुत कनफर्मिस्ट होते हैं। वैज्ञानिक आमतौर से क्रांतिकारी नहीं होता। क्रांतिकारी कभी-कभी वैज्ञानिक हो जाते हैं, यह दूसरी बात है; लेकिन वैज्ञानिक आमतौर से क्रांतिकारी नहीं होता। वैज्ञानिक तो जितना विज्ञान जानता है, उसको जोर से पकड़ता है; और किसी भी नई चीज को प्रवेश नहीं करने देता। पिछले पूरे विज्ञान का इतिहास यह बताता है कि हर विज्ञान की नई खोज में बाकी वैज्ञानिकों ने जितनी बाधा डाली, उतनी और किसी ने भी नहीं डाली है। तो अक्सर नई घटना भूल से घटती है; वैज्ञानिक उसको कर नहीं रहा होता, एक्सिडेंटल होती है।

डिलाबार प्रयोगशाला में बहुत संवेदनशील कैमरों के साथ फूलों पर कुछ अध्यन किया जा रहा था। और एक कली का फोटो लिया गया, लेकिन कली का फोटो तो नहीं आया, फोटो फूल का आया! कैमरे के सामने कली थी और कैमरे के भीतर फूल आया। तब पहले तो यही खयाल हुआ कि जरूर कुछ कैमरे की फिल्म में कुछ भूल हो गई है। कोई एक्सपोजर पहले हो गया। कुछ न कुछ गलती हो गई है। लेकिन फिर भी फूल के खिलने तक प्रतीक्षा करनी चाहिए।

और जब फूल खिला तो बड़ी कठिनाई हो गई। गलती कैमरे की फिल्म में नहीं हुई थी, गलती वैज्ञानिकों की समझ में थी। जब फूल खिला, तो ठीक वह वैसा था, जैसा कि चित्र बना था। तब फिर इस पर काम आगे जारी हुआ। और

ऐसा समझा गया कि जो कल होने वाला है, वह भी किसी सूक्ष्म तरंगों के जगत् में, इस समय भी हो रहा है, तभी कल हो पाएगा।

एक बच्चा पैदा होता है मां से। नौ महीने अंदर गर्भ में छिपा होता रहता है। किसी को पता नहीं, क्या हो रहा है। नौ महीने बाद पैदा होता है। यह नौ महीने बाद अचानक नहीं आ जाता, नौ महीने की इसने भीतर यात्रा की है। एक कली जब फूल बनती है, तो फूल बनने के पहले उसके आस-पास की विद्युत तरंगें यात्रा करती हैं फूल बनने की—गर्भ में। वह चित्र लिया जा सकता है। इसका मतलब यह हुआ कि आज नहीं कल, हम एक बच्चे के चित्र से उसके बुढ़ापे का चित्र भी ले सकेंगे। मैं मानता हूं, ले सकेंगे।

इस अर्थ में ज्योतिष बहुत वैज्ञानिक आधार लेगा। अब तक ज्योतिष वैज्ञानिक नहीं बन सका है। इस अर्थ में वैज्ञानिक बनेगा। जो कल होने वाला है, वह आज भी किसी तल पर हो रहा है—हमें चाहे दिखाई पड़े, चाहे न दिखाई पड़े।

कठिनाई कुछ ऐसी है कि मैं एक वृक्ष के नीचे बैठा हूं, आप वृक्ष के ऊपर बैठे हैं। आप कहते हैं, एक बैलगाड़ी रास्ते पर मुझे दिखाई पड़ रही है। मैं कहता हूं, मुझे दिखाई नहीं पड़ रही है। मैं कहता हूं, कोई बैलगाड़ी नहीं है, रास्ता खाली है। जहां तक रास्ता मुझे दिखाई पड़ता है, रास्ता खाली है। मेरे लिए बैलगाड़ी भविष्य में है, फ्यूचर में है। झाड़ पर आप बैठे हैं, आपके लिए प्रेजेंट में है, वर्तमान में है। आप कहते हैं कि नहीं, बैलगाड़ी है। मैं कहता हूं, होगी; है तो नहीं, भविष्य में होगी। लेकिन आप कहते हैं, वर्तमान में है; मुझे दिखाई पड़ रही है।

फिर बैलगाड़ी मुझे भी दिखाई पड़ने लगती है। भविष्य से मेरे लिए भी वर्तमान में आ जाती है। फिर रास्ते पर चली जाती है, थोड़ी देर में मुझे दिखाई पड़नी बंद हो जाती है। अतीत में चली जाती है, पास्ट में। लेकिन झाड़ पर से आप कहते हैं कि नहीं, मुझे अभी भी दिखाई पड़ रही है। मेरे लिए अभी भी वर्तमान में है।

मेरे लिए बैलगाड़ी भविष्य में थी, वर्तमान में हुई, अतीत में हो गई। आपके लिए एक ही प्रेजेंट में चल रही है, वर्तमान में चल रही है। आप जरा मुझसे ऊंचाई पर बैठे हैं और कोई खास फर्क नहीं है।

जहां से कृष्ण देख रहे हैं, वह ऊंचाई से देखना है, फ्राम दि पीक। जहां से वे कह रहे हैं कि नहीं, कल भी थे, परसों भी थे, पहले भी थे; अभी भी हैं, कल भी होंगे, परसों भी होंगे। असल में कृष्ण जहां से देख रहे हैं, वहां एवर प्रेजेंट है, वहां सब वर्तमान है। अर्जुन जहां से देख रहा है, वहां से वह कहता है, क्या पता जन्म के पहले थे या नहीं थे! मुझे पता नहीं। बस, उसकी यात्रा जन्म तक जाती है। जन्म तक भी नहीं जाती।

अगर आप ठीक से देखेंगे, तो चार वर्ष से पहले की स्मृति आपको नहीं होती है। चार वर्ष से पहले की बात अनुमान है, इनफरेंस है। लोग कहते हैं कि आप थे। चार वर्ष तक आपकी स्मृति जाती है। कोई बहुत बुद्धिमान हुआ, तीन वर्ष तक चली जाएगी। कोई और बहुत ही प्रतिभाशाली हुआ, तो दो वर्ष तक चली जाएगी। लेकिन दो वर्ष तक भी जाए, तो दो व्रर्ष तक आप थे? कुछ कहा नहीं जा सकता। स्मृति ही आधार है, तो दो वर्ष के पहले आप नहीं थे। लेकिन अचानक कैसे हो जाएंगे, अगर दो वर्ष तक न रहे हों।

लेकिन अगर याद आ जाए जन्म तक—दूसरे याद दिला देते हैं—पर मां के पेट में भी आप थे, उसकी कोई स्मृति नहीं है। लेकिन गहरी हिप्नोसिस में उसकी स्मृति भी आ जाती है। गहरे सम्मोहन में व्यक्ति को बेहोश किया जाए, तो वह बता देता है कि वह तीन महीने का जब मां के पेट में था, तो मां गिर पड़ी थी। बच्चे को भी तो चोट लगती है, जब मां गिरती है तो। गर्भ की भी स्मृति आ जाती है। गर्भ के पार की भी स्मृति आ सकती है। पिछले जन्म की भी स्मृति आ सकती है। लेकिन वह हमारे लिए पास्ट होगा। उसकी स्मृति जगानी पड़ेगी। अतीत होगा।

कृष्ण के लिए सब शाश्वत वर्तमान है, दि इटरनल नाउ, अब ही है सब। वे जिस जगह से खड़े होकर देख रहे हैं, वे कहते हैं कि नहीं अर्जुन, पहले भी सब थे, बाद में भी सब होंगे। मैं भी था, तुम भी थे।

यहां भी डर है कि भूल हो जाएगी। यहां भी डर यह है कि अर्जुन समझेगा कि मैं अर्जुन नाम का व्यक्ति पहले भी था। कृष्ण यह नहीं कह रहे हैं। अर्जुन नाम

का व्यक्ति कभी नहीं था पहले; हो नहीं सकता। अर्जुन नाम का व्यक्ति तो सिर्फ एक वस्त्र है। उस वस्त्र के पीछे जो छिपी है चेतना निराकार, वह थी। और अर्जुन नाम का व्यक्ति आगे भी नहीं होगा। वह तो वस्त्र है, वह तो मौत के साथ खो जाएगा। हां, जिस पर टंगा है वस्त्र, वह आगे भी होगा।

कृष्ण जो कह रहे हैं, अगर अर्जुन बहुत भी समझेगा, तो भी भूल होने वाली है। वह भूल यह होगी कि वह ज्यादा से ज्यादा यही समझेगा, तो मैं अर्जुन तुम कृष्ण, हम पहले भी थे। ये जो लोग खड़े हैं, ये पहले भी थे। वह फिर भी वही पूछेगा, ये आकृतियां पहले भी यही थीं?

आकृतियां कभी ये न थीं। लेकिन आकृति अभिव्यक्ति है। अनाकृति, निराकार अस्तित्व—अभिव्यक्ति नहीं है। लेकिन अस्तित्व अनभिव्यक्त भी हो सकता है, अनमैनिफेस्ट भी हो सकता है। जो प्रकट है वही नहीं है, जो अप्रकट है वह भी यही है। प्रकट हमें है ही क्या! बहुत थोड़ा-सा हमें प्रकट है।

अगर हम वैज्ञानिक से पूछें, तो आज वैज्ञानिक कहने लगा है कि हमारे सामने प्रकट बहुत थोड़ा-सा है। यहां हम बैठे हैं। आज से दो सौ साल पहले रेडियो तो नहीं था। आज रेडियो है। यहां हम रेडियो रखे हैं और उसे लगाते हैं और लंदन की आवाज सुनाई पड़नी शुरू हो जाती है। जब आप रेडियो पर बटन घुमाते हैं, तब लंदन से आवाज शुरू हो जाती है? नहीं, लंदन की आवाज तो गुजर ही रही थी पूरे वक्त। सिर्फ आपके पास रेडियो नहीं था, जो पकड़े। जब नहीं सुन रहे थे, तब भी गुजर रही थी; मैनिफेस्ट नहीं थी, प्रकट नहीं थी; अप्रकट गुजर रही थी। कान उसे नहीं पकड़ पाते थे, बस इतना ही। और भी हजारों आवाजें गुजर रही हैं।

वैज्ञानिक कहते हैं कि हमारी आवाज सुनने का एक रेंज है। इतनी तरंगों तक हम सुनते हैं। इतनी तरंगों के नीचे भी नहीं सुनते, इसके ऊपर भी नहीं सुनते। हमारी सुनने की क्षमता की एक सीमा है; उसके पार बहुत कुछ गुजर रहा है, जो हमें सुनाई नहीं पड़ता है। वह है। उसके नीचे भी बहुत कुछ गुजर रहा है, जो हमें सुनाई नहीं पड़ता। वह भी है। जो हमें दिखाई नहीं पड़ता, वह भी है। अस्तित्व उतना ही प्रकट होता है, जितनी हमारे पास इंद्रियां हैं।

समझ लें एक अंधा आदमी है, उसके लिए प्रकाश का कोई अस्तित्व नहीं है। क्योंकि अंधे आदमी के लिए प्रकाश प्रकट होने में असमर्थ है। क्योंकि अंधे आदमी के पास कोई माध्यम नहीं है। जरा सोचें कि कहीं किसी न किसी ग्रह-उपग्रह पर जरूर ऐसे प्राणी होंगे, जिनके पास पांच से ज्यादा इंद्रियां होंगी। तब हमको पहली दफे पता चलेगा कि और भी चीजें हैं जगत में, जिनका हमें कोई भी पता नहीं है। क्योंकि पांच इंद्रियां कोई सीमा नहीं आ गई।

वैज्ञानिक कहते हैं कि कम से कम पचास हजार प्लेनेट्स पर जीवन है, कम से कम पचास हजार प्लेनेट्स पर। कोई चार अरब ग्रहों-उपग्रहों का पता है, उनमें कम से कम पचास हजार पर जीवन के होने की संभावना है। इन पर अलग-अलग तरह का जीवन विकसित हुआ होगा—कहीं सात इंद्रियों वाले, कहीं पंद्रह इंद्रियों वाले, कहीं बीस इंद्रियों वाले व्यक्ति होंगे। तो वे वे चीजें जान रहे होंगे, जिनका हम सपना भी नहीं देख सकते। क्योंकि सपना भी हम वही देख सकते हैं, जो हम जानते हैं। सपने में भी हम वह नहीं देख सकते हैं, जो हम जानते नहीं हैं। हम कल्पना भी नहीं कर सकते, हमारे कालिदास और हमारे भवभूति और हमारे रवींद्रनाथ कविता भी नहीं लिख सकते, कल्पना भी नहीं कर सकते उसकी, जो हमारी इंद्रियों के बाहर है। लेकिन वह है। चूंकि हमें नहीं दिखाई पड़ता है, इसलिए नहीं है, ऐसा कहने का कोई भी कारण नहीं है।

और फिर अभिव्यक्ति बहुत ऊपरी घटना है। अस्तित्व बहुत भीतरी घटना है। अस्तित्व घटना नहीं है, कहना चाहिए, अस्तित्व होना है, बीइंग है। और अभिव्यक्ति हैपनिंग है, घटना है। मैं यहां बैठा हूं। मैं एक गीत गाऊं। जब तक मैंने गीत नहीं गाया था, तब तक गीत मेरे भीतर कहां था? कहीं था। कोई फिजियोलाजिस्ट मेरे शरीर को काट-पीटकर गीत पकड़ पाता? कोई वैज्ञानिक, कोई मनोवैज्ञानिक, कोई मस्तिष्क का सर्जन मेरे मस्तिष्क को काटकर गीत की कड़ी पकड़ पाता? कहीं भी खोजने से मेरे भीतर गीत नहीं मिलता। लेकिन जो गीत मैं गा रहा हूं, अगर वह मेरे भीतर नहीं था, तो उसके आने का उपाय क्या है!

वह अनमैनिफेस्ट था, वह कहीं बीज था, वह कहीं छिपा था। वह कहीं सूक्ष्मतम तरंगों में था, वह कहीं अस्तित्व में तो था, अभिव्यक्त नहीं था। फिर वह

प्रकट हुआ है। फिर वह प्रकट हुआ है। प्रकट होने से वह हो गया है, ऐसा नहीं, प्रकट होने के पहले भी था। और ऐसा भी नहीं कि वह पूरा प्रकट हो गया हो, क्योंकि प्रकट होने में मेरी सीमाएं भी बाधा डालती हैं।

रवींद्रनाथ मरते दम तक कहते रहे कि जो मैं गाना चाहता था, वह गा नहीं पाया हूं। लेकिन जिसको तुम गा ही नहीं पाए, तुम्हें कैसे पता चला कि तुम उसे गाना चाहते थे! जरूर कहीं भीतर कुछ एहसास हो रहा है; कहीं कोई फीलिंग कि कुछ गाना था। जैसा कई बार आपको लगता है कि किसी का नाम जबान पर रखा है और याद नहीं आता। अब बड़े पागलपन की बात कहते हैं आप कि जबान पर रखा है और याद नहीं आता। अगर जबान पर रखा है, तो अब और याद आने की जरूरत क्या है, निकालिए जबान से! लेकिन आप कहते हैं, नहीं, रखा तो जबान पर है, लेकिन याद नहीं आता।

क्या मतलब हुआ इसका? इसका मतलब हुआ कि कहीं कोई एक सरकता एहसास है कि मालूम है, लेकिन फिर भी मैनिफेस्ट नहीं हो पा रहा है, फिर भी अभिव्यक्त नहीं हो पा रहा है, मन पकड़ नहीं पा रहा है। कहीं एहसास है। और अगर आप मर जाएं या आपको काट डाला जाए और हम आपके भीतर सब खोज-बीन करें कि जो बिलकुल जबान पर रखा था, वह कहां है! तो जबान मिल जाएगी, जबान पर रखा हुआ कुछ भी नहीं मिलेगा। मस्तिष्क मिल जाएगा, तंतु मिल जाएंगे, हजारों-हजारों सेल की व्यवस्था मिल जाएगी, काट-पीट हो जाएगी, वह कहीं मिलेगा नहीं। कहीं अनभिव्यक्त, अनमैनिफेस्ट, कहीं छिपा, कहीं अंतराल में, अस्तित्व में दबा वह खो जाता है।

जो कृष्ण कह रहे हैं, वह यह कह रहे हैं कि जो प्रकट हुआ है, वही तू नहीं है। वह जो अप्रकट रह गया है, वही तू है। और जो अप्रकट है, वह बहुत बड़ा है; और जो प्रकट हुआ है, वह एक छोर भर है अर्जुन! ऐसे छोर बहुत बार प्रकट हुए हैं, ऐसे छोर बहुत बार प्रकट होते रहेंगे, होते रहेंगे। लेकिन वह जो अप्रकट है, वह अनंत; वह जो अप्रकट है, अनादि; वह जो अप्रकट है, असीम; वह कभी चुकता नहीं। सारी अभिव्यक्तियों के बाद भी वह अनचुका, पीछे शेष रह जाता है।

निश्चित ही, अभिव्यक्त न होगा तो हम इंद्रियों से उसे न पहचान पाएंगे। हम इंद्रियों से उसे न पहचान पाएंगे, क्योंकि इंद्रियां सिर्फ अभिव्यक्ति को पकड़ती हैं। लेकिन हम इंद्रियां ही नहीं हैं। और अगर हम इंद्रियों के भीतर उतरने की कला सीख जाएं, तो जो अभिव्यक्त नहीं है, वह भी पकड़ा जाता है, वह भी पहचाना जाता है, वह भी देखा जाता है, वह भी सुना जाता है, वह भी हृदय के किसी गहन तल पर स्पर्शित होता है।

अभिव्यक्ति अस्तित्व की अनिवार्यता नहीं है, अभिव्यक्ति अस्तित्व का खेल है; आकृति अस्तित्व की अनिवार्यता नहीं है, आकृति अस्तित्व का खेल है। इसलिए कृष्ण जगत को, जीवन को एक लीला से ज्यादा नहीं कहते हैं। और लीला का मतलब है कि मंच पर कोई आया है, राम बनकर आया है; बस वह एक आकृति है। कोई रावण बनकर आया है, वह एक आकृति है। वे धनुष-बाण लेकर लड़ने खड़े हुए हैं, वह एक आकृति है। परदे के पीछे अभी थोड़ी देर बाद वे गपशप करेंगे, सीता को भूल जाएंगे। झगड़ा बंद हो जाएगा, चाय पीएंगे ग्रीन-रूम में बैठकर।

वह जो कृष्ण कह रहे हैं, वह ग्रीन-रूम की बात कह रहे हैं। अर्जुन जो बात कह रहा है, वह मंच की बात कह रहा है। पर जो मंच पर प्रकट हुआ है, वह सिर्फ रूप है, वह सिर्फ अभिनय है, वह एक आकृति है। और आकृति के बिना अस्तित्व हो सकता है, लेकिन अस्तित्व के बिना आकृति नहीं हो सकती है। जैसा मैंने कहा, लहर नहीं हो सकती सागर के बिना, सागर बिना लहर के हो सकता है।

जब राम और रावण पर्दे के पीछे जाकर गपशप करके चाय पीने लगेंगे, तब राम और रावण की जो आकृतियां बनी थीं, वे कहां हैं? वे नहीं हैं। वे लहरें थीं, वे सिर्फ आकार थे, जो पीछे प्राण न हो, तो नहीं हो जाते हैं। रूप बदलता है, फार्म बदलता है, आकृतियां बदलती हैं, अभिनय बदलता है, अभिनेता नहीं; वह जो पीछे खड़ा है, वह नहीं। कृष्ण उसकी ही बात कर रहे हैं।

देहिनोऽस्मिन्यथा देहे कौमारं यौवनं जरा।
तथा देहान्तरप्राप्तिर्धीरस्तत्र मुह्यति।। 13।।

किंतु जैसे जीवात्मा की इस देह में कुमार, युवा और वृद्ध अवस्था होती है, वैसे ही अन्य शरीर की प्राप्ति होती है। उस विषय में धीर पुरुष मोहित नहीं होता है।

कृष्ण कह रहे हैं कि जैसे इस एक शरीर में भी सब बदलाहट है—बचपन है, जवानी है, बुढ़ापा है, जन्म है, मृत्यु है—जैसे इस एक शरीर में भी कुछ थिर नहीं है, जैसे इस एक शरीर में भी सब अथिर, सब बदला जा रहा है, बच्चे जवान हुए जा रहे हैं, जवान बूढ़े हुए जा रहे हैं, बूढ़े मृत्यु में उतरे जा रहे हैं...।

एक बड़े मजे की बात है, भाषा में पता नहीं चलता, क्योंकि शब्दों में गति नहीं होती। शब्द तो ठहरे हुए, थिर होते हैं, स्टैटिक होते हैं। चूंकि भाषा में शब्द ठहरे हुए होते हैं, जीवन के साथ भाषा बड़ा अनाचार करती है। जीवन में कुछ भी ठहरा हुआ नहीं होता। न ठहरे हुए जीवन पर जब हम ठहरे हुए शब्दों को जड़ देते हैं, तो बड़ी गलती हो जाती है।

हम बोलते हैं, यह बच्चा है। गलत बात बोलते हैं। बच्चा है की स्थिति में कभी नहीं होता, बच्चा पूरे वक्त होने की स्थिति में होता है—हो रहा है। कहना चाहिए, बच्चा हो रहा है। हम कहते हैं, बूढ़ा है। गलत बात कहते हैं। है की स्थिति में कोई बूढ़ा नहीं होता। बूढ़ा हो रहा है। प्रत्येक चीज हो रही है। है की स्थिति में कोई भी चीज नहीं है। इज़ की हालत में कोई भी चीज नहीं है, प्रत्येक चीज बिकमिंग में है। हम कहते हैं, नदी है। कैसी गलत बात कहते हैं! नदी और है हो सकती है? नदी का मतलब ही है कि जो बह रही है, हो रही है।

सब शब्द थिर हैं और जीवन में कहीं भी कुछ थिर नहीं है। इसलिए जीवन के साथ बड़ी भूल हो जाती है। और इन शब्दों को दिन-रात बोलते-बोलते हम भूल जाते हैं। जब हम किसी आदमी को जवान कहते हैं, तो जवान का मतलब क्या होता है जीवन में? भाषाकोश में नहीं, शब्दकोश में नहीं। शब्दकोश में तो

जवान का मतलब जवान होता है। जिंदगी में क्या होता है? जिंदगी में जवान का मतलब सिर्फ बूढ़े होने की तैयारी होता है और कुछ नहीं। शब्दकोश में नहीं कहीं लिखा है ऐसा। शब्दकोश में बूढ़े का मतलब बूढ़ा होता है। जिंदगी में बूढ़े का मतलब मरने की तैयारी होता है। और तैयारी भी ऐसी नहीं कि जो हो गई, हो रही है, होती ही जा रही है।

कृष्ण कह रहे हैं, इस जीवन में भी अर्जुन, चीजें ठहरी हुई नहीं हैं। इस जीवन में भी जिन आकृतियों को तू देख रहा है, कल वे बच्चा थीं, जवान हुईं, बूढ़ी हो गईं।

बड़े मजे की बात है। अगर मां के पेट में जब पहली दफे बीजारोपण होता है, उस सेल, उस कोष्ठ का चित्र ले लिया जाए और आपको बताया जाए कि आप यही थे पचास साल पहले, तो आप मानने को राजी न होंगे कि क्या मजाक करते हैं, मैं और यह! एक छोटा-सा सेल जो नंगी आंख से दिखाई भी नहीं पड़ता, जिसको खुर्दबीन से देखना पड़ता है; जिसमें न कोई आंख है, न कोई कान है, न कोई हड्डी है; जिसमें कुछ भी नहीं है; जिसका पता नहीं कि वह स्त्री होगी कि पुरुष होगा; जिसका पता नहीं, एक छोटा-सा बिंदु, यह काला धब्बा— यह मैं! मजाक कर रहे हैं। यह मैं कैसे हो सकता हूं! लेकिन यह आपकी पहली तस्वीर है। इसे अपने एल्बम में लगाकर रखना चाहिए। और अगर यह आप नहीं हैं, तो जो तस्वीर आपकी आज है, वह भी आप नहीं हो सकते हैं। क्योंकि कल वह भी बदल जाएगी।

अगर हम एक आदमी की, पहले दिन पैदा हुआ था तब की तस्वीर, और जिस दिन मरता है उस दिन की तस्वीर को आस-पास रखें, क्या इन दोनों के बीच कोई भी तालमेल दिखाई पड़ेगा? कोई भी संबंध हम जोड़ पाएंगे? क्या हम कभी कल्पना भी कर पाएंगे कि यह वही बच्चा है, जो पैदा हुआ था, वही यह बूढ़ा मर रहा है! नहीं कोई संगति दिखाई पड़ेगी, बड़ी असंगत बात दिखाई पड़ेगी कि कहां यह कहां वह, इसका कोई संबंध दिखाई नहीं पड़ता है। लेकिन इतने असंगत प्रवाह की भी हम कभी चिंता, कभी विचार नहीं करते हैं।

कृष्ण यही विचार उठाना चाह रहे हैं अर्जुन में। वे यह कह रहे हैं कि जिन आकृतियों को तू कह रहा है कि ये मिट जाएंगी, इसका मुझे डर है; ये आकृतियां मिट ही रही हैं। ये चौबीस घंटे मिटती ही रही हैं। ये सदा मिटने के क्रम में ही लगी हैं।

आदमी पूरी जिंदगी सिवाय मरने के और कुछ करता ही नहीं है। उसकी सारी जिंदगी मरने का ही एक लंबा क्रम है। जन्म में जो शुरू होता है, मृत्यु में वह पूरा होता है। जन्म की प्रक्रिया एक कदम है, मृत्यु की प्रक्रिया दूसरा कदम है।

और ऐसा भी नहीं है कि अचानक मौत एक दिन आ जाती है। मौत जन्म के दिन से रोज-रोज आती ही रहती है; तभी तो पहुंच पाती है। उसको सत्तर साल लग जाते हैं आप तक आने में। या ऐसा समझिए कि आपको सत्तर साल लग जाते हैं उस तक पहुंचने में। लेकिन यात्रा पहले दिन ही शुरू हो जाती है।

यह सब बदल रहा है, लेकिन फिर भी यह खयाल नहीं आता कि इतनी बदलाहट के बीच मुझे यह खयाल क्यों बना रहता है कि मैं वही हूं, जो बच्चे में था; मैं वही हूं, जो जवान में था; मैं वही हूं, जो बूढ़े में है। यह आइडेंटिटी, यह तादात्म्य, इतनी बदलाहट के बीच यह सातत्य, यह स्मृति, यह रिमेंबरिंग कहां बनी रहती है, किसे बनी रहती है, क्यों बनी रहती है? एक स्वर तो जरूर भीतर होना चाहिए जो अनबदला है, अन्यथा कौन याद करेगा?

मैं कहता हूं कि दस साल का था, तो ऐसी घटना घटी। मेरे भीतर जो दस साल में था, वह जरूर किसी तल पर आज भी होना चाहिए। अन्यथा दस साल में जो घटना घटी, उसे मैं कैसे याद कर सकता हूं! मैं तो नहीं था, जो मैं आज हूं, यह तो मैं नहीं था। जो भी आज दिखाई पड़ता है, यह दस साल में मैं नहीं था। किसे याद है? यह स्मृति का सूत्र कहां है? कोई जरूर मेरे गहरे में कोई कील होनी चाहिए, जिस पर सब बदल गया है। रास्ते बदल गए हैं, अनेक-अनेक रास्तों पर वह रथ घूम चुका है, लेकिन कोई एक कील जरूर होनी चाहिए, जिसने चक्के की हर स्थिति देखी है। चक्का खुद याद नहीं रख सकता है, बदल रहा है पूरे समय। कोई अनबदला तत्व चाहिए।

तो कृष्ण कह रहे हैं कि बचपन था, जवानी थी, बुढ़ापा था। इस सब

बदलाहट के बीच कोई थिर, कोई नहीं बदलने वाला, कोई अपरिवर्तित, कोई अनमूविंग तथ्य, उसकी स्मृति जगाने की है। तब फिर हम ऐसा न कह सकेंगे कि मैं बच्चा था; फिर हम ऐसा न कह सकेंगे कि मैं जवान था; फिर हम ऐसा न कह सकेंगे कि मैं बूढ़ा हूं।

नहीं, तब हमारी बात और होगी। तब हम कहेंगे कि मैं कभी बचपन में था, मैं कभी जवानी में था, मैं कभी बुढ़ापे में था। मैं कभी जन्मा, मैं कभी मरने में था। लेकिन यह जो मैं है, यह इन सारी स्थितियों से ऐसे ही टूट जाएगा, जैसे कोई यात्री स्टेशनों से गुजरता है। तो अहमदाबाद के स्टेशन पर नहीं कहता कि मैं अहमदाबाद हूं। वह कहता है कि मैं अहमदाबाद के स्टेशन पर हूं। बंबई पहुंचकर वह यह नहीं कहता कि मैं बंबई हो गया हूं। वह कहता है, मैं बंबई के स्टेशन पर हूं। क्योंकि अगर वह बंबई हो जाए, तो फिर अहमदाबाद कभी नहीं हो सकेगा। अहमदाबाद हो जाए, तो फिर बंबई कभी नहीं हो सकेगा।

आप अगर बच्चे थे, तो जवान कैसे हो सकते हैं? और अगर आप जवान थे, तो बूढ़े कैसे हो सकते हैं? निश्चित ही कोई आपके भीतर होना चाहिए जो बच्चा नहीं था। इसलिए बचपन भी आया और गया; जवानी भी आई और गई; बुढ़ापा भी आया और जाएगा। जन्म भी आया, मृत्यु भी आई; और कोई है, जो इस सब के भीतर खड़ा है और सब आ रहा है और जा रहा है स्टेशंस की तरह।

अगर यह फासला दिखाई पड़ जाए कि जिन्हें हम अपना होना मान लेते हैं, वे केवल स्थितियां हैं। हमारा होना वहां से गुजरा है, लेकिन हम वही नहीं हैं—उसके स्मरण के लिए कृष्ण कह रहे हैं।

प्रश्न : यह शरीर छोड़कर आत्मा अन्य शरीर में प्रवेश करता है। मरण और जन्म के बीच के समय में आत्मा का क्या केवल अस्तित्व रहता है या अभिव्यक्ति भी? उस अवस्था में आत्मा का स्वरूप कैसा होता है?

एक शरीर को छोड़ने के बाद दूसरे शरीर में प्रवेश के बीच जो अंतराल है, उस अंतराल में कोई अभिव्यक्ति भी होती है कि सिर्फ अस्तित्व होता है! अभिव्यक्ति

भी होती है। लेकिन वह अभिव्यक्ति, जैसी अभिव्यक्ति से हम परिचित रहे हैं शरीर के भीतर, वैसी नहीं होती। उस अभिव्यक्ति का माध्यम पूरा बदल जाता है। वह अभिव्यक्ति सूक्ष्म शरीर की अभिव्यक्ति होती है। उसे भी देखा जा सकता है—विशेष ट्यूनिंग में। जैसे रेडियो सुना जा सकता है—विशेष ट्यूनिंग में। उसे भी स्पर्श किया जा सकता है—विशेष व्यवस्था से।

लेकिन साधारण शरीर, जिसे हम जानते हैं वैसा शरीर, तो हम दफना आते हैं, वह नहीं रह जाता। लेकिन वही अकेला शरीर नहीं है हमारे भीतर। उसके भीतर और शरीर और शरीर भी हैं। उसके भीतर शरीरों का एक जाल है। साधारण मृत्यु में सिर्फ पहला शरीर गिरता है। उसके पीछे छिपा दूसरा शरीर हमारे साथ ही यात्रा करता है। सूक्ष्म शरीर कहें, कोई भी नाम दे दें, एस्ट्रल बाडी कहें, कोई भी नाम दे दें—वह हमारे साथ यात्रा करता है। उस शरीर में ही हमारी सारी स्मृतियां, सारे अनुभव, सारे कर्म, सारे संस्कार संगृहीत होते हैं। वह हमारे साथ यात्रा करता है।

उस शरीर को देखा जा सकता है। बहुत कठिन नहीं है उसे देखना। बहुत कठिन नहीं है, बहुत ही सरल है। और जैसे-जैसे दुनिया आगे बढ़ी है सभ्यता में, थोड़ा कठिन हो गया है, अन्यथा इतना कठिन नहीं था। कुछ चीजें खो गई हैं, हमें दिखाई पड़नी मुश्किल हो गई हैं। सिर्फ हम आदी नहीं रहे उनको देखने के। उस दिशा से हमारे मन हट गए हैं। उस दिशा में हमने खोज-बीन बंद कर दी है। अन्यथा वह सूक्ष्म शरीर बहुत सरलता से देखा जा सकता था। अभी भी देखा जा सकता है। और अभी तो वैज्ञानिक आधारों पर भी देखने की बड़ी सफल चेष्टाएं की गई हैं। उस सूक्ष्म शरीर के सैकड़ों-हजारों चित्र भी लिए गए हैं। समस्त वैज्ञानिक उपकरणों से जांच भी की गई है।

यहां हम इतने लोग बैठे हैं। हम इतने ही लोग नहीं बैठे हैं। अगर किसी दिन हम वैसा कैमरा बहुत ठीक से विकसित कर पाए—जो कि हो ही जाएगा, क्योंकि चित्र तो सूक्ष्म शरीरों के लिए ही जाने लगे हैं—और यहां का चित्र किसी दिन उस कैमरे से लिया जाए जो सूक्ष्म शरीरों को भी पकड़ता हो, तो लोग इतने

ही नहीं दिखाई पड़ेंगे, जितने बैठे हैं। और भी बहुत से लोग दिखाई पड़ेंगे, जो हमें दिखाई नहीं पड़ रहे हैं।

महावीर की सभाओं के लिए कहा जाता है कि उनमें बड़ी भीड़ होती थी। लेकिन उस भीड़ में बहुत तरह के व्यक्ति सम्मिलित होते थे। उसमें वे तो सम्मिलित होते थे, जो गांवों से सुनने आए थे; वे भी सम्मिलित होते थे, जो आकाश से सुनने आए थे।

सदा, सब जगह वे चेतनाएं भी मौजूद हैं। कभी वे चेतनाएं अपनी तरफ से भी कोशिश करती हैं कि आपको दिखाई पड़ जाएं। कभी वे चेतनाएं आप कोशिश करें तो भी दिखाई पड़ सकती हैं। लेकिन उनसे उनके दिखाई पड़ने का संबंध विशेष है, सामान्य नहीं है।

एक शरीर से दूसरे शरीर की यात्रा के बीच में शरीर तो होता है, क्योंकि सूक्ष्म शरीर अगर न हो तो नया शरीर ग्रहण नहीं किया जा सकता। सूक्ष्म शरीर को अगर विज्ञान की भाषा में कहें, तो वह बिल्ट-इन-प्रोग्रैम है; नए शरीर को ग्रहण करने की योजना है, ब्लूप्रिंट है। नहीं तो नए शरीर को ग्रहण करना मुश्किल हो जाएगा। आपने अब तक इस जिंदगी तक जो भी संग्रह किया है—संस्कार, अनुभव, ज्ञान, कर्म—जो भी आपने इकट्ठा किया है, जो भी आप हैं, वह सब उसमें है।

कभी आपने देखा, रात जब आप सोते हैं, तो रात सोते समय जो आपका आखिरी विचार होता है, वह सुबह उठते वक्त आपका पहला विचार होता है। नहीं देखा हो तो थोड़ा खयाल करना। रात सोते वक्त नींद के उतरने के आखिरी क्षण में, इधर नींद उतर रही है, उस वक्त आपका जो विचार होगा, वह सुबह जब नींद टूट रही, तब आपका पहला विचार होगा। रात का आखिरी विचार, सुबह का पहला विचार होगा। वह रातभर कहां था? आप तो सो गए थे। अब तक उसे खो जाना चाहिए था। वह आपके सूक्ष्म शरीर में प्रतीक्षा करता रहा—आप फिर उठें, वह फिर आपको पकड़े।

जैसे ही यह शरीर छूटता है, आप एक बिल्ट-इन-प्रोग्रैम—जिंदगीभर की आकांक्षाओं, वासनाओं, कामनाओं का सब संगृहीत ब्लूप्रिंट, एक नक्शा—

अपने सूक्ष्म शरीर में लेकर यात्रा पर निकल जाते हैं। वह नक्शा प्रतीक्षा करेगा, जब तक आप नए शरीर को ग्रहण करें। जैसे ही शरीर ग्रहण होगा, फिर जो-जो संभावना शरीर में उपलब्ध होने लगेगी, जिस-जिस चीज का अवसर बनने लगेगा, वह सूक्ष्म शरीर उन-उन चीजों को प्रकट करना शुरू कर देगा।

लेकिन एक बार ऐसी मृत्यु भी होती है, जब सूक्ष्म शरीर भी आपके साथ नहीं होता। वैसी मृत्यु को ही मुक्ति, वैसी मृत्यु को ही मोक्ष... । उसके बाद सिर्फ अस्तित्व होता है, फिर कोई अभिव्यक्त शरीर नहीं होता। लेकिन साधारण मृत्यु में आपके साथ एक शरीर होता है। असाधारण मृत्यु है वह, महामृत्यु है, समाधिस्थ की होती है। जो इस जन्म में समाधि को उपलब्ध होगा, उसका मतलब होता है कि उसने जीते जी अपने सूक्ष्म शरीर को विसर्जित कर दिया। समाधि का मतलब ही यही है कि उसने जीते जी सूक्ष्म शरीर को विसर्जित कर दिया, बिल्ट-इन-प्रोग्रैम तोड़ डाला। अब आगे की यात्रा के लिए उसके पास कोई योजना न रही। अब न कोई पंचवर्षीय योजना है उसके पास, न कोई पांच जीवन की। अब उसके पास कोई योजना नहीं है। अब वह योजना-मुक्त हो गया। अब इस शरीर के गिरते ही उसके पास सिर्फ अस्तित्व रह जाएगा, अभिव्यक्ति नहीं।

अभिव्यक्ति बंधन है, क्योंकि अभिव्यक्ति पूरे की अभिव्यक्ति नहीं है। इसलिए थोड़ा-सा प्रकट होता है और जो अप्रकट रहता है, वह बेचैन होता है। हमारे प्राणों में जो स्वतंत्रता की छटपटाहट है, हमारे प्राणों में जो मुक्ति की आकांक्षा है, वह इस कारण से है कि बड़ा थोड़ा-सा प्रकट हो रहा है। जैसे एक आदमी के सारे शरीर में जंजीरें बांध दीं और सिर्फ एक अंगुली खुली छोड़ दी। वह अपनी अंगुली हिला रहा है। तकलीफ में पड़ा हुआ है। वह कहता है, मुझे स्वतंत्रता चाहिए। क्योंकि मेरा पूरा शरीर जकड़ा हुआ है।

ऐसे ही हमारा पूरा अस्तित्व जकड़ा हुआ है। एक छोटे-से द्वार से जरा-सी अभिव्यक्ति है, वह अभिव्यक्ति बंधन मालूम पड़ती है। वही हमारी पीड़ा है। छटपटा रहे हैं। लेकिन इस छटपटाहट के हम दो तरह के प्रयोग कर सकते हैं। या तो वह जो छोटा-सा द्वार है हमारा शरीर, उसी के माध्यम से हम अपने को मुक्त करने की कोशिश में लगे रहें, तो हम उसको बड़ा करेंगे।

एक आदमी बड़ा मकान बनाता है। उसका मतलब सिर्फ यह है कि वह अपने शरीर को बड़ा बना रहा है। कोई और मतलब नहीं है। एक आदमी बड़ा मकान बनाता है और बड़े मकान में जरा लगता है कि थोड़ा मुक्त हुआ। स्पेस बढ़ी, जगह बड़ी हुई। छोटी कोठरी में ज्यादा बंद मालूम होता था, बड़े मकान में जरा खुला मालूम पड़ता है। लेकिन थोड़े दिन में वह भी छोटा मालूम पड़ने लगता है। फिर एक बड़ा महल बनाता है, थोड़े दिन में वह भी छोटा मालूम पड़ने लगता है।

असल में आदमी के पास इतना बड़ा अस्तित्व है कि पूरा आकाश भी छोटा है। इसलिए वह कितने ही बड़े मकान बनाता जाए, सब छोटे पड़ जाएंगे। उसको इतनी स्पेस चाहिए, जितनी परमात्मा को मिली है। बस, इससे कम में काम नहीं चल सकता। वहां भी भीतर परमात्मा ही है। वह पूरी जगह चाहता है, वह असीम चाहता है, जहां कहीं कोई सीमा न आती हो। जहां भी सीमा आएगी, वहीं बंधन मालूम होगा। और शरीर बहुत तरह की सीमाएं बना लेता है। देखने की सीमा, सुनने की सीमा, सोचने की सीमा, सब चीज की सीमा है।

और असीम है अस्तित्व और सीमित है अभिव्यक्ति, इसलिए अभिव्यक्ति से मुक्त होना ही संसार से मुक्त होना है। वह जिसको हम पुरानी भाषा में कहें, आवागमन से मुक्त होना, वह अभिव्यक्ति से मुक्त होना है। वह शुद्ध अस्तित्व की तलाश है, प्योर एक्झिस्टेंस की तलाश है। वह उस अस्तित्व की तलाश है, जहां अभिव्यक्ति नहीं होगी, बस होना ही होगा—जस्ट बीइंग—सिर्फ होना ही रह जाएगा। और कोई सीमा न होगी। सिर्फ होने में सीमा नहीं है।

तो जिस दिन कोई समाधि को पाकर, सब बिल्ट-इन-प्रोग्रैम तोड़कर, अभिव्यक्ति की सारी आकांक्षाएं छोड़कर, अभिव्यक्ति की सारी वासनाओं को छोड़कर मरता है, उस दिन उसके पास फिर कोई शरीर नहीं होता, फिर हम उसका फोटोग्राफ नहीं ले सकते।

तो अभी पश्चिम में साइकिक रिसर्च सोसाइटीज ने जो फोटोग्राफ्स लिए हैं, उन फोटोग्राफ्स में महावीर का फोटोग्राफ नहीं हो सकता, उस फोटोग्राफ में बुद्ध को नहीं पकड़ा जा सकता, उस फोटोग्राफ में कृष्ण को नहीं पकड़ा जा

सकता। उस फोटोग्राफ में उनको ही पकड़ा जा सकता है, जो अभी बिल्ट-इन-प्रोग्रैम लेकर चले हैं। जिनके पास एक योजना है, एक ब्लूप्रिंट है शरीर का, उनको पकड़ा जा सकता है। महावीर का फोटोग्राफ नहीं पकड़ा जा सकता है, कोई उपाय नहीं है। अस्तित्व का कोई भी चित्र नहीं लिया जा सकता। अस्तित्ववान का चित्र लिया जा सकता है, अस्तित्व का कोई चित्र नहीं लिया जा सकता है। अस्तित्व का कैसे चित्र होगा? क्योंकि अस्तित्व की कोई सीमा नहीं है। चित्र उसी का हो सकता है, जिसकी सीमा हो।

तो साधारण मृत्यु में तो—पूछा है आपने—शरीर रहेगा, सूक्ष्म हो जाएगा। असाधारण मृत्यु में, योगिक मृत्यु में, महामृत्यु में, निर्वाण में नहीं कोई शरीर रह जाता, सिर्फ अस्तित्व ही रह जाता है। नहीं कोई लहर रह जाती, बस सागर ही रह जाता है।

प्रश्न : वासनामय सूक्ष्म शरीर की शांति के लिए क्या पुत्र-पत्नी कुछ कर सकते हैं? क्योंकि गीता में पिंडदान का उल्लेख आता है।

वासना, प्रत्येक व्यक्ति की अपनी है, दूसरा उसमें कुछ भी नहीं कर सकता। वासना मेरी है, मेरी पत्नी कुछ नहीं कर सकती। हां, लेकिन मेरी वासना के लिए करने के बहाने से अपनी वासना के लिए कुछ कर सकती है। पर वह बहुत दूसरी बात है।

पति मर गया है। पत्नी अपने पति को वासनामुक्त करने की कोशिश करती है—प्रार्थना करती है, हवन करती है, पिंडदान करती है, कुछ भी करती है, कोई आयोजन करती है—इससे उसके पति की वासना में कोई अंतर नहीं पड़ सकता है, लेकिन उसकी स्वयं की वासना में अंतर पड़ सकता है। और योजना का सीक्रेट यही है।

योजना पति की वासना-मुक्ति के लिए नहीं है। क्योंकि पति की वासना-मुक्ति अगर आप करवा दें, तब तो पति को वासना भी पकड़ा सकते हैं आप। तब तो इस दुनिया में मुक्ति मुश्किल हो जाएगी। महावीर मर जाएं और महावीर की

पत्नी वासना पकड़ाए, तो महावीर क्या करेंगे! क्योंकि जिसे हम मुक्त कर सकते हैं, उसे हम बांध भी सकते हैं। तब तो मुक्ति भी बंधन बन जाएगी; तब तो मुक्ति भी असंभव है।

नहीं, लेकिन राज दूसरा है, सीक्रेट दूसरा है। वह सीक्रेट साधारणतः खोला नहीं गया है। राज यह है कि पति मर गया है; पति के लिए तो पत्नी कुछ भी नहीं कर सकती। जिंदा में ही कुछ नहीं कर सकती, मरने के बाद करना तो बहुत मुश्किल है। दूसरे का अपना होना है, जिसमें हमारा कोई प्रवेश नहीं है—न पति का, न पत्नी का, न मां का, न पिता का। लेकिन पति के बहाने वह जो करेगी—अगर वह पति को वासना-मुक्त करने की आकांक्षा से प्रार्थना करे, तो यह प्रार्थना, यह आकांक्षा, यह वासना-मुक्ति की कामना, उसकी अपनी वासना को तिरोहित करेगी।

यह बड़े मजे की बात है कि दूसरे की वासना जगाने में हम अपनी ही वासना जगाते हैं। और दूसरे की वासना मिटाने में हम अपनी ही वासना मिटाते हैं। असल में दूसरे के साथ जो हम करते हैं, गहरे में अपने ही साथ करते हैं। सच तो यह है कि दूसरे के साथ सिर्फ किए जाने का दिखावा हो सकता है, सब करना अंततः अपने ही साथ है। उपयोगी है, लेकिन कृपा करके ऐसा मत सोचें कि वह जो दूसरा यात्रा पर निकल गया है, उसके लिए उपयोगी है। आपके लिए उपयोगी है। आपके लिए सार्थक है।

लेकिन शायद ऐसा अगर कहा गया होता जैसा मैं कह रहा हूं, तो शायद पत्नी प्रार्थना भी न करे। सोचेगी, ठीक है। लेकिन मरे हुए पति के लिए इतना करने की आकांक्षा उसके मन में होती है कि शायद उनको सुगम मार्ग मिल जाए, आनंद की राह मिल जाए, स्वर्ग का द्वार मिल जाए।

होने का बुनियादी कारण है। क्योंकि जिंदा रहते तो हम एक-दूसरे को सिर्फ नर्क के द्वार तक पहुंचाते हैं, एक-दूसरे को दुख में धक्के देते हैं। इसलिए मरने के बाद पछतावा, रिपेंटेंस शुरू होता है। मरने के बाद पति पत्नी को जितना प्रेम करता हुआ दिखाई पड़ने लगता है, ऐसा जिंदगी में कभी नहीं किया था।

रिपेंटेंस शुरू होता है। जीते के साथ जो किया था, उससे बिलकुल उलटा करना शुरू होता है।

बाप के साथ बेटा जिंदा में जो कर रहा था, वह मरने के बाद कुछ और करने लगता है। जिंदा में कभी आदर न दिया था, मरने के बाद तस्वीर, फोटो लगाता है, फूल चढ़ाता है! जिंदा में कभी पैर न दबाए थे, मरने के बाद राख को समेटकर गंगा ले जाता है। जिंदा बाप ने कहा होता कि गंगा ले चलो, तो भूलकर न ले गया होता। मरे बाप को गंगा ले जाता है!

यह बहुत गहरे में हमारा जो जगत है, इसमें हम जिंदा लोगों के साथ इतना दुर्व्यवहार कर रहे हैं कि सिर्फ मरों के साथ क्षमायाचना कर सकते हैं, और कुछ नहीं। इसलिए पति के लिए पत्नी कर सकती है, पति पत्नी के लिए कर सकता है, बेटा बाप के लिए कर सकता है, बेटा मां के लिए कर सकता है। अपने लिए शायद नहीं भी करेगा।

इसलिए एक बहुत मनोवैज्ञानिक सत्य को, एक बहुत गलत कारण देकर पकड़ाने की कोशिश की गई है। वह सत्य केवल इतना है कि हम अपनी वासना को, दूसरे की वासना-शांति के लिए किए गए प्रयास से—अपनी वासना को—शांत करने में सक्षम होते हैं। और यह छोटी बात नहीं है। मगर यह जानकर ही की जानी चाहिए अब। और अब यह जानकर ही होगी; क्योंकि युग बदलता है, प्रौढ़ता बदलती है मस्तिष्क की।

घर में यदि मिठाई रखी है, तो हम बच्चों से कह देते हैं कि भूत है कमरे में, मत जाना। कोई भूत नहीं होता, मिठाई होती है। लेकिन मिठाई बच्चा ज्यादा न खा ले। और बच्चे को अभी समझाने का कोई उपाय नहीं होता कि मिठाई ज्यादा खा लोगे तो नुकसान हो जाएगा। तो भूत खड़ा करना पड़ता है। काम हो जाता है—भूत की वजह से बच्चा नहीं जाता। लेकिन बच्चा फिर जवान हो जाता है। अब इसको कहिए, भूत है, तो वह कहता है, रहने दो, कोई फिक्र नहीं। बल्कि भूत की वजह से और आकर्षण पैदा होता है, वह और चला जाता है। वैसे शायद न भी जाता। अब तो उचित है कि इसे पूरी बात ही समझा दी जाए।

आदमियत ने जो-जो धारणाएं मनुष्यता के बचपन में निर्मित की थीं, वे सभी की सभी अब अस्तव्यस्त हो गई हैं। अब उचित है कि सीधी और साफ बात कह दी जाए। आज से पांच हजार साल पहले जब गीता कही गई होगी या और भी पहले, तो जो धारणाएं मनुष्य के विकास की बहुत प्राथमिक अवस्थाओं में कही गई थीं, वे अब सब हंसने योग्य हो गई हैं। अगर उन्हें बचाना हो तो उनके राज खोल देने जरूरी हैं, उन्हें सीधा-साफ कह देना जरूरी है कि वे इसलिए हैं। भूत नहीं है, मिठाई है। और मिठाई खाने के नुकसान क्या हैं, वे साफ कह देने उचित हैं।

मनुष्य प्रौढ़ हुआ है। और इसलिए मनुष्य सारी दुनिया में अधार्मिक दिखाई पड़ रहा है। यह मनुष्य की प्रौढ़ता है, अधार्मिकता नहीं है। असल में प्रौढ़, एडल्ट आदमी के लिए, एडल्ट ह्युमैनिटी के लिए, प्रौढ़ हो गई मनुष्यता के लिए, बचपन में दिए गए मनुष्यता को जो सिद्धांत थे, अब उनकी आत्मा को फिर से नए शरीर देने की जरूरत है।

मात्रास्पर्शास्तु कौन्तेय शीतोष्णसुखदुःखदाः।
आगमापायिनोऽनित्यास्तांस्तितिक्षस्व भारत।। 14।।

हे कुंतीपुत्र, सर्दी-गर्मी और सुख-दुख को देने वाले इंद्रिय और विषयों के संयोग तो क्षणभंगुर और अनित्य हैं। इसलिए, हे भरतवंशी अर्जुन, उनको तू सहन कर।

जो भी जन्मता है, मरता है। जो भी उत्पन्न होता है, वह विनष्ट होता है। जो भी निर्मित होगा, वह बिखरेगा, समाप्त होगा। कृष्ण कह रहे हैं, इसे स्मरण रख भारत, इसे स्मरण रख कि जो भी बना है, वह मिटेगा। और जो भी बना है, वह मिटेगा; जो जन्मा है, वह मरेगा—इसका अगर स्मरण हो, इसकी अगर याददाश्त हो, इसका अगर होश, अवेयरनेस हो, तो उसके मिटने के लिए दुख का कोई कारण नहीं रह जाता। और जिसके मिटने में दुख का कारण नहीं रह जाता, उसके होने में सुख का कोई कारण नहीं रह जाता।

हमारे सुख-दुख हमारी इस भ्रांति से जन्मते हैं कि जो भी मिला है वह रहेगा। प्रियजन आकर मिलता है, तो सुख मिलता है। लेकिन जो आकर मिला है, वह जाएगा। जहां मिलन है, वहां विरह है। जो मिलन में विरह को देख ले, उसके मिलन का सुख विलीन हो जाता है, उसके विरह का दुख भी विलीन हो जाता है। जो जन्म में मृत्यु को देख ले, उसकी जन्म की खुशी विदा हो जाती है, उसका मृत्यु का दुख विदा हो जाता है। और जहां सुख और दुख विदा हो जाते हैं, वहां जो शेष रह जाता है, उसका नाम ही आनंद है। आनंद सुख नहीं है। आनंद सुख की बड़ी राशि का नाम नहीं है। आनंद सुख के स्थिर होने का नाम नहीं है। आनंद मात्र दुख का अभाव नहीं है। आनंद मात्र दुख से बच जाना नहीं है। आनंद सुख और दुख दोनों से ही उठ जाना है, दोनों से ही बच जाना है।

असल में सुख और दुख एक ही सिक्के के दो पहलू हैं। जो मिलन में सिर्फ मिलन को देखता और विरह को नहीं देखता, वह क्षणभर के सुख को उपलब्ध होता है। फिर जो विरह में सिर्फ विरह को देखता है, मिलन को नहीं देखता, वह क्षणभर के दुख को उपलब्ध होता है। और जब कि मिलन और विरह एक ही प्रक्रिया के दो हिस्से हैं; एक ही मैग्नेट के दो पोल हैं; एक ही चीज के दो छोर हैं।

इसलिए जो सुखी हो रहा है, उसे जानना चाहिए, वह दुख की ओर अग्रसर हो रहा है। जो दुखी हो रहा है, उसे जानना चाहिए, वह सुख की ओर अग्रसर हो रहा है। सुख और दुख एक ही अस्तित्व के दो छोर हैं। और जो भी चीज निर्मित है, जो भी चीज बनी है, वह बिखरेगी; बनने में ही उसका बिखरना छिपा है; निर्मित होने में ही उसका विनाश छिपा है। जो व्यक्ति इस सत्य को पूरा का पूरा देख लेता है, पूरा... ! हम आधे सत्य देखते हैं और दुखी होते हैं।

यह बड़े मजे की बात है, असत्य दुख नहीं देता, आधे सत्य दुख देते हैं। असत्य जैसी कोई चीज है भी नहीं, क्योंकि असत्य का मतलब ही होता है जो नहीं है। सिर्फ आधे सत्य ही असत्य हैं। वे भी हैं इसीलिए कि वे भी सत्य के आधे हिस्से हैं। पूरा सत्य आनंद में ले जाता, आधा सत्य सुख-दुख में डांवाडोल करवाता है।

इस जगत में असत्य से मुक्त नहीं होना है, सिर्फ आधे सत्यों से मुक्त होना है। ऐसा समझिए कि आधा सत्य, हाफ ट्रुथ ही असत्य है। और कोई असत्य है नहीं। असत्य को भी खड़ा होना पड़े तो सत्य के ही आधार पर खड़ा होना पड़ता है, वह अकेला खड़ा नहीं हो सकता; उसके पास अपने कोई पैर नहीं हैं।

कृष्ण कह रहे हैं अर्जुन से, तू पूरे सत्य को देख। तू आधे सत्य को देखकर विचलित, पीड़ित, परेशान हो रहा है।

जो भी विचलित, पीड़ित, परेशान हो रहा है, वह किसी न किसी आधे सत्य से परेशान होगा। जहां भी दुख है, जहां भी सुख है, वहां आधा सत्य होगा। और आधा सत्य पूरे समय पूरा सत्य बनने की कोशिश कर रहा है।

तो जब आप सुखी हो रहे हैं, तभी आपके पैर के नीचे से जमीन खिसक गई है और दुख आ गया है। जब आप दुखी हो रहे हैं, तभी जरा गौर से देखें, आस-पास कहीं दुख के पीछे सुख छाया की तरह आ रहा है। इधर सुबह होती है, उधर सांझ होती है। इधर दिन निकलता है, उधर रात होती है। इधर रात है, उधर दिन तैयार हो रहा है। जीवन पूरे समय, अपने से विपरीत में यात्रा है। जीवन पूरे समय, अपने से विपरीत में यात्रा है। एक छोर से दूसरे छोर पर लहरें जा रही हैं। कृष्ण कहते हैं, भारत! पूरा सत्य देख। पूरा तुझे दिखाई पड़े, तो तू अनुद्विग्न हो सकता है।

यं हि न व्यथयन्त्येते पुरुषं पुरुषर्षभ।
समदुःखसुखं धीरं सोऽमृतत्वाय कल्पते।। 15।।

क्योंकि, हे पुरुषश्रेष्ठ, दुख-सुख को समान समझने वाले जिस धीर पुरुष को ये इंद्रियों के विषय व्याकुल नहीं कर सकते, वह मोक्ष के लिए योग्य होता है।

विरोधी ध्रुवों में बंटा हुआ जो हमारा अस्तित्व है, इन दोनों के बीच, इन दोनों की आकृतियों के भेद को देखकर, इनके भीतर की अस्तित्व की एकता को जो अनुभव कर लेता है, ऐसा व्यक्ति ही ज्ञानी है। जिसे जन्म में मृत्यु की यात्रा

दिखाई पड़ जाती है, जिसे सुख में दुख की छाया दिखाई पड़ जाती है, मिलन में विरह आ जाता है जिसके पास, जो प्रतिपल विपरीत को मौजूद देखने में समर्थ हो जाता है, वैसा व्यक्ति ही ज्ञानी है। देखने में समर्थ हो जाता है—खयाल रखना जरूरी है। ऐसा मानने में समर्थ हो जाता है, वह ज्ञानी नहीं हो जाता है। मान लिया ऐसा, तो काम नहीं चलता है।

माने हुए सत्य अस्तित्व के जरा-से धक्के में गिर जाते हैं और बिखर जाते हैं। जाने हुए सत्य ही जीवन में नहीं बिखरते हैं। जो ऐसा जान लेता है, ऐसा देख लेता है, या कहें कि ऐसा अनुभव कर लेता है और बड़े मजे की बात है कि अनुभव करने कहीं दूर ज़ाने की जरूरत नहीं है। जिंदगी रोज मौका देती है, प्रतिपल मौका देती है। ऐसा कोई सुख जाना है आपने, जो दुख न बन गया हो? ऐसा कोई सुख जाना है जीवन में, जो दुख न बन गया हो? ऐसी कोई सफलता जानी है, जो विफलता न बन गई हो? ऐसा कोई यश जाना है, जो अपयश न बन गया हो?

लाओत्से कहा करता था कि मुझे जीवन में कभी कोई हरा नहीं पाया। वह मर रहा है, आखिरी क्षण है। तो शिष्यों ने पूछा, वह राज हमें भी बता दो, क्योंकि चाहते तो हम भी हैं कि जीतें और कोई हमें हरा न पाए। जरूर बता दें जाने के पहले वह राज, वह सीक्रेट। लाओत्से हंसने लगा। उसने कहा, तुम गलत आदमी हो। तुम्हें बताना बेकार है। तुमने मेरी पूरी बात भी न सुनी और बीच में ही पूछ लिया। मैं इतना ही कह पाया था कि मुझे जिंदगी में कोई हरा नहीं पाया। तुम इतनी जल्दी ही पूछ लिए। पूरी बात तो सुन लो! आगे मैं कहने वाला था कि मुझे जिंदगी में कोई हरा नहीं पाया, क्योंकि मैंने जिंदगी में किसी को जीतना नहीं चाहा। क्योंकि मुझे दिखाई पड़ गया कि जीता कि हारने की तैयारी की। इसलिए मुझे कोई हरा नहीं पाया, क्योंकि मैं कभी जीता ही नहीं। उपाय ही न रहा मुझे हराने का। मुझे हराने वाला आदमी ही नहीं था पृथ्वी पर। कोई हरा ही नहीं सकता था, क्योंकि मैं पहले से ही हारा हुआ था। मैंने जीतने की कोई चेष्टा ही नहीं की। लेकिन तुम कहते हो कि हम भी जीतना चाहते हैं और हम भी चाहते हैं कि कोई हमें हरा न पाए, तब तो तुम हारोगे। क्योंकि जीत और हार एक ही सिक्के के दो पहलू हैं।

कृष्ण कह रहे हैं, वह यह कह रहे हैं कि ऐसा जो देख लेता है... ! और देखने का ध्यान रखें; यह देखना एक्झिस्टेंशियल अनुभव है; यह अस्तित्वगत अनुभव है। हम रोज जानते हैं, लेकिन पता नहीं कैसे चूक जाते हैं देखने से! कैसे अपने को बचा लेते हैं देखने से! शायद कोई बड़ी ही चालाकी हम अपने साथ करते हैं। अन्यथा ऐसा जीवंत सत्य दिखाई न पड़े, यही आश्चर्य है।

रोज अनुभव में आता है। सब चीजें अपने से विपरीत में बदल जाती हैं। ज्यादा गहरी मित्रता करें और शत्रुता जन्मनी शुरू हो जाती है। लेकिन तरकीब क्या है हमारी इससे बच जाने की? तरकीब हमारी यह है कि जब मित्र शत्रु बनने लगता है, तो हम ऐसा नहीं समझते हैं कि मित्रता शत्रुता बन रही है, हम समझते हैं कि मित्र शत्रु बन रहा है। बस वहीं भूल हो जाती है। जब एक मित्र शत्रु बनने लगता है, तो हम समझते हैं कि मित्र शत्रु बन रहा है; दूसरा कोई मित्र होता तो नहीं बनता, यह आदमी दगाबाज था। तीसरा कोई मित्र होता तो नहीं बनता, यह आदमी दगाबाज था। वह दूसरा मित्र, आप भी उसके शत्रु बन रहे हैं अब, वह भी यही सोचता है कि यह आदमी गलत आदमी चुन लिया। ठीक आदमी होता तो कभी ऐसा नहीं होने वाला था। मित्र जब शत्रु बनता है, तब हम सत्य से वंचित रह जाते हैं। सत्य यह है कि मित्रता शत्रुता बन जाती है। लेकिन हम मित्र पर थोपकर, फिर दूसरे मित्र की तलाश में निकल जाते हैं।

एक आदमी ने अमेरिका में आठ बार शादियां कीं। मगर होशियार आदमी रहा होगा। पहली शादी, सालभर बाद तलाक किया। देखा कि पत्नी गलत है। कोई अनहोनी बात नहीं देखी; सभी पति देखते हैं, सभी पत्नियां देखती हैं। देखा कि पत्नी गलत है, चुनाव गलत हो गया। तलाक कर दिया। फिर दूसरी पत्नी चुनी। छः महीने बाद पता चला कि फिर गलत हो गया! आठ बार जिंदगी में शादी की। लेकिन मैंने कहा कि आदमी होशियार होगा, क्योंकि आठ बार की भूल से भी जो ठीक सत्य पर पहुंच जाए, वह भी असाधारण आदमी है। आठ हजार बार करके भी नहीं पहुंचते, क्योंकि हमारा तर्क तो वही रहता है हर बार।

आठ बार के बाद उसने शादी नहीं की। और उसके मित्रों ने पूछा कि

तुमने शादी क्यों न की? तो उसने कहा कि आठ बार में एक अजीब अनुभव हुआ कि हर बार जिस स्त्री को मैं ठीक समझकर लाया, वह पीछे गलत साबित हुई। तो पहली दफा मैंने सोचा कि वह स्त्री गलत थी। दूसरी दफे सोचा कि वह स्त्री गलत थी। लेकिन तीसरी दफे शक पैदा होने लगा। चौथी दफा तो बात बहुत साफ दिखाई पड़ने लगी। फिर भी मैंने कहा, एक-दो प्रयोग और कर लेने चाहिए। आठवीं बार बात स्पष्ट हो गई कि यह सवाल स्त्री के गलत और सही होने का नहीं है। जिससे भी सुख चाहा, उससे दुख मिलेगा। जिससे भी सुख चाहा, उससे दुख मिलेगा। क्योंकि सब सुख दुख में बदल जाते हैं। जिससे भी मित्रता चाही, उससे शत्रुता मिलेगी। क्योंकि सभी मित्रताएं शत्रुताओं की शुरुआत हैं।

ट्रिक कहां है मन की? धोखा कहां है? तरकीब?

तरकीब है, अनुभूति के सत्य को, स्थिति के सत्य को, हम व्यक्तियों पर थोप देते हैं। फिर नया व्यक्ति खोजने निकल जाते हैं। साइकिल नहीं है घर में, साइकिल खरीद ली। फिर पाते हैं, सोचा था कि बहुत सुख मिलेगा, नहीं मिला। लेकिन तब तक यह खयाल भी नहीं आता कि जिस साइकिल के लिए रात-रातभर सपने देखे थे कि मिल जाए तो बहुत सुख मिलेगा, अब बिलकुल नहीं मिल रहा है। लेकिन वह बात ही भूल जाते हैं। तब तक हम कार मिल जाए तो उसके सुख में लग जाते हैं। फिर कार भी मिल जाती है। फिर भूल जाते हैं कि जितना सुख सोचा था, उतना मिला? वह कभी मिलता नहीं।

मिलता है दुख, खोजा जाता है सुख। मिलती है घृणा, खोजा जाता है प्रेम। मिलता है अंधकार, यात्रा की जाती है सदा प्रकाश की। लेकिन इन दोनों को हम कभी जोड़कर नहीं देख पाते, गणित को हम कभी पूरा नहीं कर पाते। उसका एक कारण और भी खयाल में ले लेना जरूरी है। क्योंकि दोनों के बीच में टाइम-गैप होता है, इसलिए हम नहीं जोड़ पाते हैं।

अफ्रीका में जब पहली दफा पश्चिम के लोग पहुंचे, तो बड़े हैरान हुए। क्योंकि अफ्रीकनों में यह खयाल ही नहीं था कि बच्चों का संभोग से कोई संबंध

है। उनको पता ही नहीं था इस बात का कि बच्चे का जन्म संभोग से किसी भी तरह जुड़ा हुआ है। टाइम-गैप बड़ा है। एक तो सभी संभोग से बच्चे पैदा नहीं होते। दूसरे नौ महीने का फर्क पड़ता है। अफ्रीका में खयाल ही नहीं था कबीलों में कि बच्चे का कोई संबंध संभोग से है। संभोग से कुछ लेना-देना ही नहीं है। कॉज़ और एफेक्ट में इतना फासला जो है—कारण नौ महीने पहले, कार्य नौ महीने बाद—तो जोड़ नहीं हो पाता।

सुख को जब हम पकड़ते हैं, जब तक वह दुख बनता है, तब तक बीच में टाइम गिरता है समय गिरता है। तो हम जोड़ नहीं पाते कि ये दोनों बिंदु जुड़े हैं। यह वही सुख है जो अब दुख बन गया। नहीं, वह हम नहीं जोड़ पाते। मित्र को शत्रु बनने में समय लगेगा न! आखिर कुछ भी बनने में समय लगता है। तो जब मित्र बना था तब, और जब शत्रु बना तब, वर्षों बीच में गुजर जाते हैं। जोड़ नहीं पाते कि मित्र बनने में और शत्रु तक पहुंचने में इतना वक्त लगा। नहीं, मित्र बनने की घटना अलग है और शत्रु बनने की घटना अलग है। तब तय नहीं कर पाते; तब व्यक्ति पर ही थोप देते हैं कि गलती व्यक्ति के साथ हो गई है।

कृष्ण अर्जुन से कह रहे हैं कि तू आर-पार देख, पूरा देख। और जो इस पूरे को देख लेता है, वह ज्ञानी हो जाता है। और ज्ञानी को फिर ठंडा और गरम, सुख और दुख पीड़ा नहीं देते। लेकिन इसका यह मतलब मत समझ लेना कि ज्ञानी को ठंडे और गरम का पता नहीं चलता है।

ऐसी भ्रांति हुई है, इसलिए मैं कहता हूं। ऐसी भ्रांति हुई है। तब तो वह ज्ञानी न हुआ, जड़ हो गया। अगर सेंसिटिविटी मर जाए, तो उसको पता ही न चले। तो कई जड़-बुद्धि ज्ञानी होने के भ्रम में पड़ जाते हैं, क्योंकि उनको ठंडी और गरमी का पता नहीं चलता। थोड़े अभ्यास से पता नहीं चलेगा। इसमें कोई कठिनाई तो नहीं है।

ध्यान रहे, ज्ञानी को ठंडे और गरम से, सुख और दुख से पीड़ा नहीं होती। सुख और दुख में चुनाव नहीं रह जाता, च्वाइस नहीं रह जाती, च्वाइसलेसनेस हो जाती है। इसका यह मतलब नहीं है कि दिखाई नहीं पड़ता।

इसका यह मतलब नहीं है कि ज्ञानी को सुई चुभाएं तो पता नहीं चलेगा। इसका यह मतलब नहीं है कि ज्ञानी के गले में फूल डालें तो सुगंध न आएगी और दुर्गंध फेंकें तो दुर्गंध न आएगी।

नहीं, सुगंध और दुर्गंध दोनों आएंगी, शायद आपसे ज्यादा आएंगी। उसकी संवेदनशीलता आपसे ज्यादा होगी। उसकी सेंसिटिविटी ज्यादा होगी। क्योंकि वह अस्तित्व के प्रति ज्यादा सजग होगा; क्षण के प्रति ज्यादा जागा होगा। उसकी अनुभूति आपसे तीव्र होगी। लेकिन वह यह जानता है कि सुगंध और दुर्गंध, गंध के ही दो छोर हैं।

कभी, जहां सुगंध बनती है, उस फैक्टरी के पास से गुजरें तो पता चल जाएगा। असल में दुर्गंध को ही सुगंध बनाया जाता है। खाद डाल देते हैं और फूल में सुगंध आ जाती है। सुगंध और दुर्गंध, गंध के ही दो छोर हैं। गंध अगर प्रीतिकर लगती है, तो सुगंध मालूम होती है; गंध अप्रीतिकर लगती है, तो दुर्गंध मालूम पड़ती है।

ऐसा नहीं है कि ज्ञानी को पता नहीं चलता कि क्या सौंदर्य है और क्या कुरूप है। बहुत पता चलता है। लेकिन यह भी पता चलता है कि सौंदर्य और कुरूप आकृतियों के दो छोर हैं, एक ही लहर के दो छोर हैं। इसलिए पीड़ित नहीं होता, डांवाडोल नहीं होता, अस्थिर नहीं होता। संतुलन नहीं खोता।

लेकिन इससे बड़ी भ्रांति हुई है। और वह भ्रांति यह हुई है कि जिस आदमी को ठंडी-गरमी का पता न चले, वह ज्ञानी हो गया! यह बहुत आसान है। वह काम बहुत कठिन है, जो मैं कह रहा हूं! ठंडी-गरमी का पता न चले, इसके लिए तो थोड़ा-सा ठंडी-गरमी का अभ्यास करने की जरूरत है। ठंडी-गरमी का पता नहीं चलेगा, चमड़ी जड़ हो जाएगी, उसका बोध कम हो जाएगा। जरा नाक में, नासापुटों में जो थोड़े से गंध के तंतु हैं, अगर दुर्गंध के पास बैठे रहें, वे अभ्यासी हो जाएंगे।

तो परमहंस भी हो जाते हैं लोग, दुर्गंध के पास बैठकर। नासमझ उनके चरण भी छूते हैं कि बड़ा परमहंस है, दुर्गंध का पता नहीं चल रहा है!

किस भंगी को पता चलता है? नासापुट नष्ट हो जाते हैं। लेकिन इससे भंगी परमहंस नहीं हो जाता।

खलील जिब्रान ने एक छोटी-सी कहानी लिखी है, वह मैं कहूं, फिर आज की बात पूरी करूं। फिर हम सुबह बात करेंगे।

जिब्रान ने लिखा है कि गांव से, देहात से, एक औरत शहर आई मछलियां बेचने। मछलियां बेच दीं। लौटती थी सांझ, तो उसकी सहेली थी शहर में। गांव की ही लड़की थी। उसने उसे ठहरा लिया कि आज रात रुक जा। वह एक माली की पत्नी थी, मालिन थी; बगिया थी सुंदर उसके पास, फूल ही फूल थे। मेहमान घर में आया है, गरीब मालिन, उसके पास कुछ और तो न था। उसने बड़े फूल—मोगरे के, गुलाब के, जुही के, चमेली के—उसके चारों तरफ लाकर रख दिए।

रात उसे नींद न आए। वह करवट बदले, और बदले, और नींद न आए। मालिन ने उससे पूछा कि नींद नहीं आती? कोई तकलीफ है? उसने कहा, तकलीफ है। ये फूल हटाओ—एक। और मेरी टोकरी, जिसमें मैं मछलियां लाई थी, वह टोकरी मुझे दे दो, उसमें थोड़ा पानी छिड़क दो।

अपरिचित मकान हो तो मुश्किल हो जाती है। अपरिचित गंध! मछलियां आदत का हिस्सा थीं, लेकिन इससे कुछ कोई परमहंस नहीं हो जाता।

ठंडी और गरमी का पता न चले तो कोई ज्ञानी नहीं हो जाता। सुख-दुख का पता न चले तो कोई ज्ञानी नहीं हो जाता।

सुख-दुख का पूरी तरह पता चले और फिर भी सुख-दुख संतुलन न तोड़ें सुख-दुख का पूरी तरह पता चले, लेकिन सुख में भी दुख की छाया दिखे, दुख में भी सुख की छाया दिखे। सुख-दुख आर-पार, ट्रांसपैरेंट दिखाई पड़ने लगें, तो व्यक्ति ज्ञान को उपलब्ध होता है।

शेष कल।

सातवां प्रवचन

भागना नहीं—जागना है

नासतो विद्यते भावो नाभावो विद्यते सतः।
उभयोरपि दृष्टोऽन्तस्त्वनयोस्तत्त्वदर्शिभिः।। 16।।

और हे अर्जुन, असत (वस्तु) का तो अस्तित्व नहीं है और सत का अभाव नहीं है। इस प्रकार, इन दोनों को हम तत्व-ज्ञानी पुरुषों द्वारा देखा गया है।

क्या है सत्य, क्या है असत्य, उसके भेद को पहचान लेना ही ज्ञान है, प्रज्ञा है। किसे कहें है और किसे कहें नहीं है, इन दोनों की भेद-रेखा को खींच लेना ही जीवन की सबसे बड़ी उपलब्धि है। क्या है स्वप्न और क्या है यथार्थ, इसके अंतर को समझ लेना ही मुक्ति का मार्ग है। कृष्ण ने इस वचन में कहा है, जो है, और सदा है, और जिसके न होने का कोई उपाय नहीं है, जिसके न होने की कोई संभावना ही नहीं है, वही सत है, वही रियल है। जो है, लेकिन कभी नहीं था और कभी फिर नहीं हो सकता है, जिसके न हो जाने की संभावना है, वही असत है, वही अनरियल है।

यहां बहुत समझ लेने जैसी बात है। साधारणतः असत, अनरियल हम उसे कहते हैं, जो नहीं है। लेकिन जो नहीं है, उसे तो असत कहने का भी कोई

अर्थ नहीं है। जो नहीं है, उसे तो कुछ भी कहने का कोई अर्थ नहीं है। जो नहीं है, उसे इतना भी कहना कि वह नहीं है, गलत है, क्योंकि हम है शब्द का प्रयोग कर रहे हैं। जब हम कहते हैं नहीं है, तब भी हम है शब्द का प्रयोग कर रहे हैं। जो नहीं है, उसके लिए नहीं है, कहना भी गलत है। जो नहीं है, वह नहीं ही है, उसकी कोई बात ही अर्थहीन है।

इसलिए असत का अर्थ नान-एक्झिस्टेंट नहीं होता है। असत का अर्थ होता है, जो नहीं है, फिर भी है; जो नहीं है, फिर भी होने का भ्रम देता है; जो नहीं है, फिर भी प्रतीत होता है कि है। रात स्वप्न देखा है, नहीं कह सकते कि वह नहीं है। नहीं था, तो देखा कैसे? नहीं था, तो स्वप्न भी हो सके, संभव नहीं है। देखा है, जीया है, गुजरे हैं, लेकिन सुबह उठकर कहते हैं कि स्वप्न था।

यह सुबह उठकर जिसे स्वप्न कहते हैं, उसे बिलकुल नहीं, नान-एक्झिस्टेंट नहीं कहा जा सकता। था तो जरूर। देखा है, गुजरे हैं। और ऐसा भी नहीं था कि जिसका परिणाम न हुआ हो। जब रात स्वप्न में भयभीत हुए हैं, तो कंप गए हैं। असली शरीर कंप गया है, प्राण कंप गए हैं, रोएं खड़े हो गए हैं। नींद भी टूट गई है स्वप्न से, तो भी छाती धड़कती रही है। जागकर देख लिया है कि स्वप्न था, लेकिन छाती धड़की जा रही है, हाथ-पैर कंपे जा रहे हैं।

यदि वह स्वप्न बिलकुल ही नहीं होता, तो उसका कोई भी परिणाम नहीं हो सकता था। था, लेकिन उस अर्थ में नहीं था, जिस अर्थ में जागकर जो दिखाई पड़ता है, वह है। उसे किस कोटि में रखें—न होने की, होने की? उसे किस जगह रखें? था जरूर और फिर भी नहीं है!

असत की जो कोटि है, असत की जो केटेगरी है, अनरियल की जो कोटि है, वह अनस्तित्व की कोटि नहीं है। अनरियल, असत की कोटि अस्तित्व और अनस्तित्व के बीच की कोटि है। ऐसा सत, जो सत मालूम पड़ता है, लेकिन नहीं है।

लेकिन हम यह कैसे जानेंगे? क्योंकि स्वप्न में तो पता नहीं पड़ता कि जो हम देख रहे हैं, वह नहीं है। स्वप्न में तो मालूम होता है, जो देख रहे हैं, वह

बिलकुल है। और ऐसा नहीं है कि पहली दफे स्वप्न देखने में ऐसा मालूम पड़ता हो। जीवनभर स्वप्न देखकर भी और रोज सुबह जागकर भी, जानकर कि नहीं था, आज रात फिर जब स्वप्न आएगा, तब स्वप्न में पूरी तरह लगेगा कि है। लगता है पूरी तरह कि है; भासता है पूरी तरह कि है; फिर भी सुबह जागकर पाते हैं कि नहीं है।

यह जो एपिअरेंस है, भासना है, यह जो दिखाई पड़ना है, यह जो होने जैसा धोखा है, इसका नाम असत है। संसार को जब असत कहा है, तो उसका यह अर्थ नहीं है कि संसार नहीं है। उसका इतना ही अर्थ है कि चेतना की ऐसी अवस्था भी है, जब हम जागने से भी जागते हैं। अभी हम स्वप्न से जागकर देखते हैं, तो पाते हैं, स्वप्न नहीं है। लेकिन जब हम जागने से भी जागकर देखते हैं, तो पाते हैं कि जिसे जागने में जाना था, वह भी नहीं है। जागने से भी जाग जाने का नाम समाधि है। जिसे अभी हम जागना कह रहे हैं, जब इससे भी जागते हैं, तब पता चलता है कि जो देखा था, वह भी नहीं है।

कृष्ण कह रहे हैं, जिसके आगे-पीछे न होना हो और बीच में होना हो, वह असत है। जो एक समय था कि नहीं था और एक समय आता है कि नहीं हो जाता है, उसके बीच की जो घटना है, बीच की जो हैपनिंग है, दो न होने के बीच जो होना है, उसका नाम असत है; उसका नाम अनरियल है।

लेकिन जिसका न होना है ही नहीं, जिसके पीछे भी होना है, बीच में भी होना है, आगे भी होना है, जो तीनों तलों पर है ही; सोएं तो भी है, जागें तो भी है, जागकर भी जागें तो भी है; निद्रा में भी है, जागरण में भी है, समाधि में भी है; जो चेतना की हर स्थिति में ही है, उसका नाम सत है। और ऐसा जो सत है, वह सदा है, सनातन है, अनादि है, अनंत है।

जो ऐसे सत को पहचान लेते हैं, वे बीच में आने वाले असत के भंवर को, असत की लहरों को देखकर न सुखी होते हैं, न दुखी होते हैं। क्योंकि वे जानते हैं, जो क्षणभर पहले नहीं था, वह क्षणभर बाद नहीं हो जाएगा। दोनों ओर न होने की खाई है, बीच में होने का शिखर है। तो स्वप्न है। तो असत है। दोनों ओर होने का ही विस्तार है अंतहीन, तो जो है, वह सत है।

कसौटी, कृष्ण कीमती कसौटी हाथ में देते हैं, उससे सत की परख हो सकती है। सुख अभी है, अभी क्षणभर पहले नहीं था, और अभी क्षणभर बाद फिर नहीं हो जाता है। दुख अभी है, क्षणभर पहले नहीं था, क्षणभर बाद नहीं हो जाता है। जीवन अभी है, कल नहीं था, कल फिर नहीं हो जाता है। जो-जो चीजें बीच में होती हैं और दोनों छोरों पर नहीं होती हैं, वे बीच में केवल होने का धोखा ही दे पाती हैं। क्योंकि जो दोनों ओर नहीं है, वह बीच में भी नहीं हो सकता है। सिर्फ भासता है, दिखाई पड़ता है, एपीअर होता है।

जीवन की प्रत्येक चीज को इस कसौटी पर कसा जा सकता है। अर्जुन से कृष्ण यही कह रहे हैं कि तू कसकर देख। जो अतीत में नहीं था, जो भविष्य में नहीं होगा, उसके अभी होने के व्यामोह में मत पड़। वह अभी भी वस्तुतः नहीं है; वह अभी भी सिर्फ दिखाई पड़ रहा है; वह सिर्फ होने का धोखा दे रहा है। और तू धोखे से जाग भी न पाएगा कि वह नहीं हो जाएगा। तू उस पर ध्यान दे, जो पहले भी था, जो अभी भी है और आगे भी होगा। हो सकता है, वह तुझे दिखाई भी न पड़ रहा हो, लेकिन वही है। तू उसकी ही तलाश कर, तू उसकी ही खोज कर।

जीवन में सत्य की खोज, असत्य की परख से शुरू होती है। टु नो दि फाल्स एज दि फाल्स, मिथ्या को जानना मिथ्या की भांति, असत को पहचान लेना असत की भांति, सत्य की खोज का आधार है। सत्य को खोजने का और कोई आधार भी नहीं है हमारे पास। हम कैसे खोजें कि सत क्या है? सत्य क्या है? हम ऐसे ही शुरू कर सकते हैं कि असत्य क्या है।

कई बार बड़ी उलझन पैदा होती है। क्योंकि कहा जा सकता है कि जब तक हमें सत्य पता न हो, तब तक हम कैसे जानेंगे कि असत्य क्या है! जब तक हमें सत्य पता न हो, तब तक हम कैसे जानेंगे कि असत्य क्या है? सत्य पता हो, तो ही असत्य को जान सकेंगे। और सत्य हमें पता नहीं है।

लेकिन इससे उलटी बात भी कही जा सकती है। और सोफिस्ट उलटी दलील भी देते रहे हैं। वे कहते हैं कि जब तक हमें यही पता नहीं है कि असत्य

क्या है, तो हम कैसे समझ लेंगे कि सत्य क्या है! यह चक्रीय तर्क वैसा ही है, जैसे अंडे और मुर्गी का है। कौन पहले है? अंडा पहले है या मुर्गी पहले है? कहें कि मुर्गी पहले है तो मुश्किल में पड़ जाते हैं, क्योंकि मुर्गी बिना अंडे के नहीं हो सकेगी। कहें कि अंडा पहले है तो उतनी ही कठिनाई खड़ी हो जाती है, क्योंकि अंडा बिना मुर्गी के रखे रखा नहीं जा सकेगा। लेकिन कहीं से प्रारंभ करना पड़ेगा, अन्यथा उस दुष्चक्र में, उस विशियस सर्किल में कहीं कोई प्रारंभ नहीं है।

अगर ठीक से पहचानें, तो मुर्गी और अंडे दो नहीं हैं। इसीलिए दुष्चक्र पैदा होता है। अंडा, हो रही मुर्गी है; मुर्गी, बन रहा अंडा है। वे दो नहीं हैं; वे एक ही प्रोसेस, एक ही हिस्से के, एक ही लहर के दो भाग हैं। और इसीलिए दुष्चक्र पैदा होता है कि कौन पहले! उनमें कोई भी पहले नहीं है। एक ही साथ हैं, साइमलटेनियस हैं, युगपत हैं। अंडा मुर्गी है, मुर्गी अंडा है।

यह सत और असत का भी करीब-करीब सवाल ऐसा है। वह जिसको हम असत कहते हैं, उसका आधार भी सत है। क्योंकि वह असत भी सत होकर ही भासता है; वह भी दिखाई पड़ता है। एक रस्सी पड़ी है और अंधेरे में सांप दिखाई पड़ती है। सांप का दिखाई पड़ना बिलकुल ही असत है। पास जाते हैं और पाते हैं कि सांप नहीं है, लेकिन पाते हैं कि रस्सी है। वह रस्सी सांप जैसी भास सकी, पर रस्सी थी भीतर। रस्सी का होना सत है। वह सांप एक क्षण को दिखाई पड़ा, फिर नहीं दिखाई पड़ा, वह असत था। पर वह भी, उसके आधार में भी सत था, सब्सटैंस में, कहीं गहरे में सत था। उस सत के ही आभास से, उस सत के ही प्रतिफलन से वह असत भी भास सका है।

लहर के पीछे भी सागर है, मर्त्य के पीछे भी अमृत है, शरीर के पीछे भी आत्मा है, पदार्थ के पीछे भी परमात्मा है। अगर पदार्थ भी भासता है, तो परमात्मा के ही प्रतिफलन से, रिफ्लेक्शन से भासता है, अन्यथा भास नहीं सकता।

आप एक नदी के किनारे खड़े हैं और नीचे आपका प्रतिबिंब बनता है। निश्चित ही वह प्रतिबिंब आप नहीं हैं; लेकिन वह प्रतिबिंब आपके बिना भी नहीं

है। निश्चित ही वह प्रतिबिंब सत नहीं है, पानी पर बनी केवल छवि है। लेकिन फिर भी वह प्रतिबिंब जहां से आ रहा है, वहां सत है।

असत, सत की ही झलक है क्षणभर को मिली। क्षणभर को सत ने जो आकृति ली, अगर हमने उस आकृति को जोर से पकड़ लिया, तो हम असत को पकड़ लेते हैं। और अगर हमने उस आकृति में से उसको पहचान लिया जो निराकार, निर्गुण, उस क्षणभर आकृति में झलका था, तो हम सत को पकड़ लेते हैं।

लेकिन जहां हम खड़े हैं, वहां आकृतियों का जगत है। जहां हम खड़े हैं, वहां प्रतिफलन ही दिखाई पड़ते हैं। हमारी आंखें इस तरह झुकी हैं कि नदी के तट पर कौन खड़ा है, वह दिखाई नहीं पड़ता; नदी के जल में जो प्रतिबिंब बन रहा है, वही दिखाई पड़ता है। हमें उससे ही शुरू करना पड़ेगा; हमें असत से ही शुरू करना पड़ेगा। हम स्वप्न में हैं, तो स्वप्न से ही शुरू करना पड़ेगा। अगर हम स्वप्न को ठीक से पहचानते जाएं, तो स्वप्न तिरोहित होता चला जाएगा।

यह बड़े मजे की बात है, कभी प्रयोग करने जैसा अदभुत है। रोज रात को सोते समय स्मरण रखकर सोएं, सोते-सोते एक ही स्मरण रखे रहें कि जब स्वप्न आए तब मुझे होश बना रहे कि यह स्वप्न है। बहुत कठिन पड़ेगा, लेकिन संभव हो जाता है। नींद लगती जाए, लगती जाए, और आप स्मरण करते जाएं, करते जाएं कि जैसे ही स्वप्न आए, मैं जान पाऊं कि यह स्वप्न है। थोड़े ही दिन में यह संभव हो जाता है, नींद में भी यह स्मृति प्रवेश कर जाती है। अचेतन में उतर जाती है। और जैसे ही स्वप्न आता है, वैसे ही पता चलता है, यह स्वप्न है।

लेकिन एक बहुत मजे की घटना है। जैसे ही पता चलता है, यह स्वप्न है, स्वप्न तत्क़ाल टूट जाता है—तत्काल, इधर पता चला कि यह स्वप्न है कि उधर स्वप्न टूटा और बिखरा। स्वप्न को स्वप्न की भांति पहचान लेना, उसकी हत्या कर देनी है। वह तभी तक जी सकता है, जब तक सत्य प्रतीत हो। उसके जीने का आधार उसके सत्य होने की प्रतीति में है।

इस प्रयोग को जरूर करना ही चाहिए।

इस प्रयोग के बाद कृष्ण का यह सूत्र बहुत साफ समझ में आ जाएगा कि वे इतना जोर देकर क्यों कह रहे हैं कि अर्जुन, असत और सत के बीच की भेद-रेखा को जो पहचान लेता है, वह ज्ञान को उपलब्ध हो जाता है। स्वप्न से ही शुरू करें रात के, फिर बाद में दिन के स्वप्न को भी जागकर देखें और वहां भी स्मरण रखें कि जो है—दो नहीं के बीच में—वह स्वप्न है। और तब अचानक आप पाएंगे कि आपके भीतर कोई रूपांतरित होता चला जा रहा है। और जहां कल मन पकड़ लेने का होता था, आज वहां मुट्ठी नहीं बंधती। कल जहां मन रोक लेने का होता था किसी स्थिति को, आज वहां हंसकर गुजर जाने का मन होता है। क्योंकि जो दोनों तरफ नहीं है, उसे पकड़ना, हवा को मुट्ठी में बांधने जैसा है। जितने जोर से पकड़ो, उतने ही बाहर हाथ के हो जाती है। मत पकड़ो तो बनी रहती है; पकड़ो तो खो जाती है।

जैसे ही यह दिखाई पड़ गया कि दो नहीं के बीच में जो है, है मालूम पड़ता है, वह स्वप्न है, वैसे ही आपकी जिंदगी से असत की पकड़ गिरनी शुरू हो जाएगी; स्वप्न बिखरना शुरू हो जाएगा। तब जो शेष रह जाता है, दि रिमेनिंग, वह सत्य है। जिसको आप पूरी तरह जागकर भी नहीं मिटा पाते, जिसको आप पूरी तरह स्मरण करके भी नहीं मिटा पाते, जो आपके बावजूद शेष रह जाता है, वही सत्य है। वह शाश्वत है; उसका कोई आदि नहीं है, कोई अंत नहीं है। कहना चाहिए, वह टाइमलेस है।

यह भी थोड़ा समझ लेने जैसा है।

असत हमेशा टाइम में होगा, समय में होगा। क्योंकि जो कल नहीं था, आज है, और कल नहीं हो जाएगा, उसके समय के तीन विभाजन हुए—अतीत, वर्तमान और भविष्य। लेकिन जो कल भी था, आज भी है, कल भी होगा, उसके तीन विभाजन नहीं हो सकते। उसका कौन-सा अतीत है? उसका कौन-सा वर्तमान है? उसका कौन-सा भविष्य है? वह सिर्फ है। इसलिए सत्य के साथ टाइम सेंस नहीं है, समय की कोई धारणा नहीं है। सत कालातीत है, समय के बाहर है। असत समय के भीतर है।

जैसे मैंने कहा, आप नदी के तट पर खड़े हैं और आपका प्रतिफलन, रिफ्लेक्शन नदी में बन रहा है। आप नदी के बाहर हो सकते हैं, लेकिन रिफ्लेक्शन सदा नदी के भीतर ही बन सकता है। पानी का माध्यम जरूरी है। कोई भी माध्यम जो दर्पण का काम कर सके, कोई भी माध्यम जो प्रतिफलन कर सके, वह जरूरी है। आपके होने के लिए, कोई प्रतिफलन करने वाले माध्यम की जरूरत नहीं है। लेकिन आपका चित्र बन सके, उसके लिए प्रतिफलन के माध्यम की जरूरत है।

टाइम, समय प्रतिफलन का माध्यम है। किनारे पर सत खड़ा होता है, समय में असत पैदा होता है। समय की धारा में, समय के दर्पण पर, टाइम मिरर पर जो प्रतिफलन बनता है, वह असत है। और समय में कोई भी चीज थिर नहीं हो सकती। जैसे पानी में कोई भी चीज थिर नहीं हो सकती, क्योंकि पानी अथिर है। इसलिए कितना ही थिर प्रतिबिंब हो, फिर भी कंपता रहेगा। पानी कंपन है।

ये जो कंपते हुए प्रतिबिंब हैं समय के दर्पण पर बने हुए, कल थे, अभी हैं, कल नहीं होंगे। कल भी बड़ी बात है; बीते क्षण में थे, नहीं थे, अगले क्षण में नहीं हो जाएंगे। ऐसा जो क्षण-क्षण बदल रहा है, जो क्षणिक है, वह असत है। जो क्षण के पार है, जो सदा है, वही सत है। इसकी भेद-रेखा को जो पहचान लेता, कृष्ण कहते हैं, वह ज्ञान को उपलब्ध हो जाता है।

अविनाशि तु तद्विद्धि येन सर्वमिदं ततम्।
विनाशमव्ययस्यास्य न कश्चित्कर्तुमर्हति।। 17।।

इस न्याय के अनुसार नाशरहित तो उसको जानो कि जिससे यह संपूर्ण जगत व्याप्त है, क्योंकि इस अविनाशी का विनाश करने को कोई भी समर्थ नहीं है।

जिसने इस सारे जगत् को व्याप्त किया है, वह सूक्ष्मतम अविनाशी है। लेकिन जिससे यह सारा जगत् व्याप्त हुआ है, वह वस्तु स्थूल है और विनाशवान

है। इसे ऐसा समझें, एक कमरा है, खाली है, कुछ भी सामान नहीं है। वह जो कमरे का खालीपन है, वह पूरा का पूरा व्याप्त किए है कमरे को। उचित तो यही होगा कि जब कमरा नहीं था, तब भी वह खालीपन था। पीछे हमने दीवारें उठाकर उस खालीपन को चारों तरफ से बंद किया है। कमरा नहीं था, तब भी वह खालीपन था। कमरा नहीं होगा, तब भी वह खालीपन होगा। कमरा है, तब भी वह खालीपन है। कमरा बना है, मिटेगा; कभी नहीं था, कभी नहीं हो जाएगा; पर वह जो खालीपन है, वह जो स्पेस है, वह जो अवकाश है, वह जो आकाश है—वह था, है, रहेगा।

उसके लिए था, है, इस तरह के शब्द उचित नहीं हैं। क्योंकि जो कभी भी नहीं नहीं हुआ, उसके लिए है कहना ठीक नहीं है। है सिर्फ उसी चीज के लिए कहना ठीक है, जो नहीं है भी हो सकती है। वृक्ष है, कहना ठीक है; आदमी है, कहना ठीक है; परमात्मा है, कहना ठीक नहीं है। परमात्मा के साथ यह कहना कि परमात्मा है, पुनरुक्ति है, रिपिटीशन है। परमात्मा का अर्थ ही है कि जो है। उसको दोहराने की कोई जरूरत नहीं है कि परमात्मा है। इसका मतलब यह हुआ कि जो है, वह है। कोई और मतलब नहीं हुआ। जो नहीं नहीं हो सकता, उसके लिए है कहना बिलकुल बेमानी है।

इसीलिए बुद्ध जैसे परम आस्तिक ने, परमात्मा है, ऐसा शब्द कभी प्रयोग नहीं किया। नासमझ समझे कि नास्तिक है यह आदमी। लेकिन बुद्ध को लगा कि यह तो बड़ी ही भूल भरी बात कहनी है कि परमात्मा है। क्योंकि है सिर्फ उसी के लिए कहना चाहिए, जो नहीं है भी हो जाता है। आदमी है, ठीक है बात। उस पर है हम लगा सकते हैं। है उस पर आई हुई घटना है, कल खो जाएगी। लेकिन परमात्मा है, यह कहना ठीक नहीं है। गॉड इज़, कहना ठीक नहीं है। क्योंकि गॉड का तो मतलब ही इज़नेस है। जो है ही, उसके लिए है कहना, बड़ा कमजोर शब्द उपयोग करना है; गलत शब्द उपयोग करना है; पुनरुक्ति है।

खाली जगह है ही। कमरा नहीं था, तब भी थी। फिर कमरे में हम फर्नीचर ले आए, फिर कमरे में हमने तस्वीरें लगा दीं, फिर कमरे में हम आकर बैठ गए।

कमरा पूरा सज गया, भर गया। अब इस कमरे में दो चीजें हैं। एक तो वह खालीपन, जो सदा से था; और एक यह भरापन, जो सदा से नहीं था। लेकिन बड़े मजे की बात है कि कमरे का खालीपन हमें कभी दिखाई नहीं पड़ता; कमरे का भरापन दिखाई पड़ता है। कमरे में वही दिखाई पड़ता है, जो भरा हुआ है। वह नहीं दिखाई पड़ता, जो खाली है। किसी भी कमरे में आप प्रवेश करेंगे, तो वही दिखाई पड़ता है, जो वहां है। वह नहीं दिखाई पड़ता, जो वहां सदा था। वह नहीं दिखाई पड़ता। वह अदृश्य भी है। अगर खालीपन का भी पता चलता है, तो कहना चाहिए कि भरेपन के रिफरेंस में पता चलता है।

यह कुर्सी रखी है, तो इसके आस-पास खाली जगह मालूम पड़ती है। इस कुर्सी के आस-पास खाली जगह मालूम पड़ती है। खाली जगह के बीच में यह कुर्सी मालूम नहीं पड़ती। असलियत यही है कि खालीपन के बीच में यह कुर्सी रखी है। कुर्सी हटाई जा सकती है, खालीपन हटाया नहीं जा सकता; भरा जा सकता है, हटाया नहीं जा सकता।

आप एक कमरे से कुर्सी बाहर निकाल ले सकते हैं, क्योंकि कुर्सी कमरे के अस्तित्व का हिस्सा नहीं है। लेकिन कमरे से खालीपन नहीं निकाल सकते। ज्यादा से ज्यादा कमरे में सामान भरकर खालीपन को दबा सकते हैं। अगर कमरे में से सब चीजें निकाल ली जाएं, तो आप कहेंगे, यहां तो कुछ भी नहीं है। और अगर कमरे से सब चीजें निकाल ली गई हों, तो आपको सिर्फ कमरे की दीवारें दिखाई पड़ेंगी। अगर दीवारें भी निकाल ली जाएं, तो आप कहेंगे, यहां कमरा ही नहीं है।

लेकिन दीवारें कमरा नहीं हैं। दीवारों के बीच में जो खाली जगह है, वही कमरा है। अंग्रेजी का शब्द रूम बहुत अच्छा है। रूम का मतलब होता है, खाली जगह। रूम का मतलब ही होता है, खाली जगह। पर वह खाली जगह दिखाई भी नहीं पड़ती, खयाल में भी नहीं आती, क्योंकि खाली जगह का हमें स्मरण ही नहीं है। असल में खाली जगह इतनी सदा से है कि उसे हमें देखने की जरूरत ही नहीं पड़ी है।

ठीक ऐसे ही, यह जो विराट आकाश है, यह जो स्पेस है अनंत, यह जो खाली जगह है, यह जो एंपटीनेस है फैली हुई अनंत तक, जिसका कोई ओर-छोर नहीं है, जो कहीं शुरू नहीं होती और कहीं समाप्त नहीं होती।

आप ध्यान रखें, खाली चीज कभी भी शुरू और समाप्त नहीं हो सकती, सिर्फ भरी चीज शुरू और समाप्त हो सकती है। खालीपन की कोई बिगनिंग और कोई एंड नहीं हो सकता। कमरे के खालीपन की कौन-सी शुरुआत है और कौन-सा अंत है? हां, दीवार का होता है, सामान का होता है, कमरे का नहीं होता। स्पेस की कोई सीमाएं नहीं हैं, आकाश का अर्थ ही है कि जिसकी कोई सीमा नहीं है। यह जो असीम फैला हुआ है, यह सत है। और इस असीम के बीच में बहुत कुछ उठता है, बनता है, निर्मित होता है, बिखरता है, वह असत है।

वृक्ष बने, खालीपन थोड़ी देर के लिए हरा हुआ। फूल खिले, खालीपन थोड़ी देर के लिए सुगंध से भरा। फिर फूल गिर गए, फिर वृक्ष गिर गया; खालीपन फिर अपनी जगह है। और जब वृक्ष उठा था और फूल खिले थे, तब भी खालीपन में कोई अंतर नहीं पड़ा था; वह वैसा ही था।

चीजें बनती हैं और मिटती हैं। जो बनता है और मिटता है, वह स्थूल है, वह दिखाई पड़ता है। जो नहीं बनता, नहीं मिटता, वह सूक्ष्म है, वह अदृश्य है। सूक्ष्म कहना भी ठीक नहीं है। लेकिन मजबूरी में कृष्ण ने सूक्ष्म का प्रयोग किया है। उचित नहीं है, लेकिन मजबूरी है। कोई और उपाय नहीं है। असल में जब हम कहते हैं सूक्ष्म, तो हमारा मतलब यह होता है, स्थूल का ही कोई हिस्सा। जब हम कहते हैं छोटा, तो मतलब होता है कि बड़े का ही कोई हिस्सा। जब हम कहते हैं बहुत सूक्ष्म, तो हमारा मतलब होता है कि बहुत कम स्थूल। बाकी मनुष्य की भाषा में सूक्ष्म भी स्थूल से ही जुड़ा है। हम कितना ही कहें सूक्ष्मातिसूक्ष्म, तो भी स्थूल से ही जुड़ा है। आदमी की भाषा द्वंद्व से बनी है। उसमें पेयर्स हैं, उसमें दो-दो चीजों के जोड़े हैं।

लेकिन कृष्ण जिसे सूक्ष्म कह रहे हैं, वह स्थूल का कोई हिस्सा नहीं है। कृष्ण सूक्ष्म कह रहे हैं उसे, जो स्थूल नहीं है। मजबूरी है। लेकिन उसके लिए

हमारे पास कोई शब्द नहीं है। इसलिए निकटतम गलत शब्द जो हो सकता है, वह सूक्ष्म है। यानी कम से कम गलत शब्द जो हो सकता है, वह सूक्ष्म है। उसके लिए कोई शब्द नहीं है। कुछ भी हम कहें।

हमने जितने शब्द बनाए हैं, वे बड़े मजेदार हैं। हम उलटे से उलटा शब्द भी प्रयोग करें, तो भी कोई अंतर नहीं पड़ता। वह उलटे से उलटा भी हमारे पुराने शब्द से ही जुड़ा होता है। अगर हम कहें कि वह असीम है, तो भी हमें सीमा से ही वह शब्द बनाना पड़ता है।

अब यह बड़े मजे की बात है कि सीमा में असीम का कोई भाव नहीं होता। लेकिन असीम में सीमा का भाव होता है। हम कितनी ही कल्पना करें असीम की, हम ज्यादा से ज्यादा बहुत बड़ी सीमा की कल्पना करते हैं। हम कितना ही सोचें, तो हमारा मतलब यही होता है कि सीमा और आगे हटा दो, और आगे हटा दो, और आगे हटा दो। लेकिन सीमा होगी ही नहीं, यह हमारा विचार नहीं सोच पाता। वह इनकंसिवेबल है। उसकी कोई चिंतना नहीं हो सकती असीम की।

जब हम कहते हैं, कमरे में खालीपन है, तो उसका मतलब हमारे मन में यह होता है कि कमरे में खालीपन भरा है। तो हम एंपटीनेस को भी वस्तु की तरह उपयोग करते हैं, खालीपन भरा है। जैसे खालीपन कोई चीज है। जब कि खालीपन का मतलब न भरा होना है, जहां कुछ भी नहीं है। लेकिन अगर हम कुछ भी नहीं का भी प्रयोग करें, तो हम कुछ भी नहीं का भी वस्तु की तरह प्रयोग करते हैं। अंग्रेजी में शब्द है नथिंग, वह बना है नो-थिंग से। नथिंग भी कहना हो—नहीं कुछ—तो भी थिंग, वस्तु उसमें लानी पड़ती है। बिना वस्तु के हम सोच ही नहीं सकते; बिना स्थूल के हम सोच ही नहीं सकते।

इसलिए कृष्ण के इस सूक्ष्म शब्द को आदमी की मजबूरी समझें। इसका मतलब स्थूल का कोई अंश नहीं है, कोई बहुत सूक्ष्म स्थूल नहीं है। सूक्ष्म का अर्थ है, जो स्थूल नहीं ही है। और स्थूल क्या है? जो दिखाई पड़ता है, वह स्थूल है। जो स्पर्श में आता है, वह स्थूल है। जो सुनाई पड़ता है, वह स्थूल है। असल में जो इंद्रियों की पकड़ में आता है, वह स्थूल है।

ऐसा भी नहीं है कि आप कल बड़ी दूरबीन बना लें, खुर्दबीन बना लें और उसकी पकड़ में आ जाए तो वह सूक्ष्म हो जाएगा। नहीं, जो भी पकड़ में आ जाए, वह स्थूल है। क्योंकि दूरबीन कुछ नहीं करती, सिर्फ आपकी आंख की इंद्रिय की शक्ति को बड़ा करती है। आपकी आंख ही जैसे और बड़ी आंख हो जाती है। बड़े से बड़े यंत्र भी हम विकसित कर लें, तब भी जो पकड़ में आएगा, वह स्थूल ही होगा। क्योंकि सब यंत्र हमारी इंद्रियों के एक्सटेंशन हैं; वे हमारी इंद्रियों के लिए और जोड़े गए हिस्से हैं।

एक आदमी आंख से चश्मा लगाकर देख रहा है। तो जो उसे आंख से नहीं दिखाई पड़ता था, वह अब दिखाई पड़ रहा है। लेकिन वह कोई सूक्ष्म चीज नहीं देख रहा है। वैज्ञानिक बड़ी दूर की चीजें देख रहे हैं; बड़े दूर का, लेकिन वह भी स्थूल है। जो भी दिखाई पड़ेगा, जो भी सुनाई पड़ेगा, जो भी स्पर्श में आ जाएगा, इंद्रियों की सीमा के भीतर जो भी आ जाएगा, वह स्थूल है। सूक्ष्म का मतलब है, जो मनुष्य की इंद्रियों की सीमा में नहीं आता है, नहीं आ सकता है, नहीं लाया जा सकता है। असल में विचार भी जिसे नहीं पकड़ सकता, वही सूक्ष्म है।

अब वैज्ञानिक कहते हैं...कल तक वह परमाणु सूक्ष्मतम था। अब परमाणु भी टूट गया, अब इलेक्ट्रान है, न्यूट्रान है, प्रोटान है। अब वैज्ञानिक कहते हैं कि वे सर्वाधिक सूक्ष्म हैं। क्योंकि अब वे दिखाई पड़ने के बाहर ही हो गए। अब अनुमान का ही मामला है। लेकिन जो अनुमान में भी आता है, वह भी सूक्ष्म नहीं है। क्योंकि अनुमान भी मनुष्य के विचार का हिस्सा है।

इसलिए वैज्ञानिक जिसे इलेक्ट्रान कह रहे हैं, वह भी कृष्ण का सूक्ष्म नहीं है। इलेक्ट्रान के भी पार, ठीक होगा कहना, आलवेज दि बियांड, जहां तक आप पहुंच जाएंगे, उसके जो पार। वहां भी पहुंच जाएंगे, तो उसके जो पार, दि ट्रांसेंडेंटल; वह जो सदा अतिक्रमण कर जाता है, वही सूक्ष्म है। पार होना ही जिसका गुण है। आप जहां तक पकड़ पाते हैं, जो उसके पार सदा शेष रह जाता है; सदा ही शेष रह जाता है और रह जाएगा।

ठीक से समझ लेना उचित होगा। हमारे पास दो शब्द हैं— अज्ञात, अननोन; अज्ञेय, अननोएबल। साधारणतः जब हम सूक्ष्म को समझने जाते हैं, तो ऐसा लगता है, जो अज्ञात है, अननोन है। नहीं, कृष्ण उसे सूक्ष्म नहीं कह रहे हैं। क्योंकि जो अननोन है, वह नोन बन सकता है; जो अज्ञात है, वह कल ज्ञात हो जाएगा। वह सूक्ष्म नहीं है। जिसके ज्ञात होने की अनंत में भी कभी संभावना है, वह सूक्ष्म नहीं है।

स्थूल ही ज्ञात हो सकता है। आज न हो, कल हो जाए। कल न हो, कभी हो जाए। लेकिन जो भी ज्ञात हो सकता है, वह स्थूल है। जो ज्ञात हो ही नहीं सकता, जो सदा ही ज्ञान के बाहर छूट जाता है, जो सदा-ही जानने की पकड़ के बाहर रह जाता है, अननोएबल, अज्ञेय है। नहीं, जाना ही नहीं जा सकता जो, वही सूक्ष्म है। इसलिए सूक्ष्म का मतलब ऐसा नहीं है कि हमारे पास अच्छे उपकरण होंगे तो हम उसे जान लेंगे।

लोग पूछते हैं कि क्या विज्ञान कभी परमात्मा को जान पाएगा? जिसे भी विज्ञान जान लेगा, वह परमात्मा नहीं होगा। क्योंकि परमात्मा से अर्थ ही है कि जो जानने की पकड़ में नहीं आता। किसी दिन विज्ञान की प्रयोगशाला अगर परमात्मा को पकड़ लेगी, तो वह पदार्थ हो जाएगा। असल में जहां तक परमात्मा पकड़ में आता है, उसी का नाम पदार्थ है। और जहां परमात्मा पकड़ में नहीं आता, वहीं परमात्मा है।

सूक्ष्म का कृष्ण का अर्थ ठीक से खयाल में ले लेना जरूरी है। क्योंकि जो सूक्ष्म है, वही सत है। जो पकड़ में आता है, वह असत होगा। वह आज होगा, कल नहीं होगा। जो पकड़ में नहीं आता, वही सत है।

एक कमरे में हम जाएं, वहां फूल रखा है। फूल सुबह ठीक है, सांझ मुरझा जाएगा। उसी फूल के नीचे शंकर जी की पिंडी रखी है, पत्थर रखा है। वह सुबह भी था, सांझ भी होगा। लेकिन सौ वर्ष, दो सौ वर्ष, तीन सौ वर्ष, हजार वर्ष—बिखर जाएगा। फूल एक दिन में बिखर गया। पत्थर था, हजारों वर्ष में बिखरा। इससे अंतर नहीं पड़ता। कमरे में सिर्फ एक चीज है जो नहीं बिखरेगी,

वह कमरे का कमरापन है, रूमीनेस है। वह जो खालीपन है, वह भर नहीं बिखरेगा। वही सूक्ष्म है, वही सत है। बाकी कमरे में जो भी है, वह सब बिखर जाएगा।

मैंने एक ताओइस्ट चित्रकार की कहानी पढ़ी है। मैंने पढ़ा है कि एक ताओ गुरु ने अपने शिष्यों को कहा कि तुम एक चित्र बना लाओ। उन्होंने पूछा कि कोई थीम, कोई विषय दे दें। तो उसने कहा, तुम एक चित्र बना लाओ कि गाय घास चर रही है। वे चित्र बनाकर ले आए। सभी अच्छे-अच्छे चित्र बनाकर ले आए थे। लेकिन एक साधु जो चित्र बनाकर लाया था, उसमें जरा चौंकने वाली बात थी। क्योंकि वह कोरा कागज ही ले आया था।

गुरु ने पूछा कि क्या बना नहीं पाए? उसने कहा कि नहीं, चित्र बना है, देखें। फिर गुरु ने उसके कागज की तरफ देखा, और शिष्यों ने भी कागज की तरफ देखा; फिर सबने उसकी तरफ़ देखा और पूछा कि गाय कहां है! तो उसने कहा, गाय घास चरकर जा चुकी है। उन्होंने पूछा कि घास कहां है? तो उसने कहा कि घास गाय चर गई। तो उन्होंने पूछा, इसमें फिर क्या बचा? तो उसने कहा, जो गाय के पहले भी था और घास के पहले भी था, और गाय के बाद भी बचता है और घास के बाद भी बचता है, वही मैं बना लाया हूं। लेकिन वे सब कहने लगे, यह कोरा कागज है! पर उसने कहा कि यही बचता है—यह कोरापन।

कृष्ण इस कोरेपन को सूक्ष्म कह रहे हैं। जो सब लहरों के उठ जाने, गिर जाने पर बच जाता है। और जो सदा बच जाता है, वही सत है।

प्रश्न: नथिंगनेस वर्सेस एवरीथिंगनेस में आप कभी आपके प्रवचन में भागना और जागना जो प्रयोग करते हैं, तो मैं उससे भागूं या जागूं, इससे उसको क्या मतलब है? इसमें क्या एफर्ट का तत्व नहीं आता? और टोटल एक्सेप्टिबिलिटी में ईविल का क्या स्थान होता है?

शून्य, नथिंगनेस और सब कुछ, एवरीथिंगनेस, एक ही चीज को कहने के दो ढंग हैं दो ओर से—नकार से या विधेय से, निगेटिव से या पाजिटिव से।

जब हम कहते हैं शून्य, तो यह हमारा चुनाव है नकार का। जब हम कहते हैं पूर्ण, तो यह हमारा चुनाव है विधेय का। लेकिन मजे की बात है कि सिर्फ शून्य ही पूर्ण होता है और पूर्ण ही शून्य होता है। सिर्फ शून्य ही पूर्ण होता है, क्योंकि शून्य के अपूर्ण होने का कोई उपाय नहीं है। आप अधूरा शून्य नहीं खींच सकते। आप शून्य के दो हिस्से नहीं कर सकते। आप शून्य में से कितना ही निकाल लें, तो भी शून्य में कुछ कम नहीं होता। आप शून्य में कितना ही जोड़ दें, तो शून्य में कुछ बढ़ता नहीं।

शून्य का मतलब ही यह है कि उससे बाहर-भीतर कुछ नहीं निकाला जा सकता। पूर्ण का भी मतलब यही है। पूर्ण का मतलब ही यह है कि जिसमें जोड़ने को कुछ नहीं बचा। क्योंकि पूर्ण के बाहर कुछ नहीं बच सकता। दि टोटल, अब उसके बाहर कुछ बचा नहीं, जिसको जोड़ें। जिसमें से कुछ निकालें तो कोई जगह नहीं बची, क्योंकि टोटल के बाहर कोई जगह नहीं बच जाएगी, जिसमें निकाल लें। शून्य से कुछ निकालें, तो पीछे शून्य ही बचता है। शून्य में कुछ जोड़ें, तो उतना ही शून्य रहता है। पूर्ण से कुछ निकालने का उपाय नहीं, पूर्ण में कुछ जोड़ने का उपाय नहीं। क्योंकि पूर्ण में अगर कुछ जोड़ा जा सके, तो इसका मतलब है कि वह अपूर्ण था पहले, अब उसमें कुछ जोड़ा जा सकता है।

शून्य और पूर्ण एक ही सत्य के दो नाम हैं। हमारे पास दो रास्ते हैं, जहां से हम नाम दे सकते हैं। या तो हम नकार का उपयोग करें, या विधेय का उपयोग करें। सब कुछ और कुछ भी नहीं, एक ही बात को कहने के दो ढंग हैं। यह हमारा चुनाव है कि हम कैसे इसे कहें। अगर यह खयाल में आ जाए, तो इस जगत में उठे बहुत बड़े विवाद की बुनियादी आधारशिला गिर जाती है।

बुद्ध और शंकर के बीच कोई विवाद नहीं है। सिर्फ नकार और विधेय के शब्दों के प्रयोग का फासला और भिन्नता है। बुद्ध नकारात्मक शब्दों का प्रयोग करते हैं। वे कहते हैं, नहीं है, शून्य है, निर्वाण है। निर्वाण का मतलब, दीए का बुझ जाना। जैसे दीया बुझ जाता है; बस, ऐसे ही सब कुछ नहीं हो जाता है।

शंकर कहते हैं, सब है, ब्रह्म है, मोक्ष है, ज्ञान है। सब विधेय शब्दों का

प्रयोग करते हैं। और बड़े मजे की बात यह है कि ये दोनों इशारे बिलकुल एक चीज की तरफ हैं। शंकर और बुद्ध से करीब दूसरे आदमी खोजना मुश्किल है। लेकिन शंकर और बुद्ध के करीब ही इस मुल्क का सबसे बड़ा विवाद खड़ा हुआ। हां और न के बीच कितना फासला मालूम पड़ता है! इससे ज्यादा उलटे शब्द नहीं हो सकते। लेकिन पूर्ण हां और पूर्ण न के बीच कोई फासला नहीं है। लेकिन वह हमें अनुभव हो जाए दो में से किसी एक का भी, तो ही दिखाई पड़ सकता है।

पूछा है कि मैं कहता हूं, भागें मत, जागें—समग्र के प्रति जागें। क्योंकि भागने का मतलब ही यह है कि हमने समग्र में कुछ चुनाव कर लिया कि इसे छोड़ेंगे, उसे पकड़ेंगे, तभी भागा जा सकता है। भागने का मतलब है कि कुछ हम छोड़ेंगे और कुछ हम पकड़ेंगे। अगर पूरे को छोड़ें, तो भागकर कहां जाएंगे? अगर पूरे को स्वीकार करें, तो भागकर कहां जाएंगे? अगर त्याग पूर्ण हो, तो भागना नहीं हो सकता। भागेंगे कहां? जहां भाग रहे हैं, पूर्ण में वह भी त्यागा जा चुका है। मक्का भागेंगे? मदीना भागेंगे? काशी भागेंगे? हरिद्वार भागेंगे? अगर त्याग पूर्ण है, तो भागना असंभव है। अगर भोग भी पूर्ण है, तो भागना असंभव है। भागने की कोई जरूरत नहीं है।

सब अधूरे का खेल है, सब आधे का खेल है। तो जो हाफ-हार्टेड, जो आधे हृदय से भोग रहे हैं, उनको पकड़ने का उपाय है। जो आधे हृदय से त्याग रहे हैं, उनको छोड़ने का उपाय है। लेकिन जो पूरे हृदय से जी रहे हैं, उनको न भागने को कुछ है, न त्यागने को कुछ है। उनको तो सिर्फ जानने को ही कुछ है—जागने को ही।

प्रश्न भागने का नहीं है, प्रश्न जागने का है। प्रश्न देखने का है, दर्शन का है। प्रश्न गहरे में झांकने का है। प्रश्न यह नहीं है कि पदार्थ से भाग जाओ, क्योंकि कहीं भी भागोगे तो पदार्थ है। प्रश्न यह है कि पदार्थ में गहरे झांको, ताकि परमात्मा दिखाई पड़े; तब भागने की कोई जरूरत न रह जाएगी।

आकृतियों से जो भागेगा, वह जाएगा कहां? दूसरी आकृतियों के पास

पहुंच जाएगा। स्थानों से भागेगा, दूसरे स्थानों में पहुंच जाएगा। मकानों से भागेगा, दूसरे मकानों में पहुंच जाएगा। लोगों से भागेगा, दूसरे लोगों में पहुंच जाएगा। भागकर जाएंगे कहां? जहां भी भागेंगे वहां संसार है। संसार से नहीं भागा जा सकता। हर जगह पहुंचकर पता चलेगा, संसार है। फिर वहां से भी भागो, फिर वहां से भी भागो—भागते रहो।

अगर हम चांद-तारों की रोशनी की गति भी पा जाएं, तो भी संसार के बाहर न भाग सकेंगे। अभी तक कोई चांद-तारा नहीं भाग सका, अभी तक कोई रोशनी की किरण नहीं भाग सकी संसार के बाहर। अनंत-अनंत यात्रा है रोशनी की किरणों की। लेकिन होगी संसार के भीतर ही, भाग नहीं सकतीं। असल में जहां तक भाग सकते हैं, वहां तक तो संसार होगा ही। नहीं तो भागेंगे कैसे? रास्ता कहां पाएंगे?

जाग सकते हैं। ज्ञानी जागता है, अज्ञानी भागता है। हां, अज्ञानी के भागने के दो ढंग हैं। कभी वह स्त्री की तरफ भागता है, कभी स्त्री की तरफ से भागता है। कभी धन की तरफ भागता है, कभी धन छोड़ने के लिए भागता है। कभी मुंह करके भागता है संसार की तरफ, कभी पीठ करके भागता है। न मुंह करके कभी संसार को उपलब्ध कर पाता है, न पीठ करके कभी संसार को छोड़ पाता है।

जो न पाया जा सकता है और न छोड़ा जा सकता है, उसका नाम संसार है। सपने न पाए जा सकते हैं, न छोड़े जा सकते हैं। असत न पाया जा सकता है, न छोड़ा जा सकता है। असत के प्रति केवल जागा जा सकता है, वन कैन बी ओनली अवेयर। सपने के प्रति सिर्फ जागा जा सकता है। जो आदमी सपना छोड़कर भाग रहा है, वह काफी गहरे सपने में अभी है। क्योंकि जिसको सपना छोड़कर भागना पड़ रहा है, उसे इतना तो पक्का है कि सपना सपना नहीं है। भागने योग्य तो मालूम ही हो रहा है। इतना सच तो दिखाई पड़ता ही है।

कृष्ण को समझेंगे तो दिखाई पड़ेगा। कृष्ण अर्जुन को भागने से ही बचाने की चेष्टा में संलग्न हैं। यह पूरी गीता भागने वालों के खिलाफ है। यह पूरी गीता

इस बात के खिलाफ है कि जो भागने वाले हैं, वे वही पागलपन को उलटी दिशा में कर रहे हैं, जो पकड़ने वाले करते हैं। लेकिन सिर्फ पागलपन उलटा हो जाए, शीर्षासन करने लगे, तो इससे पागलपन नहीं रह जाता, ऐसा नहीं है। कोई पागल शीर्षासन करके खड़ा हो जाए, तो पागलपन मिट जाता है, ऐसा नहीं है।

भोगी त्यागी हो जाते हैं, संसारी संन्यासी हो जाते हैं, उलटे हो जाते हैं, तो कोई अंतर नहीं पड़ता। हां, दिशा उलटी दिखाई पड़ने लगती है, आदमी वही होता है। ढंग उलटे हो जाते हैं, आदमी वही होता है।

कृष्ण गीता में एक बहुत ही अनूठी बात कह रहे हैं। और वे यह कह रहे हैं कि संसारी और संन्यासी विपरीत नहीं हैं। एक-दूसरे से उलटे नहीं हैं। संसार से भागकर कोई संन्यासी नहीं होता, संसार में जागकर कोई संन्यासी होता है। और जागना हो, तो यहीं जाग जाओ। कहीं भी भागो, इससे कोई अंतर नहीं पड़ता। जागने के लिए कोई खास जगह नहीं है, कहीं भी जागा जा सकता है। सपने मिटाने के लिए खास सपने देखने की जरूरत नहीं है, किसी भी सपने में जागा जा सकता है।

एक आदमी सपना देख रहा है चोर का, एक आदमी सपना देख रहा है साधु का। क्या साधु वाले सपने से जागना आसान है, बजाय चोर वाले सपने के? दोनों सपने हैं। जागना एक-सा ही है। कोई अंतर नहीं पड़ता। साधु होने के सपने से जागने में भी यही करना पड़ेगा कि जानना पड़ेगा, यह सपना है। और चोर के सपने से भी जागने के लिए यही करना पड़ेगा कि जानना पड़ेगा कि यह सपना है। सपने को सपने की भांति जानना ही जागना है। और सपने को सत्य की तरह जो मान लेता है, उसके समाने दो विकल्प हैं। या तो सपने में डूबे, भोगे; या सपने से भागे और त्यागे।

गीता, भोग और त्याग दोनों की अतियों को सपने के बीच मानेगी। जागना! और जागने के लिए ही वे कह रहे हैं कि तू पहचान अर्जुन, क्या सत है, क्या असत है! यह तू पहचान, तो यह पहचान, यह रिकग्नीशन ही तेरा जागरण बन जाने वाला है।

प्रश्न : आप यह तो कहेंगे न कि जागना भी भागने का शीर्षासन है? इतना तो एफर्ट करना पड़ेगा!

नहीं, जागना भागने से जरा भी संबंधित नहीं है। जागना भागने से संबंधित ही नहीं है। क्योंकि जागने में भागने का कोई भी तत्व नहीं है, विपरीत तत्व भी नहीं है; दूसरी तरफ भागना भी नहीं है। जागने का मतलब ही है कि जो है, उसे हम देखने को तत्पर होते हैं।

धन है, इसके साथ भागने के दो काम हो सकते हैं। एक काम हो सकता है कि इसे छाती से लगाकर पकड़कर बैठ जाएं; इसमें से एक पैसा न भाग जाए, इसका ध्यान रखें। दूसरा हो सकता है कि इससे ऐसे भागें कि लौटकर न देखें।

मुझे कोई कह रहा था कि विनोबा के सामने पैसा करो, तो दूसरी तरफ मुंह कर लेते हैं। पैसे से इतना डर! तो पैसे में काफी ताकत मालूम पड़ती है। रामकृष्ण के पास अगर कोई पैसा रख दे, तो ऐसी छलांग लगाकर उचकते हैं कि सांप-बिच्छू आ गया। पैसे में सांप-बिच्छू? तो सपना टूटा नहीं। सपने ने दूसरी शकल ली। पहले पैसा स्वर्ग मालूम पड़ता था, अब नर्क मालूम पड़ने लगा। लेकिन पैसा कुछ है—यह जारी है।

पैसा कुछ भी नहीं है। है तो लहर है—न भागने योग्य, न पकड़ने योग्य। जागना बहुत और बात है। उसमें पैसे से आंख बंद करने की जरूरत नहीं है, पैसे को छाती से पकड़ लेने की जरूरत नहीं है। पैसा वहां है, आप यहां हैं। पैसे ने कभी आपको नहीं पकड़ा, न पैसा कभी आपसे भागा। आपकी पैसे ने इतनी फिक्र नहीं की, जितनी फिक्र आप पैसे की कर रहे हैं। पैसा कहीं ज्यादा ज्ञानी मालूम पड़ता है। आप चले जाओ तो रोता नहीं है, आप आ जाओ तो प्रसन्न नहीं होता। कहता नहीं, कि आइए, स्वागत है, बड़ा अच्छा हुआ।

जागने का अर्थ यह है, जहां हैं—कहीं न कहीं हैं, किसी न किसी सपने में हैं; कोई आश्रम के सपने में होगा, कोई दूकान के सपने में होगा—जहां हैं, किसी

न किसी सपने में हैं, वहां जागें। इस सपने को पहचानें कि यह सत्य है? इस बात की जिज्ञासा, इस बात की खोज कि जो मैं देख रहा हूं, वह क्या है?

नहीं, मैं यह नहीं कह रहा हूं कि आप कहने लगें, यह सपना है। अगर आपको कहना पड़े कि यह सपना है, तो जागना नहीं होगा, तब एफर्ट होगा। अगर आपको कोशिश करनी पड़े कि यह सब सपना है, आपको अगर कोशिश करके अपने को समझाना पड़े कि यह सब सपना है, तब तो समझ लेना कि अभी आपको सपने का पता नहीं चला। सपने का पता अगर चल जाए, तो यह कहने की कोई जरूरत नहीं रह जाती कि सब सपना है। सब सपना है, यह तो वही आदमी दोहराता है अपने मन में, जिसे अभी सपने का कोई भी पता नहीं है।

एक सूफी फकीर को मेरे पास लाए थे। वह मित्र जो लाए थे, कहने लगे कि उन फकीर को सब जगह परमात्मा ही परमात्मा दिखाई पड़ता है। मैंने उनसे पूछा कि जगह भी दिखाई पड़ती है? परमात्मा भी दिखाई पड़ता है? दोनों दिखाई पड़ते हैं? उन्होंने कहा, हां, उन्हें कण-कण में परमात्मा दिखाई पड़ता है। तो मैंने कहा, कण भी दिखाई पड़ता है, कण में परमात्मा भी दिखाई पड़ता है? ऐसा? उन्होंने कहा, आप कैसी बातें पूछते हैं? मैंने कहा, अगर परमात्मा ही दिखाई पड़ता है, तो अब कण दिखाई नहीं पड़ना चाहिए। और कण दिखाई पड़ता है, तो परमात्मा आरोपित होगा, इंपोज्ड होगा। कोशिश की गई होगी।

इसलिए जो आदमी कहता है कि कण-कण में परमात्मा दिखाई पड़ता है, उसे दो चीजें दिखाई पड़ रही हैं, कण भी दिखाई पड़ रहा है, परमात्मा भी दिखाई पड़ रहा है। ये दोनों चीजें एक साथ दिखाई नहीं पड़ सकतीं। इनमें से एक ही चीज एक बार दिखाई पड़ सकती है। अगर परमात्मा दिखाई पड़ता है, तो कण दिखाई नहीं पड़ता। क्योंकि परमात्मा के अतिरिक्त कण की कोई जगह नहीं रह जाती, जहां उसे देखें। और अगर कण दिखाई पड़ता है, तो परमात्मा दिखाई नहीं पड़ता। क्योंकि जब तक कण दिखाई पड़ रहा है, तब तक परमात्मा दिखाई पड़ना मुश्किल है।

तो मैंने उनसे कहा, कोशिश की होगी, समझाया होगा अपने को, लिखा है किताबों में कि कण-कण में परमात्मा है। नहीं, उन्होंने कहा कि मुझे वर्षों से

दिखाई पड़ता है। तो मैंने कहा, और वर्षों के पहले कोशिश की होगी। मैंने कहा, आप रुकें। मेरे पास रुक जाएं और दो-चार दिन अब देखने की कोशिश न करें।

दूसरे दिन सुबह उन्होंने मुझसे कहा कि आपने मुझे भारी नुकसान पहुंचाया। मेरी तीस साल की साधना खराब कर दी। क्योंकि मैंने रात से कोशिश नहीं की, तो मुझे वृक्ष फिर वृक्ष दिखाई पड़ने लगे। अब मुझे परमात्मा दिखाई नहीं पड़ता!

तो मैंने कहा, जिसको तीस साल देखकर भी, दो-चार घंटे देखने की कोशिश न की जाए और खो जाता हो, तो आप वृक्षों के ऊपर अपना एक सपना आरोपित कर रहे हैं। उसका परमात्मा से कोई लेना-देना नहीं है। कह रहे हैं कि वृक्ष में परमात्मा है। समझाए जाएं, तो दिखाई पड़ने लगेगा।

लेकिन यह वह परमात्मा नहीं है, जिसकी कृष्ण बात कर रहे हैं। आपको परमात्मा थोपना नहीं है जगत पर, आपको तो जगत के प्रति ही जाग जाना है। जागते से जगत खो जाता है और परमात्मा शेष रह जाता है।

आपको सपने को समझाना नहीं है अपने को कि यह झूठ है, यह झूठ है। नहीं, सपने को देख लेना है ठीक से, क्या है? और जैसे ही सपने को देख लिया जाता है कि क्या है, तो आप अचानक पाते हैं कि सपना टूट गया और नहीं है। फिर जो शेष रह जाता है, वही सत्य है।

प्रयास तो हमें असत्य के लिए करने पड़ते हैं, सत्य के लिए नहीं करने पड़ते हैं। एफर्ट तो असत्य के लिए करना पड़ता है, सत्य के लिए नहीं करना पड़ता। क्योंकि जो सत्य मनुष्य के प्रयास से मिलता होगा, वह सत्य नहीं हो सकता। जो सत्य मनुष्य के प्रयास के बिना ही मौजूद है, वही सत्य है।

सत्य आपको निर्मित नहीं करना है, वह आपका कंस्ट्रक्शन नहीं है कि आप उसका निर्माण करेंगे। सत्य तो है ही। कृपा करके असत्य भर निर्माण न करें; जो है, वह दिखाई पड़ जाएगा।

मैं एक वृक्ष की शाखा को अपने हाथ से खींच लेता हूं। फिर मैं राह चलते आपसे पूछता हूं कि इस वृक्ष की शाखा को मैंने इसकी जगह से नीचे खींच लिया है, अब मैं इसे इसकी जगह वापस पहुंचाना चाहता हूं, तो क्या करूं? तो आप क्या कहेंगे मुझसे कि कुछ करिए! आप कहेंगे, कृपा करके खींचिए भर मत;

छोड़ दीजिए। शाखा अपनी जगह पहुंच जाएगी; शाखा अपनी जगह थी ही; आपकी कृपा से ही अपनी जगह से हट गई है।

परमात्मा में पहुंचने के लिए मनुष्य को किसी एफर्ट और प्रयास की जरूरत नहीं है। परमात्मा को खोने के लिए उसने जो प्रयास किया है, कृपा करके उतना प्रयास भर वह न करे, अपनी जगह पहुंच जाएगा।

स्वप्न हमारे निर्माण हैं। सत्य हमारा निर्माण नहीं है।

इसलिए बुद्ध को जब ज्ञान हुआ और लोगों ने बुद्ध से पूछा कि तुम्हें क्या मिला? तो बुद्ध ने कहा, मुझे कुछ मिला नहीं, सिर्फ मैंने कुछ खोया है। तब तो वे बहुत हैरान हुए। उन्होंने कहा, हम तो सोचते थे कि आपको कुछ मिला है! बुद्ध ने कहा, मिला कुछ भी नहीं। जो था ही, उसे मैंने जाना है। हां, खोया जरूर कुछ। जो-जो मैंने बनाया था, वह मुझे सब खो देना पड़ा। अज्ञान मैंने खोया और ज्ञान मैंने पाया नहीं, क्योंकि ज्ञान था ही। जिस अज्ञान को मैं जोर से पकड़े था, उसकी वजह से दिखाई नहीं पड़ रहा था। खोया जरूर, पाया कुछ भी नहीं। पाया वही, जो पाया ही हुआ था, जो सदा से मिला ही हुआ था।

ठीक से समझें तो सिर्फ जागकर देखने की जरूरत है। आंख खोलकर, प्रज्ञा को पूरी तरह जगाकर, चेतना को पूरे होश से अप्रमाद में लाकर देखने भर की जरूरत है कि क्या है! और जैसे ही हम देखते हैं कि क्या है, उसमें जो नहीं है, वह गिर जाता है; जो है, वह शेष रह जाता है।

अन्तवन्त इमे देहा नित्यस्योक्ताः शरीरिणः।
अनाशिनोऽप्रमेयस्य तस्माद्युध्यस्व भारत।। 18।।

और, इस नाशरहित, अप्रमेय, नित्यस्वरूप जीवात्मा के ये शरीर नाशवान कहे गए हैं। इसलिए, हे भरतवंशी अर्जुन, तू युद्ध कर।

अर्जुन को युद्ध बड़ा सत्य मालूम पड़ रहा है; देह बहुत सत्य मालूम पड़ रही है; मृत्यु बहुत सत्य मालूम पड़ रही है; उसकी अड़चन स्वाभाविक है।

उसकी अड़चन हमारी सबकी अड़चन है। जो हमें सत्य मालूम पड़ता है, वही उसे सत्य मालूम पड़ रहा है। कृष्ण उसे बड़ी दूसरी दुनिया की बातें कह रहे हैं। वे कह रहे हैं कि यह देह, ये शरीरधारी लोग, यह दिखाई पड़ने वाला सारा जाल— यह स्वप्न है। तू इसकी फिक्र मत कर और लड़।

कृष्ण का लड़ने के लिए यह आान तथाकथित धार्मिक लोगों को, सो काल्ड रिलीजस लोगों को, सदा ही कष्ट का कारण रहा है; समझ के बाहर रहा है। क्योंकि एक तरफ समझाने वाले लोग हैं, जो कहते हैं, चींटी पर पैर पड़ जाए तो बचाना, अहिंसा है। पानी छानकर पीना। दूसरी तरफ यह कृष्ण है, जो कह रहा है कि लड़, क्योंकि यहां न कोई मरता, न कोई मारा जाता। यह सब देह स्वप्न है।

अर्जुन साधारणतः ठीक कहता मालूम पड़ता है। गांधी ने चाहा होता कि अर्जुन की बात कृष्ण मान लेते, अहिंसावादियों ने चाहा होता कि कृष्ण की बात न चलती, अर्जुन की चल जाती। लेकिन कृष्ण बड़ी अजीब बात कह रहे हैं। वे कह रहे हैं, जो स्वप्न है, उसके लिए तू दुखी हो रहा है! जो नहीं है, उसके लिए तू पीड़ित और परेशान हो रहा है! साधारण नीति के बहुत पार चली गई बात।

इसलिए जब पहली बार गीता के अनुवाद पश्चिम में पहुंचे, तो पश्चिम के नीतिविदों की छातियां कंप गईं। भरोसा न हुआ कि कृष्ण और ऐसी बात कहेंगे। जिन्होंने सिर्फ पुरानी बाइबिल के टेन कमांडमेंट्स पढ़े थे धर्म के नाम पर— जिन्होंने पढ़ा था चोरी मत कर, जिन्होंने पढ़ा था असत मत बोल, जिन्होंने पढ़ा था किसी को दुख मत पहुंचा—उनके प्राण अगर कंप गए हों...। बड़ा शॉकिंग था कि कृष्ण कहते हैं कि यह सब स्वप्न है; तू लड़!

तो पश्चिम के नीतिविदों को लगा कि गीता जैसी किताब नैतिक नहीं है। या तो अनैतिक है या अतिनैतिक है। या तो इम्मारल है या एमारल है। कम से कम मारल तो नहीं है। यह क्या बात है?

और ऐसा पश्चिम में ही लगा हो, ऐसा नहीं, जैन विचारकों ने कृष्ण को नर्क में डाल दिया। जैन चिंतन को अनुभव हुआ कि यह आदमी क्या कह रहा है! मारने की खुली छूट! अगर अर्जुन का वश चलता तो महाभारत शायद

न होता। कृष्ण ने ही करवा दिया। तो अहिंसा की धारा इस मुल्क में भी थी। उसने कृष्ण को नर्क में डालने की जरूरत महसूस की। इस आदमी को नर्क में डाल ही देना चाहिए।

यह बड़ा मुद्दा है और बड़े विचार का है। इसमें ध्यान रखना जरूरी है कि नीति धर्म नहीं है, नीति बहुत कामचलाऊ व्यवस्था है। नीति बिलकुल सामाजिक घटना है। नीति स्वप्न के बीच व्यवस्था है। स्वप्न में भी रास्तों पर चलना हो तो नियम बनाने पड़ेंगे। स्वप्न में भी जीना हो तो व्यवस्थापन, डिसिप्लिन, शिष्ट-अनुशासन बनाना पड़ेगा। नीति धर्म नहीं है, नीति बिलकुल सामाजिक व्यवस्था है। इसलिए नीति रोज बदल सकती है; समाज बदलेगा और नीति बदलेगी। कल जो ठीक था, वह आज गलत हो जाएगा। आज जो ठीक है, वह कल गलत हो जाएगा। नीति भी असत का हिस्सा है।

इसका यह मतलब नहीं है कि धर्म अनीति है। जब नीति तक असत का हिस्सा है, तो अनीति तो असत का हिस्सा होगी ही। धर्म नीति और अनीति को पार करता है। असल में धर्म संसार को पार करता है। तो इसलिए कृष्ण की बात जिस तल से कही जा रही है, उस तल से बहुत मुश्किल से समझी जा सकी है।

जैनों ने नर्क में डाल दिया, वह एक उपाय था, उनसे छुटकारा पाने का। गांधी ने पूरी गीता को मेटाफर मान लिया। मान लिबा कि यह हुई नहीं है घटना कभी, क्योंकि कृष्ण कहां युद्ध करवा सकते हैं! यह किसी असली युद्ध की बात नहीं है, यह तो शुभ-अशुभ के बीच जो युद्ध चलता है, उसकी प्रतीक-कथा है, सिम्बालिक है। यह दूसरी तरकीब थी—ज्यादा बली। लेकिन मतलब वही छुटकारा पाने का है। मतलब यह कि यह घटना कभी...।

कृष्ण युद्ध कैसे करवा सकते हैं! कृष्ण कैसे कह सकते हैं कि युद्ध करो! नहीं, कृष्ण तो यह कह ही नहीं सकते। इसलिए अब एक दूसरा उपाय है—होशियारी से कृष्ण से बच जाने का—और वह यह है कि कहो कि मेटाफर है, सिंबल है, एक कहानी है, प्रतीक-कथा है। यह घटना कभी घटी नहीं, ऐसा कोई युद्ध कहीं हुआ नहीं कि जिसमें युद्ध करवाया गया हो। ये सब तो प्रतीक-पुरुष हैं—यह अर्जुन और

यह दुर्योधन और ये सब—ये व्यक्ति नहीं हैं, ये ऐतिहासिक तथ्य नहीं हैं। यह तो सिर्फ एक पैरेबल है, एक प्रतीक-कथा है, जिसमें शुभ और अशुभ की लड़ाई हो रही है। और अशुभ के खिलाफ लड़ने के लिए कृष्ण कह रहे हैं।

अब यह कृष्ण को एकदम विकृत करना है। कृष्ण अशुभ के खिलाफ लड़ने को नहीं कह रहे हैं। अगर कृष्ण को ठीक समझें, तो वे कह रहे हैं कि शुभ और अशुभ एक ही स्वप्न के हिस्से हैं, हिंसा और अहिंसा एक ही स्वप्न के हिस्से हैं। कृष्ण यह नहीं कह रहे हैं कि हिंसा ठीक है, कृष्ण इतना ही कह रहे हैं कि हिंसा और अहिंसा अच्छे और बुरे आदमी के स्वप्न हैं। स्वप्न ही हैं। और पूरे स्वप्न को स्वप्न की भांति जो जानता है, वह सत्य को उपलब्ध होता है। नीति का अतिक्रमण करती है यह बात। अनैतिक नहीं है। अनीति का भी अतिक्रमण करती है यह बात।

इन अर्थों में कृष्ण का संदेश बहुत कठिन हो जाता है समझना। चुनाव आसान पड़ता है—यह बुरा है, यह ठीक है। लेकिन ठीक और बुरा दोनों ही स्वप्न हैं, यहां हमारे पैर डगमगा जाते हैं। लेकिन जो यहां पैर को थिर रख सके, वही गीता में आगे प्रवेश कर सकेगा।

इसलिए इस बात को बिलकुल ठीक से समझ लेना कि कृष्ण न हिंसक हैं, न अहिंसक हैं। क्योंकि हिंसक की मान्यता है कि मैं दूसरे को मार डालता हूं। और अहिंसक की मान्यता है कि मैं दूसरे को बचा रहा हूं। और कृष्ण कहते हैं कि जो न मारा जा सकता, वह बचाया भी नहीं जा सकता है। न तुम बचा सकते हो, न तुम मार सकते हो। जो है, वह है। और जो नहीं है, वह नहीं है। तुम दोनों एक-दूसरे से विपरीत स्वप्न देख रहे हो।

एक आदमी किसी की छाती में छुरा भोंक देता है, तो सोचता है, मिटा डाला इसे। और दूसरा आदमी उसकी छाती से छुरा निकाल कर मलहम-पट्टी करता है, और सोचता है, बचा लिया इसे। इन दोनों ने सपने देखे विपरीत—एक बुरे आदमी का सपना, एक अच्छे आदमी का सपना। और हम चाहेंगे कि अगर सपना ही देखना है, तो अधिक लोग अच्छे आदमी का सपना देखें।

लेकिन कृष्ण यह कह रहे हैं कि दोनों सपने हैं। और एक और तल है देखने का, जहां बचाने वाला और मारने वाला एक-सी ही भूल कर रहा है। वह भूल यही है कि जो है, उसे या तो मिटाया जा सकता है, या बचाया जा सकता है। कृष्ण कह रहे हैं, जो नहीं है, वह नहीं है; जो है, वह है। वे यह नहीं कह रहे हैं कि बुरे आदमी का सपना देखें, वे यह कह रहे हैं कि दोनों ही सपने हैं। और अगर देखना ही है, तो पूरे सपने को देखें, ताकि जाग जाएं। अगर देखना ही है, तो बुरे-अच्छे आदमी के सपनों में चुनाव न करें, पूरे सपने को ही देखें और जाग जाएं।

यह जागरण की, अवेयरनेस की जो प्रक्रिया कृष्ण अर्जुन को कह रहे हैं, वह अर्जुन की कैसे समझ में आएगी, बड़ी कठिनाई है। क्योंकि अर्जुन बड़ी नीतिवादी बातें कर रहा है। और वह नैतिक सपना देखने को बड़ा उत्सुक है। वह अनैतिक सपने से ऊबा हुआ मालूम पड़ता है। अब वह नैतिक सपना देखने को उत्सुक है। और कृष्ण कहते हैं, सपने में ही चुनाव कर रहा है। पूरे सपने के प्रति ही जाग जाना है।

एक सूत्र और पढ़ लें, फिर रात हम बात करेंगे।

य एनं वेत्ति हन्तारं यश्चैनं मन्यते हतम्।
उभौ तौ न विजानीतो नायं हन्ति न हन्यते।। 19।।

और, जो इस आत्मा को मारने वाला समझता है, तथा जो इसको मरा मानता है, वे दोनों ही नहीं जानते हैं। क्योंकि, यह आत्मा न मारता है और न मारा जाता है।

जो है, वह न मरता है और न मारा जाता है। और जो है हमारे भीतर, उसका नाम आत्मा है। और जो है हमारे बाहर, उसका नाम परमात्मा है। जो मारा जाता है और जो मार सकता है, या जो अनुभव करता है कि मारा गया—हमारे भीतर उसका नाम शरीर है, हमारे बाहर उसका नाम जगत है। जो अमृत है, जो इम्मार्टल है, वही चेतना है। और जो मर्त्य है, वही जड़ है। साथ ही, जो मर्त्य है, वही लहर है, असत है; और जो अमृत है, वही सागर है, सत है।

अर्जुन के मन में यही चिंता, दुविधा और पीड़ा है कि मैं कैसे मारने में संलग्न हो जाऊं! इससे तो बेहतर है, मैं ही मर जाऊं। ये दोनों बातें एक साथ ही होंगी। जो दूसरे को सोच सकता है मरने की भाषा में, वह अपने को भी मरने की भाषा में सोच सकता है। जो सोच सकता है कि मृत्यु संभव है, वह स्वभावतः दुखी हो जाएगा। लेकिन कृष्ण कह रहे हैं कि मृत्यु एक मात्र असंभावना है—दि ओनली इंपासिबिलिटी। मृत्यु हो ही नहीं सकती। मृत्यु की असंभावना है।

लेकिन जिंदगी जहां हम जीते हैं, वहां तो मृत्यु से ज्यादा निश्चित और कोई संभावना नहीं है। वहां सब चीजें असंभव हो सकती हैं, मृत्यु भर सुनिश्चित रूप से संभव है। एक बात तय है, वह है मृत्यु। और सब बातें तय नहीं हैं। और सब बदलाहट हो सकती है। कोई दुखी होगा, कोई सुखी होगा। कोई स्वस्थ होगा, कोई बीमार होगा। कोई सफल होगा, कोई असफल होगा। कोई दीन होगा, कोई सम्राट होगा। और सब होगा, और सब विकल्प खुले हैं, एक विकल्प बंद है। वह मृत्यु का विकल्प है, वह होगा ही। सम्राट भी वहां पहुंचेगा, भिखारी भी वहां पहुंचेगा; सफल भी, असफल भी; स्वस्थ भी, बीमार भी—सब वहां पहुंच जाएंगे। एक बात, जिस जीवन में हम खड़े हैं, वहां तय है, वह मृत्यु है।

और कृष्ण बिलकुल उलटी बात कह रहे हैं, वे यह कह रहे हैं कि एक बात भर सुनिश्चित है कि मृत्यु असंभावना है। न कभी कोई मरा और न कभी कोई मर सकता है। मृत्यु अकेला भ्रम है। शायद इस मृत्यु के आस-पास ही हमारे जीवन के सारे कोण निर्मित होते हैं। जो देखता है कि मृत्यु सत्य है, उसके जीवन में शरीर से ज्यादा का अनुभव नहीं है।

यह बड़े मजे की बात है कि आपको मृत्यु का कोई भी अनुभव नहीं है। आपने दूसरों को मरते देखा है, अपने को मरते कभी नहीं देखा है।

समझें कि एक व्यक्ति को हम विकसित करें, जिसने मृत्यु न देखी हो, किसी को मरते न देखा हो। कल्पना कर लें, एक व्यक्ति को हम इस तरह बड़ा करते हैं, जिसने मृत्यु नहीं देखी। क्या यह आदमी कभी भी सोच पाएगा कि मैं मर जाऊंगा? क्या इसके मन में कभी भी यह कल्पना भी उठ सकती है कि मैं मर जाऊंगा?

असंभव है। मृत्यु इनफरेंस है, अनुमान है, दूसरे को मरते देखकर। और मजा यह है कि जब दूसरा मरता है तो आप मृत्यु नहीं देख रहे, क्योंकि मृत्यु की घटना आपके लिए सिर्फ इतनी है कि वह कल तक बोलता था, अब नहीं बोलता; कल तक चलता था, अब नहीं चलता। आप चलते हुए को, न चलते की अवस्था में गया हुआ देख रहे हैं। बोलते हुए को, न बोलते की अवस्था में देख रहे हैं। धड़कते हृदय को, न धड़कते हृदय की अवस्था में देख रहे हैं। लेकिन क्या इतने से काफी है कि आप कहें, जो भीतर था, वह मर गया? क्या इतना पर्याप्त है? क्या इतना काफी है? मृत्यु की निष्पत्ति लेने को क्या यह काफी हो गया? यह काफी नहीं है।

दक्षिण में एक योगी थे कुछ वर्षों पहले, ब्रह्मयोगी। उन्होंने आक्सफोर्ड यूनिवर्सिटी में, और कलकत्ता और रंगून यूनिवर्सिटी में—तीन जगह मरने का प्रयोग करके दिखाया। वह बहुत कीमती प्रयोग था। वह दस मिनट के लिए मर जाते थे।

जब आक्सफोर्ड यूनिवर्सिटी में उनका प्रयोग हुआ तो डाक्टर्स मौजूद थे। और उन्होंने कहा कि इस दस मिनट में आप मेरी जांच-पड़ताल करके लिख दें सर्टिफिकेट कि यह आदमी मर गया कि जिंदा है। फिर उनकी श्वास खो गई। फिर उनकी नाड़ी बंद हो गई। फिर हृदय ने धड़कना बंद कर दिया। फिर खून की चाल सब शांत हो गई। और दस डाक्टरों ने—आक्सफोर्ड यूनिवर्सिटी के मेडिकल कालेज के—सर्टिफिकेट लिखा कि यह आदमी मर गया है। और मरने के सारे सिम्प्टम्स इस आदमी ने पूरे कर दिए हैं। और दस आदमियों ने दस्तखत किए।

और वे ब्रह्मयोगी दस मिनट के बाद वापस जिंदा हो गए। श्वास फिर चलने लगी, हृदय फिर धड़कने लगा, खून फिर बहने लगा, नाड़ी फिर वापस लौट आई। और उन्होंने कहा, फिर सर्टिफिकेट लिखें कि इस आदमी के बाबत क्या खयाल है! उन डाक्टरों ने कहा, हम बड़ी मुश्किल में पड़ गए। आप हम पर कोई अदालत में मुकदमा तो न चलाएंगे? क्योंकि मेडिकल

साइंस जो कह सकती थी, हमने कह दिया। तो ब्रह्मयोगी ने कहा, मुझे यह भी लिखकर दें कि अब तक जितने लोगों को आपने मरने के सर्टिफिकेट दिए हैं, वे संदिग्ध हो गए हैं।

असल में जिसे हम मृत्यु कह रहे हैं, वह जीवन का शरीर से सरक जाना है। जैसे कोई दीया अपनी किरणों को सिकोड़ ले वापस, ऐसे जीवन का फैलाव वापस सिकुड़ जाता है, बीज में वापस लौट जाता है। फिर नई यात्रा पर निकल जाता है। लेकिन बाहर से इस सिकुड़ने को हम मृत्यु समझ लेते हैं।

बटन दबा दी हमने, बिजली का बल्ब जलता था, किरणें समाप्त हो गईं। बल्ब से अंधकार झरने लगा। क्या बिजली मर गई? सिर्फ अभिव्यक्ति खो गई। सिर्फ मैनिफेस्टेशन बंद हो गया। फिर बटन दबाते हैं, फिर किरणें बिजली की वापस बहने लगीं। क्या बिजली पुनरुज्जीवित हो गई? क्योंकि जो मरी नहीं थी, उसको पुनरुज्जीवित कहने का कोई अर्थ नहीं है। बिजली पूरे समय वहीं थी, सिर्फ अभिव्यक्ति खो गई थी।

जिसे हम मृत्यु कहते हैं, वह प्रकट का फिर पुनः अप्रकट हो जाना है। जिसे हम जन्म कहते हैं, वह अप्रकट का पुनः प्रकट हो जाना है।

कृष्ण कहते हैं, न ही शरीर को मारने से आत्मा मरती है, न ही शरीर को बचाने से आत्मा बचती है। आत्मा न मरती है, न बचती है। असल में जो मरने और बचने के पार है, वही आत्मा है, वही अस्तित्व है।

शेष सांझ हम बात करेंगे।

आठवां प्रवचन

मरणधर्मा शरीर और अमृत, अरूप आत्मा

प्रश्नः भगवान श्री,

य एनं वेत्ति हन्तारं यश्चैनं मन्यते हतम्।
उभौ तौ न विजानीतो नायं हन्ति न हन्यते।।

इस लोक के बारे में सुबह जो चर्चा हुई, उसमें आत्मा यदि हननकर्ता नहीं या हनन्य भी नहीं है, तो जनरल डायर या नाजियों के कनसनट्रेशन कैंप की घटनाएं कैसे जस्टिफाई हो सकती हैं! टोटल एक्सेप्टिबिलिटी में इनकी क्या उपादेयता है?

न कोई मरता है और न कोई मारता है; जो है, उसके विनाश की कोई संभावना नहीं है। तब क्या इसका यह अर्थ लिया जाए कि हिंसा करने में कोई भी बुराई नहीं है? क्या इसका यह अर्थ लिया जाए कि जनरल डायर ने या आउश्वित्ज में जर्मनी में या हिरोशिमा में जो महान हिंसा हुई, वह निंदा योग्य नहीं है? स्वीकार योग्य है?

नहीं, कृष्ण का ऐसा अर्थ नहीं है। इसे समझ लेना उपयोगी है। हिंसा नहीं होती, इसका यह अर्थ नहीं है कि हिंसा करने की आकांक्षा बुरी नहीं है। हिंसा तो

होती ही नहीं, लेकिन हिंसा की आकांक्षा होती है, हिंसा का अभिप्राय होता है, हिंसा की मनोदशा होती है।

जो हिंसा करने के लिए इच्छा रख रहा है, जो दूसरे को मारने में रस ले रहा है, जो दूसरे को मारकर प्रसन्न हो रहा है, जो दूसरे को मारकर समझ रहा है कि मैंने मारा—कोई नहीं मरेगा पीछे—लेकिन इस आदमी की यह समझ कि मैंने मारा, इस आदमी का यह रस कि मारने में मजा मिला, इस आदमी की यह मनोकांक्षा कि मारना संभव है, इस सबका पाप है।

पाप हिंसा होने में नहीं है, पाप हिंसा करने में है। होना तो असंभव है, करना संभव है। जब एक व्यक्ति हिंसा कर रहा है, तो दो चीजें हैं वहां। हिंसा की घटना तो, कृष्ण कहते हैं, असंभव है, लेकिन हिंसा की मनोभावना बिलकुल संभव है।

ठीक इससे उलटा भी सोच लें कि फिर क्या महावीर की अहिंसा और बुद्ध की अहिंसा का कोई अर्थ नहीं? अगर हिरोशिमा और आउश्वित्ज के कनसनट्रेशन कैंप्स में होने वाली हिंसा का कोई अर्थ नहीं है, तो बुद्ध और महावीर की अहिंसा का भी कोई अर्थ नहीं रह जाता। अगर आप समझते हों कि अहिंसा का अर्थ तभी है, जब हम किसी मरते और मिटते को बचा पाएं, तो कोई अर्थ नहीं है।

नहीं, महावीर और बुद्ध की अहिंसा का अर्थ और है। यह बचाने की आकांक्षा, यह न मारने की आकांक्षा! यह मारने में रस न लेने की स्थिति, यह बचाने में रस लेने का मनोभाव! जब महावीर एक चींटी को बचाकर निकलते हैं, तो ऐसा नहीं है कि महावीर के बचाने से चींटी बच जाती है। चींटी में जो बचने वाला है, बचा ही रहेगा; और जो नहीं बचने वाला है, वह महावीर के बचाने से नहीं बचता है। लेकिन महावीर का यह भाव बचाकर निकलने का बड़ा कीमती है। इस भाव से चींटी को कोई लाभ-हानि नहीं होती, लेकिन महावीर को जरूर होती है।'

बहुत गहरे में प्रश्न भाव का है, घटना का नहीं है। बहुत गहरे में प्रश्न

भावना का है, वह व्यक्ति क्या सोच रहा है। क्योंकि व्यक्ति जीता है अपने विचारों में घिरा हुआ। घटनाएं घटती हैं यथार्थ में, व्यक्ति जीता है विचार में, भाव में।

हिंसा बुरी है; कृष्ण के यह कहने के बाद भी बुरी है कि हिंसा नहीं होती। और कृष्ण का कहना जरा भी गलत नहीं है। असल में कृष्ण अस्तित्व से कह रहे हैं; अस्तित्व के बीच खोज रहे हैं।

हिटलर जब लोगों को मार रहा है, तो कृष्ण की मनोदशा में नहीं है। हिटलर को लोगों को मारने में रस और आनंद है—मिटाने में, विनाश करने में। विनाश होता है या नहीं होता है, यह बिलकुल दूसरी बात है। लेकिन हिटलर को विनाश में रस है। यह रस हिंसा है।

अगर ठीक से समझें, तो विनाश का रस हिंसा है, मारने की इच्छा हिंसा है। मरना होता है या नहीं होता है, यह बिलकुल दूसरी बात है। और यह जो रस हिटलर का है, यह एक डिसीज्ड, रुग्ण चित्त का रस है।

समझ लेना जरूरी है कि जब भी विनाश में रस मालूम पड़े, तो ऐसा आदमी भीतर विक्षिप्त है। जितना ही भीतर आदमी शांत और आनंदित होगा, उतना ही विनाश में रस असंभव है। जितना ही भीतर आनंदित होगा, उतना सृजन में रस होगा, उतना क्रिएटिविटी में रस होगा।

महावीर की अहिंसा एक क्रिएटिव फीलिंग है, जगत के प्रति एक सृजनात्मक भाव है। हिटलर की हिंसा जगत के प्रति एक विनाशात्मक भाव है, एक डिस्ट्रक्टिव भाव है। यह भाव महत्वपूर्ण है। और जहां हम जी रहे हैं, वहां अस्तित्व में क्या होता है, यह मूल्यवान नहीं है।

मैं एक छोटी-सी घटना से समझाने की कोशिश करूं।

कबीर के घर बहुत भक्त आते हैं। गीत, भजन...। और जब जाने लगते हैं, तो कबीर कहते हैं, भोजन करते जाएं। फिर कबीर का बेटा और पत्नी परेशान हो गए। बेटे ने एक दिन कहा कि अब बरदाश्त के बाहर है। हम कब तक कर्ज लेते जाएं! यह हम कहां से लोगों को खिलाएं! अब आप कहना बंद करें।

कबीर ने कहा कि मुझे याद ही नहीं रहती; जब घर कोई मेहमान आता है,

तो मुझे खयाल ही नहीं रहता कि घर में कुछ नहीं है। और घर कोई आया हो तो कैसे खयाल रखा जाए कि घर में कुछ नहीं है! तो मैं कहे ही जाता हूं कि भोजन करते जाएं। फिर तो बेटे ने कहा, तो क्या हम चोरी करने लगें? व्यंग्य में कहा, क्रोध में कहा कि क्या हम चोरी करने लगें! कबीर ने कहा कि अरे, तुझे यह पहले खयाल क्यों न आया! वह बेटा तो हैरान हुआ, क्योंकि उसे आशा न थी कि कबीर और ऐसा कहेंगे। तो उसने कहा, तो फिर आज मैं चोरी करने जाऊं? वह बेटा भी साधारण नहीं था; कबीर का ही बेटा था। मैं आज चोरी करने जाऊं? कबीर ने कहा, बिलकुल। तो बेटे ने और परीक्षा लेने के लिए कहा, आप भी चलिएगा? कबीर ने कहा, चला चलूंगा।

रात हो गई, बेटे ने कहा, चलें। बेटा भी आखिरी तर्क की सीमा तक देखना चाहता था कि बात क्या है, क्या कबीर चोरी करने को राजी हैं? कबीर—और चोरी करने को राजी! बेटे की समझ के बिलकुल बाहर है। अर्जुन की समझ के भी बाहर है कि कृष्ण हिंसा करने को राजी हैं।

ले गया कबीर का बेटा कमाल कबीर को। फिर जाकर दीवार तोड़ी। दीवार तोड़कर बीच-बीच में देखता भी रहा। कबीर उससे कहते हैं, इतना घबड़ाता क्यों है? इतना कंपता क्यों है? उसने दीवार भी तोड़ ली। फिर उसने कहा, मैं भीतर जाऊं? कबीर ने कहा कि जरूर जा। वह भीतर भी गया। वह एक गेहूं का बोरा घसीटकर भी लाया। उसने सोचा, अब रोकेंगे, अब रोकेंगे। अब तो बहुत हो गया, हद्द हो गई। कबीर ने बोरा भी बाहर निकलवा लिया। फिर बेटे से कहा, भीतर जाकर, घर में लोग सोए होंगे, उनको कह आओ कि तुम्हारे घर चोरी हो गई है, हम एक बोरा ले जा रहे हैं। तो उस बेटे ने कहा, यह किस प्रकार की चोरी है? चोरी कहीं बताई जाती है? तो कबीर ने कहा कि जो चोरी बताई नहीं जा सकती, वह फिर पाप हो गई। खबर करो! तो बेटे ने कहा कि मैं इतनी देर से परेशान ही था कि यह किस तरह आप चोरी करवा रहे हैं! कबीर ने कहा, मुझे याद ही न रहा, क्योंकि जब से यह दिखाई पड़ने लगा कि सभी एक हैं, तब से कुछ अपना न रहा, कुछ पराया न रहा। वह दूसरे का है, तब

चोरी पाप है। लेकिन वह याद ही न रहा, तूने ठीक याद दिला दिया। लेकिन तूने पहले याद क्यों न दिलाया!

कबीर कह रहे हैं, वह दूसरे का है, तब तक तो चोरी पाप है। लेकिन अगर दूसरे की कोई चीज नहीं रह गई, अगर सभी एक का ही है; और उस तरफ जो श्वास चलती है, वह भी मेरी है; और इस तरफ जो श्वास चलती है, वह भी मेरी है—तो इस तल पर चोरी के पाप होने का कोई अर्थ नहीं रह जाता। लेकिन यह अस्तित्व के तल की बात हुई। यह ब्रह्मज्ञान में प्रविष्ट व्यक्ति की बात हुई।

तो कबीर ने कहा, अगर न जगा सकता हो तो वापस लौटा दे। क्योंकि अपने को ही अगर हम खबर करने में डरते हैं, तो चीज फिर अपनी नहीं है। तो फिर वापस लौटा दे। किससे बचकर ले जाना है?

अब यह बहुत दो तलों की बात हो गई, यह दो एक्झिस्टेंस की बात हो गई। इसे ठीक से खयाल में ले लें। एक तो अस्तित्व का जगत है, जहां सभी कुछ परमात्मा का है, वहां चोरी नहीं हो सकती। कबीर उसी जगत में जी रहे हैं। एक मनोभावों का जगत है, जहां दूसरा दूसरा है, मैं मैं हूं; मेरी चीज मेरी है, दूसरे की चीज दूसरे की है। वहां चोरी होती है, हो रही है, हो सकती है।

जब तक दूसरे की चीज दूसरे की है, तब तक चोरी पाप है। चोरी घटित होती नहीं, सिर्फ चीजें यहां से वहां रखी जाती हैं। चोरी की क्या घटना घट सकती है इस जमीन पर! कल न मैं रहूंगा, न आप रहेंगे। मेरी चीजें भी मेरी नहीं रह जाएंगी, आपकी चीजें भी आपकी नहीं रह जाएंगी। चीजें यहां पड़ी हैं—इस घर में या उस घर में, क्या फर्क पड़ेगा!

अस्तित्व के तल पर चोरी नहीं घटती, भाव के तल पर चोरी घटती है। अगर हिटलर यह कह सके कि मरने में हिंसा होती ही नहीं, तो हिटलर को फिर अपने आस-पास संतरी खड़े करने की जरूरत नहीं। फिर वह आउश्वित्ज में मारे लोगों को, तो हमें कोई एतराज न होगा। लेकिन खुद को बचाने के लिए जो तत्पर है, दूसरे को मारने को जो आतुर है, वह जानता है, मानता है कि हिंसा होती है। खुद को जो बचा रहा है।

अगर कृष्ण अर्जुन से यह कहें कि ये कोई मरने वाले नहीं हैं, बेफिक्री से मार, लेकिन तू मरने वाला है, जरा अपने को सम्हालना, बचाना। तब फिर बेईमानी हो जाएगी। लेकिन कृष्ण उससे कहते हैं कि न कोई मरता है, न कोई मारा जाता है। अगर ये भी तुझे मार डालें, तो भी कुछ मरता नहीं। अगर तू भी इन्हें मार डाले, तो भी कुछ मरता नहीं। वे बहुत अस्तित्व की गहरी बात कह रहे हैं। इतना स्मरण रखना जरूरी है।

हिरोशिमा में हिंसा हुई, क्योंकि जिन्होंने बम पटका, वे मारने के लिए पटके थे। हिटलर ने हिंसा की, क्योंकि वह मानकर चल रहा है कि दूसरे को मार रहे हैं। मरता है, नहीं मरता है, यह बहुत दूसरी बात है। इससे हिटलर का कोई लेना-देना नहीं है। जब तक मैं अपने को बचाने को उत्सुक हूं, तब तक मैं दूसरे को मारने को सिद्धांत नहीं बना सकता। जब तक मैं कहता हूं, यह मेरी चीज है, कोई चोरी न कर ले जाए, तब तक मैं दूसरे के घर चोरी करने जाऊं, तो वह चोरी कबीर की चोरी नहीं हो सकती। कबीर की चोरी चोरी ही नहीं है। कृष्ण की हिंसा हिंसा ही नहीं है।

इसलिए सवाल उचित है। कृष्ण की गीता और कृष्ण का संदेश समझकर कोई अगर ऐसा समझ ले कि दूसरे को मारना मारना ही नहीं है, बिलकुल झूठ है, समझे; लेकिन खुद का मारा जाना भी मारा जाना नहीं है, इस शर्त को ध्यान में रखकर; तब कोई हर्ज नहीं है। लेकिन अपने को बचाए और दूसरे को मारे—और मजा यह है कि हम अपने को बचाने के लिए ही दूसरे को मारते हैं—तब फिर कृष्ण को भूल ही जाएं तो अच्छा है।

खतरा हुआ है। इस मुल्क ने जीवन के इतने गहरे सत्यों को पहचाना था, उसकी वजह से यह मुल्क बुरी तरह पतित हुआ है। असल में बहुत गहरे सत्य बेईमान आदमियों के हाथों में पड़ जाएं, तो असत्यों से बदतर सिद्ध होते हैं। इस मुल्क ने इतने गहरे सत्यों को पहचाना था कि उन सत्यों को जब तक हम पूरा न जान लें, तब तक उनका आधा उपयोग नहीं कर सकते।

इस मुल्क ने भलीभांति जाना था कि व्यवहार तो माया है, वह तो सपना

है। तो फिर ठीक है, बेईमानी में कौन-सी बुराई है! अगर यह मुल्क पांच हजार साल की निरंतर चिंतना के बाद आज पृथ्वी पर सर्वाधिक बेईमान है, तो उसका कारण है। अगर हम इतनी अच्छी बातें करने के बाद भी जीवन में एकदम विपरीत सिद्ध होते हैं, तो उसका कारण है। उसका कारण यही है कि जिस तल पर बातें हैं, उस तल पर हम नहीं उठते, बल्कि जिस तल पर हम हैं, उसी तल पर उन बातों को ले आते हैं।

कृष्ण के तल पर अर्जुन उतरे, उठे, तब तो ठीक। और अगर अर्जुन कृष्ण को अपने तल पर खींच लाए, तो खतरा होने वाला है। और अक्सर ऐसा होता है कि कृष्ण के तल तक उठना तो मुश्किल हो जाता है, कृष्ण को ही खींचकर हम अपने तल पर ले आते हैं। तब हम ऐट ईज़, सुविधा में हो जाते हैं। तब हम कह पाते हैं, सब माया है; सब माया है; बेईमानी कर पाते हैं, कह पाते हैं, माया है। अब बड़े मजे की बात है कि जिस आदमी को माया दिखाई पड़ रही है, वह आदमी बेईमानी करने में इतना रसलिप्त हो सकता है?

एक मित्र आए। कहने लगे, जब से ध्यान करने लगा हूं, तो मन सरल हो गया है। एक आदमी धोखा देकर मेरा झोला ले गया। ऐसे तो सब माया है— उन्होंने कहा—ऐसे तो सब माया है, लेकिन वह धोखा दे गया, झोला ले गया। अब आगे ध्यान करूं कि न करूं? ऐसे तो सब माया है—इसे वे बार-बार कहते हैं। मैंने कहा, ऐसे तो सब माया है, तो इतना झोले से क्यों परेशान हो रहे हैं? और ऐसे सब माया है, तो वह आदमी क्या धोखा दे गया? और ऐसे सब माया है, तो किसका झोला कौन ले गया है?

नहीं, उन्होंने कहा, ऐसे तो सब माया है, लेकिन पूछने मैं यह आया हूं कि अगर ऐसा ध्यान में सरल होता जाऊं, और हर कोई धोखा देने लगे!

अब ये दो तलों की बातें हैं। उनके खयाल में नहीं पड़तीं, कि वह ऐसे तो सब माया है, कृष्ण से सुन लिया, और वह जो झोला चोरी चला गया, वहां हम खड़े हैं। और यह जो बात है, यह किसी शिखर से कही गई है। हम जहां खड़े हैं, वहां यह बात बिलकुल नहीं है।

इस देश के पतन में, इस देश के चारित्रिक ह्रास में, इस देश के जीवन में एकदम अंधकार भर जाने में और गंदगी भर जाने में, हमारे ऊंचे से ऊंचे सिद्धांतों की हमने जो व्याख्या की है, वह कारण है।

यह सवाल ठीक है।

कृष्ण आपसे नहीं कह रहे हैं कि बेफिक्री से हिंसा करो। कृष्ण यह कह रहे हैं कि अगर यह तुम्हारी समझ में आ जाए कि कोई मरता नहीं, कोई मारा नहीं जाता; तब, तब जो होता है, होने दो। लेकिन दोहरा है यह तीर। डबल ऐरोड है। यह ऐसा नहीं है कि दूसरा मरता है तो मारो, क्योंकि कोई नहीं मरता। और जब खुद मरने लगो तो चिल्लाओ कि कहीं मुझे मार मत डालना। ऐसा ही हो गया है।

हम इस देश में सर्वाधिक मानते हैं कि आत्मा अमर है और सबसे ज्यादा मरने से डरते हैं जमीन पर। हमसे ज्यादा कोई भी मरने से नहीं डरता। जिनको हम नास्तिक कहते हैं, जिनको हम कहते हैं—ईश्वर को नहीं मानते, आत्मा को नहीं मानते, वे भी नहीं डरते हैं मरने से। वे भी कहते हैं कि ठीक है, मौका आ जाए, जिंदगी दांव पर लगा दें। लेकिन हम एक हजार साल तक गुलाम रह सके; क्योंकि जिंदगी दांव पर लगाने की हमारी हिम्मत ही नहीं रही। हां, घर में बैठकर हम बात करते हैं कि आत्मा अमर है। अगर आत्मा अमर है, तो इस मुल्क को एक सेकेंड के लिए गुलाम नहीं किया जा सकता था।

लेकिन आत्मा जरूर अमर है; लेकिन हम बेईमान हैं। आत्मा अमर है, वह हम कृष्ण से सुन लेते हैं; और हम मरने वाले हैं, यह हम भलीभांति जानते हैं। अपने को बचाए चले जाते हैं। बल्कि आत्मा अमर है, इसका पाठ रोज इसीलिए करते हैं, कि भरोसा आ जाए कि मरेंगे नहीं। कम से कम मैं तो नहीं मरूंगा, इसका भरोसा दिला रहे हैं, इससे अपने को समझा रहे हैं। इस दो तल पर—जहां कृष्ण खड़े हैं वहां, और जहां हम खड़े हैं वहां—वहां के फासले को ठीक से समझ लेना।

और कृष्ण की बात तभी पूरी सार्थक होगी, जब आप कृष्ण के तल पर उठें। और कृपा करके कृष्ण को अपने तल पर मत लाना। हालांकि वह आसान है, क्योंकि कृष्ण कुछ भी नहीं कर सकते। आप गीता को जिस तल पर ले जाना

चाहें, वहीं ले जाएं। जहां कटघरे में रहते हों, गोडाउन में रहते हों, नर्क में रहते हों, वहीं ले जाएं गीता को, तो वहीं चली जाएगी। कृष्ण कुछ भी नहीं कर सकते।

कृपा करके जीवन के जो परम सत्य हैं, उन्हें जीवन की अंधेरी गुहाओं में मत ले जाना। वे जीवन के परम सत्य शिखरों पर जाने गए हैं। आप भी शिखरों पर चढ़ना, तभी उन परम सत्यों को समझ पाएंगे। वे परम सत्य सिर्फ पुकार हैं, आपके लिए चुनौतियां हैं कि आओ इस ऊंचाई पर, जहां प्रकाश ही प्रकाश है, जहां आत्मा ही आत्मा है, जहां अमृत ही अमृत है।

लेकिन जिन अंधेरी गलियों में हम जीते हैं, जहां अंधेरा ही अंधेरा है, जहां प्रकाश की कोई किरण नहीं पहुंचती मालूम पड़ती। वहां यह सुनकर कि प्रकाश ही प्रकाश है, अंधकार है ही नहीं, अपने हाथ के दीए को मत बुझा देना—कि जब प्रकाश ही प्रकाश है, तब इस दीए की क्या जरूरत है, फूंक दो। उस दीए को बुझाने से गली और अंधेरी हो जाएगी। जहां आदमी जी रहा है, वहां हिंसा और अहिंसा का भेद है। अंधेरा है वहां। जहां आदमी जी रहा है, वहां चोरी और अचोरी में भेद है। अंधेरा है वहां। वहां कृष्ण की बात सुनकर अपने इस भेद के छोटे-से दीए को मत फूंक देना। नहीं तो सिर्फ अंधेरा घना हो जाएगा, और कुछ भी नहीं होगा।

हां, कृष्ण की बात सुनकर सिर्फ समझना इतना, एक शिखर है चेतना का, जहां अंधेरा है ही नहीं, जहां दीया जलाना पागलपन है। पर उस शिखर की यात्रा करनी होती है। उस शिखर की यात्रा पर हम धीरे-धीरे बढ़ेंगे। कि वह शिखर कैसे, कैसे हम उस जगह पहुंच जाएं, जहां जीवन अमृत है, और जहां अहिंसा और हिंसा बचकानी बातें हैं, चाइल्डिश बातें हैं। लेकिन वहां नहीं जहां हम हैं, वहां बड़ी सार्थक हैं, वहां बड़ी महत्वपूर्ण हैं।

न जायते म्रियते वा कदाचिन्
नायं भूत्वा भविता वा न भूयः।
अजो नित्यः शाश्वतोऽयं पुराणो
न हन्यते हन्यमाने शरीरे।। 20।।

यह आत्मा किसी काल में भी न जन्मता है और न मरता है, अथवा न यह

आत्मा, हो करके फिर होने वाला है, क्योंकि यह अजन्मा, नित्य, शाश्वत और पुरातन है। शरीर के नाश होने पर भी यह नष्ट नहीं होता है।

जहां हम हैं, जो हम हैं, वहां सभी कुछ जात है, जन्मता है। जिससे भी हम परिचित हैं, वहां अजात, अजन्मा, कुछ भी नहीं है। जो भी हमने देखा है, जो भी हमने पहचाना है, वह सब जन्मा है, सब मरता है। लेकिन जन्म और मरण की इस प्रक्रिया को भी संभव होने के लिए इसके पीछे कोई, इस सब मरने और जन्मने की शृंखला के पीछे—जैसे माला के गुरियों को कोई धागा पिरोता है; दिखाई नहीं पड़ता, गुरिए दिखाई पड़ते हैं—इस जन्म और मरण के गुरियों की लंबी माला को पिरोने वाला कोई अजात धागा भी चाहिए। अन्यथा गुरिए बिखर जाते हैं। टिक भी नहीं सकते, साथ खड़े भी नहीं हो सकते, उनमें कोई जोड़ भी नहीं हो सकता। दिखती है माला ऊपर से गुरियों की, होती नहीं है गुरियों की। गुरिए टिके होते हैं एक धागे पर, जो सब गुरियों के बीच से दौड़ता है।

जन्म है, मृत्यु है, आना है, जाना है, परिवर्तन है, इस सबके पीछे अजात सूत्र—अनबॉर्न, अनडाइंग; अजात, अमृत; न जो जन्मता, न जो मरता—ऐसा एक सूत्र चाहिए ही। वही अस्तित्व है, वही आत्मा है, वही परमात्मा है। सारे रूपांतरण के पीछे, सारे रूपों के पीछे, अरूप भी चाहिए। वह अरूप न हो, तो रूप टिक न सकेंगे।

फिल्म देखते हैं सिनेमागृह में बैठकर। प्रतिपल दौड़ते रहते हैं फिल्म के चित्र। चित्रों में कुछ होता नहीं बहुत। सिर्फ किरणों का जाल होता है। छाया-प्रकाश का जोड़ होता है। लेकिन पीछे एक परदा चाहिए। वह परदा बिलकुल दिखाई नहीं पड़ता, जब तक फिल्म दौड़ती रहती है। उसे दिखाई पड़ना भी नहीं चाहिए। अगर वह दिखाई पड़े, तो फिल्म दिखाई न पड़ सके। जब तक फिल्म चलती रहती है, रूप आते और जाते रहते हैं, तब तक पीछे थिर खड़ा परदा दिखाई नहीं पड़ता।

लेकिन उस परदे को हटा दें, तो ये रूप कहीं भी प्रकट नहीं हो सकते, ये

आकृतियां कहीं भी प्रकट नहीं हो सकतीं। इन आकृतियों की दौड़ती हुई परिवर्तन की इस लीला में पीछे कोई थिर परदा चाहिए, जो उन्हें सम्हाले। एक चित्र आएगा, तब भी परदा वही होगा। दूसरा चित्र आएगा, तब भी परदा वही होगा। तीसरा चित्र आएगा, तब भी परदा वही होगा। चित्र बदलते जाएंगे, परदा वही होगा। तभी इन चित्रों में एक संगति, तभी इन चित्रों में एक शृंखला, तभी इन चित्रों में एक संबंध दिखाई पड़ेगा। वह संबंध, पीछे जो थिर परदा है, उससे ही पैदा हो रहा है।

सारा जीवन चित्रों का फैलाव है। ये चित्र टिक नहीं सकते। जन्म भी एक चित्र है, मृत्यु भी एक चित्र है—जवानी भी, बुढ़ापा भी, सुख भी, दुख भी, सौंदर्य भी, कुरूपता भी, सफलता-असफलता भी—वह सब चित्रों की धारा है। उन चित्रों की धारा को सम्हालने के लिए कोई चाहिए, जो दिखाई नहीं पड़ेगा। उसको दिखाई पड़ने का उपाय नहीं है। जब तक चित्रों को आप देख रहे हैं, तब तक वह दिखाई नहीं पड़ेगा।

वह परदे की तरह जो पीछे खड़ा है, वही अस्तित्व है। उसे कृष्ण कहते हैं, वह अजात, अजन्मा; कभी जन्मता नहीं, कभी मरता नहीं। लेकिन भूलकर भी आप ऐसा मत समझ लेना कि यह आपके संबंध में कहा जा रहा है। आप तो जन्मते हैं और मरते हैं। और जिस आप के संबंध में यह कहा जा रहा है, उस आप का, आपको कोई भी पता नहीं है। जिस आप को आप जानते हैं, वह तो जन्मता है; उसकी तो जन्म-तारीख है; उसकी तो मृत्यु की तिथि भी होगी। कब्र पर पत्थर लगेगा, तो उसमें जन्म और मृत्यु दोनों की तारीखें लग जाएंगी। लोग, जब आप जन्मे थे, तो बैंड बाजा बजाए थे, खुशी किए थे। जब मरेंगे, तो रोएंगे, दुखी होंगे। आप जितना अपने को जानते हैं, वह सिर्फ चित्रों का समूह है।

इसे थोड़ा वैज्ञानिक ढंग से भी समझना उपयोगी है कि क्या सच में ही जिसे आप जानते हैं, वह चित्रों का समूह है?

अब तो हम ब्रेनवाश कर सकते हैं। अब तो वैज्ञानिक रास्ते उपलब्ध हैं, जिनसे हम आपके चित्त की सारी स्मृति को पोंछ डाल सकते हैं। एक आदमी है

पचास साल का, उसे पता है कि चार लड़कों का पिता है, पत्नी है, मकान है, यह उसका नाम है, यह उसकी वंशावली है। इस-इस पद पर रहा है, यह-यह काम किया है। सब पचास साल की कथा है। उसका ब्रेनवाश किया जा सकता है। उसके मस्तिष्क को हम साफ कर डाल सकते हैं। फिर भी वह होगा। लेकिन फिर वह यह भी न बता सकेगा कि मेरा नाम क्या है। और यह भी न बता सकेगा कि मेरे कितने लड़के हैं।

मेरे एक मित्र हैं डाक्टर। ट्रेन से गिर पड़े। चोट खाने से स्मृति चली गई। बचपन से मेरे साथी हैं, साथ मेरे पढ़े हैं। देखने उन्हें मैं उनके गांव गया। जाकर सामने बैठ गया; उन्होंने मुझे देखा और जैसे नहीं देखा। मैंने उनसे पूछा, पहचाना नहीं? उन्होंने कहा कि कौन हैं आप? उनके पिता ने कहा कि सारी स्मृति चली गई है; जब से ट्रेन से गिरे हैं, चोट लग गई, सारी स्मृति चली गई; कोई स्मरण नहीं है।

इस आदमी के पास इसका कोई अतीत नहीं है। चित्र खो गए। कल तक यह कहता था, मैं यह हूं, मेरा यह नाम है। अब वे सब चित्र खो गए। वह फिल्म वाश हो गई। वह सब धुल गया। अब यह खाली है—कोरा कागज। अब इस कोरे कागज़ पर फिर से लिखा जाएगा। अब उसकी नई स्मृति बननी शुरू हुई।

अभी जब दुबारा मैं मिलने गया, तो उसने कहा कि आपको पता ही होगा कि तीन साल पहले मैं गिर पड़ा, चोट लग गई। अब इस तीन साल की स्मृति फिर से निर्मित होनी शुरू हुई। लेकिन तीन साल के पहले वह कौन था, वह बात समाप्त हो गई। हां, उसे याद दिलाते हैं कि तुम डाक्टर थे, तो वह कहता है, आप लोग कहते हैं कि मैं डाक्टर था, लेकिन मुझे कुछ पता नहीं। मेरा इतिहास तो बस वहीं से समाप्त हो जाता है, जहां से वह घटना घट गई, जहां वह दुर्घटना घट गई।

आज चीन में तो कम्युनिस्ट ब्रेनवाश को एक पोलिटिकल, एक राजनैतिक उपाय बना लिए हैं। रूस में तो वह चल ही रहा है। अब आने वाली दुनिया में किसी राजनैतिक विरोधी को मारने की जरूरत नहीं होगी। क्योंकि इससे बड़ी हत्या और क्या हो सकती है कि उसके ब्रेन को वाश कर दो। विरोधी को पकड़ो

और उसके मस्तिष्क को साफ कर दो। विद्युत के धक्कों से, और दूसरे केमिकल्स से, और दूसरी मानसिक प्रक्रियाओं से उसकी स्मृति को पोंछ डालो। फिर क्या बात है? समाप्त हो गई। अगर मार्क्स के दिमाग को साफ कर दो, तो कैपिटल साफ हो जाएगी। उसके दिमाग में जो है, वह मिट जाएगा। फिर उस आदमी की कोई आइडेंटिटी, उसका कोई तादात्म्य पीछे से नहीं रह जाएगा।

तो हम जिसे कहते हैं मैं, जो कभी पैदा हुआ, जो किसी का बेटा है, किसी का पिता है, किसी का पति है, यह सिर्फ चित्रों का संग्रह है, एलबम है; इससे ज्यादा नहीं है। अपना-अपना एलबम सम्हाले बैठे हैं। उसी को लौट-लौटकर देख लेते हैं; दूसरों को भी दिखा देते हैं, कोई घर में आता है, कि यह एलबम है। बाकी यह आप नहीं हैं।

अगर इस एलबम को आप समझते हों कि कृष्ण कह रहे हैं अजात, तो इस गलती में मत पड़ना। यह अजात नहीं है। यह तो जन्मा है। यह तो जात है। यह मरेगा भी। जो जन्मा है, वह मरेगा भी। जन्म एक छोर है, मृत्यु दूसरा अनिवार्य छोर है। आप तो मरेंगे ही।

इस बात को ठीक से समझ लें, तो शायद उस आप को खोजा जा सके, जो कि नहीं मरेगा। लेकिन हम इसी मैं को पकड़े रह जाते हैं, जो जन्मा है। यह मैं—यह मैं—मैं नहीं हूं। यह सिर्फ मेरे उस गहरे मैं पर इकट्ठे हो गए चित्र हैं, जिनसे मैं गुजरा हूं।

इसलिए जापान में झेन फकीर के पास जब कोई साधक जाता है और उससे पूछता है कि मैं क्या साधना करूं? तो वह कहता है कि तू यह साधना कर, अपना ओरिजनल फेस, जो जन्म के पहले तेरा चेहरा था, उसको खोजकर आ।

जन्म के पहले कहीं कोई चेहरा होता है! अब कोई आपसे कहने लगे, मरने के बाद जो आपकी शकल होगी, उसको खोजकर लाइए। कोई आपसे कहे कि जन्म के पहले जो आपकी शकल थी, वह खोजकर लाइए।

वे झेन फकीर ठीक कहते हैं। वे वही कहते हैं, जो कृष्ण कह रहे हैं। वे यह कहते हैं, उसका पता लगाओ, जो तुममें कभी जन्मा नहीं था। अगर ऐसे

किसी सूत्र को तुम खोज सकते हो, जो जन्म के पहले भी था, तो विश्वास रखो फिर कि वह मृत्यु के बाद भी होगा। जो जन्म के पहले था, उसे मृत्यु नहीं पोंछ सकेगी। जो जन्म के पहले था, वह मृत्यु के बाद भी होगा। और जो जन्म के बाद ही हुआ है, वह मृत्यु के पहले तक ही साथी हो सकता है, उसके आगे साथी नहीं हो सकता है।

कृष्ण जब कह रहे हैं कि कोई है अजन्मा, नहीं जन्मता, नहीं मरता, जिसे शस्त्रों से छेदा नहीं जा सकता...।

आपको, मुझे छेदा जा सकता है। इसलिए ध्यान रखना, जिसे छेदा जा सकता है, कृष्ण उसके संबंध में बात नहीं कर रहे हैं। वे कहते हैं कि जिसे छेदा नहीं जा सकता शस्त्रों से, आग में जलाया नहीं जा सकता, पानी में डुबाया नहीं जा सकता।

हमें तो छेदा जा सकता है; कोई कठिनाई नहीं है छेदे जाने में। आग में जलाए जाने में कोई कठिनाई नहीं है। पानी में डुबाए जाने में कोई कठिनाई नहीं है।

तो जो पानी में डुबाया जा सकता, आग में जलाया जा सकता, शस्त्रों से छेदा जा सकता, उसकी यह चर्चा नहीं है। जिसके ऊपर सर्जन कुछ कर सकता है, उसकी यह चर्चा नहीं है। जिसके लिए डाक्टर कुछ कर सकता है, उसकी यह चर्चा नहीं है। डाक्टर जिससे उलझा है, वह मर्त्य है। और सर्जन जिस पर काम कर रहा है, वह मरणधर्मा है। विज्ञान की प्रयोगशाला में जिस पर खोज-बीन हो रही है, वह मरणधर्मा है। इससे उसका कोई लेना-देना नहीं है।

इसलिए अगर वैज्ञानिक सोचता हो कि अपनी प्रयोगशाला की टेबल पर किसी दिन वह कृष्ण के अजात को, अजन्मे को, अमृत को पकड़ लेगा, तो भूल में पड़ा है। वह कभी पकड़ नहीं पाएगा। उसके सब सूक्ष्मतम औजार उसको ही पकड़ पाएंगे, जो छेदा जा सकता है। लेकिन जो नहीं छेदा जा सकता, अगर वह दिखाई पड़ जाए...वह दिखाई पड़ सकता है। वह दिखाई पड़ सकता है।

सिकंदर हिंदुस्तान आया। जब हिंदुस्तान से वापस लौटता था, तो हिंदुस्तान की सीमा को छोड़ते वक्त उसके मित्रों ने याद दिलाया कि जब

हम यूनान से चले थे, तो यूनान के दार्शनिकों ने कहा था कि हिंदुस्तान से एक संन्यासी को लेते आना।

अब संन्यासी जो है, वह सच यह है कि जगत को हिंदुस्तान की देन है, अकेली देन है। पर काफी है। सारे जगत की सारी देनें भी इकट्ठी कर ली जाएं, तो एक संन्यासी भी हमने जगत को दिया, तो हमने बैलेंस पूरा कर दिया है। और शायद जिस दिन दुनिया की सब देनें बेकार सिद्ध हो जाएंगी, उस दिन हमारा दिया संन्यास ही सारी दुनिया के लिए अर्थ का हो सकता है।

तो याद दिलाई मित्रों ने सिकंदर को कि एक संन्यासी को तो ले चलें। बहुत चीजें लूट ली हैं। धन लूट लिया, लेकिन धन वहां भी है। बहुमूल्य चीजें, हीरे-जवाहरात ले जा रहे हैं, लेकिन वे वहां भी हैं। एक संन्यासी को भी ले चलें, जो वहां नहीं है। सिकंदर ने सोचा कि जैसे और चीजें ले जाई जा सकती हैं, वैसे ही संन्यासी को ले जाने में क्या तकलीफ है! उसने कहा कि जाओ, पकड़ लाओ, कहीं कोई संन्यासी हो।

गांव में लोग गए, गांव में पूछा कि कोई संन्यासी है? लोगों ने कहा, संन्यासी तो है, लेकिन प्रयोजन क्या है? तुम्हारे ढंग संन्यासी के पास पहुंचने जैसे नहीं मालूम पड़ते! नंगी तलवारें हाथ में लिए हो, पागल मालूम पड़ते हो; क्या बात है? तो उन्होंने कहा कि पागल नहीं, हम सिकंदर के सिपाही हैं। और किसी संन्यासी को पकड़कर हम यूनान ले जाना चाहते हैं।

तो उन लोगों ने कहा कि जो संन्यासी तुम्हारी पकड़ में आ जाए, समझना कि संन्यासी नहीं है। जाओ, हालांकि गांव में एक संन्यासी है, हम तुम्हें उसका पता दिए देते हैं। नदी के किनारे तीस वर्षों से एक आदमी नग्न रहता है। जैसा हमने सुना है, जैसा हमने उसे देखा है, जैसा इन तीस वर्षों में हमने उसे जाना है, हम कह सकते हैं कि वह संन्यासी है। लेकिन तुम उसे पकड़ न पाओगे। पर, उन्होंने कहा, दिक्कत क्या है? तलवारें हमारे पास, जंजीरें हमारे पास! उन्होंने कहा, तुम जाओ, उसी से निपटो।

वे गए। उस संन्यासी से उन्होंने कहा कि महान सिकंदर की आज्ञा है कि

हमारे साथ चलो। हम तुम्हें सम्मान देंगे, सत्कार देंगे, शाही व्यवस्था देंगे। यूनान तुम्हें ले जाना है। कोई पीड़ा नहीं, कोई दुख नहीं, कोई रास्ते में तकलीफ नहीं होने देंगे। वह संन्यासी हंसने लगा। उसने कहा कि अगर सत्कार ही मुझे चाहिए होता, अगर स्वागत ही मुझे चाहिए होता, अगर सुख ही मुझे चाहिए होता, तो मैं संन्यासी कैसे होता? छोड़ो! सपने की बातें मत करो। मतलब की बात कहो।

तो उन्होंने कहा कि मतलब की बात यह है कि अगर नहीं जाओगे, तो हम जबरदस्ती पकड़कर ले जाएंगे। तो उस संन्यासी ने कहा कि जिसे तुम पकड़कर ले जाओगे, वह संन्यासी नहीं है। संन्यासी परम स्वतंत्र है; उसे कोई पकड़कर नहीं ले जा सकता। उन्होंने कहा, हम मार डालेंगे। तो उस संन्यासी ने कहा, वह तुम कर सकते हो। लेकिन मैं तुमसे कहता हूं कि तुम मारोगे, लेकिन भ्रम में रहोगे, क्योंकि तुम जिसे मारोगे, वह मैं नहीं हूं। तुम अपने सिकंदर को ही लिवा लाओ। शायद उसकी कुछ समझ में आ जाए।

वे सिपाही सिकंदर को बुलाने आए। सिकंदर से उन्होंने कहा कि अजीब आदमी है। वह कहता है, मार डालो, तो भी जिसे तुम मारोगे, वह मैं नहीं हूं। कौन है फिर वह, सिकंदर ने कहा, हमने तो ऐसा कोई आदमी नहीं देखा, जो मारने के बाद बचता हो। बचेगा कैसे? अब सिकंदर अनुभव से कहता था, हजारों लोग मारे थे उसने। उसने कहा, मैंने कभी किसी आदमी को मरने के बाद बचते नहीं देखा!

गया, नंगी तलवार उसके हाथ में है। संन्यासी से उसने कहा कि चलना पड़ेगा। अन्यथा यह तलवार गरदन और शरीर को अलग कर देगी। वह संन्यासी खिलखिलाकर हंसने लगा। और उसने कहा कि जिस गरदन और शरीर के अलग करने की तुम बात कर रहे हो, उसे मैं बहुत पहले, अलग है, ऐसा जान चुका हूं। इसलिए अब तुम और ज्यादा अलग न कर सकोगे। इतनी अलग जान चुका हूं कि तुम्हारी तलवार के लिए बीच में से गुजर जाने के लिए काफी फासला है, जगह है। काफी अलग जान चुका हूं, अब तुम और अलग न कर सकोगे।

सिकंदर को क्या समझ में आतीं ये बातें! उसने तलवार उठा ली। उसने कहा, मैं अभी काट दूंगा। देखो, सिद्धांतों की बातों में मत पड़ो। फिलासफी से

मुझे बहुत लेना-देना नहीं है। मैं आदमी व्यावहारिक हूं, प्रैक्टिकल हूं। ये ऊंची बातें छोड़ो। एक झटका और गरदन अलग हो जाएगी। सिकंदर से उस संन्यासी ने कहा, तुम मारो तलवार। जिस तरह तुम देखोगे कि गरदन नीचे गिर गई, उसी तरह हम भी देखेंगे कि गरदन नीचे गिर गई।

अब यह जो आदमी है, यह कह रहा है वही, जो कृष्ण कह रहे हैं—छेदने से छिदता नहीं, काटने से कटता नहीं। इसलिए जब तक आप छेदने से छिद जाते हों और काटने से कट जाते हों, तब तक जानना, अभी अपने होने का पता नहीं चला। जब छेदने से शरीर छिद जाता हो और भीतर अनछिदा कुछ रह जाता हो; जब काटने से शरीर कट जाता हो और भीतर अनकटा कुछ शेष रह जाता हो; जब बीमार होने से शरीर बीमार हो जाता हो और भीतर बीमारी के बाहर कोई रह जाता हो; जब दुख आता हो तो शरीर दुख से भर जाता हो और भीतर दुख के पार कोई खड़ा देखता रह जाता हो—तब जानना कि कृष्ण जिस आप की बात कर रहे हैं, उस आप का अब तक आपको भी पता नहीं था।

अर्जुन वही बात कर रहा है, जो सिकंदर कर रहा है। टाइप भी उनका एक ही है। उनके टाइप में भी बहुत फर्क नहीं है—शरीर ही। लेकिन हम सबका भी टाइप वही है।

निरंतर खोजते रहना! कांटा तो चुभता है रोज पैर में, तब जरा देखना कि अनचुभा भी भीतर कोई रह गया? बीमारी तो आती है रोज, जरा भीतर देखना, बीमारी के बाहर कोई बचा? दुख आता है रोज; रोना, हंसना, सब आता है रोज। देखना, देखना, खोजना उसे, जो इनके बाहर बच जाता है।

धीरे-धीरे खोजने से वह दिखाई पड़ने लगता है। और जब एक बार दिखाई पड़ता है, तो पता चलता है कि जिसे हमने अब तक समझा था कि मैं हूं, वह सिर्फ छाया थी, सिर्फ शैडो थी। छाया को ही समझा था कि मैं हूं और उसका हमें कोई पता ही नहीं था, जिसकी छाया बन रही है। छाया के साथ ही एक होकर जीए थे। वह छाया हमारी स्मृतियों का जोड़ है, हमारे जन्म से लेकर मृत्यु तक बने हुए चित्रों का एलबम है।

वेदाविनाशिनं नित्यं य एनमजमव्ययम्।
कथं स पुरुषः पार्थ कं घातयति हन्तिकम्।। 21।।

हे पृथापुत्र अर्जुन, जो पुरुष इस आत्मा को नाशरहित, नित्व, अजन्मा और अव्य जानता है, वह पुरुष कैसे किसको मरवाता है और कैसे किसको मारता है।

जानता है! कृष्ण कहते हैं, जो ऐसा जानता है—हू नोज लाइक दिस। नहीं कहते हैं कि जो ऐसा मानता है—हू बिलीव्स लाइक दिस। कह सकते थे कि जो पुरुष ऐसा मानता है कि न जन्म है, न मृत्यु है। तब तो हम सबको भी बहुत आसानी हो जाए। मानने से ज्यादा सरल कुछ भी नहीं है, क्योंकि मानने के लिए कुछ भी नहीं करना पड़ता। जानने से ज्यादा कठिन कुछ भी नहीं है, क्योंकि जानने के लिए तो पूरी आत्म-क्रांति से गुजर जाना पड़ता है।

कृष्ण कहते हैं, जो पुरुष ऐसा जानता है। इस जानने शब्द को ठीक से पहचान लेना जरूरी है। क्योंकि सारा धर्म जानने शब्द को छोड़कर मानने शब्द के इर्द-गिर्द घूम रहा है। सारा धर्म, सारी पृथ्वी पर बहुत-बहुत नामों से जो धर्म प्रचलित है, वह सब मानने के आस-पास घूम रहा है। वह सारा धर्म कह रहा है, मानो ऐसा, मानोगे तो हो जाएगा। लेकिन कृष्ण कहते हैं, जो जानता है।

अब जानने का क्या मतलब? जानना भी दो तरह से हो सकता है। शास्त्र से कोई पढ़ ले, तो भी जान लेता है। अनुभव से कोई जाने, तो भी जान लेता है। क्या ये दोनों जानना एक ही अर्थ रखते हैं? शास्त्र से जानना तो बड़ा सरल है। लिखा है, पढ़ा और जाना। उसके लिए सिर्फ शिक्षित होना काफी है, पठित होना काफी है। उसके लिए धार्मिक होने की कोई जरूरत नहीं है। शास्त्र से पढ़कर जो जानना है, वह जानना नहीं है, जानने का धोखा है। वह सिर्फ इन्फर्मेशन है, सूचना है।

लेकिन सूचना से धोखे हो जाते हैं। पढ़ लेते हैं, अजर है, अमर है; नहीं जन्मता, नहीं मरता; पढ़ लेते हैं, दोहरा लेते हैं। बार-बार दोहरा लेने से भूल जाते

हैं कि जानते नहीं हैं, सिर्फ दोहराते हैं। बहुत बार-बार दोहराने से, बहुत बार-बार दोहराने से बात ही भूल जाती है कि जो हम कह रहे हैं, वह अपना जानना नहीं है।

एक आदमी शास्त्र में पढ़ ले तैरने की कला; जान ले पूरा शास्त्र। चाहे तो तैरने पर बोल सके, बोले; लिख सके तो लिखे। चाहे तो कोई युनिवर्सिटी से पीएच.डी. ले ले। डाक्टर हो जाए तैरने के संबंध में। लेकिन फिर भी उस आदमी को भूलकर नदी में धक्का मत देना। क्योंकि उसकी पीएच.डी. तैरा न सकेगी। उसकी पीएच.डी. और जल्दी डुबा देगी, क्योंकि काफी वजनी होती है, पत्थर का काम करेगी।

तैरने के संबंध में जानना, तैरना जानना नहीं है। सत्य के संबंध में जानना, सत्य जानना नहीं है। टु नो अबाउट, संबंध में जानना, इज़ इक्वीवेलेंट, बिलकुल बराबर है न जानने के। सत्य के संबंध में जानना, सत्य को न जानने के बराबर है। लेकिन एकदम बराबर कहना ठीक नहीं है, थोड़ा खतरा है। सत्य को न जानना, ऐसा जानना, सत्य की तरफ जाने में राह बन जाती है। लेकिन सत्य को बिना जानते हुए जान लेना कि जानते हैं, सत्य की तरफ जाने में बाधा बन जाती है। नहीं, इक्वीवेलेंट भी नहीं है।

कृष्ण के इस शब्द को बहुत ठीक से समझ लेना चाहिए। क्योंकि इस एक शब्द के आस-पास ही आथेंटिक रिलीजन, वास्तविक धर्म का जन्म होता है—जानने। मानने के आस-पास नान-आथेंटिक, अप्रामाणिक धर्म का जन्म होता है। जानने से जो उपलब्ध होता है, उसका नाम श्रद्धा है। और मानने से जो उपलब्ध होता है, उसका नाम विश्वास है, बिलीफ है। और जो लोग विश्वासी हैं, वे धार्मिक नहीं हैं; वे बिना जाने मान रहे हैं।

यह शब्द बहुत छोटा नहीं है, बड़े से बड़ा शब्द है। लेकिन भ्रांति इसके साथ निरंतर होती रहती है। हमारे पास एक शब्द है, वेद; वेद का अर्थ है, जानना। लेकिन हम तो वेद से मतलब लेते हैं, संहिता, वह जो किताब है। हमने कहा है, वेद अपौरुषेय है, जानना अपौरुषेय है। लेकिन हम मतलब लेते हैं कि वह जो किताब है हमारे पास, वेद नाम की, वह परमात्मा की लिखी हुई है।

वेद किताब नहीं है, वेद जीवन है। लेकिन जानने को मानना बना लेना बड़ा आसान है, ज्ञान को किताब बना लेना बड़ा आसान है, जानने को शास्त्र पर निर्भर कर देना बहुत आसान है। क्योंकि तब बहुत कुछ करना नहीं पड़ता, जानने की जगह केवल स्मृति की जरूरत होती है। बस, याद कर लेना काफी होता है। तो बहुत लोग गीता याद कर रहे हैं!

मैं एक गांव में गया था अभी, तो वहां उन्होंने एक गीता-मंदिर बनाया है। मैंने पूछा, एक छोटी-सी गीता के लिए इतना बड़ा मंदिर? तो उन्होंने कहा कि नहीं, जगह कम पड़ रही है। मैंने कहा, क्या कर रहे हैं यहां आप? उन्होंने कहा कि अब तक हम यहां एक लाख गीता लिखवाकर हाथ से रखवा चुके हैं। अब जगह कम पड़ रही है। हिंदुस्तान भर में हजारों लोग गीता लिख-लिखकर भेज रहे हैं। मैंने कहा, लेकिन यह क्या हो रहा है? इससे क्या होगा? उन्होंने कहा कि कोई आदमी दस दफे लिख चुका, कोई पचास दफे लिख चुका, कोई सौ दफे लिख चुका—लिखने से ज्ञान होगा।

तो मैंने उनसे कहा, छापेखाने तो परम ज्ञानी हो गए होंगे। कंपोजिटरों के तो हमको चरण पकड़ लेना चाहिए, कंपोजिटर जहां मिल जाएं; क्योंकि कितनी गीताएं छाप चुके वे! अब महात्माओं की तलाश प्रेस में करनी चाहिए, मुद्रणशाला में करनी चाहिए, अब और कहीं नहीं करनी चाहिए।

यह पागलपन क्यों पैदा होता है? होने का कारण है। ऐसा लगता है, शास्त्र से जानना हो जाएगा। शास्त्र से सूचना मिल सकती है, इन्फर्मेशन मिल सकती है, इशारे मिल सकते हैं, ज्ञान नहीं मिल सकता। ज्ञान तो जीवन के अनुभव से ही मिलेगा। और जब तक जीवन के अनुभव से यह पता न चल जाए कि हमारे भीतर कोई अजन्मा है, तब तक रुकना मत, तब तक कृष्ण कितना ही कहें, मान मत लेना। कृष्ण के कहने से इतना ही जानना कि जब इतने जोर से यह आदमी कह रहा है, तो खोजें, तो लगाएं पता। जब इतने आश्वासन से यह आदमी भरा है, इतने सहज आश्वासन से कह रहा है; जाना है इसने, जीया है कुछ, देखा है कुछ। हम भी देखें, हम भी जानें, हम भी जीएं। काश! शास्त्र

इशारा बन जाए और हम यात्रा पर निकल जाएं। लेकिन शास्त्र मंदिर बन जाता है और हम विश्राम को उपलब्ध हो जाते हैं।

इस जानने शब्द को स्मरण रखना, क्योंकि पीछे कृष्ण उस पर बार-बार, गहरे से गहरा जोर देते हैं।

वासांसि जीर्णानि यथा विहाय
नवानि गृह्णाति नरोऽपराणि।
तथा शरीराणि विहाय जीर्णा-
न्यन्यानि संयाति नवानि देही।। 22।।

और यदि तू कहे कि मैं तो शरीरों के वियोग का शोक करता हूं, तो यह भी उचित नहीं है; क्योंकि जैसे मनुष्य पुराने वस्त्रों को त्यागकर, दूसरे नए वस्त्रों को ग्रहण करता है, वैसे ही जीवात्मा पुराने शरीर को त्यागकर दूसरे नए शरीरों को प्राप्त होता है।

वस्त्रों की भांति, जीर्ण हो गए वस्त्रों की भांति शरीर को छोड़ती है आत्मा, नए शरीरों को ग्रहण करती है। लेकिन वस्त्रों की भांति! हमने कभी अपने शरीर को वस्त्र की भांति अनुभव किया? ऐसा जिसे हमने ओढ़ा हो? ऐसा जिसे हमने पहना हो? ऐसा जो हमारे बाहर हो? ऐसा जिसके हम भीतर हों? कभी हमने वस्त्र की तरह शरीर को अनुभव किया?

नहीं, हमने तो अपने को शरीर की तरह ही अनुभव किया है। जब भूख लगती है, तो ऐसा नहीं लगता कि भूख लगी है—ऐसा मुझे पता चल रहा है। ऐसा लगता है, मुझे भूख लगी। जब सिर में दर्द होता है, तो ऐसा नहीं लगता है कि सिर में दर्द हो रहा है—ऐसा मुझे पता चल रहा है।

नहीं, ऐसा लगता है, मेरे सिर में दर्द हो रहा है, मुझे दर्द हो रहा है। तादात्म्य, आइडेंटिटी गहरी है। ऐसा नहीं लगता कि मैं और शरीर ऐसा कुछ दो हैं। ऐसा लगता है, शरीर ही मैं हूं।

कभी आंख बंद करके यह देखा, शरीर की उम्र पचास वर्ष हुई, मेरी कितनी उम्र है? कभी आंख बंद करके दो क्षण सोचा, शरीर की उम्र पचास साल हुई, मेरी कितनी उम्र है? कभी आंख बंद करके चिंतन किया कि शरीर का तो ऐसा चेहरा है, मेरा कैसा चेहरा है? कभी सिर में दर्द हो रहा हो तो आंख बंद करके खोज-बीन की कि यह दर्द मुझे हो रहा है या मुझसे कहीं दूर हो रहा है?

पिछले महायुद्ध में एक बहुत अदभुत घटना घटी। फ्रांस में एक अस्पताल में एक आदमी भरती हुआ—युद्ध में बहुत आहत, चोट खाकर। उसका पूरा का पूरा पैर जख्मी हो गया। अंगूठे में उसे भयंकर पीड़ा है। चीखता है, चिल्लाता है, बेहोश हो जाता है। होश आता है, फिर चीखता और चिल्लाता है। रात उसे डाक्टरों ने बेहोश करके घुटने से नीचे का पूरा पैर काट डाला। क्योंकि उसके पूरे शरीर के विषाक्त हो जाने का डर था।

चौबीस घंटे बाद वह होश में आया। होश में आते ही उसने चीख मारी। उसने कहा, मेरे अंगूठे में बहुत दर्द हो रहा है! अंगूठा अब था ही नहीं। पास खड़ी नर्स हंसी और उसने कहा, जरा सोचकर कहिए। सच, अंगूठे में दर्द हो रहा है? उसने कहा, क्या मजाक कर रहा हूं? अंगूठे में मुझे बहुत भयंकर दर्द हो रहा है। कंबल पड़ा है उसके पैर पर, उसे दिखाई तो पड़ता नहीं।

उस नर्स ने कहा, और जरा सोचिए, थोड़ा भीतर खोज-बीन करिए। उसने कहा, खोज-बीन की बात क्या है, दर्द इतना साफ है। नर्स ने कंबल उठाया और कहा, देखिए अंगूठा कहां है? अंगूठा तो नहीं था। आधा पैर ही नहीं था। पर उस आदमी ने कहा कि देख तो रहा हूं कि अंगूठा नहीं है, आधा पैर भी कट गया है, लेकिन दर्द फिर भी मुझे अंगूठे में हो रहा है।

तब तो एक मुश्किल की बात हो गई। चिकित्सक बुलाए गए। चिकित्सकों के सामने भी पहली दफा ऐसा सवाल आया था। जो अंगूठा नहीं है, उसमें दर्द कैसे हो सकता है? लेकिन फिर जांच-पड़ताल की, तो पता चला कि हो सकता है। जो अंगूठा नहीं है, उसमें भी दर्द हो सकता है। यह बड़ी मेटाफिजिकल बात हो गई, यह तो बड़ा अध्यात्म हो गया। डाक्टरों ने पूरी जांच-पड़ताल की, तो लिखा कि वह आदमी ठीक कह रहा है, दर्द उसे अंगूठे में हो रहा है।

तब तो उस आदमी ने भी कहा कि क्या मजाक कर रहे हैं! पहले उन्होंने उससे कहा था, क्या मजाक कर रहे हो? फिर उस आदमी ने कहा कि कैसी मजाक कर रहे हैं! मैं जरूर किसी भ्रम में पड़ गया होऊंगा। लेकिन आप भी कहते हैं कि दर्द हो सकता है उस अंगूठे में, जो नहीं है! तो डाक्टरों ने कहा, हो सकता है। क्योंकि दर्द अंगूठे में होता है, पता कहीं और चलता है। अंगूठे और पता चलने की जगह में बहुत फासला है। जहां पता चलता है, वह चेतना है। जहां दर्द होता है, वह अंगूठा है। दर्द से चेतना तक संदेश लाने के लिए जिन स्नायुओं का काम रहता है, भूल से वे स्नायु अभी तक खबर दे रहे हैं कि दर्द हो रहा है।

जब अंगूठे में दर्द होता है, तो उससे जुड़े हुए स्नायुओं के तंतु कंपने शुरू हो जाते हैं। कंपन से ही वे खबर पहुंचाते हैं। जैसे टिक-टिक, टिक-टिक से टेलिग्राफ में खबर पहुंचाई जाती है, ऐसा ही कंपित होकर वे स्नायु खबर पहुंचाते हैं। कई हेड आफिसेज से गुजरती है वह खबर आपके मस्तिष्क तक आने में। फिर मस्तिष्क चेतना तक खबर पहुंचाता है। इसमें कई ट्रांसफार्मेशन होते हैं। कई कोड लैंग्वेज बदलती हैं। कई बार कोड बदलता है, क्योंकि इन सबकी भाषा अलग-अलग है।

तो कुछ ऐसा हुआ कि अंगूठा तो कट गया, लेकिन जो संदेशवाहक नाड़ियां खबर ले जा रही थीं, वे कंपती ही रहीं। वे कंपती रहीं, तो संदेश पहुंचता रहा। संदेश पहुंचता रहा और मस्तिष्क कहता रहा कि अंगूठे में दर्द हो रहा है।

क्या ऐसा हो सकता है कि हम एक आदमी के पूरे शरीर को अलग कर लें और सिर्फ मस्तिष्क को निकाल लें? अब तो हो जाता है। पूरे शरीर को अलग किया जा सकता है। मस्तिष्क को बचाया जा सकता है, अकेले मस्तिष्क को। अगर एक आदमी को हम बेहोश करें और उसके पूरे शरीर को अलग करके उसके मस्तिष्क को प्रयोगशाला में रख लें और अगर मस्तिष्क से हम पूछ सकें कि तुम्हारा शरीर के बाबत क्या खयाल है? तो वह कहेगा कि सब ठीक है। कहीं कोई दर्द नहीं हो रहा है। शरीर है ही नहीं। वह कहेगा, सब ठीक है।

शरीर का जो बोध है, वह कृष्ण कहते हैं, वस्त्र की भांति है। लेकिन वस्त्र

ऐसा, जिससे हम इतने चिपट गए हैं कि वह वस्त्र नहीं रहा, हमारी चमड़ी हो गया। इतने जोर से चिपट गए हैं, इतना तादात्म्य है जन्मों-जन्मों का, कि शरीर ही मैं हूं, ऐसी ही हमारी पकड़ हो गई है। जब तक यह शरीर और मेरे बीच डिस्टेंस, फासला पैदा नहीं होता, तब तक कृष्ण का यह सूत्र समझ में नहीं आएगा कि जीर्ण वस्त्रों की भांति...।

यह, थोड़े-से प्रयोग करें, तो खयाल में आने लगेगा। बहुत ज्यादा प्रयोग नहीं, बहुत थोड़े-से प्रयोग। सत्य तो यही है, जो कहा जा रहा है। असत्य वह है, जो हम माने हुए हैं। लेकिन माने हुए असत्य वास्तविक सत्यों को छिपा देते हैं। माना हुआ है हमने, वह हमारी मान्यता है। और बचपन से हम सिखाते हैं और मान्यताएं घर करती चली जाती हैं।

हमने माना हुआ है कि मैं शरीर हूं। शरीर सुंदर होता है, तो हम मानते हैं, मैं सुंदर हूं। शरीर स्वस्थ होता है, तो हम मानते हैं, मैं स्वस्थ हूं। शरीर को कुछ होता है, तो हम मैं के साथ एक करके मानते हैं। फिर यह प्रतीति गहरी होती चली जाती है, यह स्मृति सघन हो जाती है। फिर शरीर वस्त्र नहीं रह जाता, हम ही वस्त्र हो जाते हैं।

एक मेरे मित्र हैं। वृद्ध हैं, सीढ़ियों से पैर फिसल पड़ा उनका। पैर में बहुत चोट पहुंची। कोई पचहत्तर साल के वृद्ध हैं। गया उनके गांव तो लोगों ने कहा, तो मैं उन्हें देखने गया। बहुत कराहते थे और डाक्टरों ने तीन महीने के लिए उनको बिस्तर पर सीधा बांध रखा था। और कहा कि तीन महीने हिलना-डुलना नहीं। सक्रिय आदमी हैं, पचहत्तर साल की उम्र में भी बिना भागे-दौड़े उन्हें चैन नहीं। तीन महीने तो उनको ऐसा अनंत काल मालूम होने लगा।

मैं मिलने गया, तो कोई छह-सात दिन हुए थे। रोने लगे। हिम्मतवर आदमी हैं। कभी आंख उनकी आंसुओं से भरेगी, मैंने सोचा नहीं था। एकदम असहाय हो गए और कहा कि इससे तो बेहतर है, मैं मर जाता। ये तीन महीने इस तरह बंधे हुए! यह तो बिलकुल नर्क हो गया। यह मैं न गुजार सकूंगा। मुझसे बोले, मेरे लिए प्रार्थना करिए कि भगवान मुझे उठा ही ले। अब जरूरत भी क्या

है। अब काफी जी भी लिया। अब ये तीन महीने इस खाट पर बंधे-बंधे ज्यादा कठिन हो जाएंगे। तकलीफ भी बहुत है, पीड़ा भी बहुत है।

मैंने उनसे कहा, छोटा-सा प्रयोग करें। आंख बंद कर लें और पहला तो यह काम करें कि तकलीफ कहां है, एक्जेक्ट पिन प्वाइंट करें कि तकलीफ कहां है। वे बोले, पूरे पैर में तकलीफ है। मैंने कहा कि थोड़ा आंख बंद करके खोज-बीन करें, सच में पूरे पैर में तकलीफ है?

क्योंकि आदमी को एग्जाजरेट करने की, बढ़ाने की आदत है। न तो इतनी तकलीफ होती है, न इतना सुख होता है। हम सब बढ़ाकर देखते हैं। आदमी के पास मैग्नीफाइंग माइंड है। उसके पास—जैसे कि कांच होता है न, चीजों को बड़ा करके बता देता है—ऐसी खोपड़ी है। हर चीज को बड़ा करके देखता है। कोई फूलमाला पहनाता है, तो वह समझता है कि भगवान हो गए। कोई जरा हंस देता है, तो वह समझता है कि गए, सब इज्जत पानी में मिल गई। मैग्नीफाइंग ग्लास का काम उसका दिमाग करता है।

मैंने कहा, जरा खोजें। मैं नहीं मानता कि पूरे पैर में दर्द हो सकता है। क्योंकि पूरे पैर में होता, तो पूरे शरीर में दिखाई पड़ता। जरा खोजें।

आंख बंद करके उन्होंने खोजना शुरू किया। पंद्रह मिनट बाद मुझसे कहा कि हैरानी की बात है। दर्द जितनी जगह फैला हुआ दिखाई पड़ता था, इतनी जगह है नहीं। बस, घुटने के ठीक पास मालूम पड़ता है। मैंने कहा, कितनी जगह घेरता होगा? उन्होंने कहा कि जैसे कोई एक बड़ी गेंद के बराबर जगह। मैंने कहा, और थोड़ा खोजें। और थोड़ा खोजें। उन्होंने फिर आंख बंद कर ली। और अब तो आश्वस्त थे, क्योंकि दर्द इतना सिकुड़ा कि सोचा भी नहीं था कि मन ने इतना फैलाया होगा। और खोजा। पंद्रह मिनट मैं बैठा रहा। वे खोजते चले गए।

फिर उन्होंने आंख नहीं खोली। चालीस मिनट, पैंतालीस मिनट—और उनका चेहरा मैं देख रहा हूं; और उनका चेहरा बदलता जा रहा है। कोई सत्तर मिनट बाद उन्होंने आंख खोली और कहा, आश्चर्य है कि वह तो ऐसा रह गया, जैसे कोई सुई चुभाता हो इतनी जगह में। फिर मैंने कहा, फिर क्या हुआ? आपको

जवाब देना था; मुझे जल्दी जाना है; मैं सत्तर मिनट से बैठा हुआ हूं; आप आंख नहीं खोले। उन्होंने कहा कि जब वह इतना सिकुड़ गया कि ऐसा लगने लगा कि बस, एक जरा-सा बिंदु जहां पिन चुभाई जा रही हो, वहीं दर्द है, तो मैं उसे और गौर से देखने लगा। मैंने सोचा, जो इतना सिकुड़ सकता है, वह खो भी सकता है। और ऐसे क्षण आने लगे कि कभी मुझे लगे कि नहीं है। और कभी लगे कि है, कभी लगे कि खो गया। और एक क्षण लगे कि सब ठीक है, और एक क्षण लगे कि वापस आ गया।

फिर मैंने कहा कि फिर भी मुझे खबर कर देनी थी, तो मैं जाता। उन्होंने कहा, लेकिन एक और नई घटना घटी, जिसके लिए मैं सोच ही नहीं रहा था। वह घटना यह घटी कि जब मैंने इतने गौर से दर्द को देखा, तो मुझे लगा कि दर्द कहीं बहुत दूर है और मैं कहीं बहुत दूर हूं। दोनों के बीच बड़ा फासला है। तो मैंने कहा, अब ये तीन महीने इसका ही ध्यान करते रहें। जब भी दर्द हो, फौरन आंख बंद करें और ध्यान में लग जाएं।

तीन महीने बाद वे मुझे मिले तो उन्होंने पैर पकड़ लिए। फिर रोए, लेकिन अब आंसू आनंद के थे। और उन्होंने कहा, भगवान की कृपा है कि मरने के पहले तीन महीने खाट पर लगा दिया, अन्यथा मैं कभी आंख बंद करके बैठने वाला आदमी नहीं हूं। लेकिन इतना आनंद मुझे मिला है कि मैं जीवन में सिर्फ इसी घटना के लिए अनुगृहीत हूं परमात्मा का।

मैंने कहा, क्या हुआ आपको? उन्होंने कहा, यह दर्द को मिटाते-मिटाते मुझे पता चला कि दर्द तो जैसे दीवार पर हो रहा है घर की और मैं तो घर का मालिक हूं, बहुत अलग!

शरीर को भीतर से जानना पड़े, फ्राम दि इंटीरियर। हम अपने शरीर को बाहर से जानते हैं। जैसे कोई आदमी अपने घर को बाहर से जानता हो। हमने कभी शरीर को भीतर से फील नहीं किया है; बाहर से ही जानते हैं। यह हाथ हम देखते हैं, तो यह हम बाहर से ही देखते हैं। वैसे ही जैसे आप मेरे हाथ को देख रहे हैं बाहर से, ऐसे ही मैं भी अपने हाथ को बाहर से जानता हूं। हम सिर्फ फ्राम दि

विदाउट, बाहर से ही परिचित हैं अपने शरीर से। हम अपने शरीर को भी भीतर र नहीं जानते। फर्क है दोनों बातों में। घर के बाहर से खड़े होकर देखें तो बाहर क दीवार दिखाई पड़ती है, घर के भीतर से खड़े होकर देखें तो घर का इंटीरियर, भीतर की दीवार दिखाई पड़ती है।

इस शरीर को जब तक बाहर से देखेंगे, तब तक जीर्ण वस्त्रों की तरह, वस्त्रों की तरह यह शरीर दिखाई नहीं पड़ सकता है। इसे भीतर से देखें, इसे आंख बंद करके भीतर से एहसास करें कि शरीर भीतर से कैसा है? इनर लाइनिंग कैसी है? कोट के भीतर की सिलाई कैसी है? बाहर से तो ठीक है, भीतर से कैसी है? इसकी भीतर की रेखाओं को पकड़ने की कोशिश करें। और जैसे-जैसे साफ होने लगेगा, वैसे-वैसे लगेगा कि जैसे एक दीया जल रहा है और उसके चारों तरफ एक कांच है। अब तक कांच से ही हमने देखा था, तो कांच ही मालूम पड़ता था कि ज्योति है। जब भीतर से देखा तो पता चला कि ज्योति अलग है, कांच तो केवल बाहरी आवरण है।

और एक बार एक क्षण को भी यह एहसास हो जाए कि ज्योति अलग है और शरीर बाहरी आवरण है, तो फिर सब मृत्यु वस्त्रों का बदलना है, फिर सब जन्म नए वस्त्रों का ग्रहण है, फिर सब मृत्यु पुराने वस्त्रों का छोड़ना है। तब जीर्ण वस्त्रों की तरह यह शरीर छोड़ा जाता है, नए वस्त्रों की तरह लिया जाता है। और आत्मा अपनी अनंत यात्रा पर अनंत वस्त्रों को ग्रहण करती और छोड़ती है। तब जन्म और मृत्यु, जन्म और मृत्यु नहीं हैं, केवल वस्त्रों का परिवर्तन है। तब सुख और दुख का कारण नहीं है।

लेकिन यह जो कृष्ण कहते हैं, यह गीता से समझ में न आएगा; यह अपने भीतर समझना पड़ेगा। धर्म के लिए प्रत्येक व्यक्ति को स्वयं ही प्रयोगशाला बन जाना पड़ता है। यह कृष्ण जो कह रहे हैं, इसको पढ़कर मत समझना कि आप समझ लेंगे। मैं जो समझा रहा हूं, उसे समझकर समझ लेंगे, इस भ्रांति में मत पड़ जाना। इससे तो ज्यादा से ज्यादा चुनौती मिल सकती है। लौटकर घर प्रयोग करने लग जाना। लौटकर भी क्यों, यहां से चलते वक्त ही रास्ते पर जरा

देखना कि यह जो चल रहा है शरीर, इसके भीतर कोई अचल भी है? और चलते-चलते भी भीतर अचल का अनुभव होना शुरू हो जाएगा। यह जो श्वास चल रही है, यही मैं हूं या श्वासों को भी देखने वाला पीछे कोई है? तब श्वास भी दिखाई पड़ने लगेगी कि यह रही। और जिसको दिखाई पड़ रही है, वह श्वास नहीं हो सकता, क्योंकि श्वास को श्वास दिखाई नहीं पड़ सकती।

तब विचारों को जरा भीतर देखने लगना, कि ये जो विचार चल रहे हैं मस्तिष्क में, यही मैं हूं? तब पता चलेगा कि जिसको विचार दिखाई पड़ रहे हैं, वह विचार कैसे हो सकता है! कोई एक विचार दूसरे विचार को देखने में समर्थ नहीं है। किसी एक विचार ने दूसरे विचार को कभी देखा नहीं है। जो देख रहा है साक्षी, वह अलग है। और जब शरीर, विचार, श्वास, चलना, खाना, भूख-प्यास, सुख-दुख अलग मालूम पड़ने लगें, तब पता चलेगा कि कृष्ण जो कह रहे हैं कि जीर्ण वस्त्रों की तरह यह शरीर छोड़ा जाता है, नए वस्त्रों की तरह लिया जाता है, उसका क्या अर्थ है। और अगर यह दिखाई पड़ जाए, तो फिर कैसा दुख, कैसा सुख? मरने में फिर मृत्यु नहीं, जन्म में फिर जन्म नहीं। जो था वह है, सिर्फ वस्त्र बदले जा रहे हैं।

प्रश्न: आत्मा व्यापक है, पूर्ण है, तो पूर्ण से पूर्ण कहां जाता है? आत्मा एक शरीर से छूटकर दूसरे कौन शरीर में जाता है? कहां से शरीर में आता भी है? आत्मा का उदर-प्रवेश हो, उससे पहले गर्भ जीता भी कैसे है?

आत्मा न तो आता है, न जाता है। आने-जाने की सारी बात शरीर की है। मोटे हिसाब से दो शरीर समझ लें। एक शरीर तो जो हमें दिखाई पड़ रहा है। यह शरीर माता-पिता से मिलता है, जन्मता है। और इसके पास अपनी सीमा है, अपनी सामर्थ्य है; उतने दिन चलता है और समाप्त हो जाता है। यंत्र है। माता-पिता से सिर्फ यंत्र मिलता है। गर्भ में माता-पिता सिर्फ यंत्र की सिचुएशन, स्थिति पैदा करते हैं। यह शरीर जो हमें दिखाई पड़ रहा है, यह जन्म के साथ शुरू होता है और मृत्यु के साथ समाप्त होता है। यह आता और जाता है।

एक और शरीर है जो आत्मा के लिए और भीतर का वस्त्र है, कहें कि अंडरवियर है। यह ऊपर का वस्त्र है यह शरीर, वह जरा भीतरी वस्त्र है। वह शरीर पिछले जन्म से साथ आता है। वह सूक्ष्म शरीर है। सूक्ष्म है, इसका अर्थ इतना ही कि यह शरीर बहुत पौदगलिक, मैटीरियल है, वह शरीर इलेक्ट्रानिक है। वह शरीर विद्युत-कणों से निर्मित है। वह जो विद्युत-कणों से निर्मित दूसरा शरीर है, वह आपके साथ पिछले जन्म से आता है। वही यात्रा करता है। वह भी यात्रा करता है।

वह शरीर, दूसरा सूक्ष्म शरीर स्थूल शरीर में प्रवेश कर जाता है, गर्भ में प्रवेश कर जाता है। उसका प्रवेश होना वैसा ही आटोमैटिक, स्वचालित है, जैसे पानी पहाड़ से उतरता है, नदियों से बहता है और सागर में चला जाता है। जैसे पानी का नीचे की तरफ बहना प्राकृतिक है, ऐसा ही सूक्ष्म शरीर का अपने योग्य अनुकूल शरीर में प्रवाहित होना एकदम प्राकृतिक घटना है।

इसलिए साधारण आदमी मरता है तो तत्काल जन्म मिल जाता है, क्योंकि चौबीस घंटे पृथ्वी पर लाखों गर्भ उपलब्ध हैं। असाधारण आदमी मरता है तो समय लगता है, जल्दी गर्भ नहीं मिलता। चाहे बुरा आदमी मरे असाधारण, चाहे अच्छा आदमी मरे असाधारण, दोनों के लिए बहुत प्रतीक्षा का समय है। दोनों के लिए तत्काल गर्भ उपलब्ध नहीं होता। रेडीमेड गर्भ सिर्फ बिलकुल मध्यवर्गीय लोगों को मिलते हैं। उनके लिए रोज गर्भ उपलब्ध हैं। इधर मरे नहीं कि उधर गर्भ ने पुकारा नहीं। इधर मरे नहीं कि गर्भ के गड्ढे में बहे नहीं। इसमें देर नहीं लगती।

लेकिन बहुत बुरा आदमी, जैसे हिटलर जैसा आदमी, तो मुश्किल हो जाती है। हिटलर के लिए मां-बाप की प्रतीक्षा में काफी समय लग जाता है। गांधी जैसे आदमी को भी काफी समय लग जाता है। इनके लिए जल्दी गर्भ उपलब्ध नहीं हो सकता। हमारे हिसाब से कभी सैकड़ों वर्ष भी लग जाते हैं। उनके हिसाब से नहीं कह रहा हूं। उनके लिए टाइम-स्केल अलग है। हमारे हिसाब से कभी सैकड़ों वर्ष लग जाते हैं। जैसे ही योग्य गर्भ उपलब्ध हुआ कि वैसे ही योग्य सूक्ष्म शरीर उसमें प्रवेश कर जाता है। सारी यात्रा इन्हीं शरीरों की है। अब आत्मा किस भांति संबंधित होता है इस सब में?

असल में हमारे पास अब तक जो भी प्रतीक हैं, आदमी के पास, वे आने-जाने के हैं। घर में कोई आया और गया। तो आदमी तो प्रतीकों का उपयोग करेगा। प्रतीक कभी भी ठीक-ठीक नहीं होते। आने-जाने की बात बहुत ठीक नहीं है आत्मा के संबंध में। अब आत्मा को हम कैसा प्रतीक, किस प्रतीक से कहें! कृष्ण के वक्त में तो प्रतीक और भी नहीं हैं। प्रतीक तो बहुत क्रूड हैं। उनसे हमें काम चलाना पड़ता है। जैसे उदाहरण के लिए, एक-दो उदाहरण लेने से खयाल में आ जाए।

एक आदमी किसी समुद्र में एक छोटे-से द्वीप पर रहता है। वहां कोई फूल नहीं होते। पत्थर ही पत्थर हैं। रेत ही रेत है। वह आदमी यात्रा पर निकलता है और किसी महाद्वीप पर बहुत-से फूल देखकर लौटता है। उसके द्वीप के लोग उससे पूछते हैं कि क्या नई चीज देखी? वह कहता है, फूल। वे लोग कहते हैं, फूल यानी क्या? व्हाट डू यू मीन? तो उस द्वीप पर फूल नहीं होते, अब वह क्या करे! वह नदी के किनारे से चमकदार पत्थर उठा लाता है, रंगीन पत्थर उठा लाता है। वह कहता है, ऐसे होते हैं।

निश्चित ही, उस द्वीप का कोई आदमी इस पर सवाल नहीं उठाएगा। क्योंकि सवाल का कोई कारण नहीं है। लेकिन उस आदमी की—जो फूल देखकर आया है—बड़ी मुसीबत है। कोई प्रतीक उपलब्ध नहीं है, जिससे वह कहे।

हम जिस जगत में जीते हैं, वहां आना-जाना प्रतीक है। तो जन्म को हम कहते हैं आना, मृत्यु को हम कहते हैं जाना। लेकिन सच में ही आत्मा न आती है, न जाती है। तो इसके लिए एक प्रतीक मेरे खयाल में आता है, वह शायद और करीब है, वह आपके समझ में आ जाए।

अभी पश्चिम में उनका खयाल है कि पेट्रोल से ज्यादा दिन तक कार नहीं चलाई जा सकेगी। क्योंकि पेट्रोल ने इतना नुकसान कर दिया है। इकोलाजी का एक नया आंदोलन सारे योरोप और अमेरिका में चलता है। इतनी गंदी कर दी है हवा पेट्रोल ने कि आदमी के जीने योग्य नहीं रह गई है। तो अब पेट्रोल से कार नहीं चलाई जा सकती, तो बिजली से ही चलाई जाएगी। या तो बैटरी से चलाई

जाए, तो थोड़ी महंगी होगी। या बिजली से चलाई जाए। लेकिन बिजली से चलाने के लिए—कैसे चलाई जाए? बिजली कार को कैसे मिलती रहे?

तो रूसी वैज्ञानिकों का एक सुझाव कीमती मालूम पड़ता है। उनका कहना है, इस सदी के पूरे होते-होते हम सारे रास्तों के नीचे बिजली के तार बिछा देंगे। सारे रास्तों के नीचे बिजली के तार बिछा देंगे। जो भी कार ऊपर से चलेगी रास्ते के, नीचे से उसे बिजली चलने के लिए उपलब्ध होती रहेगी।

जैसे ट्राम चलती है आपकी। ऊपर तार होता है, उससे बिजली मिलती रहती है। ट्राम चलती है, बिजली नहीं चलती। बिजली ऊपर से मिलती रहती है, नीचे से ट्राम दौड़ती रहती है। जितनी आगे बढ़ती है, उधर से बिजली मिल जाती है। जैसे ट्राम चलती है और बिजली नहीं चलती, लेकिन ऊपर से प्रतिपल मिलती रहती है। और जब बिजली न मिले, तो ट्राम तत्काल रुक जाए। बिजली के द्वारा चलती है, लेकिन बिजली नहीं चलती, ट्राम चलती है।

ठीक वैसे ही रूस का वैज्ञानिक कहता है, नीचे हम सड़कों के तार बिछा देंगे, कार ऊपर से दौड़ती रहेगी। बस, उसके दौड़ने से वह बिजली लेती रहेगी। कार का मीटर तय करता रहेगा, कितनी बिजली आपने ली। वह आप जमा करते रहेंगे। लेकिन बिजली नहीं चलेगी, चलेगी कार।

ठीक ऐसे ही, आत्मा व्यापक तत्व है; वह है ही सब जगह। सिर्फ हमारा सूक्ष्म शरीर बदलता रहता है, दौड़ता रहता है। और जहां भी जाता है, आत्मा से उसे जीवन मिलता रहता है।

जिस दिन सूक्ष्म शरीर बिखर जाता है, ट्राम टूट गई, बिजली अपनी जगह रह जाती है; ट्राम टूट जाती है, सूक्ष्म शरीर खो जाता है। तो जब सूक्ष्म शरीर खोता है, तो आत्मा परमात्मा से मिल जाती है, ऐसा नहीं। आत्मा परमात्मा से सदा मिली ही हुई थी, सूक्ष्म शरीर की दीवार के कारण अलग मालूम पड़ती थी, अब अलग नहीं मालूम पड़ती है।

आने-जाने की जो धारणा है—आवागमन की—वह बड़ी क्रूड सिमली है। वह बहुत ही दूर की है, लेकिन कोई उपाय नहीं है। जो मैं कह रहा हूं, मैं यह कह रहा हूं कि आत्मा तो चारों तरफ मौजूद है, हमारे भीतर भी, बाहर भी।

अब यहां बिजली के बल्ब जल रहे हैं। एक सौ कैंडिल का बल्ब जल रहा है, एक पचास कैंडिल का जल रहा है, एक बीस कैंडिल का जल रहा है, एक बिलकुल जुगनू की तरह पांच कैंडिल का जल रहा है। इन सबके भीतर एक सी बिजली दौड़ रही है। और प्रत्येक अपनी कैंडिल के आधार पर उतनी बिजली ले रहा है। यह माइक है, इसमें तो कोई बल्ब भी नहीं लगा हुआ है; यह माइक अपनी उपयोगिता के लिए बिजली ले रहा है। रेडियो अपनी उपयोगिता की बिजली ले रहा है, पंखा अपनी उपयोगिता की बिजली ले रहा है। बिजली में कोई फर्क नहीं है—पंखे के यंत्र में फर्क है, माइक के यंत्र में फर्क है, बल्ब के यंत्र में फर्क है।

परमात्मा चारों तरफ मौजूद है। सब तरफ वही है। हमारे पास एक सूक्ष्म यंत्र है, सूक्ष्म शरीर। उसके अनुसार हम उससे ताकत और जीवन ले रहे हैं। इसलिए अगर हमारे पास पांच कैंडिल का सूक्ष्म शरीर है, तो हम पांच कैंडिल की ताकत ले रहे हैं; पचास कैंडिल का है, तो पचास कैंडिल की ले रहे हैं। महावीर के पास हजार कैंडिल का है, तो हजार कैंडिल का ले रहे हैं। हम गरीब हैं बहुत, एक ही कैंडिल का सूक्ष्म शरीर है, तो एक ही कैंडिल की ले रहे हैं।

परमात्मा की कंजूसी नहीं है इसमें। हम जितना बड़ा पात्र लेकर आ गए हैं, उतना ही उपलब्ध हो रहा है। हम चाहें हम हजार कैंडिल के हो जाएं, तो ठीक महावीर से जैसी प्रतिभा प्रकट होती है, हमसे प्रकट हो जाए। और एक सीमा आती है कि महावीर कहते हैं, हजार से भी काम नहीं चलेगा, हम तो अनंत कैंडिल चाहते हैं! तो फिर कहते हैं कि बल्ब तोड़ दो, तो फिर अनंत कैंडिल के हो जाओ। क्योंकि बल्ब जब तक रहेगा, तो सीमा रहेगी ही कैंडिल की, हजार हो, दो हजार हो, लाख हो, दस लाख हो। लेकिन अगर अनंत प्रकाश चाहिए, तो बल्ब तोड़ दो। तो फिर महावीर कहते हैं, हम बल्ब तोड़ देते हैं, हम मुक्त हो जाते हैं।

मुक्त होने का कुल मतलब इतना है कि अब ले चुके यंत्रों से बहुत, लेकिन देखा कि हर यंत्र सीमा बन जाता है। और जहां सीमा है वहां दुख है। इसलिए तोड़ देते हैं यंत्र को, अब हम पूरे के साथ एक ही हुए जाते हैं।

यह भाषा की गलती है कि एक ही हुए जाते हैं, एक थे ही। यंत्र बीच में था, इसलिए कम मिलता था। यंत्र टूट गया, तो पूरा है।

आत्मा आती-जाती नहीं, सूक्ष्म शरीर आता है, जाता है। स्थूल शरीर आता है, जाता है। स्थूल शरीर मिलता है माता-पिता से, सूक्ष्म शरीर मिलता है पिछले जन्म से। और आत्मा सदा से है।

सूक्ष्म शरीर न हो, तो स्थूल शरीर ग्रहण नहीं किया जा सकता। सूक्ष्म शरीर टूट जाए, तो स्थूल शरीर ग्रहण करना असंभव है। इसलिए सूक्ष्म शरीर के टूटते ही दो घटनाएं घटती हैं। एक तरफ सूक्ष्म शरीर गिरा कि स्थूल शरीर की यात्रा बंद हो जाती है। और दूसरी तरफ परमात्मा से जो हमारी सीमा थी, वह मिट जाती है। सूक्ष्म शरीर का गिर जाना ही साधना है। बीच का सेतु, जो ब्रिज है बीच में हमें जोड़ने वाला—शरीर से इस तरफ और उस तरफ परमात्मा से—वह गिर जाता है। उसको गिरा देना ही समस्त साधना है।

वह सूक्ष्म शरीर जिन चीजों से बना है, उन्हें समझ लेना जरूरी है। वह हमारी इच्छाओं से, वासनाओं से, कामनाओं से, आकांक्षाओं से, अपेक्षाओं से, हमारे किए कर्मों से, हमारे न किए कर्मों से लेकिन चाहे गए कर्मों से, हमारे विचारों से, हमारे कामों से, हम जो भी रहे हैं—सोचा है, विचारा है, किया है, अनुभव किया है, भावना की है—उस सबका, उस सबके इलेक्ट्रानिक प्रभावों से, उस सबके वैद्युतिक प्रभावों से निर्मित हमारा सूक्ष्म शरीर है।

उस सूक्ष्म शरीर का विसर्जन ही दो परिणाम लाता है। इधर गर्भ की यात्रा बंद हो जाती है। जब ज्ञान हुआ तब बुद्ध ने कहा कि घोषणा करता हूं कि मेरे मन, तू, जिसने अब तक मेरे लिए बहुत शरीरों के घर बनाए, अब तू विश्राम को उपलब्ध हो सकता है। अब तुझे मेरे लिए कोई और घर बनाने की जरूरत नहीं। धन्यवाद देता हूं और तुझे छुट्टी देता हूं। अब तेरे लिए कोई काम नहीं बचा, क्योंकि मेरी कोई कामना नहीं बची। अब तक मेरे लिए अनेक-अनेक घर बनाने वाले मन, अब तुझे आगे घर बनाने की कोई जरूरत नहीं है।

मरते वक्त जब बुद्ध से लोगों ने पूछा कि अब, जब कि आपकी आत्मा परम में लीन हो जाएगी, तो आप कहां होंगे? तो बुद्ध ने कहा कि अगर मैं कहीं होऊंगा तो परम में लीन कैसे हो सकूंगा! क्योंकि जो समव्हेयर है, जो कहीं है,

वह एवरीव्हेयर नहीं हो सकता, वह सब कहीं नहीं हो सकता। जो कहीं है, वह सब कहीं नहीं हो सकता। तो बुद्ध ने कहा, यह पूछो ही मत। अब मैं कहीं नहीं होऊंगा, क्योंकि सब कहीं होऊंगा। मगर फिर-फिर पूछते हैं भक्त, कि कुछ तो बताएं, अब आप कहां होंगे?

बूंद से पूछ रहे हैं कि सागर में गिरकर तू कहां होगी? बूंद कहती है, सागर ही हो जाऊंगी। लेकिन और बूंदें पूछना चाहेंगी कि वह तो ठीक है, लेकिन फिर भी कहां होगी? कभी मिलने आएं! तो बूंद, जो सागर हो रही है, वह कहती है, तुम सागर में ही आ जाना, तो मिलन हो जाएगा। लेकिन बूंद से मिलन नहीं होगा, सागर से ही मिलन होगा।

जिसे बुद्ध से मिलना हो, कृष्ण से मिलना हो, महावीर से मिलना हो, जीसस से, मोहम्मद से मिलना हो, तो अब बूंद से मिलना नहीं हो सकता। कितना ही मूर्ति बनाकर रखे रहें; अब बूंद से मिलना नहीं हो सकता। बूंद गई सागर में, इसीलिए तो मूर्ति बनाई। यही तो मजा है, पैराडाक्स है। मूर्ति इसीलिए बनाई कि बूंद सागर में गई। बनाने योग्य हो गई मूर्ति अब इसकी।

लेकिन अब मूर्ति में कुछ मतलब नहीं है। अब तो मिलना हो तो सागर में ही जाना पड़े।

माता-पिता से मिलता है बूंद का आकार, बाय। स्वयं के पिछले जन्मों से मिलती है बूंद की भीतरी व्यवस्था। और परमात्मा से मिलती है जीवन-ऊर्जा, वह है हमारी आत्मा। लेकिन जब तक इस बूंद की दोहरी परत को हम ठीक से न पहचान लें, तब तक उसको हम नहीं पहचान सकते, जो दोनों के बाहर है।

आज इतना ही। फिर कल सुबह बात करेंगे।

ओशो—एक परिचय

सत्य की व्यक्तिगत खोज से लेकर ज्वलंत सामाजिक व राजनैतिक प्रश्नों पर ओशो की दृष्टि उनको हर श्रेणी से अलग अपनी कोटि आप बना देती है। वे आंतरिक रूपांतरण के विज्ञान में क्रांतिकारी देशना के पर्याय हैं और ध्यान की ऐसी विधियों के प्रस्तोता हैं जो आज के गतिशील जीवन को ध्यान में रख कर बनाई गई हैं।

अनूठे ओशो सक्रिय ध्यान इस तरह बनाए गए हैं कि शरीर और मन में इकट्ठे तनावों का रेचन हो सके, जिससे सहज स्थिरता आए व ध्यान की विचार रहित दशा का अनुभव हो।

ओशो की देशना एक नये मनुष्य के जन्म के लिए है, जिसे उन्होंने 'ज़ोरबा दि बुद्धा' कहा है—जिसके पैर जमीन पर हों, मगर जिसके हाथ सितारों को छू सकें। ओशो के हर आयाम में एक धारा की तरह बहता हुआ वह जीवन-दर्शन है जो पूर्व की समयातीत प्रज्ञा और पश्चिम के विज्ञान और तकनीक की उच्चतम संभावनाओं को समाहित करता है। ओशो के दर्शन को यदि समझा जाए और अपने जीवन में उतारा जाए तो मनुष्य-जाति में एक क्रांति की संभावना है।

ओशो की पुस्तकें लिखी हुई नहीं हैं बल्कि पैंतीस साल से भी अधिक समय तक उनके द्वारा दिए गए तात्कालिक प्रवचनों की रिकार्डिंग से अभिलिखित हैं।

लंदन के 'संडे टाइम्स' ने ओशो को 'बीसवीं सदी के एक हजार निर्माताओं' में से एक बताया है और भारत के 'संडे मिड-डे' ने उन्हें गांधी, नेहरू और बुद्ध के साथ उन दस लोगों में रखा है, जिन्होंने भारत का भाग्य बदल दिया।

ओशो इंटरनेशनल मेडिटेशन रिजॉर्ट

ओशो मेडिटेशन रिजॉर्ट का निर्माण इसलिए किया गया ताकि लोग जीने की नई कला का सीधा अनुभव ले सकें—अधिक होशपूर्वक होकर, हास्य और आराम के साथ। यह भारत के मुंबई शहर से सौ मील दक्षिण पूर्व में पूना के कोरेगांव पार्क में वृक्षों से परिपूर्ण चालीस एकड़ आवासीय क्षेत्र में स्थित है। रिजॉर्ट सौ से अधिक देशों से हर साल आने वाले हजारों लोगों के लिए अलग-अलग तरह के कार्यक्रम प्रस्तुत करता है। नवनिर्मित ओशो गेस्ट हाउस परिसर में लोगों के लिए आवास की सुविधा उपलब्ध है।

मेडिटेशन रिजॉर्ट में मल्टीवर्सिटी कार्यक्रम प्रसिद्ध झेन उद्यान, ओशो तीर्थ से सटे पिरामिड परिसर में संचालित होते हैं। ये कार्यक्रम व्यक्तिगत रूपांतरण के लिए व लोगों को जीने की एक नई कला सिखाने के उद्देश्य से तैयार किए गए हैं—एक जाग्रत अवस्था जिसे वे दैनिक जीवन में उतार सकते हैं। आत्म-खोज सत्र, सैशन, कोर्स और अन्य ध्यान प्रक्रियाएं पूरे साल चलती हैं। शरीर को स्वस्थ रखने के लिए एक खूबसूरत व्यवस्था का प्रावधान है जिसमें झेन प्रक्रिया के साथ खेल और मनोरंजन का अनुभव लिया जा सकता है।